财政部规划教材
全国财政职业教育教学指导委员会推荐教材
全国高职高专院校财经类教材

企业财务管理基础与实务

裴淑琴　主　编

经济科学出版社

图书在版编目（CIP）数据

企业财务管理基础与实务／裴淑琴主编．—北京：经济科学出版社，2014.6

财政部规划教材　全国财政职业教育教学指导委员会推荐教材　全国高职高专院校财经类教材

ISBN 978-7-5141-4786-5

Ⅰ.①企… Ⅱ.①裴… Ⅲ.①企业管理-财务管理-高等职业教育-教材 Ⅳ.①F275

中国版本图书馆 CIP 数据核字（2014）第 141725 号

责任编辑：侯晓霞
责任校对：杨晓莹　靳玉环
责任印制：李　鹏

企业财务管理基础与实务
裴淑琴　主编
经济科学出版社出版、发行　新华书店经销
社址：北京市海淀区阜成路甲 28 号　邮编：100142
教材分社电话：010-88191345　发行部电话：010-88191522
网址：www.esp.com.cn
电子邮件：houxiaoxia@esp.com.cn
天猫网店：经济科学出版社旗舰店
网址：http://jjkxcbs.tmall.com
北京密兴印刷有限公司印装
787×1092　16 开　18 印张　450000 字
2014 年 7 月第 1 版　2014 年 7 月第 1 次印刷
ISBN 978-7-5141-4786-5　定价：40.00 元
（图书出现印装问题，本社负责调换。电话：010-88191502）
（版权所有　翻印必究）

编写说明

本书是财政部规划教材,由财政部教材编审委员会组织编写、修订并审定,作为全国高职高专院校财经类教材使用。

2011年,教育部、财政部下发了《教育部 财政部关于支持高等职业学校提升专业服务产业发展能力的通知》(教职成〔2011〕11号),2012年3月,教育部发布了《关于全面提高高等教育质量的若干意见》(教高〔2012〕4号),强调高职教育实践教学的重要性,提出强化实践育人环节,增加实践教学比重,为社会培养高端技能型专门人才的培养目标。教材是实现专业人才培养目标的载体,这无疑对教材建设提出了更高要求。鉴于此,我们组织专业团队,深入企业调研,借鉴国家和省级示范校会计专业教材建设经验,借集体的智慧和力量,精心编写了这本教材。

本教材在编写中体现了以下特色:

1. 结构合理。项目导向,任务驱动,全书共分为九个项目,每个项目由知识准备、业务操作和职业训练三个内容构成,业务操作部分设计了若干个典型工作任务,充分体现职业性、技能性和实践性的特点。

2. 内容全面。以企业筹资、投资、资金营运、收益分配等财务活动为主线设计教材内容,全面、系统地阐述财务管理基本理论、基本方法和业务操作流程,充分体现基础知识的支撑力和实务操作的核心性。

3. 理实一体。知识准备以基本理论和基本方法为主要内容,定位了"教与学"的框架;业务操作密切联系实际,通过"学中做",可帮助读者对理论知识、方法原理的理解与掌握;职业训练将基础知识巩固和项目实训相结合,通过"做中学",可帮助读者提高职业操作能力。

4. 形式新颖。依据各项目特点分别设置了"学习目标"、"学习引领"、"重要提示"、"即问即答"、"名人名言"、"经典案例"等栏目,便于明确学习目标,激发学习兴趣,拓展知识领域,提高学习效率。

本教材由裴淑琴担任主编,对全书进行总体设计和总纂定稿。全书由专业教师和企业财务管理实践专家共同编写完成,具体分工:裴淑琴,项目一、项目五、项目六和项目八;李飞,项目二和项目四;呼桂霞,项目三,季光伟,项目七和项目九;康山,太原化学工业集团有限公司副总会计师,参与编写项目八；王团维，大同煤矿集团有限公司财务公司董事长，参与编写项目九。

  在教材写作过程中，我们参阅了近年来有关专家学者出版的财务管理专著、教材、专业论文、网络相关资料等，同时得到了财政部干部教育中心、山西省财政税务专科学校、大同煤矿集团有限公司、太原化学工业集团有限公司等单位的大力支持，在此一并表示衷心的感谢。由于编者水平有限，书中难免有疏漏和错误之处，恳请读者赐教和指正。

编 者

2014 年 5 月 30 日

目 录

项目一 走近财务——财务管理基础认知 ……………………………………（1）
    任务一 分析企业财务活动 ……………………………………………（1）
    任务二 确定财务管理目标 ……………………………………………（6）
    任务三 分析财务管理环境 ……………………………………………（9）
    职业训练 ………………………………………………………………（15）

项目二 强化观念——时间价值与风险价值 …………………………………（17）
    任务一 树立资金时间价值观念 ………………………………………（17）
    任务二 树立投资风险价值观念 ………………………………………（28）
    职业训练 ………………………………………………………………（34）

项目三 建好标准——财务预算管理 …………………………………………（38）
    任务一 掌握财务预算方法 ……………………………………………（38）
    任务二 编制财务预算 …………………………………………………（52）
    职业训练 ………………………………………………………………（66）

项目四 选准项目——投资管理 ………………………………………………（72）
    任务一 项目投资决策 …………………………………………………（72）
    任务二 证券投资决策 …………………………………………………（89）
    职业训练 ………………………………………………………………（104）

项目五 供应血液——筹资管理 ………………………………………………（108）
    任务一 资金需要量预测 ………………………………………………（108）
    任务二 权益筹资 ………………………………………………………（116）
    任务三 债务筹资 ………………………………………………………（124）
    任务四 资本成本计算 …………………………………………………（133）
    任务五 资本结构决策 …………………………………………………（138）
    职业训练 ………………………………………………………………（147）

项目六 加速周转——营运资金管理 (152)

  任务一 现金管理 (152)
  任务二 应收账款管理 (159)
  任务三 存货管理 (165)
  职业训练 (172)

项目七 统筹兼顾——收益分配管理 (176)

  任务一 利润计算 (176)
  任务二 收益分配 (184)
  职业训练 (199)

项目八 防范风险——财务控制 (203)

  任务一 责任中心控制 (203)
  任务二 标准成本控制 (211)
  职业训练 (219)

项目九 透视诊断——财务分析 (224)

  任务一 财务分析基础认知 (224)
  任务二 基本指标分析 (231)
  任务三 财务综合分析 (250)
  职业训练 (255)

附录 (259)
参考文献 (267)
参考答案 (268)

项目一
走近财务——财务管理基础认知

【学习目标】
- 了解企业财务活动的内容
- 认识企业的财务关系
- 掌握财务管理的含义和特点
- 理解企业财务管理目标
- 认识环境对企业财务活动的影响
- 了解企业财务管理的工作流程
- 能准确界定企业财务活动的内容
- 能正确辨析企业财务关系的性质
- 具备一定的沟通协调能力，能处理好与相关部门的关系

任务一 分析企业财务活动

【任务描述】
企业管理包括的内容很多，财务管理是企业管理的重要组成部分，在企业管理中处于"龙头"地位。学习任务：了解企业财务活动内容及其财务关系，掌握财务管理的内容，充分认识财务管理在企业管理中的重要地位。

学习引领 李明在校期间系统学习了会计相关知识，自以为协助财务经理搞好财务管理问题不大，但是，当他走上财务管理工作岗位后，发现财务与会计是有较大区别的，他深感企业财务管理人员除了拥有一定会计专业知识与基本技能之外，还必须具有扎实的财务管理基础知识，拥有一定的财务管理职业技能。

【知识准备】

一、企业财务活动

企业财务活动是指筹资、投资、资金营运和收益分配等一系列行为。

（一）筹资活动

筹资又称融资，是指为满足投资和资金营运的需要，从各种渠道、通过不同方式筹集所需资金的行为。

筹资是企业的一项最基本的财务活动，在筹资过程中，一方面，企业需要根据战略目标和投资计划等确定各个时期总体筹资规模，保证有计划地筹资；另一方面，企业要合理选择

筹资渠道和筹资方式，确定筹资结构，降低筹资成本和风险，提高企业价值。

通过筹资形成的资金，按性质分为权益资金和债务资金两种。权益筹资所筹资金为权益资本，是指投资人投入企业的资本金以及持续经营过程中形成的留存收益，它不需要偿还，属于企业永久性资本金；债务筹资所筹资金为企业负债，是指企业所承担的能以货币计量、需以资产或劳务偿付的债务。

（二）投资活动

投资是指企业根据项目资金需要投出资金的行为。企业在投资过程中，必须考虑为确保获取最佳投资效益、应投入的资金数额，以及投资所冒的风险，应在收益与风险之间做出权衡。

（三）资金营运活动

企业在日常生产经营过程中，会发生一系列的资金收付。如购买原材料、支付工资和其他费用，销售商品、提供劳务收回资金。如果企业现有资金不能满足日常生产经营的需要，还要利用短期负债方式来筹集所需资金。上述这些活动都是由企业经营而引起的财务活动，故称为资金的营运活动。在一定时期内，营运资金周转速度越快，资金的利用效率越高，企业就可能生产更多的产品，取得更多的收入，获取更多的利润。

（四）收益分配活动

企业投资和资金营运活动可以取得相应的收入，并实现资金的增值。企业取得的各种收入在补偿成本、缴纳税金后，还应就实现的剩余收益向投资者分配。

重要提示 企业的筹资、投资、资金营运、收益分配等活动贯穿于生产经营全过程，这四个方面相互联系、相互依存、互相制约。

二、企业财务关系

财务关系是指企业在投资、筹资、资金营运和收益分配过程中，与各有关方面所形成的经济利益关系。这些关系主要包括以下几个方面：

（一）企业与投资者之间的财务关系

这主要是指企业的投资者向企业投入资金，企业向其投资者支付投资报酬所形成的经济利益关系。企业与其所有者之间的财务关系，体现着所有权的性质，反映着企业所有权和经营权的关系。

（二）企业与债权人之间的财务关系

这主要是指企业向债权人借入资金，并按借款合同的规定按时支付利息和归还本金所形成的经济利益关系。企业与其债权人之间的财务关系，体现资金借贷性质，反映着债务与债权的关系。

（三）企业与受资者之间的财务关系

这主要是指企业以购买股票或直接投资的形式向其他经济组织投资所形成的经济利益关系。企业与其受资者之间的财务关系，体现着所有权性质的投资与受资的关系。

（四）企业与债务人之间的财务关系

这主要是指企业将其资金以购买债券、提供借款或商业信用等形式出借给其他单位使用所形成的经济利益关系。企业与其债务人之间的财务关系，体现着资金借贷性质的债权与债务关系。

（五）企业与供应商、企业与客户之间的财务关系

这主要是指企业购买供货商的商品或接受其服务，以及企业向客户销售商品或提供服务过程中形成的经济利益关系。

（六）企业与政府之间的财务关系

这主要是指政府作为社会管理者，通过收缴各种税款方式与企业形成的经济利益关系。依法纳税是企业应尽的义务。

（七）企业内部各单位之间的财务关系

这主要是指企业内部各单位（供产销各部门、各分公司、各生产车间、各分店等）之间在生产经营活动中相互提供产品或劳务而形成的经济利益关系。企业内部的财务关系，体现着企业内部责、权、利关系的性质。

（八）企业与职工之间的财务关系

这主要是指企业按照职工的劳动数量和劳动质量，支付职工劳动报酬而形成的经济利益关系。

重要提示 企业与各有关方的财务关系是伴随着企业财务活动过程而产生的，企业在组织财务活动的同时，也在处理着相应的财务关系。只有处理好企业的各种财务关系，才能使企业的各项财务活动顺利开展。

三、企业财务管理的概念和特点

（一）财务管理的概念

财务管理是组织财务活动、处理财务关系的一项综合性经济管理工作，是企业管理的重要组成部分。

（二）财务管理的特点

财务管理区别于企业其他管理活动的主要特征在于它是一种价值管理，它是利用收入、成本、利润、资产、负债、权益、现金流量等价值指标，来组织企业生产经营中价值的形成、实现和分配，并处理这种价值运动中的各种经济利益关系。具体来讲，有以下主要特点：

1. 涉及面广。财务管理的对象是资金及其运动，资金运动与企业的所有部门都有密切关系。因此，财务管理工作渗透到企业的每个部门、每项活动，涉及企业的方方面面。财务部门通过资金和企业经营各环节建立联系，并通过资金的管理对各个部门的活动加以约束。

2. 综合性强。由于财务管理是一种价值管理，使之又具有综合管理的特征。企业管理中存在着侧重点不同的各种管理职能，但它们的管理效果和业绩都应通过资金运动的状况反映出来。而且，市场经济环境也要求企业各项职能管理的效果和业绩最终统一于相应的价值指标上。所以，财务管理在企业管理中属于一种综合性的管理，并对其他职能管理起着导向作用。

3. 灵敏度高。企业的一切活动都通过财务指标反映到财务部门，财务部门通过财务指标的计算、分析可及时反映企业各部门的经营管理业绩。

【业务操作】

一、描述企业财务管理的内容

企业财务管理的内容主要包括五个方面：筹资管理、投资管理、营运资金管理、成本管理、收入与收益管理。

（一）筹资管理

筹资管理的内容主要包括：资金需要量预测、筹资方式的选择、资本结构决策等，其管理目标是通过科学预测企业未来资金需要量，合理确定筹资规模；进行资本结构决策，不断优化资本结构，尽可能降低资本成本，有效防范和控制财务风险，提高企业整体经济效益。

（二）投资管理

投资管理的主要内容有：选择正确的投资方向、确定合理的投资规模、做出科学合理的投资决策，其管理目标是在企业战略目标下，实现投资结构总体平衡，降低投资风险，提高投资效益。

（三）营运资金管理

营运资金管理的内容主要包括：确定合理的营运资金投资与筹资政策，加强现金、应收账款、存货等流动资产管理和流动负债管理。其管理目标是加速资金周转、提高资金使用效率、降低营运资金管理风险。

（四）成本管理

成本管理的内容主要包括：成本规划、成本核算、成本分析、成本控制、成本考核等。其管理目标是在保证实现产品、服务等方面差异化的前提下，对产品生命周期成本进行全面管理，实现成本的持续降低，争取在同行业中具有成本领先地位，取得竞争优势。

（五）收入与收益管理

收入管理的内容主要包括：销售预测、销售定价、盈亏平衡分析等，收益管理的内容主要包括：按照国家法律法规的规定，及时足额缴纳各种税费，提取公积金，兼顾各方利益，合理进行收益分配等。

二、熟悉企业财务管理环节

企业财务管理环节，就是企业财务管理工作的步骤及一般流程。一般来说，企业财务管理环节主要包括：财务预测、财务决策、财务预算、财务控制和财务分析等5个环节，具体如图1–1所示。

（一）财务预测

财务预测是根据企业财务活动的历史资料，以及企业财务管理的现实要求和条件，对企业未来的财务活动、财务成果做出科学的预计和测算。财务预测是财务决策的依据，是编制财务预算的前提。

图 1-1　财务管理的环节

财务预测工作的内容及工作步骤为：明确预测目标、确定预测对象、收集整理相关资料、选择预测模型、确定预测结果等。

（二）财务决策

财务决策是指财务管理人员根据企业财务战略目标的总体要求，以预测为基础，运用专门方法对各备选方案进行比较、分析和评价，并从中选择最佳方案的过程。财务决策是企业财务管理的核心，决策的正确与否关系到企业的兴衰成败。

企业财务决策工作的内容及工作步骤为：确定决策目标、拟订备选方案、分析评价备选方案、优选备选方案、方案实施与跟踪反馈。

（三）财务预算

企业财务预算是指企业根据各种预测信息和各项财务决策确立的预算指标编制的财务计划。企业在制定了财务目标后，首先要在企业内部建立财务预算体系，并根据各种预测信息和各项决策，确立财务预算指标和编制财务计划，预算体系的建立和财务预算的编制是实现企业财务目标乃至企业整体战略目标的出发点和基础。财务预算就是企业财务战略目标的具体计划，是财务控制的依据。

企业财务预算工作的内容及工作步骤为：分析财务环境、确定预算指标；协调财务能力、进行综合平衡；选择预算方法、编制财务预算；组织实施预算、进行预算调整；检查预算执行情况、进行预算业绩考评。

（四）财务控制

财务控制是指为保证财务预算的实现，采用特定的方法，对企业具体财务活动所施加的影响或进行具体调节的行为。财务控制与财务预算紧密相连，财务预算是财务控制的重要依据，财务控制是财务计划执行的重要手段。

财务控制的工作内容及工作步骤为：制定控制标准、分解落实责任；实施追踪控制、及时调整误差；分析执行情况、搞好考核奖惩。

（五）财务分析

财务分析是指以财务报告和其他相关资料为依据和起点，运用特定的方法，系统分析和评价企业过去和现在的经营成果和财务状况，帮助企业经营者及其他相关利益集团改善决策，提高企业的经营管理水平和运营效率。

财务分析工作的内容及工作步骤为：搜集资料、掌握信息；指标对比、揭露矛盾；因素分析、明确责任；提出措施、加以改进。

任务二　确定财务管理目标

【任务描述】

科学合理地定位企业财务管理目标，对优化企业理财行为，实现财务活动的良性循环具有重要意义。学习任务：理解财务管理目标定位对企业财务管理的重要性；分析理解利润最大化、股东财富最大化、企业价值最大化、相关者利益最大化等财务管理目标的优缺点。

学习引领　明确目标就是明确方向和任务，如果方向错了，实现目标的方法和途径再正确也是错误的，正所谓"首先是做正确的事，其次是正确地做事"。李明就职的企业财务管理目标选择是"企业价值最大化"，在实践中也有的企业选择"利润最大化"或"股东财富最大化"为其财务管理目标。了解各种财务管理目标模式的优缺点，有助于为企业做出财务管理目标的合理选择。

【知识准备】

一、财务管理目标的概念

财务管理目标又称理财目标，是指企业组织财务活动、处理财务关系所要达到的根本目的。从根本上讲，企业财务管理目标取决于企业的总体目标，财务管理目标就是为实现企业目标而服务的。企业财务管理目标一般具有层次性、多元性、相对稳定性和可操作性等特征。

二、企业财务管理目标体系

企业目标可概括为生存、发展和获利，财务管理目标在企业目标的框架下，一般由总目标、分部目标、具体目标等组成财务管理目标体系，如图1-2所示。企业财务管理总目标的选择，目前有多种不同的观点，主要有利润最大化、股东财富最大化、企业价值最大化、相关者利益最大化等。

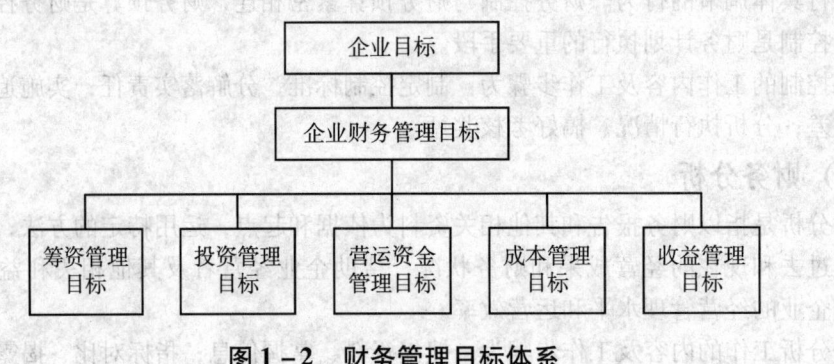

图1-2　财务管理目标体系

【业务操作】

一、分析利润最大化目标

利润最大化目标就是企业财务管理以实现利润最大化为目标。这种观点的理由有三：一是人类生产经济活动的目的是为了创造更多的剩余产品；二是在自由竞争的资本市场中，资本的使用权属于获利最多的企业；三是只有每个企业都最大限度地创造利润，整个社会的财富才能实现最大化，从而带来社会的进步和发展。

利润最大化目标的主要优点：(1) 利润是企业在一定期间全部收入和全部费用的差额，是按照收入与费用配比原则加以计算的，它可以直接反映企业创造剩余产品的多少，在一定程度上体现着企业经济效益的高低；(2) 企业追求利润最大化，就必须讲求经济核算，加强管理，改进技术，提高劳动生产率，降低产品成本，这些措施都有利于企业的资源合理配置和整体经济效益的提高。

利润最大化目标的主要缺点：(1) 利润是一个绝对数指标，不能反映企业创造的利润与所投入的资本之间的关系，如用 1 000 万元投资赚取的 100 万元利润与用 2 000 万元投资赚取的 100 万元利润相比，如果仅看利润 100 万元，经营业绩是一样的，但是如果考虑了投资就显然不一样了；(2) 利润最大化没有考虑利润实现的时间，没有考虑资金的时间价值，如今天的 100 万元利润与 10 年后的 100 万元利润其实际价值是不一样的；(3) 利润最大化没有考虑获取利润和所承担风险之间的关系，没有考虑风险因素；(4) 片面追求利润最大化，容易导致企业短期行为，与企业发展的战略目标相背离。

二、分析股东财富最大化目标

股东财富最大化目标是指企业财务管理以股东财富最大化为目标。上市公司中，股东财富由其所拥有的股票数量和股票市场价格两方面所决定。在股票数量一定时，股票价格达到最高，股东财富也就达到最大。

股东财富最大化目标的主要优点：(1) 考虑了投资的风险因素，因为股价会对风险做出比较敏感的反应；(2) 在一定程度上能够克服企业在追求利润上的短期行为，因为不仅企业目前的盈利水平会影响股价，预期未来的盈利水平对股价也会产生重要影响；(3) 对上市公司而言，股东财富最大化比较容易量化，便于考核和奖惩。

股东财富最大化目标的主要缺点：(1) 只适合上市公司，对非上市公司来讲，很难有比较公允客观的股票市场价格；(2) 股票价格受多种因素影响，不仅包括公司的业绩，还包括社会经济环境因素，这些并非都是公司所能控制的，把诸多不可控因素引入企业财务管理目标是不合理的；(3) 股东财富最大化更多强调的是股东利益，而对企业其他相关者的利益重视不够，甚至可能产生"股东至上"的思想。

三、分析企业价值最大化目标

企业价值最大化目标是指企业财务管理以企业价值最大化为目标。企业价值可以理解为企业所有者权益的市场价值，或者是企业所能创造的预计未来现金流量的现值。可以反映企业潜在或预期的获利能力和成长能力。

企业价值最大化目标的主要优点：(1) 考虑了取得报酬的时间价值，并用时间价值的原理进行了计量；（2）考虑了风险与报酬的关系；（3）能有效规避企业的短期行为和管理上的片面性，有利于企业从更全面、更长远的立场考虑问题，有利于企业长期、稳定发展；（4）有利于社会资源的合理配置，社会资金通常流向企业价值最大化或股东财富最大化的企业或行业，有利于实现社会效益最大化。

企业价值最大化目标的主要缺点：（1）企业的价值比较抽象，过于理论化，不易操作，尽管上市公司股票价格的变动在一定程度上揭示了企业价值的变化，但股价是受多种因素影响的结果，特别是在资本市场效率低下的情况下，股票价格很难反映企业所有者权益的价值；（2）对非上市公司而言，只有对企业进行专门的评估才能真正确定其价值，而在评估企业的资产时，由于受评估标准和评估方式的影响，这种估价不易做到客观和准确，这也导致企业价值确定的困难。

四、分析相关者利益最大化目标

相关者利益最大化目标是指企业财务管理以其相关者利益最大化作为财务目标。现代企业是多边契约关系的总和，一般而言，企业利益相关者不仅包括股东，还包括债权人、职工、客户、供应商和政府等。

相关者利益最大化目标的具体内容包括：（1）强调风险与报酬的均衡，将风险限制在企业可以承受的范围内；（2）强调股东的首要地位，创造企业与股东之间利益的协调关系；（3）加强对企业代理人即企业经理人或经营者的监督和控制，建立有效的激励机制以便企业战略目标的顺利实施；（4）关心企业职工的利益，创造优美和谐的工作环境和提供合理恰当的福利待遇，培养职工长期努力工作的精神；（5）不断加强与债权人的关系，请债权人参与企业重大财务决策的讨论，培养可靠的资金供应者；（6）关心客户的长期利益，以便保持销售收入的长期稳定增长；（7）加强与供应商的合作，共同面对市场竞争，并注重企业形象的宣传，遵守承诺，讲究信誉；（8）保持与政府部门的良好关系。

相关者利益最大化的主要优点：（1）有利于企业长期稳定发展；（2）体现合作共赢的价值理念，有利于实现企业经济效益和社会效益的统一；（3）这一目标本身是一个多元化、多层次的目标体系，较好地兼顾了各利益主体的利益；（4）体现了前瞻性和现实性的统一。

重要提示　企业在实现财务管理目标的过程中，一方面，要正确解决不同利益主体财务目标的矛盾，协调好财务关系；另一方面，要做到企业目标的制定和实现要与社会责任的履行相一致，达到企业目标与社会责任的协调统一。

五、认识财务管理目标之间的关系

（一）企业财务管理目标定位的要求

财务管理目标是企业进行财务活动所要达到的根本目的，它决定着企业财务管理的基本方向。财务管理目标是一切财务活动的出发点和归宿，是评价企业理财活动是否合理的基本标准。有些企业将利润最大化作为财务管理目标，有的企业将股东财富最大化作为财务管理目标，目前认同率较高的是企业价值最大化目标。

企业财务管理目标定位着眼于企业总体目标，处理好近期利益与长远利益的关系、兼顾好利益相关者的利益、处理好企业目标与履行社会责任的关系。

（二）财务管理目标之间的关系

利润最大化、股东财富最大化、企业价值最大化以及相关者利益最大化等各种财务管理目标，都是以股东财富最大化为核心和基础的，企业其他利益相关者的利益也应得到满足，否则财务活动将无法顺利运行。

以股东财富最大化为核心和基础，还应考虑其他利益相关者的利益。各国公司法都规定，股东权益是剩余权益，只有满足了其他各方利益之后才会有股东的利益。如企业必须缴税、给职工发工资、给客户提供满意的产品和服务，然后才能获取税后利益。可见，其他利益相关者的要求是先于股东被满足。因此，这种满足必须是有限度的，否则，股东就不会有"剩余收益"了。这就要求企业在强调承担社会责任的前提下，应当允许以股东财富最大化作为目标。

任务三 分析财务管理环境

【任务描述】

财务管理环境既包括企业外部客观存在的、对企业财务活动有影响的因素，也包括企业内部约束条件。企业在进行财务决策时，既要考虑内部条件对财务活动的影响，也要重视外部因素的影响，以便能为企业做出正确财务决策。学习任务：了解经济环境、法律环境、金融环境对企业财务活动的影响，掌握财务环境分析的基本方法。

学习引领 2014年年初，李明所在的企业召开了一次重要的财务工作会议，公司董事长分析了我国目前的经济形势、金融环境，对新的一年本企业财务工作进行了新部署。通过这次会议，使李明认识到了经济环境、金融环境、法律环境等对财务管理的重大影响，但同时也产生了许多思考，如这些因素的有利影响有哪些、不利影响有哪些？企业应如何应对环境变化的影响？

【知识准备】

一、财务管理环境的概念

企业财务管理环境是指对企业财务活动和财务管理产生影响作用的企业内外各种条件的统称。

企业财务活动在相当大程度上受理财环境制约，如生产、技术、供销、物价、利率、税收政策等因素，对企业财务活动都有较大影响。只有在理财环境的各种因素作用下实现财务活动的协调平衡，企业才能生存和发展。

二、财务管理环境的特点

财务管理环境多指企业以外的、客观的、不可控的、对财务管理活动产生影响，但财务决策又难以改变的外部约束因素。通常情况下，财务管理环境是指外部宏观环境因素，主要包括经济环境、金融环境和法律环境等。

【业务操作】

一、分析经济环境对财务管理的影响

(一) 经济周期

经济发展的周期性变化一般要经历四个阶段：复苏期、繁荣期、衰退期和萧条期。在不同的经济发展时期，企业应相应采用不同的财务管理策略。西方财务学者曾探讨了经济周期中的理财策略，其要点如表1-1所示。

表1-1　　　　　　　　　　经济周期中的理财策略

复苏期	繁荣期	衰退期	萧条期
1. 增加厂房设备	1. 扩充厂房设备	1. 停止扩张	1. 保持市场份额
2. 增加存货	2. 继续增加存货	2. 处置不用或闲置设备	2. 缩减不必要的支出和管理费用
3. 开发新产品	3. 制定并实施扩张战略	3. 减少存货	3. 削减存货
4. 增加雇员	4. 增加雇员	4. 调整产品结构和资本结构	4. 实施减员增效
5. 拟定进入战略	5. 制定适宜的筹资策略	5. 适当减员增效	5. 制定并实施退出战略
6. 寻求适当的资金来源			

(二) 经济发展水平

经济发展水平越高，对企业财务管理的要求也越高。改革开放以来，我国经济保持持续高速增长，这不仅给企业扩大规模、调整方向、打开市场以及拓宽财务活动的领域带来了机遇，同时又给企业财务管理带来了严峻的挑战，如长期存在的高速发展与企业资金短缺的矛盾。因此，企业财务管理工作者必须积极探索，勇于创新，构建与经济发展水平相适应的财务管理模式。

(三) 通货膨胀

通货膨胀不仅使货币购买力下降，而且给企业财务管理活动造成很大的困难。由于通货膨胀只有政府借助于宏观调控手段才能够加以控制，而企业无法通过自身的生产经营行为对其产生影响。

(四) 宏观经济政策

我国经济体制改革的目标是建立社会主义市场经济体制，以进一步解放和发展生产力。在这个总目标的指导下，我国进行了财税体制、金融体制、外汇体制、外贸体制、投资体制、社会保障制度等多项改革。所有这些措施，都深刻地影响着我国企业的发展和财务活动的运行。如金融政策中货币的发行量、信贷规模都能影响企业投资的资金来源和投资的预期收益；财税政策会影响企业的资本结构和投资项目的选择等；价格政策会影响资金的投向和投资回收期及预期收益等。企业财务人员应正确把握经济政策，按照经济政策导向组织财务活动、处理财务关系，更好地为企业的经营理财活动服务。

（五）市场竞争的影响

企业的一切生产经营活动都发生在一定的市场环境中，财务管理行为的选择在很大程度上取决于企业的市场环境。在市场经济条件下，市场竞争是任何企业都无法避免的客观现实。竞争能够促使企业优化资源配置，改善产品结构，提高产品质量，满足消费者的需求，提高经济效益，从而推动经济社会发展；竞争也对企业财务管理提出了更高要求。因此，竞争对企业财务管理既是机遇，又是挑战，企业只有把握机遇，寻求适合本企业的竞争战略，形成本企业的竞争优势，才能够使企业立于不败之地。

二、分析金融环境对财务管理的影响

金融环境是企业最为主要的环境因素，因为企业资金的筹措大多依赖于金融机构和金融市场，金融政策的变化必然会影响企业财务活动，同时金融市场也构成企业资金投放与运用的一个重要领域，对企业财务目标的实现起着不可低估的作用。在金融环境因素中，影响财务管理的有金融机构、金融工具、金融市场、利率等因素。

（一）金融机构

在金融市场上，社会资金从资金供应者手中转移到资金需求者手中，大多要通过金融机构。金融机构主要是指银行和非银行金融机构。

1. 银行。银行是指经营存款、放款、汇兑、储蓄等金融业务，承担信用中介的金融机构。银行的主要职能是充当信用中介、充当企业之间的支付中介、提供信用工具、充当投资手段和充当国民经济的宏观调控手段。我国银行主要包括中国人民银行、商业银行和政策性银行。

2. 非银行金融机构。非银行金融机构主要包括：保险公司、证券公司、信托投资公司、金融资产管理公司、金融租赁公司、财务公司等。

（二）金融工具

1. 金融工具的定义。金融工具是融通资金双方在金融市场上进行资金交易、转移的工具，借助金融工具，资金从供给方转移到需求方。金融工具分为基本金融工具和衍生金融工具。常见的基本金融工具有货币、票据、股票、债券等。衍生金融工具是在基本金融工具的基础上，通过特定技术设计形成的新的金融工具，如各种远期合约、互换、掉期、资产支持证券等，种类繁多，具有高风险、高杠杆效应的特点。

2. 金融工具的特征。金融工具一般具有流动性、风险性和收益性等特征。

（1）流动性。流动性是指金融工具能够在金融市场上迅速转变为现金而不致遭受损失的能力。一种金融工具变现所花的时间越短，价值损失越少，流动性越强；反之，则流动性越差。

（2）风险性。风险性是指投资于金融工具的本金是否会遭受损失的可能性。风险主要包括两类：一类是违约风险，即债务人不履行债务的风险，这种风险的大小主要取决于债务人的信誉以及债务人的社会地位；另一类是市场风险，这是金融资产的市场价格随市场利率的上升而跌落的风险。

（3）收益性。收益性是指金融工具所能定期给持有人带来收益的特性。如购买债券所获得的利息、投资股票获得的股息以及买卖金融工具获得的价差收益等。

（三）金融市场

金融市场是指资金供应者和资金需求者双方通过某种形式融通资金达成交易的场所。金融市场的构成要素包括资金供应者和资金需求者、金融工具、交易价格、组织方式等。其中，金融市场主体是指资金供应者和资金需求者，他们是金融市场的基本参与者，在多数情况下，金融市场的资金供应者和资金需求者是通过金融中介机构联系起来的，使直接筹资转化为间接筹资，提高了金融市场的效率。

金融市场按照不同标准可分为多种类型，具体如表1-2所示。

表1-2　　　　　　　　　　　金融市场类型

分类标准	类型	特点
按交易的期限划分	货币市场	是指交易对象期限不超过1年的资金交易市场，包括同业拆借市场、票据市场、大额定期存单市场和短期债券市场等。
	资本市场	是指交易对象期限在1年以上的资金交易市场，包括股票市场、债券市场和融资租赁市场等。
按交割的时间划分	现货市场	是指买卖双方成交后，当场或几天之内买方付款、卖方交出证券的交易市场。
	期货市场	是指买卖双方成交后，在双方约定的未来某一特定的时日才交割的交易市场。
按功能划分	发行市场	也叫初级市场或一级市场，主要从事新证券和票据等金融工具的买卖。
	流通市场	也叫次级市场或二级市场，主要进行已上市的旧证券或票据等金融工具的买卖转让。
按交易对象划分	资本市场	以货币和资本交易为交易对象。
	外汇市场	以各种外汇金融工具为交易对象。
	黄金市场	以黄金买卖和金币兑换为交易对象。
按交易金融工具的属性划分	基础性金融市场	以基础性金融产品为交易对象。
	衍生品金融市场	以金融衍生产品为交易对象。

（四）利率

利率即利息率，是利息占本金的百分比指标，是资金价格的一般表现形态。资金作为一种特殊商品，以利率为价格标准的流通，实质上是资源通过利率实行的再分配。因此，利率在资金分配以及企业财务决策中起着重要作用。利率的一般计算公式为：

$$利率 = 纯粹利率 + 通货膨胀补贴率 + 风险附加率$$

纯粹利率是指无通货膨胀、无风险情况下的社会平均资金利润率。例如，在没有通货膨胀时，国库券的利率可以视为纯粹利率。纯粹利率的高低，受社会资金平均利率、资金供求关系和国家调节的影响。

通货膨胀使货币贬值，使投资者的真实报酬下降。因此，投资者在把资金交给借款人时，会在纯粹利率的水平上再加上通货膨胀补贴率，以弥补通货膨胀造成的购买力损失。我国每次发行国库券的利息率随预期的通货膨胀率变化，它等于纯粹利息率加预期通货膨胀率。

风险附加率就是投资者要求的除纯粹利率和通过膨胀之外的风险补偿，主要包括违约风险附加率、流动性风险附加率和期限风险附加率。其中，违约风险附加率是指为了弥补因债务人无法按时还本付息而带来的风险，由债权人要求提高的利率；流动性风险附加率是指为了弥补因债务人资产流动不好而带来的风险，由债权人要求提高的利率；期限风险附加率是指为了弥补因偿债期长而带来的风险，由债权人要求提高的利率。风险越大，投资人要求的收益率越高，风险和收益之间存在正相关关系。

三、分析法律环境对财务管理的影响

财务管理的法律环境是指约束企业经济活动的各种法律、法规和规章制度。企业的理财活动，无论是资金投放与运用，还是资金筹措、收益分配，都必须遵守有关的法律法规，否则就要受到法律的制裁，从而危及企业生存与发展。对企业财务管理活动有影响的法律规范很多，主要包含以下四个方面。

（一）企业组织法规

企业设立或解散，要依照不同的法律规范，如《中华人民共和国公司法》（以下简称《公司法》）、《中华人民共和国企业破产法》等。这些法律既是企业的组织法，又是企业的行为法。企业是市场经济的主体，不同组织形式的企业所适用的法律是不同的。按照国际惯例，企业可划分为独资企业、合伙企业和公司制企业。不同类型的企业组织形式对财务管理有着不同的影响，公司制企业是企业组织的主要形式，主要包括有限责任公司和股份有限公司。在企业组织法规中，《公司法》是与企业财务管理最为相关的组织法规。《公司法》对公司制企业的设立条件、设立程序、组织机构、组织变更、终止的条件和程序等都作了明确的规定。特别是《公司法》中对法定资本最低限额、出资方式、股票发行与交易、利润分配程序等的规定，是企业财务管理必须执行的最重要的强制性规范。

（二）企业税务法规

税务法规是规定国家税收征纳关系的法律规范。税收既有调节社会总供给与总需求、经济结构、维护国家主权利益等宏观经济作用，又有保护企业经济实体地位、促进公平竞争、改善经营管理和提高经济效益等微观作用。国家税种的设置、税率的高低、征收范围、减免规定、优惠政策等都会影响企业财务活动。企业有法定的纳税义务，并在纳税的过程中精心设计，依法进行纳税筹划。

（三）证券法规

证券法律制度是确认和调整在证券管理、发行与交易过程中各主体的地位及权利义务关系的法律规范。对于上市公司来说，通过发行的股票、债券等有价证券，联结着企业与社会资本所有者。为了保护广大投资者的利益，特别是中小投资者的利益，国家特别以证券法规的形式规范了上市公司的经济行为和财务行为，以维护证券市场的交易秩序，防止内幕交易、操纵市场、欺诈客户、虚假陈述等证券欺诈行为的发生。

（四）财务法规

财务法规是规范企业财务活动、协调企业财务关系的法律文件。我国目前企业财务管理

法规制度有《中华人民共和国会计法》、《企业财务通则》、《企业内部控制基本规范》等。《企业财务通则》，是设立在我国境内的各类企业进行财务活动、实施财务管理的基本规范。2006年12月4日，我国财政部颁布了新修订的《企业财务通则》，自2007年1月1日起实施。2008年5月22日，我国财政部颁布了《企业内部控制基本规范》，自2009年7月1日起在上市公司范围内实施，鼓励非上市的大中型企业执行。

经典案例

雷曼兄弟的倒下

雷曼兄弟公司自1850年创立以来，已在全球范围内建立起了创造新颖产品、探索最新融资方式、提供最佳优质服务的良好声誉。然而，作为曾经在美国金融界中叱咤风云的巨人，在2008年爆发的金融危机中无奈破产，这不仅与过度的金融创新和乏力的金融监管等外部环境有关，也与雷曼公司本身的财务管理目标有着某种内在的联系。股东财富最大化——雷曼兄弟财务管理目标的现实选择也是其破产的内在原因之一。

资料来源：根据刘胜强：《雷曼兄弟破产对企业财务管理目标选择的启示》，《财务与会计》2009年12月综合版编写。

项目小结

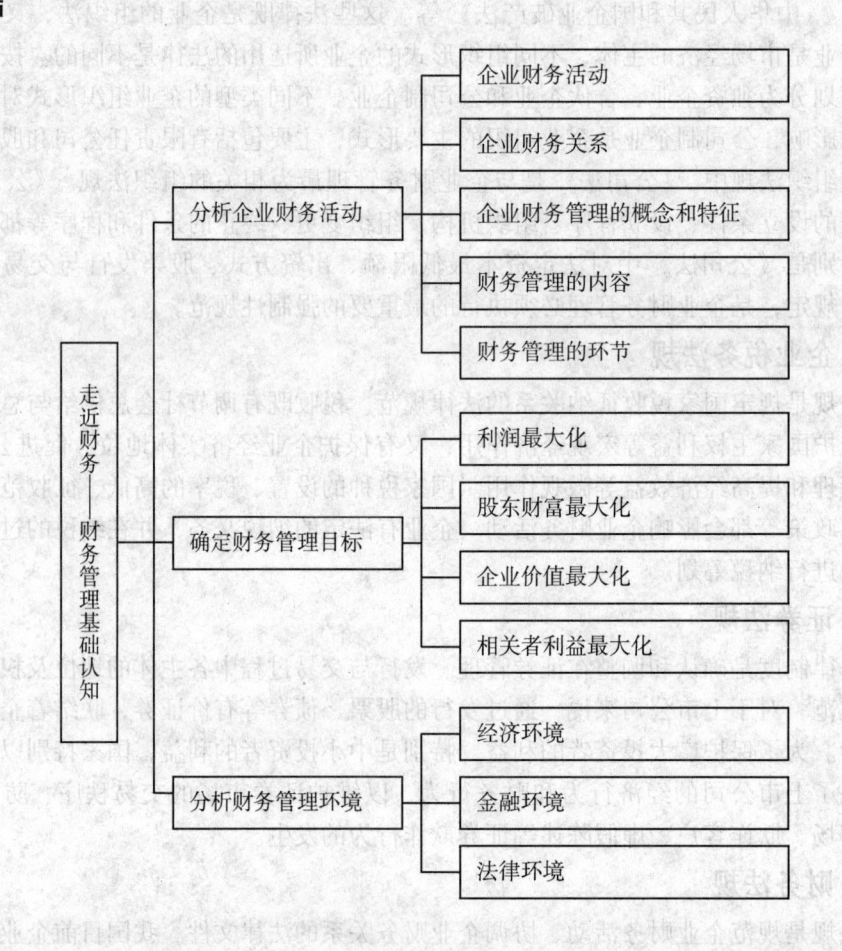

```
                                    ┌─ 企业财务活动
                                    ├─ 企业财务关系
                    ┌─ 分析企业财务活动 ─┼─ 企业财务管理的概念和特征
                    │                ├─ 财务管理的内容
                    │                └─ 财务管理的环节
                    │
走近财务——           │                ┌─ 利润最大化
财务管理基础认知 ─────┼─ 确定财务管理目标 ─┼─ 股东财富最大化
                    │                ├─ 企业价值最大化
                    │                └─ 相关者利益最大化
                    │
                    │                ┌─ 经济环境
                    └─ 分析财务管理环境 ─┼─ 金融环境
                                     └─ 法律环境
```

职业训练

一、判断（正确的在括号内打"√"，错误的打"×"）

1. 企业财务管理是组织财务活动、处理财务关系的一项综合性经济管理工作。（   ）
2. 财务关系是企业在组织财务活动过程中与相关者之间形成的往来结算关系。（   ）
3. 以企业价值最大化作为财务管理目标有利于社会资源的合理配置。（   ）
4. 以利润最大化作为财务管理目标可能导致管理者的短期行为。（   ）
5. 股东财富最大化目标的实现程度一般可以用企业股价衡量。（   ）
6. 只要能获取最大的利润，就可以使企业价值最大化。（   ）
7. 企业生产经营过程，不仅表现为实物商品运动，而且还表现为资金的运动。（   ）
8. 民营企业与政府之间的财务关系，体现为一种投资与受资关系。（   ）
9. 企业财务会受到经济周期的影响，比如经济紧缩阶段利率下降，企业筹资将比较困难。（   ）
10. 利率是一定时期运作资金资源的交易价格。（   ）
11. 纯粹利率是指没有风险情况下的社会平均资金利润率。（   ）
12. 金融性资产的流动性越强，风险越大，收益能力就越强。（   ）
13. 投资者因通货膨胀而要求提高的利率也属于风险收益率。（   ）
14. 财务管理的特点主要体现在它是一种价值形态的管理活动，综合性强。（   ）
15. 企业与受资者的财务关系是体现债权债务性质的投资与受资关系。（   ）

二、选择（下列答案中有一项或多项是正确的，将正确答案前的英文字母填入括号内）

1. 企业财务活动包括（   ）。
   A. 筹资活动   B. 投资活动   C. 资金营运活动   D. 收益分配活动
2. 企业财务关系包括（   ）。
   A. 企业与国家的财务关系   B. 企业与投资者、受资者的财务关系
   C. 企业与债权人、债务人的财务关系   D. 企业与职工之间的财务关系
3. 企业因日常经营活动引起的财务活动，称为（   ）。
   A. 筹资活动   B. 投资活动   C. 资金营运活动   D. 分配活动
4. 企业营运资金管理的目标是（   ）
   A. 加速资金周转   B. 增加经营收入   C. 降低经营成本   D. 提高资金利用效率
5. 企业价值最大化目标强调的是（   ）。
   A. 实际利润额   B. 实际利润率   C. 预期获利能力   D. 市场占有率
6. 下列属于资金营运活动的有（   ）。
   A. 采购材料支付货款   B. 销售产品收取货款
   C. 短期借款   D. 长期借款
7. 企业与政府之间的财务关系体现在（   ）。
   A. 债权债务关系   B. 资金结算关系
   C. 强制和无偿的分配关系   D. 风险收益对等关系
8. 在下列活动中，能够体现企业与投资者之间财务关系的是（   ）。
   A. 企业向职工支付工资   B. 企业向其他企业支付货款

C. 企业向国家税务机关缴纳税款　　　　D. 国有企业向国有资产投资公司支付股利

9. 企业筹资活动的最终结果是（　　）。
   A. 银行借款　　B. 发行债券　　C. 发行股票　　D. 资金流入
10. 在其他条件相同的情况下，5年期债券与3年期债券相比，（　　）。
    A. 通货膨胀补偿率较大　　　　B. 违约风险收益率较大
    C. 流动性风险收益率较大　　　D. 期限风险收益率较大
11. 风险报酬包括（　　）。
    A. 违约风险报酬　　　　　　　B. 流动性风险报酬
    C. 期限性风险报酬　　　　　　D. 通货膨胀补贴
12. 下列各项中，属于企业筹资所引起的财务活动有（　　）。
    A. 偿还借款　　B. 购买国库券　　C. 支付股票股利　　D. 商业信用
13. 按证券交割的时间划分，金融市场可分为（　　）。
    A. 贴现市场和回购市场　　　　B. 货币市场和资本市场
    C. 现货市场和期货市场　　　　D. 发行市场和流通市场
14. 企业财务管理的经济环境因素主要包括（　　）。
    A. 经济政策　　B. 经济发展水平　　C. 资金市场　　D. 经济周期
15. 以利润最大化作为财务管理目标的不足有（　　）。
    A. 没有考虑实现利润的时间因素　　B. 没有考虑实现利润与投资的对比关系
    C. 没有考虑实现利润的风险因素　　D. 不便于理解

三、实训（按要求完成项目实训的任务）

实训项目　企业财务管理基础认知

实训目的：提高企业财务管理的感性认识，明确学习和掌握财务管理知识、技能的重要性。

实训资料：由学生收集一家企业财务管理基本情况的资料。（独立收集或小组共同收集）

实训要求：

（1）实地调查走访一家企业，了解该企业财务管理基本情况。

（2）对调查采访资料进行整理和总结，完成一份不少于1 000字的调查报告。主要内容包括：该企业财务管理的地位和作用，该企业财务管理目标，该企业财务管理的内容、工作步骤和程序。

（3）与班级同学交流学习与实训的体会。

项目二
强化观念——时间价值与风险价值

【学习目标】
- 理解资金时间价值的含义
- 学会画时间轴，能够做到在解题之前，先把时间轴画出来，用时间轴来辅助解题
- 掌握不同情况下资金时间价值的计算
- 理解风险与报酬的关系
- 掌握风险程度衡量方法和投资报酬率的计算方法
- 通过基础理论知识的学习，提高资金时间价值的认知能力
- 能运用资金时间价值的方法解决具体的财务问题
- 通过基础理论知识的学习，提高风险价值的认知能力
- 能进行简单的投资风险分析

任务一 树立资金时间价值观念

【任务描述】
资金是一种稀缺性资源，企业占有一定数量的资金，必定要合理地使用资金，会想尽办法提高其使用效率。资金时间价值的核心思想是不同时点上的资金其经济价值没有可比性，如果一个企业，没有树立起基本的资金时间价值观念，就可能会使企业在筹资、投资、营运、分配环节做出错误的决策，当然就不能合理有效地使用资金，严重的还会导致企业破产。因此，运营一个企业，必须树立资金时间价值观念。学习任务：明确单利制和复利制的区别，区分终值与现值的概念，熟悉年金的各种类型，掌握单利、复利、年金的相关运算，能运用资金时间价值的基本方法解决企业的相关实际问题。

学习引领 李明刚刚大学毕业，与朋友合租了一套住房，月租金600元，他想每月月末支付租金，但房东强烈要求每月月初支付租金。他很纳闷，不论是月初支付还是月末支付，不都是那600元嘛，房东为什么这么较真儿？

【知识准备】

一、资金时间价值的含义

资金时间价值是指资金经历一定时间的投资和再投资所增加的价值，或同一资金量在不同时点上的价值量的差额，也称为资金时间价值。

在现实经济生活中，一定量的资金在不同时点上具有不同的价值，比如年初的1元钱与

年末的1元钱具有不同的经济价值。即使不考虑通货膨胀因素，年初的1元钱在投入生产运营后，经过1年时间，企业生产出了新产品，创造出了新价值，原有的1元钱也同样产生了增值，其最终价值超过了1元钱。再比如企业将年初的1元钱存入银行，假定银行存款利率为10%，则年末企业将从银行取得1.10元，其中0.10元的差额即资金时间价值。

根据上例可以得出如下结论：

首先，资金时间价值的真正来源是工人劳动创造的剩余价值。时间价值不可能由"时间"创造，也不可能由"耐心"创造，而只能由劳动创造，即增值部分是劳动者创造的剩余价值。

其次，资金时间价值是在生产经营中产生的。马克思认为，货币只有当作资本投入生产和流通领域后才能增值，如果把它从流通中取出来，那它就凝固为贮藏货币，即使藏到世界末日，也不会增加分毫。这一精辟的论述给我们启示：并不是所有的货币都会产生时间价值，只有把货币作为资金投入生产经营才能产生时间价值。

最后，资金时间价值的表示形式有两种：一种是绝对数形式即资金时间价值额，是指资金在生产经营中带来的真实增值额；另一种是相对数形式即资金时间价值率，是指不考虑风险和通货膨胀因素的社会平均资金利润率。由于资金时间价值的存在，不同时点上的资金其经济价值不等，不能直接进行比较，所以企业在筹资决策、投资决策与资金分配决策时，必须对不同时点上的收入或支出进行换算。

二、终值和现值的概念

由于资金具有时间价值，所以发生在不同时点上的货币收支纵然从数学角度看数值相等，其经济价值也是不等的，因此不能直接进行比较，需要把它们折算到同一个时点上。在把不同时点上的货币折算到相同时点的过程中涉及两个非常重要的概念：终值和现值。

（一）终值

终值也称本利和或未来值，是把现在一定数量的资金按照某种计息方式折算到未来某一个时点上所对应的金额。

（二）现值

现值也称为本金，是指把未来某个时点上一定数量的资金按照某种计息方式折算到现在所对应的金额。

终值与现值的差额就是资金的时间价值。

为计算方便，设定如下符号：

i——利率；n——期数；I——利息；A——年金；F——终值；P——现值。

该类符号在资金时间价值的计算中具有相同的意义。

三、单利和复利的特点

（一）单利

单利是计算利息的一种制度。单利制下，无论时间多长，只有本金才可以作为计息基础，所生利息不再计入本金重复计算利息。在利率不变的前提下，单利制的特点是本金始终不变，利息各期相等。单利的计算包括单利利息、单利终值和单利现值。

（二）复利

复利也是一种计算利息的制度。复利制下，每经过一个计算期，都会将所生利息计入本金重复计算利息，俗称"利滚利"。它的特点是：不仅对本金计息，而且对前期计算出的利息也要计入本金再次计息，即每期都是以上期末的本利和为基数计算利息，除非特别说明，计息期一般为一年。复利的计算包括复利终值、复利现值和复利利息。

四、年金的含义和类型

（一）年金的含义

年金是指一定时期内等额、定期的系列收付款项。租金、利息、养老金、分期付款购物、分期偿还贷款等通常都采取年金的形式。年金按发生的时点不同，可分为普通年金、预付年金、递延年金和永续年金。

（二）年金的类型

1. 普通年金。普通年金又称后付年金，是指发生在每期期末的等额系列收付款项。

2. 预付年金。预付年金又称先付年金或即付年金，是指发生在每期期初的等额系列收付款项。

3. 递延年金。递延年金是等额系列收付款项发生在第一期以后的年金，即最初若干期没有收付款项。没有收付款项的若干期称为递延期。

4. 永续年金。永续年金是指无限期等额收付的年金，如优先股股利。永续年金没有期限。

年金的计算除永续年金没有期限无法计算终值，只有现值外，其余年金的计算均涉及终值与现值。

即问即答 各种年金有什么共同特性？它们的区别在哪里？生活中还有哪些属于年金的例子？

各种年金的共同特性表现为系列资金收付的发生均间隔期相同、资金数额相等、资金流动方向一致。

各种年金的区别主要体现为系列资金中每一笔资金发生的时点不同。

生活中，如银行存款零存整取的零存额、整存零取的零取额均属于年金。

【业务操作】

一、单利的相关运算

（一）单利利息

单利利息是指以本金为计息基数，在规定的期限内按规定的利率所计算的利息，即单利制下所产生的资金时间价值。其计算公式为：

$$I = P \cdot n \cdot i$$

[业务举例2-1] 假设李明存入银行20 000元，期限3年，年利率为8%，单利计息，则他在3年期间得到的利息额为：

$$20\ 000 \times 8\% \times 3 = 4\ 800\ （元）$$

（二）单利终值

单利终值是指现在一定数量的资金在单利计息方式下折算到未来某个时点的本利和。其计算公式为：

$$F = P \cdot (1 + i \cdot n)$$

[业务举例2-2] 李明存入银行20 000元，存期3年，年利率为8%，则3年年末的单利终值为：

$$F = 20\,000 \times (1 + 8\% \times 3) = 24\,800 \text{（元）}$$

（三）单利现值

单利现值是指将未来某一特定时期的资金按单利计息方式折算为现在的价值。其计算公式为：

$$P = \frac{F}{1 + i \cdot n}$$

[业务举例2-3] 李明拟在3年后得到本利和24 800元，银行存款利率为8%，单利计息，则他现在应存入银行的资金为：

$$P = \frac{24\,800}{(1 + 8\% \times 3)} = 20\,000 \text{（元）}$$

重要提示 单利终值和单利现值互为逆运算。

二、复利的相关运算

（一）复利终值

复利终值是指现在一定数量的资金按复利计息方式，经过若干个计息期后折算到未来某个时点上的包括本金和利息在内的未来价值。其计算公式为：

$$F = P \cdot (1 + i)^n$$

式中 $(1+i)^n$ 被称为复利终值系数或1元复利终值，用符号 $(F/P, i, n)$ 表示，可通过"复利终值系数表"查得其数值。

[业务举例2-4] 李明将20 000元存入银行，年利率为8%，则3年后其终值为：

$$\begin{aligned}F &= 20\,000 \times (1 + 8\%)^3 \\ &= 20\,000 \times (F/P, 8\%, 3) \\ &= 20\,000 \times 1.2597 \\ &= 25\,194 \text{（元）}\end{aligned}$$

（二）复利现值

复利现值是指未来一定时期的资金按复利计息方式折算到现在的价值，是复利终值的逆运算，也叫贴现。其计算公式为：

$$P = F \cdot (1 + i)^{-n}$$

式中$(1+i)^{-n}$称为复利现值系数或1元复利现值,用符号(P/F, i, n)表示,可通过"复利现值系数表"查得其数值。

[业务举例2-5] 李明拟在3年后获得本利和20 000元,假设投资报酬率为8%,则他现在应投入的资金为:

$$P = 20\ 000 \times (1+8\%)^{-3}$$
$$= 20\ 000 \times (P/F, 8\%, 3)$$
$$= 20\ 000 \times 0.7938$$
$$= 15\ 876（元）$$

(三) 复利利息

复利利息是在复利计息方式下所产生的资金时间价值,即复利终值与复利现值的差额。其计算公式为:

$$I = F - P$$

[业务举例2-6] 接[业务举例2-5],可知其复利现值即本金为15 876元,复利终值为20 000元,则其复利利息为:

$$I = 20\ 000 - 15\ 876$$
$$= 4\ 124（元）$$

名人名言 相比平平坦坦的12%,我更喜欢磕磕绊绊的15%。

——沃伦·巴菲特

三、年金的相关运算

(一) 普通年金终值

普通年金终值是指每期期末收付款项的复利终值之和。计算示意如图2-1所示。

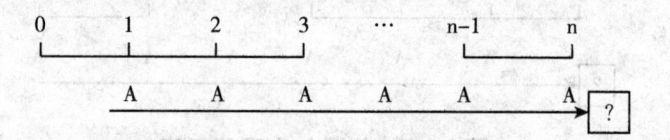

图2-1 普通年金终值示意

普通年金终值计算公式为:

$$F = A(1+i)^0 + A(1+i)^1 + A(1+i)^2 + \cdots + A(1+i)^{n-1}$$
$$= A \cdot \frac{(1+i)^n - 1}{i}$$

式中,$\frac{(1+i)^n - 1}{i}$被称为普通年金终值系数或1元年金终值,用符号(F/A, i, n)表示,可通过"年金终值系数表"查得其数值。

[业务举例2-7] 李明每年年末存入银行10 000元,年利率为6%,则4年后本利和为:

$$F = 10\ 000 \times (F/A, 6\%, 4)$$
$$= 10\ 000 \times 4.3746$$
$$= 43\ 746\ (元)$$

在已知普通年金终值、利率和期数的条件下,可反求出年金A:

$$A = F \cdot \frac{i}{(1+i)^n - 1}$$
$$= F \cdot \frac{1}{(F/A, i, n)}$$

式中,A称为偿债基金,$\frac{i}{(1+i)^n - 1}$ 和 $\frac{1}{(F/A, i, n)}$ 称为偿债基金系数,是普通年金终值系数的倒数,记作 (A/F, i, n)。它可以把普通年金终值折算为每年需要等额收付的金额。

[业务举例2-8] 某人欲在5年后还清30 000元债务,从现在起每年年末等额存入银行一笔款项。假定银行存款利率为10%,则每年需要存入银行的款项为:

$$A = 30\ 000 \times \frac{1}{(F/A, 10\%, 5)}$$
$$= 30\ 000 \times \frac{1}{6.1051}$$
$$= 4\ 913.92\ (元)$$

(二) 普通年金现值

普通年金现值是指一定时期内每期期末等额系列收付款项的复利现值之和。其计算示意如图2-2所示。

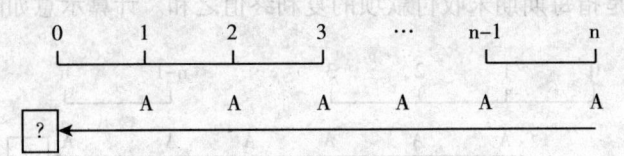

图2-2 普通年金现值示意

普通年金现值计算公式为:

$$P = A \cdot \frac{1 - (1+i)^{-n}}{i}$$

式中,$\frac{1-(1+i)^{-n}}{i}$ 被称为普通年金现值系数或1元年金现值,记为 (P/A, i, n),可通过"普通年金现值系数表"查得其数值。

[业务举例2-9] 某企业准备对现有设备进行更新改造,改造后每年年末可增加收益50 000元,假定年利率为6%,若设备还可继续使用10年,则其投资额不高于多少才合算?

$$P = 50\,000 \times (P/A, 6\%, 10)$$
$$= 50\,000 \times 7.3601$$
$$= 368\,005 \text{（元）}$$

经过计算可知，投资额不高于 368 005 元时，进行设备更新改造有利。

在已知普通年金现值、利率和期数的条件下，可以反求出年金 A：

$$A = P \cdot \frac{i}{1-(1+i)^{-n}}$$
$$= P \cdot \frac{1}{(P/A, i, n)}$$

式中，A 称为资本回收额，$\frac{i}{1-(1+i)^{-n}}$ 和 $\frac{1}{(P/A, i, n)}$ 称为资本回收系数，是普通年金现值系数的倒数，记作（A/P, i, n），它可以把普通年金现值折算为每年等额收付的资金。

[业务举例 2-10] 企业取得银行借款 200 万元，年利率 10%，期限 5 年，银行要求贷款本息等额偿还，则每年年末应偿还的款项为：

$$A = 200 \times \frac{1}{(P/A, 10\%, 5)}$$
$$= \frac{200}{3.7908}$$
$$= 52.76 \text{（万元）}$$

重要提示 普通年金终值系数与偿债基金系数互为倒数，普通年金现值系数与资本回收系数互为倒数。

（三）预付年金终值

预付年金终值是指每期期初等额系列收付款项的复利终值之和。其计算示意如图 2-3 所示。

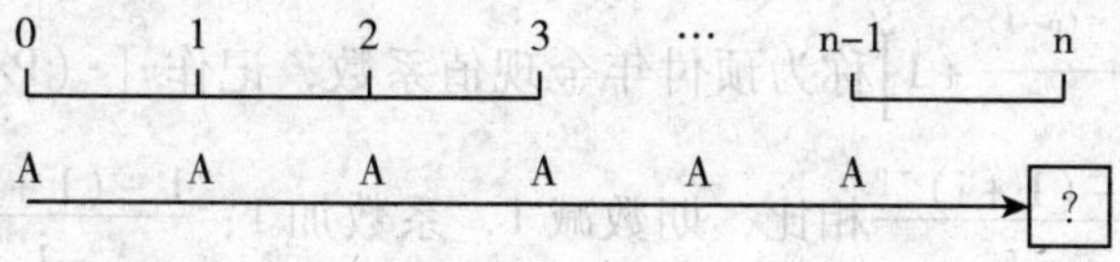

图 2-3 预付年金终值示意

预付年金终值公式为：

$$F = A \cdot \frac{(1+i)^n - 1}{i} \cdot (1+i)$$
$$F = A \cdot \left[\frac{(1+i)^{n+1} - 1}{i} - 1\right]$$

式中，$\left[\dfrac{(1+i)^{n+1}-1}{i}-1\right]$ 称为预付年金终值系数，记作 $[(F/A,i,n+1)-1]$，与普通年金终值系数 $\dfrac{(1+i)^n-1}{i}$ 相比，期数加1，系数减1；$\dfrac{(1+i)^n-1}{i}(1+i)$ 也是预付年金终值系数，记作 $[(F/A,i,n)\cdot(1+i)]$，是普通年金终值系数的 $(1+i)$ 倍。

[业务举例2-11] 某人每年初存入银行10 000元，银行存款利率为6%，问第5年末的本利和为多少？

解一：F = 10 000 × [(F/A, 6%, 6) − 1]
　　　　= 10 000 × (6.9753 − 1)
　　　　= 59 753（元）

解二：F = 10 000 × (F/A, 6%, 5) × (1 + 6%)
　　　　= 10 000 × 5.6371 × 1.06
　　　　= 59 753.26（元）

（四）预付年金现值

预付年金现值是指每期期初等额系列收付款项的复利现值之和。其计算示意如图2-4所示。

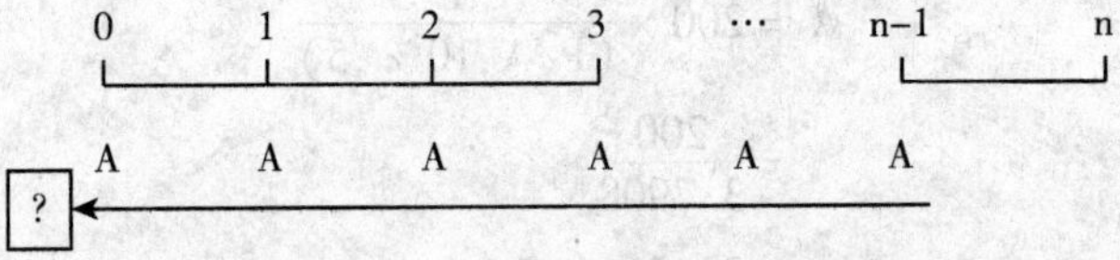

图2-4 预付年金现值示意

预付年金现值计算公式如下：

$$P = A \cdot \dfrac{1-(1+i)^{-n}}{i} \cdot (1+i)$$

或：

$$P = A \cdot \left[\dfrac{1-(1+i)^{-(n-1)}}{i}+1\right]$$

式中，$\left[\dfrac{1-(1+i)^{-(n-1)}}{i}+1\right]$ 称为预付年金现值系数，记作 $[(P/A,i,n-1)+1]$，与普通年金现值系数 $\dfrac{1-(1+i)^{-n}}{i}$ 相比，期数减1，系数加1；$\dfrac{1-(1+i)^{-n}}{i}\cdot(1+i)$ 也是预付年金现值系数，记作 $[(P/A,i,n)\cdot(1+i)]$，是普通年金现值系数的 $(1+i)$ 倍。

[业务举例2-12] 购入一台机器设备，采用分期付款方式，10年中每年年初付款10 000元，假设银行利率为8%，该台设备的现值是多少？

解一：P = 10 000 × [(P/A, 8%, 9) + 1]
　　　　= 10 000 × (6.2469 + 1)
　　　　= 72 469（元）

解二：P = 10 000 × (P/A, 8%, 10) × (1 + 8%)
　　　　= 10 000 × 6.7101 × 1.08

= 72 469（元）

（五）递延年金终值

递延期后的等额系列收付款项若发生在各期期末，则其终值计算与普通年金终值计算方法完全相同。

递延期后的等额系列收付款项若发生在各期期初，则其终值计算与预付年金终值计算方法完全相同。

通过以上两种情况的分析可知，递延年金终值的计算与递延期无关，故递延年金终值的计算不考虑递延期。

（六）递延年金现值

假设递延期为 m，递延期后发生 n 期年金，利率为 i，则递延年金现值示意如图 2-5 所示。

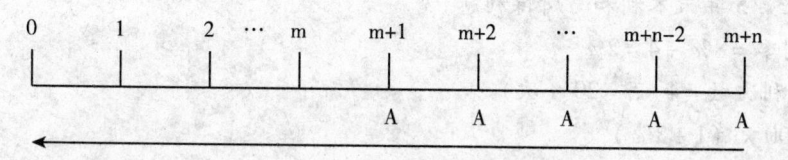

图 2-5 递延年金现值示意

递延年金现值有两种计算方法：

方法一：若递延期后年金为普通年金，则先求出递延期（m）末 n 期普通年金的现值，再依据复利现值的计算方法将此数值折算到第一期期初。公式为：

$$P = A \cdot (P/A, i, n) \cdot (P/F, i, m)$$

方法二：假设递延期也发生年金，则此时发生年金的期数为（m+n），可依据普通年金现值的计算方法求出（m+n）期普通年金的现值，再扣除递延期（m）实际并未发生年金的现值。公式为：

$$P = A \cdot [(P/A, i, m+n) - (P/A, i, m)]$$

[业务举例 2-13] 某种债券本息支付方式为从第 4 年末到第 10 年末每年末支付 2 000 元，若市场利率为 8%，求该债券的现值。

P = 2 000 ×（P/A,8%,7）×（P/F,8%,3）
　= 2 000 × 5.2064 × 0.7938
　= 8 266（元）

或：P = 2 000 ×[（P/A,8%,10）-（P/A,8%,3）]
　　= 2 000 ×（6.7101 - 2.5771）
　　= 8 266（元）

（七）永续年金现值

永续年金没有期限，因而没有终值，只需讨论它的现值。其现值公式为：

$$P = A \cdot \frac{1}{i}$$

[业务举例 2-14] 某优先股每年末分得股利 3 元，若利率为 10%，则该优先股价值为：

$$P = 3 \times \frac{1}{10\%} = 30 （元）$$

四、时间价值计量中的特殊问题

（一）计息期短于 1 年时时间价值的计量

终值与现值的计息期并不一定总是 1 年，有时会遇到计息期短于 1 年的情况。比如，债券每半年付息一次，股利每季度支付一次等，这就需要以半年、季度甚至天数作为计息期，此时给出的年利率为名义利率。

[业务举例 2-15] 某人将 10 000 元投资于一项目，投资期 5 年，年利率 8%，每季度复利一次，求第 5 年末本利和与所得利息。

每季度利率 = 8% ÷ 4 = 2%

5 年内复利次数 = 4 × 5 = 20（次）

$F = 10\,000 \times (1 + 2\%)^{20}$

　　$= 10\,000 \times 1.4859$

　　$= 14\,859$（元）

$I = F - P$

　　$= 14\,859 - 10\,000$

　　$= 4\,859$（元）

[业务举例 2-16] 某人将 10 000 元投资于一项目，投资期 5 年，年利率 8%，每年复利一次，求第 5 年末本利和与所得利息。

$F = 10\,000 \times (1 + 8\%)^5$

　　$= 10\,000 \times 1.4693$

　　$= 14\,693$（元）

$I = F - P$

　　$= 14\,693 - 10\,000 = 4\,693$（元）

由以上两例可以得知，当 1 年内复利若干次时，实际所得利息要比 1 年复利一次计算的利息高。[业务举例 2-15] 的利息 4 859 元，比 [业务举例 2-16] 的利息多 166 元，说明当本金、期限、年利率都相同的情况下，由于年计息次数不同，会引起实际利率与名义利率的差别，一般给定的年利率是名义利率，实际利率可用下述方法计算：

$F = P \cdot (1 + i)^n$

$14\,859 = 10\,000 \times (1 + i)^5$

$(1 + i)^5 = 1.4859$，即 $(F/P, i, 5) = 1.4859$

查复利终值系数表得：

$(F/P, 8\%, 5) = 1.4693$

$(F/P, 9\%, 5) = 1.5386$

用插值法可求出实际利率，其计算公式为：

$$i = i_1 + \frac{B - B_1}{B_2 - B_1} \times (i_2 - i_1)$$

式中：i——所求利率；B——i 对应的现值（或终值）系数；B_1、B_2——现值（或终值）系数表 B 相邻的系数；i_1、i_2——B_1、B_2 对应的系数。

$$i = 8\% + \frac{1.4859 - 1.4693}{1.5386 - 1.4693} \times (9\% - 8\%) = 8.24\%$$

显然，当 1 年复利若干次时，实际利率高于名义利率，二者之间的换算关系如下：

$$i = \left(1 + \frac{r}{M}\right)^M - 1$$

式中：r——名义利率；M——每年复利次数；i——实际利率。

依上例，$i = \left(1 + \frac{8\%}{4}\right)^4 - 1 = 8.24\%$

（二）反求利率

前面介绍的关于终值与现值的计算，都假定利率是给定的，但在财务管理中，经常会碰到已知期数、终值和现值，反求贴现率的问题。

[业务举例 2-17] 某人把 1 000 元存入银行，按复利计息，若要在 10 年后获得本利和 2 593.7 元，存款利率应为多少？

$F = P \cdot (1+i)^n$
$2\ 593.7 = 1\ 000 \times (1+i)^{10}$
$(1+i)^{10} = 2.5937$

查复利终值系数表，与 n = 10 相对应的贴现率中，10% 的系数为 2 593.7，故贴现率为 10%。

[业务举例 2-18] 某人现在向银行存入 5 000 元，复利制下，当利率为多少时，才能保证在以后 10 年中每年末得到 750 元？

$5\ 000 = 750 \times (P/A, i, 10)$
$(P/A, i, 10) = 6.6667$

查年金现值系数表得：当利率为 8% 时，系数为 6.7101；当利率为 9% 时，系数为 6.4177。可知所求利率必然介于 8%~9% 之间，运用插值法计算如下：

$$\lambda' = 8\% + \frac{6.6667 - 6.7101}{6.4177 - 6.7101} \times (9\% - 8\%) = 8.15\%$$

则贴现率为 8.15%。

以上介绍了资金时间价值的基本计算方法，该方法在长期投资决策、证券评价等方面具有广泛的用途。随着企业财务管理工作的日益复杂，投资、筹资主体的多元化，资金时间价值观念的应用将会日趋广泛。

经典案例

一诺百万的玫瑰花之约

拿破仑 1793 年 3 月在卢森堡第一国立小学演讲时说了这样一番话："为了答谢贵校对我，尤其是对我夫人约瑟芬的盛情款待,我不仅今天呈上一束玫瑰花,并且在未来的日子里,只要我们法兰西存在一天,每年的今天我将亲自派人送给贵校一束价值相等的玫瑰花,作为法兰西与卢森堡友谊的象征。"

时过境迁,拿破仑穷于应付连绵的战争和此起彼伏的政治事件,最终惨败而被流放到圣赫勒那岛,把对卢森堡的诺言忘得一干二净。可卢森堡对这位欧洲巨人与卢森堡亲切、和谐相处的一刻念念不忘,并载入他们的史册。1984年年底,卢森堡旧事重提,向法国提出违背"赠送玫瑰花诺言案"的索赔:要么从1794年起,用3个路易作为一束玫瑰花的本金,以5厘复利息全部清偿这笔玫瑰案;要么法国政府在法国各大报刊上公开承认拿破仑是个言而无信的小人。

起初,法国政府准备不惜重金赎回拿破仑的声誉,但却又被计算机算出的数字惊呆了:原本3个路易的许诺,本息竟高达1 375 596法郎。

经过苦思冥想,法国政府斟词酌句的答复是:"以后,无论在精神上还是物质上,法国将始终不渝地对卢森堡大公国的中小学教育事业予以支持与赞助,来兑现我们的拿破仑将军那一诺千金的玫瑰花信誉"。这一举措最终得到了卢森堡人民的谅解。

资料来源:根据周倩、杨富云:《酒店财务管理实务》,清华大学出版社、北京交通大学出版社2011年版编写。

任务二 树立投资风险价值观念

【任务描述】

在企业的经济活动中,风险无处不在。如果冒险没有额外补偿,那么将没有企业愿意冒险进行投资,根据风险收益对等原则,企业所冒风险越大,所得收益应该越高;相反,所冒风险越小,所得收益应该越小。那么,如何衡量企业在经济活动中所承担风险的程度,如何根据风险程度确定企业应该获得的收益,如何根据风险价值观念做出正确决策对企业而言就显得尤为重要。学习任务:了解风险的特征,掌握风险程度的衡量方法,理解风险与收益的关系并能确定风险收益率和投资收益率,能根据风险价值观念的基本方法进行投资方案风险大小的比较与方案的择优决策。

学习引领 李明领到了第一个月的工资3 000元,在扣除基本生活费1 000元后,还有2 000元节余。他不知道把这2 000元是存到银行还是用来购买股票,因此就分别打听到了各自的收益率,如果存到银行利息率为3.5%,如果用来投资股票收益率为4%,得知这一消息后,李明毫不犹豫地选择了把钱存到银行。为什么分明股票收益率高于银行存款利息率,李明还要选择低收益率的银行存款呢?

【知识准备】

一、风险的含义

风险是指在特定时期和特定的环境下,某一事件结果的不确定性。财务管理意义上的风险是指企业在各项财务活动中,由于各种难以预料或无法控制的因素作用,使企业的实际收益与预计收益发生背离,从而蒙受经济损失的可能性。

二、风险的种类

企业面临的风险主要有两种:市场风险和企业特有风险。

（一）市场风险

市场风险，也称为系统性风险、不可分散风险，是指影响所有企业的风险。它由企业的外部因素引起，是企业无法控制、无法分散，并涉及所有投资对象的一种风险，如战争、自然灾害、利率的变化、经济周期的变化等。

（二）企业特有风险

企业特有风险，也称为非系统性风险、可分散风险，是指个别企业的特有事件造成的风险。它是随机发生的，只与个别企业和个别投资项目有关，不涉及所有企业和所有项目，是可以分散的，如产品开发失败、销售份额减少、工人罢工等。非系统性风险根据风险形成的原因不同，又分为经营风险和财务风险。

1. 经营风险。经营风险是指由于企业生产经营条件的变化对企业收益带来的不确定性，又称商业风险。这些生产经营条件变化的原因可能来自企业内部，也可能来自企业外部，如顾客购买力发生变化、竞争对手增加、政策变化、产品生产方向不对路、生产组织不合理等。这些内外因素，使企业的生产经营产生不确定性，最终引起收益的变化。

2. 财务风险。财务风险是指由于企业举债而给财务成果带来的不确定性，又称筹资风险。企业借款虽然可以解决资金短缺的问题、提高自有资金的盈利能力，但也改变了企业的资本结构和自有资金利润率，还要还本付息，并且借入资金所获得的利润是否大于支付的利息额，具有不确定性，因此借款就有风险。在全部资金来源中，借入资金所占的比重大，企业的财务负担就重，风险程度也就加大；借入资金所占的比重小，企业的财务负担就轻，风险程度也就减轻。因此，企业必须确定合理的资本结构，既要提高资金的盈利能力，又要防止财务风险加大。

三、风险的特征

（一）风险是对未来事项而言的

已发生的、确定的事项是不存在风险的。企业进行筹资、投资、分配等活动，其未来的结果往往是不确定的，需要决策者做出预测并在预测的基础上进行决策，需要承担一定的风险。

（二）风险可以计量

风险的大小可以通过风险程度来计量，未来事件的风险程度与其持续时间的长短、未知因素的多少，人们对其后果的把握程度有关。一般来说，未来事件的持续时间越长，涉及的未知因素越多或人们对其把握越小，风险程度越大。

（三）风险具有价值

存在风险的经营行为其结果是不确定的，但这种风险并不只意味着损失，它也可能带来收益。人们之所以愿意冒风险进行投资，正是因为风险投资可以得到超过资金时间价值的报酬——风险报酬作为补偿。一般来说，风险越大，风险报酬越高，可见，风险具有价值。

【业务操作】

一、衡量单项资产风险程度

（一）衡量单项资产风险程度的步骤

1. 确定概率分布。在经济活动中，某一事件在相同的条件下可能发生也可能不发生，这类事件称为随机事件。概率就是用来表示随机事件发生可能性大小的数值。通常把必然发生的事件的概率定为1，把不可能发生的事件的概率定为0，而把一般随机事件的概率定为0和1之间的一个数。某种事件概率越大，表明该种事件发生的可能性越大。把所有可能的事件或结果都列示出来，且每一事件或结果都给予一定的概率，便构成了概率分布。

概率分布必须满足以下两个条件：

（1）所有的概率都在0与1之间，即$0 \leq P_i \leq 1$；

（2）所有概率之和等于1，即$\sum P_i = 1$。

2. 确定期望收益。期望收益是某一方案各种可能的收益，以其相应的概率为权数进行加权平均所得到的收益，也称预期收益，它反映了随机变量取值的平均化。其计算公式如下：

$$\bar{K} = \sum_{i=1}^{n} P_i \cdot K_i$$

式中：$\bar{K}$——期望收益；P_i——第i种可能结果的概率；K_i——第i种可能结果的收益；n——可能结果的个数。

3. 确定标准差。统计学中表示随机变量离散程度的指标包括方差、标准差、标准离差率和全距等，通常用标准差和标准离差率反映投资的风险程度。

标准差也叫均方差，是反映各种概率下的收益偏离期望收益的一种综合差异量度，是方差的平方根。其计算公式如下：

$$\delta = \sqrt{\sum_{i=1}^{n}(K_i - \bar{K})^2 \cdot P_i}$$

式中，δ表示期望收益的标准差，其他符号同前。

4. 确定标准离差率。标准离差率是标准差与期望收益的比值，是反映不同概率下收益或收益率与期望收益离散程度的一个相对指标，可用来比较期望收益不同的各投资项目的风险程度。比较方法为：标准离差率越大，风险程度越大；反之，则风险程度越小。其计算公式如下：

$$V = \frac{\delta}{\bar{K}} \times 100\%$$

式中，V表示标准离差率，其他符号同上。

即问即答　标准差和标准离差率作为衡量风险程度的指标有什么区别？

标准差是衡量风险程度的绝对数指标，当备选方案期望收益相同时标准差越大，风险越大；标准差越小，风险越小。但是当备选方案期望收益不同时，则不能用标准差的大小来评价方案风险的大小。

标准离差率是衡量风险程度的相对数指标，不论备选方案期望收益是否相同，都可以得到标准离差率越大，风险越大；标准离差率越小，风险越小的结论。

当备选方案期望收益相同时，标准差和标准离差率判断风险大小的结论是一致的。

（二）单项资产风险程度衡量的应用

[业务举例2-19] 康源公司的一个投资项目有甲、乙两个方案，投资额均为100万元，

其收益的概率分布如表 2-1 所示。

表 2-1　　　　　　　　　甲、乙投资方案收益情况表　　　　　　　　单位：万元

经济情况	概率（P_i）	年收益（X_i）	
		甲方案	乙方案
繁荣	0.2	20	35
一般	0.5	10	10
衰退	0.3	5	-5

（1）分别计算甲、乙方案的期望收益：

$\bar{K}$（甲）$= 20 \times 0.2 + 10 \times 0.5 + 5 \times 0.3$
　　　　$= 10.5$（万元）

$\bar{K}$（乙）$= 35 \times 0.2 + 10 \times 0.5 + (-5) \times 0.3$
　　　　$= 10.5$（万元）

甲、乙方案的预期收益都是 10.5 万元，但其概率分布不同，甲方案的收益分散程度较小，变动范围在 5 万～20 万元之间，各种概率下的收益分布比较集中；乙方案的收益分散程度较大，其变动范围在 -5 万～35 万元之间，各种概率下的收益分布比较分散。这说明两个方案虽然预期收益相同，但风险是不同的。为了定量地衡量风险程度，需要进一步计算标准差。

（2）分别计算甲、乙方案的标准差：

δ（甲）$= \sqrt{(20-10.5)^2 \times 0.2 + (10-10.5)^2 \times 0.5 + (5-10.5)^2 \times 0.3}$
　　　　$= 5.22$（万元）

δ（乙）$= \sqrt{(35-10.5)^2 \times 0.2 + (10-10.5)^2 \times 0.5 + (-5-10.5)^2 \times 0.3}$
　　　　$= 13.87$（万元）

标准差是反映不同概率下收益或收益率偏离期望收益的程度，标准差越小，表明离散程度越小，风险也就越小，但标准差是反映随机变量离散程度的绝对指标，只能用于期望收益相同时不同方案风险的比较；如果各方案期望收益不同，则需要计算标准离差率。甲、乙方案的期望收益相同，甲方案的标准差小于乙方案的标准差，由此可以断定甲方案的风险小于乙方案。

（3）甲、乙方案的标准离差率分别为：

V（甲）$= \dfrac{5.22}{10.5} \times 100\% = 49.71\%$

V（乙）$= \dfrac{13.87}{10.5} \times 100\% = 132.10\%$

显然，乙方案的标准离差率大于甲方案的标准离差率，说明乙方案风险大于甲方案。本例中，采用标准差和标准离差率所得结论一致，是因为备选方案期望收益相同，如果备选方案期望收益不同，则必须采用标准离差率衡量风险。

二、计量单项资产投资报酬率

（一）计量单项资产投资风险报酬率

1. 投资风险价值的含义。投资风险价值是投资者因承担风险而要求得到的额外报酬。风险价值有风险报酬额和风险报酬率两种表示方式，通常用风险报酬率表示。风险报酬额是指投资者因冒风险进行投资而获得的超过时间价值的额外报酬；风险报酬率是风险报酬额与原投资额的比率。

2. 投资风险报酬率的计量。标准离差率仅反映一个投资项目的风险程度，并未反映真正的风险价值，要将其换算为风险报酬率必须借助于一个转换系数——风险价值系数，又称为风险报酬率。其换算公式如下：

$$R_r = b \cdot V$$

式中：R_r——风险报酬率；b——风险价值系数；V——标准离差率。

3. 确定风险价值系数。

（1）参照以往同类项目的有关数据，根据上述公式确定。根据以往同类项目的有关数据可以计算出风险价值系数，作为计算本项目的依据。由于投资报酬率由无风险报酬率和风险报酬率两部分构成，而风险报酬率又受到标准离差率和风险价值系数的影响，它们之间的关系可表示如下：

$$R = R_f + R_r = R_f + b \cdot V$$

式中：R——投资报酬率；R_f——无风险报酬率；其他字母含义同前。

由上式可导出：

$$b = \frac{R - R_f}{V}$$

（2）由企业领导或专家确定。以上第一种方法必须是在历史资料比较充分的情况下才能运用。如果缺乏历史资料，则可由企业领导如财务经理、总会计师等根据经验加以确定，也可以组织专家确定。风险价值系数的高低，在很大程度上取决于各公司对待风险的态度，一般敢于承担风险的公司，该系数会定得略低。

（3）由国家有关部门组织专家确定。国家财政、银行、证券等管理部门可组织有关方面的专家，根据各行业的条件和相关因素，确定各行业的风险价值系数。

[业务举例2-20] 接 [业务举例2-19]，设甲、乙方案的风险价值系数分别为7%和8%，则两方案的风险报酬率分别为：

R_r（甲）= 7% × 49.71% = 3.48%

R_r（乙）= 8% × 132.10% = 10.57%

（二）计量单项资产投资报酬率

投资报酬率由无风险报酬率和风险报酬率组成，其中无风险报酬率是加上通货膨胀补偿率的资金时间价值。计算公式如下：

$$R = R_f + R_r = R_f + b \cdot V$$

式中字母含义同前。

[业务举例 2-21] 接 [业务举例 2-20] 假定无风险报酬率为6%，则甲、乙方案的投资报酬率分别为：

R（甲）= 6% + 7% × 49.71% = 9.48%

R（乙）= 6% + 8% × 132.10% = 16.57%

三、分析判定投资方案的可行性

（一）预测投资报酬率

上述公式计算的风险报酬率是一种应得风险报酬率，是指与一定风险程度相当的风险报酬率，对投资者而言，它只是衡量一个投资项目是否值得投资的依据，并未反映投资项目真正的风险报酬水平。通过预测投资方案的风险报酬率，并与应得的风险报酬率相比较，就可以判断出企业所冒风险进行投资而预计得到的报酬是否与风险程度相当。其计算公式如下：

$$预测投资报酬率 = \frac{期望收益值}{投资额} \times 100\%$$

$$预测风险报酬率 = 预测投资报酬率 - 无风险报酬率$$

（二）判别方案可行与否的标准

当一个方案预测风险报酬率 > 应得风险报酬率或预测投资报酬率 > 应得投资报酬率时，方案可行，反之，则不可行。

[业务举例 2-22] 根据 [业务举例 2-20] 和 [业务举例 2-21]，分别计算甲、乙方案的预测风险报酬率为：

$$预测风险报酬率（甲）= \frac{10.5}{100} \times 100\% - 6\% = 4.5\%$$

$$预测风险报酬率（乙）= \frac{10.5}{100} \times 100\% - 6\% = 4.5\%$$

根据前例计算结果可知：

甲方案预测风险报酬率 4.5% > 应得风险报酬率 3.48%

乙方案预测风险报酬率 4.5% < 应得风险报酬率 10.57%

说明甲方案投资所得报酬足以弥补所冒的风险，符合投资原则；而乙方案投资所得报酬不足以弥补所冒风险，更谈不上会产生收益，属于高风险、低报酬项目，不予考虑。

经典案例

TCL 的跨国并购之痛

TCL 集团是中国最大的消费类电子企业集团，它的国际化战略在发展中国家取得相当的成功后，通过收购破产企业在欧盟国家设立分支机构，将国际化重心移往发达国家。2002 年，TCL 总部与德国施耐德电器有限公司破产管理人达成资产收购协议；2004 年，TCL 收购汤姆逊公司，按照约定，TCL 要持续接受合并期内汤姆逊的亏损，这使 TCL 承受了巨大的财务风险。2005 年财报显示，TCL 亏损总额高达 11.39 亿元，主要亏损来源于并购的法国汤姆逊、阿尔卡特资产。董事长李东生表示，公司实现盈利的难度比原来预期要大。2007 年，TCL 提出回归本土，开始迈向重生。综观 TCL 的并购失败，其主要原因在于风险失控,巨大的整合成本超出了TCL的预期,致使TCL现金流不断流失。

资料来源:根据张玉明:《财务金融案例》,清华大学出版社2010年版编写。

项目小结

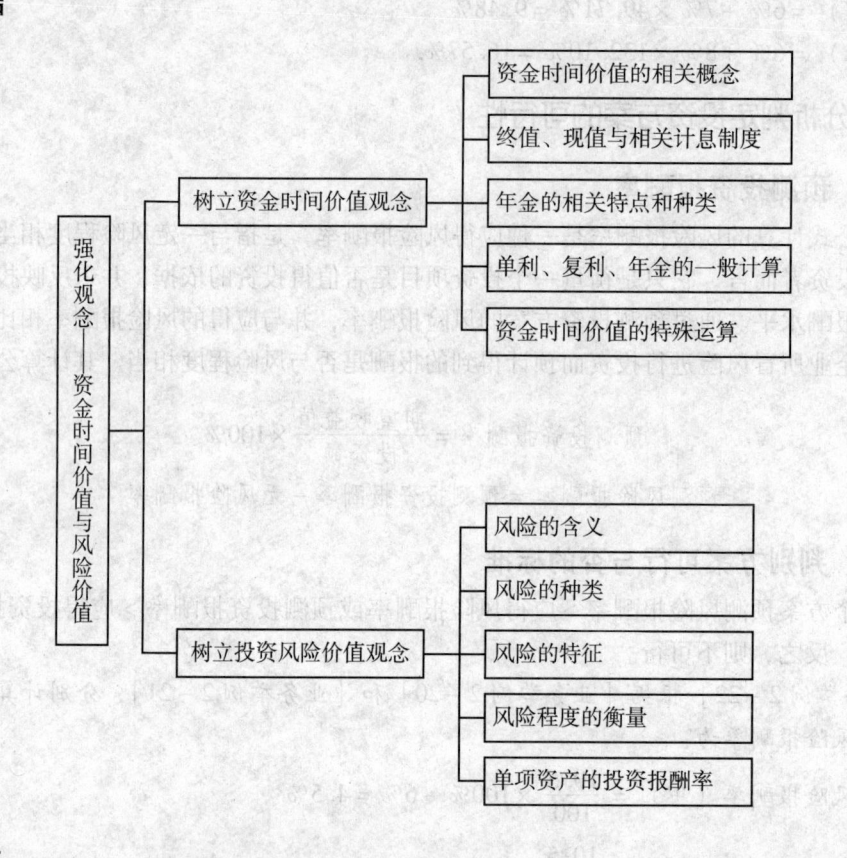

```
强化观念——资金时间价值与风险价值
├── 树立资金时间价值观念
│   ├── 资金时间价值的相关概念
│   ├── 终值、现值与相关计息制度
│   ├── 年金的相关特点和种类
│   ├── 单利、复利、年金的一般计算
│   └── 资金时间价值的特殊运算
└── 树立投资风险价值观念
    ├── 风险的含义
    ├── 风险的种类
    ├── 风险的特征
    ├── 风险程度的衡量
    └── 单项资产的投资报酬率
```

职业训练

一、判断(正确的在括号内打"√",错误的打"×")

1. 一般来说,资金时间价值是指没有通货膨胀条件下的投资报酬率。( )
2. 在两个方案对比时,标准离差率越大,说明风险越大;同样,标准离差越大,说明风险也一定越大。( )
3. 风险报酬系数是将标准离差率转化为风险报酬率的一种系数。( )
4. 复利终值与现值成正比,与计息期和利率成反比。( )
5. 永续年金现值是年金数额与贴现率的倒数之积。( )
6. 资金时间价值是时间创造的,因此,所有的资金都有时间价值。( )
7. 标准离差是反映随机变量离散程度的一个指标,但它只能用来比较期望收益率相同的各项投资的风险程度。( )
8. 某期即付年金现值系数等于($1+i$)乘以同期普通年金现值系数。( )
9. 在有关资金时间价值指标的计算过程中,普通年金现值与普通年金终值是互为逆运算的关系。( )
10. 在现值和利率一定的情况下,计息期数越少,则复利终值越大。( )
11. 名义利率指一年内多次复利时给出的年利率,它等于每个计息周期的利率与年内复

利次数的乘积。（　　）

12. 年金是指每隔一年、金额相等的一系列现金流入量或流出量。（　　）

13. 在没有通货膨胀时，无风险收益率等于资金时间价值；在存在通货膨胀时，无风险收益率小于资金时间价值。（　　）

14. 即付年金和普通年金的区别在于计息时间与付款时间的不同。（　　）

15. 若使复利终值经过4年后变为本金的2倍，每半年计息一次，则年利率应为18.10%。（　　）

二、选择（下列答案中有一项或多项是正确的，将正确答案前的英文字母填入括号内）

1. 下列各项中，代表先付年金现值系数的是（　　）。
   A. [（P/A, i, n+1）+1]　　　　B. [（P/A, i, n+1）−1]
   C. [（P/A, i, n−1）−1]　　　　D. [（P/A, i, n−1）+1]

2. 企业在4年内每年末存入银行1 000元，银行每年利率为9%，4年后可从银行提取的款项为（　　）。
   A. 3 000元　　B. 1 270元　　C. 4 573元　　D. 2 634元

3. 为比较期望收益率不同的两个或两个以上的方案的风险程度，采用的标准是（　　）。
   A. 标准离差　　B. 标准离差率　　C. 概率　　D. 风险报酬率

4. 企业年初借得50 000元贷款，10年期，年利率12%，每年末等额偿还。已知年金现值系数（P/A, 12%, 10）=5.6502，则每年应付金额为（　　）元。
   A. 8 849　　B. 5 000　　C. 6 000　　D. 28 251

5. 某人每年年初存入银行1 000元，年利率7%，则第4年末得到的本利和为（　　）元。
   A. 4 439.9　　B. 3 750.7　　C. 4 280　　D. 4 750.7

6. 在10%利率下1~3年期的复利现值系数分别为0.9091、0.8264、0.7513，则3年期年金现值系数为（　　）。
   A. 2.4868　　B. 1.7355　　C. 0.5644　　D. 0.7513

7. 关于递延年金，下列说法中不正确的是（　　）。
   A. 递延年金无终值，只有现值
   B. 递延年金终值计算方法与普通年金终值计算方法相同
   C. 递延年金终值大小与递延期无关
   D. 递延年金的第一次支付是发生在第一期末的若干期以后

8. 某项目从现在开始投资，2年内没有回报，从第3年开始每年末获利额为A，获利年限为5年，则该项目利润的现值为（　　）。
   A. A×(P/A,i,5)×(P/F,i,3)
   B. A×(P/A,i,5)×(P/F,i,2)
   C. A×(P/A,i,7) − A×(P/A,i,2)
   D. A×(P/A,i,7) − A×(P/A,i,3)

9. 对于资金时间价值来说，下列选项中（　　）表述是正确的。
   A. 资金时间价值不可能由时间创造，而只能由劳动创造

B. 资金时间价值是对投资者推迟消费的耐心给予的回报

C. 资金时间价值的相对数是扣除风险报酬和通货膨胀贴水后的平均资金利润率

D. 只有把货币作为资金投入生产经营中,才能产生时间价值

10. 在财务管理中,衡量风险大小的指标有（　　）。

　　A. 标准离差　　　B. 标准离差率　　　C. β系数　　　D. 期望报酬率

11. 若甲的预期收益值高于乙的预期收益值,且甲的标准差小于乙的标准差,下列表述中不正确的是（　　）。

　　A. 甲的风险小,应选择甲方案

　　B. 乙的风险小,应选择乙方案

　　C. 甲的风险与乙的风险相同

　　D. 难以确定,因预期收益值不同,需进一步计算标准离差率

12. 某公司拟购置一处房产,付款条件是:从第4年开始,每年年初支付10万元,连续支付10次,共100万元。假设该公司的资金成本率为10%,则相当于该公司现在一次付款的金额为（　　）万元。

　　A. $10 \times [(P/A,10\%,12) - (P/A,10\%,2)]$

　　B. $10 \times [(P/A,10\%,10) \times (P/F,10\%,2)]$

　　C. $10 \times [(P/A,10\%,13) - (P/A,10\%,3)]$

　　D. $10 \times [(P/A,10\%,13) \times (P/F,10\%,3)]$

13. 投资报酬率的构成要素包括（　　）。

　　A. 通货膨胀率　　B. 资金时间价值　　C. 投资成本率　　D. 风险报酬率

14. 甲某拟存入一笔资金以备3年后使用,假定银行3年期存款年利率为5%,甲某3年后需用的资金总额为34 500元,则在单利计息的情况下,目前需存入的资金为（　　）元。

　　A. 30 000　　　B. 29 803.04　　　C. 32 857.14　　　D. 31 500

15. 某企业为归还5年后的一笔债务,从现在起,每年初存入银行10 000元,若年利率为10%,该笔存款的本利和为（　　）元。

　　A. 77 160　　　B. 37 908　　　C. 67 156　　　D. 41 670

三、实训（按要求完成实训任务）

项目实训一　偿债基金的计算

实训目的:加深对普通年金和预付年金的理解,熟悉偿债基金计算过程中先付和后付的区别。

实训资料:康源公司因投资需要向银行借入一笔款项,预计10年后还本付息总额为100 000元。为如期归还该借款,A公司拟在各年提取相等数额的偿债基金。假定银行借款利率为8%。

实训要求:

(1) 计算A公司每年末提取的偿债基金数额;

(2) 计算A公司每年初提取的偿债基金数额。

项目实训二 递延年金现值的计算与运用

实训目的：加深递延年金现值的计量，熟练运用公式计算不同类型的递延年金现值。

实训资料：康源公司购入一套设备，付款条件为：前5年不用支付任何款项，从第6年至第15年每年末支付50 000元，假定市场利率为10%。

实训要求：

(1) 计算购买该设备相当于现在一次性付款的数额；

(2) 如果B企业于第6年至第15年每年初付款，则该设备的现值应为多少？

项目实训三 实际利率与名义利率的换算

实训目的：熟练掌握当一年复利若干次时，名义利率与实际利率的换算关系。

实训资料：C债券的年利率为12%，每季度复利一次。

实训要求：

(1) 计算C债券的实际利率；

(2) 如果D债券每半年复利一次，且要与C债券的实际利率相同，计算其名义利率。

项目实训四 风险程度的衡量

实训目的：深化风险程度衡量方法的应用，熟练掌握风险报酬率的计量。

实训资料：假设你是一家公司的财务经理，你所在的公司准备对外投资，现有A、B、C三家公司可供选择，相关资料如下：

市场状况	概率	A 投资报酬率	B 投资报酬率	C 投资报酬率
较好	0.3	40%	50%	60%
一般	0.5	20%	20%	20%
较差	0.2	0	-15%	-30%

A公司的风险价值系数为8%，B公司的风险价值系数为9%，C公司的风险价值系数为10%。

实训要求：假设你是一名稳健的投资者，试通过计算做出投资决策。

项目三
建好标准——财务预算管理

【学习目标】
- 熟悉财务预算管理的基本概念
- 认知企业财务预算管理的意义及地位
- 掌握财务预算编制的基本方法
- 理解各种财务预算方法的优缺点及适用范围
- 会收集、整理企业编制财务预算所需资料
- 能够根据企业特点选用不同的预算编制方法
- 能够运用财务预算方法根据收集、整理的资料编制企业财务预算
- 能够撰写简明扼要的企业财务预算报告书

任务一 掌握财务预算方法

【任务描述】

企业经营管理的中心是资金,企业财务管理的核心是资金,所以做好资金管理,正确编制财务预算,使企业的"血液"能够正常运转,是企业经营管理的一项核心工作。那么,企业应该如何编制财务预算?在财务管理中,企业应根据行业及企业特点,选用不同的财务预算方法完成其财务预算的编制。学习任务:熟悉财务预算管理的基本概念,认知企业财务预算管理的意义及地位,掌握财务预算编制方法,并能根据企业特点选择适当的预算方法完成企业财务预算的编制工作。

学习引领 2013年9月,财务经理准备完成企业2014年财务预算编制工作,要求刚刚大学毕业步入工作岗位的财务人员李明协助其完成预算编制工作。李明心里没底:为企业财务预算工作需要准备哪些资料?如何编制财务预算?

【知识准备】

一、财务预算的概念与地位

(一)财务预算的概念及意义

财务预算是一系列专门反映企业未来一定预算期内预计财务状况和经营成果,以及现金收支等价值指标的各种预算的总称。财务预算具体包括现金预算、利润表预算、资产负债表预算等内容。

财务预算是财务计划工作的成果,它既是财务决策的具体化,又是控制企业经营活动的

依据。编制财务预算，对搞好企业财务工作、实现财务目标具有重要意义。

1. 财务预算可以使企业管理层明确工作目标。财务预算的编制为企业确立了一个可执行的明确目标，是企业经营行为的指路灯和坐标，能够使企业管理层在制订经营计划时更具有前瞻性，以保证企业在运行过程中始终与目标方向一致。

2. 财务预算可以实现企业资源的有效配置。由于企业资源有限，通过编制财务预算可以将企业资源分配给获利能力相对较强的相关部门或项目、产品。

3. 财务预算可以作为日常控制的标准和依据。预算一经制定，就要付诸实施。在预算执行过程中，财务部门要把实际执行情况和预算进行对比，发现差异，分析原因，并采取必要的措施，会同企业各相关部门，协调各部门、各单位和各环节的业务活动，减少乃至消除它们之间可能出现的矛盾和冲突，使企业的产供销和人财物始终处于最佳平衡状态，保证预算的顺利完成。

4. 财务预算可以作为绩效考核的标准。通过预算建立绩效考核体系，可以帮助企业各部门管理者做好绩效考核工作，正确评价企业的财务成果。

名人名言 预算不是一个钱柜，而是一个洒水器：它抽上来又洒出去的水越多，国家就越繁荣。

——［法］巴尔扎克

（二）财务预算在全面预算体系中的地位

企业全面预算体系包括业务预算、专门决策预算和财务预算，其是用来规划计划期内企业的全部经营活动及其成果，也是企业计划与控制管理的核心组成部分。其中，业务预算是指企业日常发生的各项具有实质性经营内容的基本活动的预算，主要包括销售预算、生产预算、直接材料预算、直接人工预算、制造费用预算、销售费用及管理费用预算等；专门决策预算又叫特种决策预算，是指企业不经常发生的、需要根据特定决策临时编制的一次性的预算。

财务预算是企业全面预算体系的一个重要组成部分，财务预算以其他预算为基础，与其他预算紧密联系在一起，而企业各种业务预算和专门决策预算最终都综合反映在财务预算中。因此，财务预算在企业全面预算体系中居于核心地位。企业全面预算是一个数字相互衔接的整体，是一系列预算构成的体系，各项预算之间的相互联系如图3-1所示。

重要提示 认识误区一：预算就是预测！预测是企业对未来一段时间内销售收入、成本等指标的预计或估计，是预算的关键数据来源。

认识误区二：财务预算就是一套最终反映企业下一年经营成果、财务状况及现金流量的具体表格！财务预算是企业全面预算体系的核心部分，是企业经营战略目标与经营绩效之间联系的工具，主要用于衡量与监控企业及各部门的经营绩效，以确保最终实现企业的战略目标，故扮演着战略监控的角色。

二、财务预算编制的程序

企业根据经营目标，科学合理地规划、预计未来经营成果、现金流量变动及财务状况，并以会计报告的形式将有关数据系统反映的工作流程，称为财务预算编制。企业财务预算的期间一般为一年，并与企业的会计年度保持一致，以便于经营过程中对财务预算执行情况进行监督、检查、分析。

```
                    企业经营目标
                         │         长期销售预算
                         ▼       ┌──────┐
                      销售预算────┤      ├─────────┐
                         │       ▼              ▼
                         │    资本支出预算   一次性专门
                         ▼                     业务预算
         期末存货预算──生产预算
                         │
                         ▼
                   产品成本预算        费用预算
                         │               │
                         ▼               ▼
                         财务预算
              （包括现金预算、利润表预算、资产负债表预算等）
```

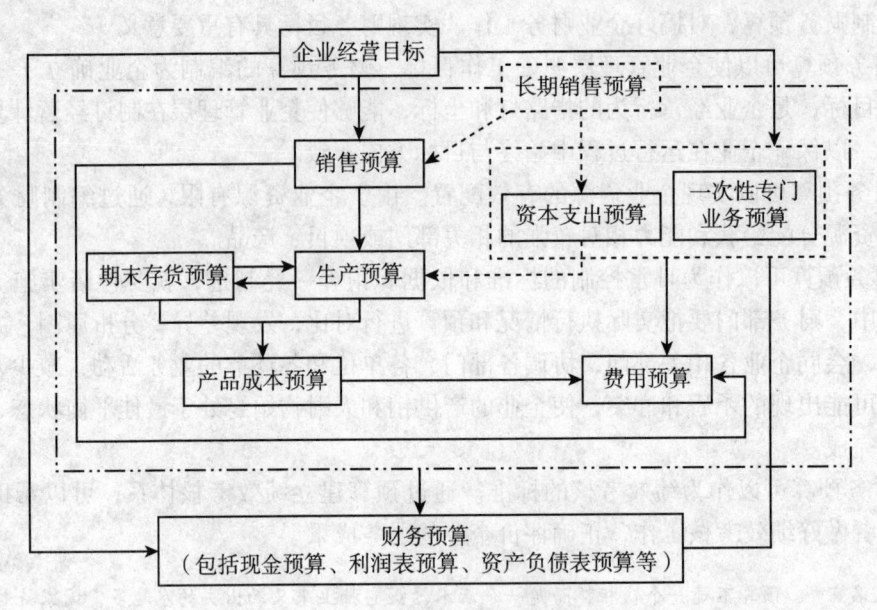

图 3-1　企业全面预算体系

企业财务预算的编制程序可以采用自上而下，也可以采用自下而上，或者是上下结合的方式。目前，大多数企业财务预算采用的是上下结合的方式，即"上下结合、分级编制、逐级汇总"的程序。

（一）确定财务预算的目标

企业财务预算目标的确定是以企业经营目标为前提。企业董事会或总经理办公会根据企业发展战略和当前经济形势等情形提出企业预算总目标和预算编制的基本要求，在决策的基础上，综合分析及权衡相关经营目标及财务预算指标，一般于每年的中旬末期提出下一年度企业财务预算目标和财务预算编制政策，并由企业财务预算管理委员会下达至各预算基层部门。

（二）搜集财务预算的相关资料

各预算基层部门根据企业财务预算管理委员会下达的财务预算目标，充分地搜集企业内部及外部的历史资料，掌握目前的经营及财务状况及未来发展趋势等相关资料，并对资料采用时间数列分析及比率分析的方法，判断有关经济指标及数据的增减变动趋势及相互间的依存关系，测算出可能实现的预算值，结合部门自身特点及预测的执行条件，提出详细的部门预算方案并上报企业财务管理部门。

（三）汇总企业业务预算

企业各预算基层部门编制的各项业务预算，如销售预算、生产预算、成本费用预算、直接人工预算等，是编制财务预算的重要依据。企业财务管理部门将基层部门上报的各项业务预算的数据及经济指标进行审查、汇总，提出综合平衡的建议，对发现的问题提出初步调整意见，并及时反馈给基层部门予以修正，经相互钩稽确认后作为企业财务预算各表的有关预算数。

（四）编制企业财务预算

企业财务管理部门在有关预算基层部门予以修正调整的预算数据基础上，以销售预算为起点，以现金流量的平衡为条件，编制出企业财务预算方案，并报财务预算委员会审查批准。对于不符合企业发展战略或者财务预算目标的事项，企业财务预算委员会应当责成有关预算基层部门进一步修订、调整，最终企业财务管理部门正式向董事会或总经理办公会提交企业年度财务预算方案。

（五）下达执行财务预算

企业财务管理部门对企业董事会或总经理办公会审议批准的年度总预算，在次年第一季度内分解成一系列的指标体系，最终下达至各预算基层单位执行。

重要提示 认识误区三：预算就应该体现投资者和经营管理者的想法，应从上往下推进编制工作！

预算编制工作不只是从上往下的单向压制过程，其需要企业上、下各部门的双向沟通与协调，并在修正调整中达成一致目标。

三、财务预算编制的具体步骤

企业全面预算是一项系统工程，是企业战略管理与绩效管理相结合形成的一个完整、系统的控制体系。因此，全面预算体系以企业的战略经营目标作为出发点，将企业的预期目标利润作为编制全面预算的前提条件，根据已确定的目标利润，进行市场预测，制定销售目标，并依据销售目标编制销售预算。在企业销售预算基础上，逐步编制生产、产品成本等各项业务预算和专项决策预算，最后汇总为综合性的财务预算，包括现金预算及预计财务报表。财务预算编制的具体步骤如图3-2所示。

重要提示 认识误区四：预算编制主要是财务部门的工作，其他部门只需要了解，必要时给予财务部门一定的协助即可。

预算编制是企业整体战略规划执行的一部分，不应该局限于财务部门，而是涉及企业内部几乎所有部门和人员。

四、财务预算编制的管理

企业财务预算编制是一个复杂的系统工程，因此，企业为便于开展预算工作应设置专门的预算组织，以明晰预算工作的责、权、利，为企业全面编制、执行预算做好准备工作。

（一）建立企业预算组织体系

企业预算组织一般是根据企业组织结构的设置而设置责、权、利相应明晰的组织体系，包括预算决策机构、预算组织机构、预算执行机构、预算监控机构。

1. 预算决策机构。企业预算决策机构一般是由企业股东大会或者董事会组成，其拥有对预算战略、预算目标、预算方案的最终决策权、决算权和监督权，如企业设置的财务预算委员会。

预算决策机构的审批权一般有：（1）企业资本性投资预算；（2）企业年度经营目标和基本方针；（3）企业年度全面预算方案；（4）企业年度财务决策与整体预算奖惩方案。

2. 预算组织机构。企业预算组织机构是指在预算委员会的领导下，主管企业预算编制、

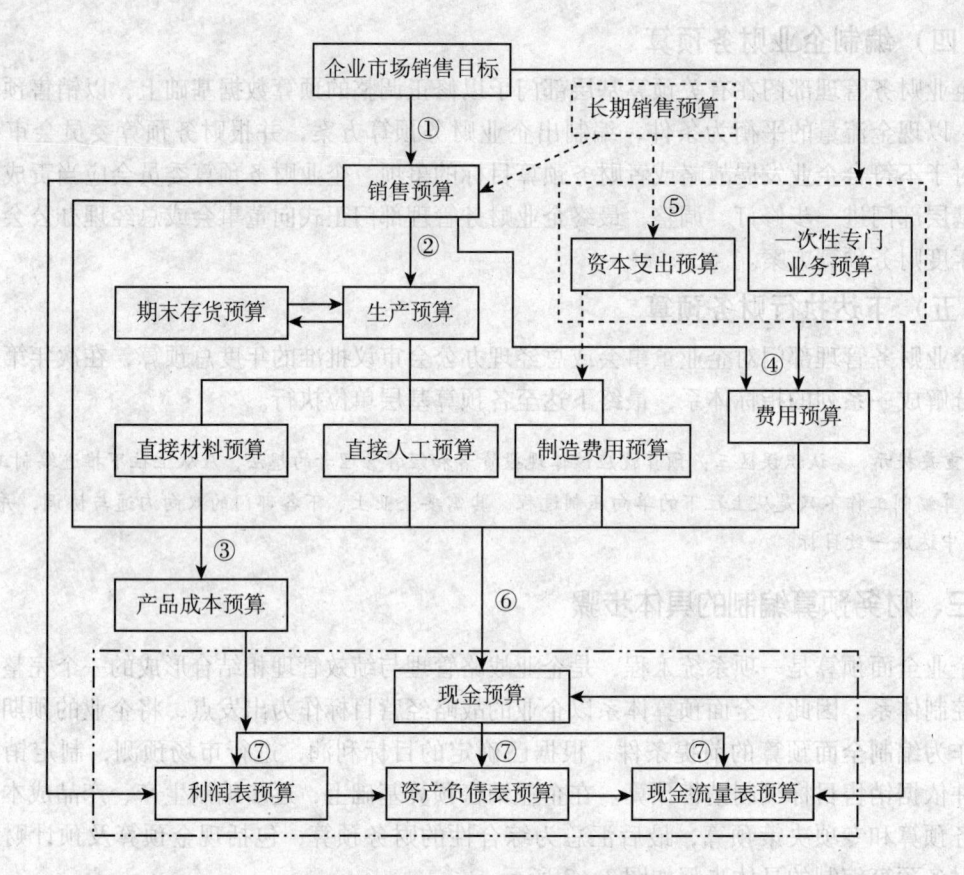

图 3-2　财务预算编制步骤

说明：

① 企业根据市场预测和销售目标，编制销售预算。销售预算是企业全面预算的起点。

② 根据销售预算并考虑期初、期末存货的变动情况，编制企业生产预算。

③ 根据生产预算及材料物资等资源的期初、期末结存情况，编制直接材料预算、直接人工预算、制造费用预算，然后根据上述预算编制产品成本预算。

④ 根据销售预算、产品成本预算资料，编制企业各项费用预算。

⑤ 根据企业销售预算、生产预算及战略经营目标等资料，编制企业资本支出预算。

⑥ 根据上述各项预算编制企业的现金预算，体现企业现金收支及资本融通状况。

⑦ 综合上述预算，编制预计利润表、预计资产负债表等综合财务预算。

预算监督、预算协调、预算信息反馈等日常预算管理工作的执行机构。在实务中，企业预算组织机构可以单独设立，也可以直接由企业财务管理部门负责。

企业预算组织机构的职责一般有：（1）提出企业年度预算总目标和预算编制基本要求，报预算委员会批准；（2）审查企业资本性投资与项目预算；（3）审议企业的年度总预算，报预算委员会批准；（4）提出预算组织、规划、控制工作的建议；（5）协调企业预算的重大冲突，审批提交的预算调整、修正方案；（6）提出预算奖惩办法和方案，报预算委员会批准。

3. 预算执行机构。企业预算执行机构是指预算执行的责任主体或责任中心，一般来说，无论企业预算执行机构如何设置，从企业的上层到企业执行可以分为三个层面的责任体系：

投资中心、利润中心、成本（或费用）中心的预算执行组织。

一般来说，投资中心预算执行组织对本中心的收入、成本费用及其所控资产营运的执行负责，利润中心对本中心的收入、成本费用的执行负责，成本（或费用）中心对本中心的成本（费用）的执行负责。

4. 预算监控机构。企业预算监控机构是对企业预算的编制与执行过程进行监控的机构。在实务中，企业的预算监控机构一般不是只由财务管理部门担任，而是由多个部门共同承担。

在实务中，不同的企业可以根据企业组织结构依照上述预算组织体系的职责来安排企业组织结构中各个预算基层部门的预算管理工作。

> **重要提示** 企业预算组织体系中，预算组织机构的职责非常重要，企业可以根据行业及企业特点设计、制定适合企业自身的预算组织管理制度。

（二）严格控制预算的执行

企业财务预算经预算委员会下达后，各基层部门应认真组织实施，将财务预算指标层层分解，从横向和纵向落实到企业经营活动每一个环节及岗位，形成全方位的财务预算执行责任体系。

1. 建立财务预算执行的控制机制。企业预算监控机构应建立健全企业财务预算执行的控制管理机制，将财务预算作为预算期内组织、协调企业各项经营活动的基本依据。企业应强化现金流量的财务预算管理，严格控制预算资金收支，调节资金平衡，控制支付风险；应加强对销售、生产、费用预算执行的实时监控；对纳入预算范围的项目应由预算执行部门负责人进行控制，预算监控机构负责监督；日常管理中，预算外的资金支付应由企业财务预算管理委员会直接控制。

2. 建立财务预算报告制度。企业应建立财务预算报告制度，要求各预算执行部门定期向预算监控机构及财务预算管理委员会报告企业财务预算的执行进度、执行差异及对企业经营目标的影响。企业财务预算管理委员会对预算执行过程中出现的新情况、新问题及出现偏差较大的重要项目，应当责成有关预算执行部门及时查找原因，提出改进措施和建议，以保证财务预算执行工作的顺利完成。

（三）建立健全财务预算的考评与激励机制

没有考核，预算管理工作就会变得毫无意义，因此，企业应建立严格的预算执行分层考核指标，并制定公正的激励机制有效地激励相关部门和人员执行预算的积极性，以确保企业战略目标的实现。企业预算年度终了，财务预算管理委员会应当向企业董事会或总经理办公会报告财务预算执行情况，并依据财务预算完成情况及预算审计情况对预算执行部门进行考核与奖惩。

> **重要提示** 在实务中，企业不仅要重视财务预算的编制，更应重视财务预算的执行、控制与考评，以确保财务预算落到实处，对企业经营目标的实现发挥积极推动作用。

【业务操作】

名人名言 创办一个公司就像建立一座大厦，没有蓝图，就不可能顺利施工，谁都不能在没有蓝图的情况下施工。

——比尔·盖茨

企业财务预算的编制是一项专业性、技术性和操作性很强的工作，因此，编制财务预算必须采用专门的方法。企业依据行业特征及自身特点，根据企业不同的预算项目，分别采用固定预算、弹性预算、增量预算、零基预算、定期预算、滚动预算等方法进行财务预算的编制。

一、运用固定预算法和弹性预算法编制财务预算

（一）运用固定预算法编制财务预算

1. 理解固定预算的定义。固定预算又称静态预算，是指在编制预算时，只根据预算期内正常的、可实现的某一固定业务量（如生产量、销售量）水平来编制预算的一种方法。

2. 编制固定预算。企业在采用固定预算法编制财务预算时，步骤如下：

（1）根据企业经营目标确定预算期内可能实现的业务量水平（如预测的某一既定生产量或者销售量）。

（2）根据企业相关定额消耗资料及各项成本资料编制预算期固定预算表。

（3）将企业预算期实际执行指标与固定预算指标进行分析评价。

［业务举例3-1］安达公司在计划期内预计销售A产品24 000件，每件售价35元，单位变动成本为19.25元，固定成本总额为321 000元。实际销售25 000件，销售收入为900 000元，变动成本总额为495 900元，固定成本总额为331 000元。

根据以上资料，可编制预算指标与实际的固定预算表，如表3-1所示。

表3-1　　　　　　　　　　2013年度固定预算表　　　　　　　　　单位：元

项　目	固定预算	实际执行	差异分析
销售量	24 000	25 000	1 000（有利）
销售收入	840 000	900 000	60 000（有利）
变动成本	462 000	495 900	33 900（不利）
边际贡献	378 000	404 100	26 100（有利）
固定成本	321 000	331 000	10 000（不利）
税前利润	57 000	73 100	16 100（有利）

通过实际执行与预算指标比较，由于2013年实际销售量与预算销售量的数量基础不一致，两者形成的税前利润差异无法具体说明其形成的原因：税前利润增加是否与销售量增加相匹配？变动成本总额增加是由于销售量增加引起的，还是成本超支所致？固定成本增加是否与销售量增加相关？这些具体的情况在固定预算表中无法具体说明。

3. 分析评价固定预算法的优缺点。

优点：稳定性较强。由于固定预算的特点是将企业预算期的业务量固定在预计的某一特定水平上，且一般对预算不加以修正或更改，其具有相对稳定性。

缺点：可比性较差。当企业预算期实际业务量与预计业务量相差较大时，有关预算指标的实际数和预算数之间就会因业务量基础不同而失去可比性。

固定预算一般适用于企业或部门业务比较稳定的项目，而不适用于业务量水平经常发生波动的预算项目。

（二）运用弹性预算法编制财务预算

1. 理解弹性预算的定义。弹性预算又称变动预算，是以业务量、成本和利润之间的依存关系为依据，以预算期内可预见的各种业务量水平为基础，编制能够适应多种情况的预算。这种预算方法正是针对固定预算的主要不足而设计的，其预算编制的依据不是某一固定的业务量，而是一个可预见的业务量范围，因此使企业预算具有伸缩性和应变能力，增强了预算的适用性。

2. 了解弹性预算的编制原则。弹性预算编制的前提是企业预算内容与业务量的变化之间存在着密切的关系。因此，编制弹性预算时应遵循以下原则：

（1）必须确定与预算内容密切相关的业务量，如直接材料预算可以用生产量作为业务量，制造费用可以用人工工时作为业务量。

（2）根据预测确定不同情况下的业务水平范围，一般为正常生产能力的70%～110%之间，各业务水平的间隔一般为5%或10%为宜，因为间隔太大将失去弹性预算的优势，间隔太小则会增加不必要的预算编制工作量。

（3）根据一定的方法确定预算内容与业务量之间的关系，这是编制弹性预算的关键因素。

3. 编制弹性预算。弹性预算方法应用的关键要点是应该按照收入、成本、费用、利润的不同习性特征，分别规划其在不同业务状态下对资源的不同影响，所以，其常用的方式是多栏式预算编制，即在可预见的业务范围内，根据收入、成本、费用、利润的不同习性，按照一定业务量间隔，分别确定其预算并汇总列入一个预算表格中。弹性预算的具体编制可以用公式法，也可以用列表法。

（1）公式法。公式法是假设成本与业务量之间存在线性关系，即假设成本总额、单位变动成本、业务量、固定成本总额之间的变动关系可用 $Y = a + bx$ 公式来表示。其中，Y 是成本总额，a 表示不随业务量变动而变动的固定成本，b 表示单位变动成本，x 是业务量。

这种方法其优点是在一定范围内预算可以随业务量变动而变动，可比性和适应性强，编制预算的工作量相对较小；缺点是按公式进行成本分解比较麻烦，对每个费用子项目逐一进行成本分解，工作量较大。

（2）列表法。列表法是指通过列表的方式，将与不同业务量水平对应的预算数列示出来的一种弹性预算编制方法。

［业务举例3-2］建科股份有限公司2014年度编制的利润弹性预算，如表3-2所示。

表 3-2　　　　　　　　　　　　2014 年度利润弹性预算　　　　　　　　　　单位：元

项目	单位预算	弹性预算		
销售量（件）	—	70 000	80 000	90 000
销售收入	46	3 220 000	3 680 000	4 140 000
变动成本	32.8	2 296 000	2 624 000	2 952 000
其中：变动制造费用	31.5	2 205 000	2 520 000	2 835 000
变动销售费用	0.9	63 000	72 000	81 000
变动管理费用	0.4	28 000	32 000	36 000
边际贡献	13.2	924 000	1 056 000	1 188 000
固定成本	—	735 000	735 000	735 000
其中：固定制造费用	—	388 500	388 500	388 500
固定销售及管理费用	—	346 500	346 500	346 500
税前利润	—	189 000	321 000	453 000

列表法的主要优点是可以直接从表中查得各种业务量下的成本费用预算，因此直接、简便；缺点是编制工作量较大，而且由于预算数不能随业务量变动而任意变动，弹性仍然不足。

重要提示　实际运用中，弹性预算原理的关键点在于收入、成本、费用的习性特征及其对利润的影响：(1) 收入及变动性成本和费用由于其金额随业务量成正比例增减变动，故应重点把握、控制其单位额。(2) 固定性成本和费用由于其金额不受业务量变动的影响，在相关范围内相对固定不变，故应重点把握、控制其总额。

因此，企业如果掌握了如表 3-2 中的"单位预算"，预算就自动具备了弹性的特征，可在需要时随时对预算进行弹性调整，这样就不至于过多地增大预算编制工作量。

（三）比较固定预算法与弹性预算法的优缺点

表 3-3　　　　　　　　固定预算法与弹性预算法的比较

项目	固定预算	弹性预算
优点	稳定性较强。由于固定预算的特点是将企业预算期的业务量固定在预计的某一特定水平上，且一般对预算不加以修正或更改，其具有相对稳定性。	(1) 适用性较强。由于弹性预算是按照一系列业务量水平编制的，其预算范围较宽，适用性强。 (2) 利于预算的评价与考核。由于弹性预算按多种业务量水平编制，任何实际业务量都可以找到相同或相近的参照物，所以可直接作为企业事中控制依据和事后评价标准使用。

续表

项　目	固定预算	弹性预算
缺点	可比性较差。	工作量大。
适用范围	一般适用于企业或部门业务比较稳定的项目，而不适用于业务量水平经常发生波动的预算项目。	理论上说，所有预算项目都可采用弹性预算的方法。但在实际工作中，从经济的角度出发，弹性预算多用于与预算执行单位业务量有关的成本、费用、利润、资金规模预算的编制。

即问即答　在业务操作中，决定弹性预算方法运用效果的重要前提是什么？

在业务操作中，弹性预算对企业成本习性分析的准确性要求很高，这是决定弹性预算方法运用效果的重要前提。

二、运用增量预算法和零基预算法编制财务预算

（一）运用增量预算法编制财务预算

1. 理解增量预算的定义。增量预算方法是以基期的成本、费用水平为基础，根据预算期内有关业务量的变化，通过调整基期成本、费用项目而编制预算期成本、费用预算数的一种方法。

2. 编制增量预算。增量预算方法实际操作简单易行，即以基期的实际预算为基础，对预算值进行增减调整。实际上就是承认过去的成本费用是合理的，因此，其具体的运用存在以下基本假设条件：（1）现有的每项活动都是企业不断发展所必需的；（2）在未来会计年度内企业至少必须以现有成本费用水平继续存在；（3）企业现有的成本费用已得到有效的利用。

[业务举例3-3]聚美公司2013年度的制造费用为50 000元。企业考虑到2014年度生产任务扩大5%，按增量预算编制预算年度的制造费用。

2014预算年度制造费用预算 = 50 000 × (1 + 5%) = 52 500（元）

（二）运用零基预算法编制财务预算

1. 理解零基预算的定义。零基预算，顾名思义，以零为基础编制预算的方法，即在编制成本费用预算时，不考虑以往会计期间所发生的费用项目或费用数额，而是将所有的预算支出均以零为基数，重新编制计划和预算的方法。

2. 编制零基预算。在业务操作中，应该注意的是，简单地将零基预算理解为一切从零开始是不恰当的。在大多数情况下，企业项目都将继续执行，对此我们应将注意力集中于对其效率与效益的评估中，而绝非从零开始。

零基预算的基本操作步骤如下：

步骤一，确定基本预算项目。

企业的预算基层单位首先列示出预算期内可能发生的成本、费用支出项目，并对各项目

提出不同经营活动方式下的成本费用预算方案,上报财务预算委员会。

步骤二,进行成本—效益分析,排列费用项目。

企业财务预算委员会按照"成本—效益"原则,认真评价上述成本费用预算方案。对于必不可少的约束性支出,在节约的前提下列为第一层次;对于预算方案中相关的酌量性费用,逐一进行成本效益分析,成本效益比大的排列为第二层次;次者列为第三层……依次类推。

步骤三,决策预算项目资金分配。

企业根据可动用的资金,按照成本费用项目的层次顺序和轻重缓急进行资金分配,经过审批形成最终成本费用预算,并交付预算执行部门。

[业务举例3-4] 嘉兴公司2014年度可以用于销售及管理费用的资金为560 000元。企业采用零基预算编制2014年度销售及管理费用预算,其预算编制步骤如下:

步骤一,结合2014年度企业经营目标和管理任务,经过销售部门及管理部门全体人员讨论,提出预算期内需要发生的部分费用项目及预计金额,如表3-4所示。

表3-4　　　　　　　　2014年预计销售费用及管理费用项目　　　　　　　单位:元

费用项目	预算金额
广告费	160 000
培训费	180 000
业务招待费	140 000
房屋租金	100 000
差旅费	60 000
办公费	80 000

步骤二,经过研讨,得出以下结论:上述费用项目,房屋租金、差旅费、办公费都属于约束性固定成本,在预算期内必不可少,需要全额保证,故列为第一层次。广告费、培训费、业务招待费均属于酌量性固定成本,可以根据预算期企业财力情况酌情增减。根据历史资料采用成本—效益分析可知:每一元的广告投入可以获得40元的收益,每一元的培训费投入可以获得50元的收益,每一元的业务招待费可以获得10元的收益。因此,培训费、广告费其成本效益大于业务招待费,故列为第二层次,业务招待费列为第三层次。

步骤三,根据上述各项费用项目排出的层次和顺序,结合企业可以动用的资金进行分配:房屋租金100 000元、差旅费60 000元、办公费80 000元,总计240 000元,必须全额保证;剩余可分配资金320 000元(560 000-240 000),按照成本与效益的比例分别分配为培训费、广告费和业务招待费。

嘉兴公司2014年度销售及管理费用预算,如表3-5所示。

表 3-5　　　　　　　　　　　2014 年度销售及管理费用预算　　　　　　　　　　单位：元

项目	分配比例	预算金额
房屋租金	100%	100 000
差旅费	100%	60 000
办公费	100%	80 000
培训费	剩余资金的 50%	128 000
广告费	剩余资金的 40%	160 000
业务招待费	剩余资金的 10%	32 000
合计	—	560 000

即问即答　零基预算与增量预算相比较，是否一切从零开始？

零基预算并不是一切完全从零开始，只是不需要考虑基期情况的预算。

（三）比较增量预算法与零基预算法的优缺点

表 3-6　　　　　　　　　　　增量预算法与零基预算法的比较

项 目	增量预算	零基预算
优 点	编制方法简便，实际操作容易，易于理解。	(1) 不受现有费用项目的限制。 (2) 能够合理配置企业资源。 (3) 能够调动企业各部门降低费用的积极性。
缺 点	(1) 易造成预算不合理。 (2) 不利于调动各部门降低费用的积极性，阻碍企业的长期发展。	(1) 编制预算工作繁重。 (2) 预算成本较高。 (3) 预算项目先后的排序存在主观性。
适用范围	一般适用于企业经营活动中影响因素简单的预算项目或以前年度基本合理的预算项目。	一般适用于政府、行政事业单位以及企业职能管理部门编制预算或是企业不经常发生的预算项目和预算编制基础变化较大的预算项目。

三、运用定期预算法和滚动预算法编制财务预算

（一）运用定期预算法编制财务预算

定期预算是指企业在编制预算时，以不变的会计期间（通常以会计年度）作为预算期的一种编制预算的方法。

（二）运用滚动预算法编制财务预算

1. 理解滚动预算的定义。滚动预算又称连续预算，是指在编制预算时，将预算期和会计年度脱离，随着预算的执行不断延伸、补充预算，逐期向后滚动，使预算期始终保持在一个固定期间的一种预算编制方法。

滚动预算的主要特点是预算期是连续的，始终保持一定的期限（一般为一年），每经过一个月或一个季度，便都要根据变化的内外部情况修订和调整预算，补充一个月或一个季度的预算，永续向前滚动，使预算期始终保持在一年。

2. 了解滚动预算的分类。滚动预算按其预算编制和滚动的时间单位不同可分为逐月滚动、逐季滚动和混合滚动三种方式。

（1）逐月滚动方式。逐月滚动是指在预算编制过程中，以月份为预算的编制和滚动单位，每一个月调整一次预算的方法。

例如，2013年1月至12月的预算执行过程中，需要1月末根据当月执行情况，修订2月至12月的预算，同时补充下一年2014年1月的预算；到2月末应该根据当月预算的执行情况，修订2013年3月至2014年1月的预算，同时补充2014年2月的预算……依次类推。

企业采用月度滚动预算的方法编制预算比较精确，但是预算编制工作量较大，因此，妨碍了其被广泛使用。

（2）逐季滚动方式。逐季滚动方式是指在预算编制过程中，以季度为预算的编制和滚动单位，每个季度调整一次的方法。

例如，2013年第一季度至第四季度的预算执行过程中，需要在第一季度末根据当季预算的执行情况，修订第二季度至第四季度的预算，同时补充2014年第一季度的预算；第二季度末根据当季预算的执行情况，修订2013年第三季度至2013年第四季度的预算，同时补充2014年第二季度的预算……依次类推。

逐季滚动方式编制企业预算比逐月滚动的方式工作量小，但其预算的精确度差。

（3）混合滚动方式。混合滚动方式是指在预算编制过程中，同时使用月份和季度作为预算的编制和滚动单位的方法。

例如，2013年1月份至3月份的头三个月逐月详细预算，其余4月份至12月份分别按季度编制粗略预算；3月末根据第一季度预算的执行情况，编制4月份至6月份的详细预算，并修订第三至第四年度的预算，同时补充2014年第一季度的预算，依次类推。

滚动预算的方法遵循了企业经营活动的变动规律，保证了预算的连续性和完整性、长计划和短安排的特点，使预算能适时反映企业实际经营状况，从而更加增强了预算的指导与监督作用。按月滚动预算的具体运作方式如图3-3所示。

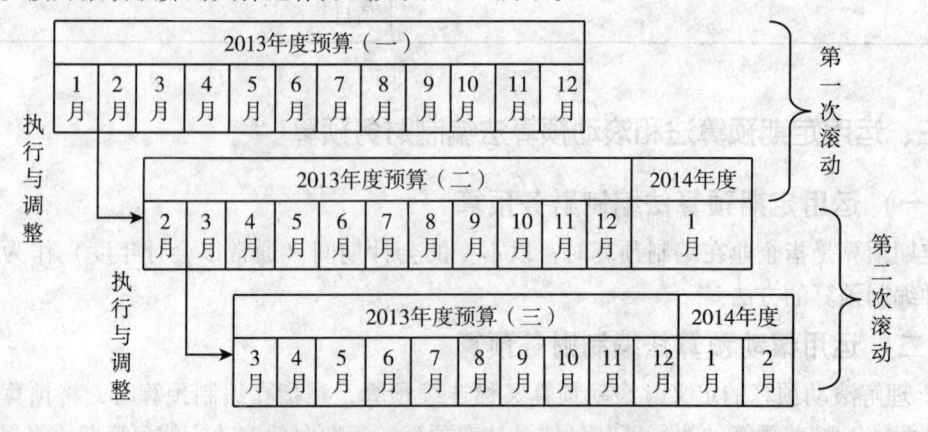

图3-3 按月滚动预算方式示意图

（三）比较定期预算法与滚动预算法的优缺点

表 3-7　　　　　　　　　定期预算法与滚动预算法的比较

项　目	定期预算	滚动预算
优点	便于考核和评价预算的执行情况。	（1）能保持预算的完整性和连续性，充分发挥预算的指导与监督作用； （2）能够及时调整预算，更好地发挥预算的预测和控制作用。
缺点	（1）盲目性；（2）不变性；（3）间断性。	编制预算的工作量较大。
适用范围	一般适用于企业固定资产、保险费用、广告费用等预算项目的编制。	一般适用于管理基础较好的企业或规模较大、时间较长的工程类项目预算。

重要提示　在业务操作中，不同的行业、不同业务类型的企业需要结合行业及企业自身具体情况选择预算方法，一个企业可以同时采用多种预算方法。

经典案例

大亚湾核电站的预算管理

大亚湾核电站是我国第一座大型商用核电站，1994年进入商业运营期以后在电站推行预算管理，从1997年开始在全公司推行全面预算管理。

一、核电站采用的预算管理方法

针对核电站运行管理的特点，大亚湾核电站采用了"零基预算"的管理方法。其优点是可有效消除、减少不合理的成本费用开支，使所有项目均需重新审视其开支的合理性。其缺点是工作量极大，效率低，时效性差，投入成本巨大。为了避免上述问题，大亚湾采取"折中"模式，即对新的项目、重要的项目（5万美元以上）全部采用"零基预算"管理，对其他项目采用滚动预算进行管理。

二、预算管理的组织建设

核电站预算管理的决策层是董事会、执委会，管理层是总经理部，执行层是各级职能部门，总经理部委托财务部实施公司预算归口管理。在此基础上，又将执行层划分为三级成本中心，即部级成本中心、处级成本中心和科级成本中心。各级成本中心负责人分别是部长、处长和科长，对各自成本中心的预算、成本及其他资源进行规划、申报、执行、控制和考核。

三、预算管理的制度建设

公司分别制定了《生产预算编制与执行程序》、《资本性预算编制与执行程序》、《材料采购预算编制与执行程序》等专门规定来执行具体的预算管理，同时还颁布了《成本中心运作管理规定》来规范成本中心的职责、权力。

四、预算管理发展方向

随着电价上网改革的实行以及西电东送工程的加快，要保持核电的长远发展，通过研究、比较国内外电站的预算管理模式，公司决定引入作业预算（ABB）的预算管理方法，即将预算着眼于业务活动上，通过对活动链的控制、分析来加强公司成本控制，实现作业预算管理（ABBM），为公司最终实现作业管理（ABM）奠定基础。

任务二　编制财务预算

【任务描述】

企业在确定财务预算目标后，应搜集财务预算所需的相关资料，根据行业及企业特点，选择适当的财务预算编制方法，按照财务预算的编制程序，及时有效地完成企业财务预算的编制工作。学习任务：掌握企业日常业务预算的编制；掌握企业现金预算的编制；掌握企业利润表预算、资产负债表预算的编制。

学习引领　通过上述学习，李明了解并熟悉了企业的全面预算体系，掌握了财务预算管理组织机构、预算编制程序及预算编制方法。企业确定财务预算目标，选择适当的财务预算方法以后，应该如何具体的完成财务预算的编制？李明与他的财务预算团队应该怎样及时准确地完成现金预算、利润表预算、资产负债表预算等财务预算呢？

【知识准备】

一、现金预算

现金预算亦称现金收支预算，它是以业务预算和专门决策预算为基础所编制的用来反映企业在整个预算期内现金收支情况的预算。

现金预算的编制，是财务预算的重要组成部分，也是企业实现现金管理目标最重要的量化管理工具。现金预算的目的在于预见性地了解一段时期内企业的现金流入和流出状况，准确预计现金预算期间的现金余缺情况，合理确定短期内和长期内需要筹资的额度和时间，根据企业现金流的特点，确定企业合理现金持有余额，使企业妥善地调度资金，提高资金的使用效率，从而保证企业经营活动正常有序的开展。

（一）现金预算编制的原则

1. 以企业年度生产预算和年度财务预算为依据，按月份（季度）完成现金预算的编制。
2. 月度（季度）现金预算要"量力而行、量入为出"，结合当月现金收支情况，做好企业资金平衡。
3. 现金预算与实际收支要基本吻合。首先，为了保证现金流量预算的准确性，应重视现金预算编制中基础数据真实、准确。其次，强化对于现金流量的监控，严格限制无预算的资金支出，实施大额资金的跟踪监控。再次，要重视现金流量预算与实际执行情况的分析比较，差异分析往往可以说明企业在经营管理中需要改进的地方，为企业提高经营管理水平提供更多的有价值的信息。

企业现金预算一经确定，企业实际经营中就应以现金预算为依据，积极组织预算现金的流入，严格控制现金按预算流出，调节现金收支平衡，控制财务支付风险，并对实际脱离预算的差异进行分析、纠正，保证预算目标的顺利实现。

（二）现金预算的编制主体

现金预算编制一般要采用自上而下及自下而上相结合的方法，编制现金预算除企业财务管理部门的财务人员以外，还需要其他业务部门及人员的共同参与。企业各预算基层部门，如成本中心、利润中心和投资中心等都是现金预算编制的基本单位。

在实际工作中，为确保现金预算的有效编制，企业每个业务部门或用款部门应指定专人负责编制部门预算，并与负责现金预算的财务人员充分沟通，确保现金预算编制工作顺利的完成。

（三）现金预算的编制依据

在实务工作中，企业应当每月编制现金预算表，并将事前预测与事后分析相结合，即对现金预算完成情况进行事后分析，在分析的基础上编制下一期的现金预算表。明确现金预算的编制依据，能够促进企业现金预算估计的可靠性和一致性，避免现金预算编制过程中的随意性和不完整性。现金预算需要根据企业的涉及现金收入和支出的销售预算、直接材料预算、直接人工预算、制造费用预算、销售及管理费用预算及有关的专项决策预算等资料。

（四）现金预算的编制内容

现金预算通常应该包括以下四个部分：

1. 现金收入。现金收入包括期初现金结存数和预算期内预计发生的现金收入（主要是指企业经营业务活动的现金收入），资料可从期初资产负债表和销售预算附表预计现金收入计算表获得。

2. 现金支出。现金支出是指预算期内预计发生的各项现金支出，如支付购料货款、支付工资、制造费用、销售费用和管理费用、专项决策支出等，资料可以从直接材料采购预算等各项业务预算、专项决策预算中获得。

3. 现金的余缺。企业在预算期内，现金收入和现金支出相抵后的余额，反映了企业在预算期内的现金余缺。若收入大于支出，则为现金多余，可以用于归还银行借款、或用于购买有价证券等短期投资；若收入小于支出，则为现金短缺，企业需要通过各种筹资渠道进行融资。

4. 融通资金。融通资金是指预算期末现金存量低于最低现金库存金额而引起的资金借入，或者期末现金存量高于最低现金库存金额时归还借款或进行短期投放的行为。

由于现金预算是企业全面预算中其他各项现金收支预算的汇总，以及根据汇总后的收支差额平衡措施的具体计划，所以现金预算的编制要以其他各项业务预算为基础。具体说来，它是从销售预算开始，综合生产预算、直接材料预算、直接人工预算、制造费用预算、产品成本预算和销售及管理费用预算等而编制的。

二、利润表预算

利润表和资产负债表预算是财务管理的重要工具。财务报表预算的作用与历史实际的财务报表不同。所有企业都要在年终编制历史实际的财务报表，其主要目的是向外部报表使用人提供财务信息。财务报表预算主要为企业财务管理服务，是控制企业资金、成本和利润总量的重要手段。

利润表预算，即预计利润表，是以货币的形式、综合反映企业在预算期间内预计经营成果的一种财务预算，是企业财务预算中最主要的预算表之一。利润表预算，一般可以根据企业预算年度的情况，按照年度（或季度）编制。

利润表预算与实际利润表的内容、格式相同，只是数据是企业预算期的值。它是在销售预算、产品成本预算、费用预算、现金预算的基础上，根据权责发生制原则编制的，是对企业预算期内，利润形成的项目进行汇总测算的反映预算期内财务成果的预算。

三、资产负债表预算

资产负债表预算是反映企业预算期末财务状况的总括性预算，其一般可以根据企业预算年度的情况，按照年度（或季度）编制。

资产负债表预算与实际的资产负债表内容、格式相同，只是数据是反映预算期末的财务状况。它是以前期期末资产负债表为基础，根据销售预算、期末存货预算、专项决策预算、制造费用预算、管理费用预算、直接材料预算、现金预算和利润表预算中的有关资料进行汇总和调整而编制的。

【业务操作】

一、编制日常业务预算

日常业务预算是反映企业日常经营活动业务的各项预算，主要包括销售预算、生产预算、直接材料预算、直接人工预算、制造费用预算、产品生产成本预算、费用预算等。

（一）编制销售预算

销售预算是预算期内企业销售商品或提供劳务可能实现的销售量或业务量及其收入的日常业务预算。在以销定产的市场经济条件下，企业很多的业务活动均受预期销售量的影响。因此，销售预算是企业编制全面预算的基础与起点，也是编制全面预算的关键，其他预算均受销售预算的影响，与销售预算有着密切的联系。

企业的销售预算通常要分品种、分月份、分销售区域来编制，或者一般按照季度及产品品种编制。在编制销售预算时，首先应根据历史的销售资料、企业自身条件、市场需求趋势，以及社会政治、经济形势，运用一定的专门方法对预算期间的销售情况，进行科学的预测，确定合理的销售目标，然后依据销售目标编制销售预算。

编制销售预算时，一般还要编制附表"预计现金收入计算表"，其中包括前期应收账款的收回及本期销售货款的收入，其目的是为编制现金预算提供必要的资料。

[业务举例3-5] 非凡公司计划在2014年实现的目标利润32 000元，目标销售收入126 000元。该公司生产和销售甲产品，市场价格为200元/件。根据销售合同等资料可知，预算期（2014年度）年产销量为630件，4个季度的销售量分别为：一季度100件，二季度150件，三季度200件，四季度180件。每季度销售收入中，本季度收到现金60%，其余40%现金要到下季度才能收到。年初应收账款余额为6 200元将于第一季度全额收回。根据以上资料编制非凡公司2014年度的销售预算。

根据上述资料编制的非凡公司2014年度销售预算及预计现金收入预算如表3-8所示。

表 3-8　　　　　　　　　　　非凡公司 2014 年度销售预算　　　　　　　　　　单位：元

季　度	一	二	三	四	全年
预计销售量（件）	100	150	200	180	630
预计单位售价	200	200	200	200	200
销售收入	20 000	30 000	40 000	36 000	126 000
预计现金收入					
年初应收账款余额	6 200				6 200
第一季度（销货 20 000）	12 000	8 000			20 000
第二季度（销货 30 000）		18 000	12 000		30 000
第三季度（销货 40 000）			24 000	16 000	40 000
第四季度（销货 36 000）				21 600	21 600
现金收入合计	18 200	26 000	36 000	37 600	117 800
应收账款余额	8 000	12 000	16 000	14 400	14 400

从上述预算表中可以看出，销售预算的主要内容是销量、单价和销售收入。销量是根据市场预测或销货合同并结合企业生产能力确定，单价是通过价格决策确定，销售收入是两者的乘积计算得出。本例中，第一季度的现金收入包括两部分，即上年应收账款在本年第一季度收到的货款，以及本季度销售中可能收到的货款部分。

（二）编制生产预算

生产预算是指企业在预算期内所要达到的生产规模及其产品结构的一种日常业务预算，其是所有日常业务预算中唯一使用实物量计量单位的预算，它虽然不直接涉及现金预算，但与其他预算密切相关，特别是成本和费用预算需要以生产预算为依据编制。

通常，企业的生产和销售不可能做到"同步同量"，生产数量除了满足销售数量外，还需要设置一定量的存货，以保证在发生意外需求时按时供货，并可均衡生产，节省额外的开支。因此，预算期内生产量的确定既要考虑销售预算，也要考虑企业存货水平的影响。根据销售量、期初期末存货量与生产量的关系，各期预计生产量可采用如下公式计算：

$$预计生产量 = 预计销售量 + 预计期末存货量 - 预计期初存货量$$

[业务举例 3-6] 非凡公司 2014 年期初甲产品的库存量为 10 件，预算期年末的库存量为 20 件，其他各期期末存货量按下期销售量的 10% 计算。根据上述资料编制非凡公司 2014 年度的生产预算。

根据上述资料编制的非凡公司 2014 年度的生产预算如表 3-9 所示。

表 3-9　　　　　　　　　　非凡公司 2014 年度生产预算　　　　　　　　　单位：件

季　度	一	二	三	四	全年
预计销售量	100	150	200	180	630
加：预计期末存货	15	20	18	20	20
合计	115	170	218	200	650
减：预计期初存货	10	15	20	18	10
预计生产量	105	155	198	182	640

资料来源：生产预算的"预计销售量"来自销售预算，由其他数据计算得出。

预计期末存货 = 下季度销售量 × 10%

预计期初存货 = 上季度期末存货

预计生产量 =（预计销售量 + 预计期末存货）- 预计期初存货

从上述生产预算表中可以看出，企业存货数量通常按下期销售量的一定百分比确定，年初存货量是编制预算时预计的，年末存货量可以根据长期销售趋势来确定。在实务中，企业的存货预算也可单独编制。

生产预算在实际编制时是比较复杂的，产量受到生产能力的限制，存货数量受到仓库容量的限制，只能在此范围内来安排存货数量和各期生产量。此外，有的季度可能销量很大，可以用赶工方法增产，为此要多付加班费。如果提前在淡季生产，会因增加存货而多付资金利息。因此要权衡两者得失，选择成本最低的方案。

（三）编制直接材料预算

直接材料预算，是指企业为规划一定预算期内因组织生产活动和材料采购活动预计发生的直接材料需要量、采购数量和采购成本而编制的一种日常业务预算。

直接材料预算编制的主要依据是直接材料消耗量、单位产品材料消耗定额、材料期初期末库存量、材料计划单价等。其中，最为关键的因素是预算期期初、期末材料库存量，即供应量与生产需要量缓冲的设置。企业在充分考虑最低、最高库存量的基础上，根据经验估计出预算期年末库存量，然后再倒推出预算年度内各期期末库存量。企业材料耗用量、采购量和存货水平三者的关系，可以用以下公式表示：

预计材料采购量 = 预计生产需要量 + 预计期末库存量 - 预计期初库存量

在实务中，为了便于以后编制现金预算，应根据预算期内预计材料采购金额编制预计现金支出预算。

[业务举例 3-7] 非凡公司 2014 年期初预计材料库存量为 300 千克（上年度的年末存货量），预计期末材料库存量为 400 千克，其余各期期末材料库存量为下期生产需要量的 20%，单位产品耗用材料为 10 千克/件，计划单价为 5 元/千克。另外，材料采购的货款本季度内支付 50%，剩余 50% 在下季度付清。年初应付账款余额 2 350 元将于第一季度全额支付。根据上述资料编制非凡公司 2014 年度直接材料预算。

根据上述资料编制非凡公司 2014 年度的直接材料预算如表 3-10 所示。

表3-10　　　　　　　　　　非凡公司2014年度直接材料预算　　　　　　　　单位：元

季　度	一	二	三	四	全年
预计生产量（件）	105	155	198	182	640
单位产品材料用量（千克/件）	10	10	10	10	10
生产需用量（千克）	1 050	1 550	1 980	1 820	6 400
加：预计期末存量（千克）	310	396	364	400	400
合计	1 360	1 946	2 344	2 220	6 800
减：预计期初存量（千克）	300	310	396	364	300
预计材料采购量（千克）	1 060	1 636	1 948	1 856	6 500
单价（元/千克）	5	5	5	5	5
预计采购金额（元）	5 300	8 180	9 740	9 280	32 500
预计现金支出					
年初应付账款余额	2 350				2 350
第一季度（采购5 300元）	2 650	2 650			5 300
第二季度（采购880元）		4 090	4 090		8 180
第三季度（采购9 740元）			4 870	4 870	9 740
第四季度（采购9 280元）				4 640	4 640
现金支出合计	5 000	6 740	8 960	9 510	30 210
应付账款余额	2 650	4 090	4 870	4 640	4 640

从上述材料预算表中可以看出，"预计生产量"的数据来源于企业生产预算，"单位产品材料耗用量"的数据来源于企业标准成本资料或消耗定额资料，"生产需用量"是上述两项的乘积，年初、年末材料存货量是根据当前情况和长期销售预测估计的。

企业每个季度材料采购的现金支出包括偿还上期应付账款和本期应支付的采购货款，支付货款的比例通常是根据经验确定的。在实务中，如果企业材料品种很多，需要单独编制材料存货预算。

（四）编制直接人工预算

直接人工预算是指反映企业预算期内人工工时的消耗水平及人工成本水平的一种日常业务预算。企业编制直接人工预算的主要依据是生产预算中的预计生产量、标准单位直接人工工时、标准工资率等资料。其基本计算公式为：

$$预计直接人工成本 = 小时工资率 \times 预计直接人工工时$$
$$预计直接人工工时 = 单位产品工时定额 \times 预计生产量$$

在实务中，不同的企业工资构成不完全相同，每一个企业职工的工种、种类和级别是不同的，须分别加以计算，最后汇总计算出预计直接人工成本的总数。各期直接人工成本中的直接工资一般均由现金开支，所以，一般不需单独编制与支付直接人工成本有关的预计现金支出计算表，可直接参加现金预算的汇总。如果企业其他直接费用形成的薪酬形式不在当期用现金开支，企业可以根据自身情况进行调整，以便将直接人工成本正确地反映在现金预算表中。

[业务举例3-8] 非凡公司生产的甲产品所需要的人工工时为10小时/件，人工成本为2元/小时。假设不存在其他相关费用，并且直接人工成本当期均用现金支付。根据上述资料编制2014年度直接人工预算。

根据上述资料编制非凡公司2014年度的直接人工预算如表3-11所示。

表3-11　　　　　　　非凡公司2014年度直接人工预算　　　　　　　单位：元

季　度	一	二	三	四	全年
预计产量（件）	105	155	198	182	640
单位产品人工工时（小时/件）	10	10	10	10	10
预计直接人工总工时（小时）	1 050	1 550	1 980	1 820	6 400
每小时直接人工成本（元/小时）	2	2	2	2	2
直接人工总成本（元）	2 100	3 100	3 960	3 640	12 800

从上述直接人工预算表中可以看出，其主要内容有预计产量、单位产品人工工时、直接人工总工时、每小时直接人工成本和直接人工总成本。"预计产量"数据来源于生产预算，单位产品人工工时和每小时人工成本数据，来源于企业标准成本资料。

（五）编制制造费用预算

制造费用预算，是指企业为规划一定预算期内除直接材料和直接人工预算以外的预计发生的其他间接生产费用水平而编制的一种日常业务预算。

在实践中，企业制造费用预算一般是以变动成本法为基础编制的，即将制造费用分为变动性制造费用和固定性制造费用两部分。变动性制造费用以生产预算为基础来编制，如果企业有完善的标准成本资料，用单位产品的标准成本与产量相乘，即可得到相应的预算金额。如果企业没有标准成本资料，就需要逐项预计计划产量需要的各项制造费用。固定性制造费用是期间成本，需要逐项进行预计，直接列入当期损益，作为当期利润的一个扣减项目，通常与本期生产量无关，其预算数应按照零基预算的方法确定。

此外，在编制制造费用预算时，通常应编制费用方面预期的现金支出计算表，为以后编制现金预算提供必要的资料。由于制造费用中，也存在一些非付现项目，如固定资产折旧费，因此，计算费用方面预期的现金支出，应扣除这些非付现项目。

[业务举例3-9] 非凡公司分别按变动性制造费用和固定性制造费用两部分编制其制造费用预算，其中固定性制造费用含折旧费1 000元，变动性制造费用根据企业单位产品的标准成本与预计产量相乘即为预算数据。根据上述资料编制非凡公司2014年度制造费用预算。

根据资料编制非凡公司2014年度制造费用预算，如表3-12所示。

表 3-12　　　　　　　　非凡公司 2014 年度制造费用预算　　　　　　　　单位：元

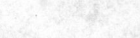

季　度	一	二	三	四	全年
变动性制造费用：					
间接人工（1 元/件）	105	155	198	182	640
间接材料（1 元/件）	105	155	198	182	640
修理费（2 元/件）	210	310	396	364	1 280
水电费（1 元/件）	105	155	198	182	640
小计	525	1 775	990	910	3 200
固定性制造费用：					
修理费	1 000	1 140	900	900	3 940
折旧	1 000	1 000	1 000	1 000	4 000
经理人员工资	200	200	200	200	800
保险费	75	85	110	190	460
财产税	100	100	100	100	400
小计	2 375	2 525	2 310	2 390	9 600
合计	2 900	3 300	3 300	3 300	12 800
减：折旧	1 000	1 000	1 000	1 000	4 000
现金支出的费用	1 900	2 300	2 300	2 300	8 800

注：为了便于以后编制产品成本预算，需要计算小时费用率。变动性制造费用分配率 = 3 200/6 400 = 0.5（元/小时），固定性制造费用分配率 = 9 600/6 400 = 1.5（元/小时）。

（六）编制产品成本预算

产品成本预算，是指企业用于规划预算期的单位产品成本、生产成本、销售成本以及期初、期末产成品存货成本等内容的一种日常业务预算。

企业产品成本由直接材料、直接人工和制造费用项目构成，若企业采用变动成本法，则产品成本和存货成本只包括变动性生产费用。

在编制产品成本预算时，其主要内容是产品的单位成本和总成本，单位产品成本的有关数据来源于前述已编制的直接材料预算、直接人工预算和制造费用预算；预算中的生产量、期末存货量数据来源于生产预算，销售量来源于销售预算；生产成本、存货成本和销货成本等数据，根据单位成本和有关数据计算得出。

[业务举例 3-10] 非凡公司甲产品的销售量、生产量、期末存货量及直接材料、直接人工、制造费用的预算资料分别见表 3-10 至表 3-12。根据上述资料编制非凡公司 2014 年度的产品成本预算。

根据上述资料编制非凡公司 2014 年产品成本预算，如表 3-13 所示。

表 3-13　　　　　　　非凡公司 2014 年度产品成本预算　　　　　　单位：元

产品成本项目	单位成本 每千克或每小时	单位成本 投入量	单位成本 成本（元）	生产成本（640 件）	期末存货（20 件）	销售成本（630 件）
直接材料	5	10 千克	50	32 000	1 000	31 500
直接人工	2	10 小时	20	12 800	400	12 600
变动性制造费用	0.5	10 小时	5	3 200	100	3 150
固定性制造费用	1.5	10 小时	15	9 600	300	9 450
合　计			90	57 600	1 800	56 700

（七）编制销售及管理费用预算

销售费用预算是企业为规划一定预算期内，在销售阶段组织产品销售预计发生各项费用水平而编制的一种日常业务预算。

企业在编制销售费用预算时，要对过去的销售费用进行分析，考察过去销售费用支出的必要性和效果，将销售费用划分为变动性和固定性销售费用两个部分。变动性销售费用根据各项目的单位产品费用分配额及预计销售量计算得出，固定性制造费用按各项目反映全年预计水平即可。在实务中，企业也可根据自身情况，将销售费用预算和销售预算相配合，按品种、地区、用途的具体预算数额编制销售费用预算。

重要提示　销售费用预算以销售预算为基础，分析销售收入、销售利润和销售费用的关系，力求实现销售费用的最有效使用。

管理费用预算是企业为规划一定预算期内，因管理企业预计发生的各项费用水平而编制的一种日常业务预算。在编制管理费用预算时，要分析企业的业务成绩和一般经济状况，务必做到费用合理化。

管理费用预算编制可以采用两种方法：第一种方法类似于销售费用预算的编制方法，将管理费用按成本习性分为变动性管理费用和固定性管理费用两部分，对变动性管理费用根据预算期的分配率及业务量进行测算，固定性管理费用按项目直接列示；第二种方法是按各项目直接反映全年预计水平。因为管理费用多属于固定成本，直接以上年实际水平为基础，考虑预算期的变化调整计算全年总数，然后计算各季度数据即可。

同时，企业编制销售费用、管理费用预算时也应编制相应的现金支出预算。

这里为简化预算编制，我们将销售费用和管理费用预算分为变动性和固定性两个部分，合并在一张预算表中编制，并假定全年的销售费用及管理费用每个季度均衡发生现金支出。

[业务举例 3-11] 非凡公司的销售费用及管理费用的变动部分按照销售量分配，以每件产品 28 元计算，固定费用按项目列支全年费用，每个季度均衡支出。假定每季度销售费用及管理费用引起的现金支出为 8 500 元。根据上述资料编制非凡公司 2014 年度的销售费用及管理费用预算。

根据上述资料编制非凡公司2014年销售费用及管理费用预算，如表3-14所示。

表3-14　　　　　　　　非凡公司2014年度销售及管理费用预算　　　　　　　　单位：元

变动性销售及管理费用			固定性销售及管理费用	
项　目	单位分配率	全年费用	项　目	全年费用
销售人员工资	20	12 600	房屋租金	8 000
运输费	5	3 150	差旅费	1 000
销售佣金	2	1 260	办公费	500
其他	1	630	广告费	1 000
			培训费	2 500
			业务招待费	3 360
合计	28	17 640	合计	16 360
总计			34 000	
每季度支付现金			8 500	

二、编制专项决策预算

专项决策预算，通常是指与项目投资决策有关的投资决策预算，包括资本支出预算和一次性专门业务预算两类，故狭义上又称资本支出预算或投资预算。其中，资本支出预算主要包括固定资产投资预算、权益性资本投资预算和债券投资预算。企业应当根据有关投资决策资料和年度固定资产投资计划编制专项决策预算。

在实际工作中，由于该类预算涉及长期建设项目的资金投放与筹措等，并经常跨年度，因此，除个别项目外一般不纳入日常业务预算，但需要计入与此相关的现金预算与资产负债表预算。

［业务举例3-12］非凡公司计划在预算期内第二季度购置设备一台，价值10 000元。根据上述资料编制非凡公司2014年度资本支出预算，如表3-15所示。

表3-15　　　　　　　　　　非凡公司2014年度资本支出预算　　　　　　　　　　单位：元

季　　度	一	二	三	四	全年
购置设备	0	10 000	0	0	10 000
资本性现金支出	0	10 000	0	0	10 000

三、编制财务预算

企业的财务预算主要以现金预算、利润表预算、资产负债表预算等形式反映。在实际工作中，企业应当结合自身特点制定规范的财务预算编制基础表格，统一财务预算指标计算口径，并可以根据不同的预算项目，分别采用固定预算、弹性预算、滚动预算、零基预算等方法进行财务预算的编制。

(一) 编制现金预算

现金预算的编制,是财务预算的重要组成部分,其是以各项日常业务预算和专项决策预算为基础来反映企业收入款项和支出款项的详细情况,并作对比说明,其目的在于资金不足时筹措资金,资金多余时及时处理现金余额,并且提供现金收支的控制限额,发挥现金管理的作用。

在实际工作中,编制现金预算的依据除了上述日常业务预算与专项决策预算引起的现金收支外,还包括其他方面的收支,如利息支出、股利支出、缴纳税费支出等。因此,为了提供编制现金预算的有关资料,还应编制其他现金收支预算。

[业务举例3-13] 非凡公司的所得税税率为25%,预算期应纳所得税额以经营目标利润为计税依据测算,按季平均支付。依照董事会决议,股利分红按照经营目标利润的25%于第二、第四季度分别支付4 000元。公司年初现金余额为8 000元,各期期末现金最低持有量为5 000元,出现现金短缺时主要依靠银行借款。假设银行借款的金额要求是1 000元的倍数,于每期期初借入,每期期末归还,银行短期贷款利率为10%,利息支出时间为有现金盈余的当期期末;企业长期借款期初余额10 000元,于第四季度末需要支付长期借款利息1 200元。其他相关数据见前面各项预算相关表中数据。根据上述资料,结合公司的目标利润32 000元,编制公司现金预算。

根据上述资料编制非凡公司2014年度现金预算如表3-16所示。

表3-16　　　　　　非凡公司2014年度现金预算　　　　　　单位:元

季　度	一	二	三	四	全年
期初现金余额	8 000	6 700	5 060	5 890	8 000
加:本期销售现金收入(表3-8)	18 200	26 000	36 000	37 600	117 800
可供使用现金合计	26 200	32 700	41 060	43 490	125 800
减各项支出:					
直接材料(表3-10)	5 000	6 740	8 960	9 510	30 210
直接人工(表3-11)	2 100	3 100	3 960	3 640	12 800
制造费用(表3-12)	1 900	2 300	2 300	2 300	8 800
销售及管理费用(表3-14)	8 500	8 500	8 500	8 500	34 000
所得税费用	2 000	2 000	2 000	2 000	8 000
购买设备(表3-15)		10 000			10 000
股利		4 000		4 000	8 000
现金支出合计	19 500	36 640	25 720	29 950	111 810

续表

季 度	一	二	三	四	全年
现金多余或不足	6 700	(3 940)	15 340	13 540	13 990
向银行借入资金		9 000			9 000
偿还银行借款			9 000		9 000
短期借款利息（年利10%）			450		450
长期借款利息				1 200	1 200
期末现金余额	6 700	5 060	5 890	12 340	12 340

从上述现金预算表中可以看出，现金预算表的四个组成部分，编制方法如下：

"现金收入"部分包括期初现金余额和预算期现金收入，销货取得的现金收入是其主要来源。期初的"现金余额"是在编制预算时预计的，"销货现金收入"的数据来源于销售预算。"可供使用现金"是期初余额与本期现金收入之和。

"现金支出"部分包括预算期的各项现金支出。"直接材料"、"直接人工"、"制造费用"、"销售及管理费用"的数据分别来源于前述相关日常业务预算。此外，还包括所得税费用、购置设备、股利分配等现金支出，有关的数据分别来源于另行编制的其他各项业务及专项预算。

"现金多余或不足"部分列示现金收入合计与现金支出合计的差额。差额为正，说明收大于支，现金盈余，可用于偿还过去向银行取得的借款，或者用于短期投资。差额为负，说明支大于收，现金短缺，需向银行筹资借入款项。

结合本例，非凡公司现金最低持有量为5 000元，不足此数时向银行借款筹资，而银行借款的金额要求是1 000元的倍数，故第二季度借款额为9 000（5 000＋3 940＝8 940）元。第三季度现金多余，可用于偿还借款，按"每期期初借入，每期期末归还"来预计利息，故非凡公司借款期限为6个月，第三季度偿还借款时的利息为450（9 000×10%×6/12）元。非凡公司偿还借款后，仍需保持最低现金余额，否则只能部分归还借款。此外，还应将企业长期借款利息纳入预算，在第四季度支付利息1 200元。

（二）编制利润表预算

当企业生产经营活动各方面的预算编制完成以后，即可根据上述预算确定预算期内的预计收益，即编制利润表预算，综合反映企业预算期的经营成果。

[业务举例3-14] 非凡公司甲产品销售收入、成本和费用资料分别参阅表3-8、表3-12、表3-14，根据上述资料编制非凡公司2014年度的利润表预算，如表3-17所示。

表3-17　　　　　　非凡公司2014年度利润表预算　　　　　　单位：元

季 度	一	二	三	四	全年
销售收入（表3-8）	20 000	30 000	40 000	36 000	126 000
减：变动性制造成本（表3-12）	7 500	11 250	15 000	13 500	47 250

续表

季度	一	二	三	四	全年
变动性销售及管理费用（表3-14）	2 800	4 200	5 600	5 040	17 640
边际贡献	9 700	14 550	19 400	17 460	61 110
减：固定性制造费用（表3-12）	1 500	2 250	3 000	2 700	9 450
固定性销售及管理费用（表3-14）	4 090	4 090	4 090	4 090	16 360
营业利润	4 110	8 210	12 310	10 670	35 300
减：利息支出（表3-16）	0	0	450	1 200	1 650
税前净利润	4 110	8 210	11 860	9 470	33 650
减：所得税费用（表3-16）	2 000	2 000	2 000	2 000	8 000
净利润	2 110	6 210	9 860	7 470	25 650

在实际工作中，利润表预算中的"所得税费用"项目是在利润规划时估计的，并已列入现金预算，它通常不是根据"利润"和所得税税率计算出来的，因为有诸多纳税调整的事项存在。此外，从预算编制程序上看，如果根据"本年利润"和税率重新计算所得税，就需要修改"现金预算"，引起信贷计划修订，进而改变"利息"，最终又要修改"本年利润"，从而陷入数据的循环修改。

（三）编制资产负债表预算

资产负债表预算能够总括性地反映企业预算期的财务状况。通过资产负债表预算，可以判断企业未来财务状况的稳定性，能够判断企业是否有足够的资金应付日常的经营活动和偿还到期债务。

[业务举例3-15] 非凡公司2014年年初的资产负债表如表3-18中年初数所示，2014年12月31日的相关项目余额见表3-8、表3-10、表3-12、表3-13、表3-14、表3-15、表3-16。根据以上资料编制非凡公司2014年度资产负债表预算如表3-18所示。

表3-18　　　　　　　　　　　　　　资产负债表预算　　　　　　　　　　　　　　单位：元

资产			负债及所有者权益		
项目	年初	年末	项目	年初	年末
货币资金（表3-16）	8 000	12 340	短期借款	0	0
应收账款（表3-8）	6 200	14 400	应付账款（表3-10）	2 350	4 640
存货（表3-10、表3-13）	2 400	3 800	长期借款	10 000	10 000
流动资产合计	16 600	30 540	负债合计	12 350	14 640
固定资产（表3-15）	36 000	46 000	股东权益	20 000	20 000
减：累计折旧（表3-12）	4 000	8 000	未分配利润	16 250	33 900
固定资产净值	32 000	38 000	所有者权益合计	36 250	53 900
资产合计	48 600	68 540	负债及权益总额	48 600	68 540

注：表中股东权益、长期借款项目本年度没有变化。

年末"未分配利润"项目：期末未分配利润 = 16 250 + 25 650 - 8 000 = 33 900（元）。

企业编制资产负债表预算的目的旨在判断预算期内企业财务状况的稳定性及流动性，如果通过资产负债表预算的分析，发现某些财务比率不佳，必要时可修改有关预算，以改善财务状况。

经典案例

上海大众滚动预算的编制流程

上海大众汽车有限公司编制持续滚动预算的方法是：以中期打算为基础，年度预算、月度预算为实行手段，并以月度预测进行把持，全面系统地反映企业的财务经营状态。

所谓中期打算，是指以5年为一个周期进行不断滚动的公司预算。如：以2001年为预测基础，则2002~2006年为一个5年期的经营预算与财务预算；下一个中期打算以2002年为预测基础，编制2003~2007年的5年期经营预算与财务预算。中期打算中第一年的详细打算，就是年度预算。将年度预算进行分解，就形成了月度预算。

一、正确编制中期打算与年度预算

1. 确定中期打算、年度预算编制时间表。每年4月份左右，由履行管理委员会（上海大众日常经营管理的最高决策机构）授权财务部，确定编制预算的时间进度表。

2. 成立工作小组。由财务部牵头，携销售合资公司、物流部、方案部、产品工程部、采购部、人事部等部门组成工作小组，并召开工作小组会议，启动中期打算、年度预算编制工作。

3. 编制中期打算、年度预算初稿。由财务部负责，收集各专业部门的单项打算，汇总编制，向履行管理委员会提交中期打算、年度预算初稿，并递交编制中期打算、年度预算的分析报告。

4. 中期打算、年度预算自上而下的修正。履行管理委员会对中期打算、年度预算进行初审，提出修正意见。财务部将修正意见反馈给各专业部门，由各专业部门修正单项打算，财务部综合修正，并提交履行管理委员会复审通过。

5. 向股东递交中期打算、年度预算。每年上海大众财务部要把编制中期打算、年度预算的详细过程，向股东做书面汇报。

6. 报董事会审批。财务部在每年10月中旬向上海大众董事会提交中期打算、年度预算。

二、年度预算的分解

根据董事会批准的中期打算、年度预算，将第一年的年度预算进行月度分解，并将一般费用按部门编制费用预算，将预算指标分解与责任的落实联合在一起，便于预算履行过程的监控、预算履行的分析和调剂以及预算实际考核。

三、通过月度预测持续滚动监控

通过月度预测，对实际情况和全年目标完成情况进行持续滚动的实时监控，给决策者供给决策根据。具体程序如下：（1）收集变量数据。（2）以当月实际数为基础，根据全年目标调剂预测。（3）财务人员编制财务实际/预测/预算报告。（4）提交履行管理委员会审阅。（5）召开预算分析会，寻找偏差原因，提出整改措施。（6）部门绩效评估。

资料来源：根据郭永清："上海大众滚动预算的编制"，《财务与会计》2009年第3期编写。

项目小结

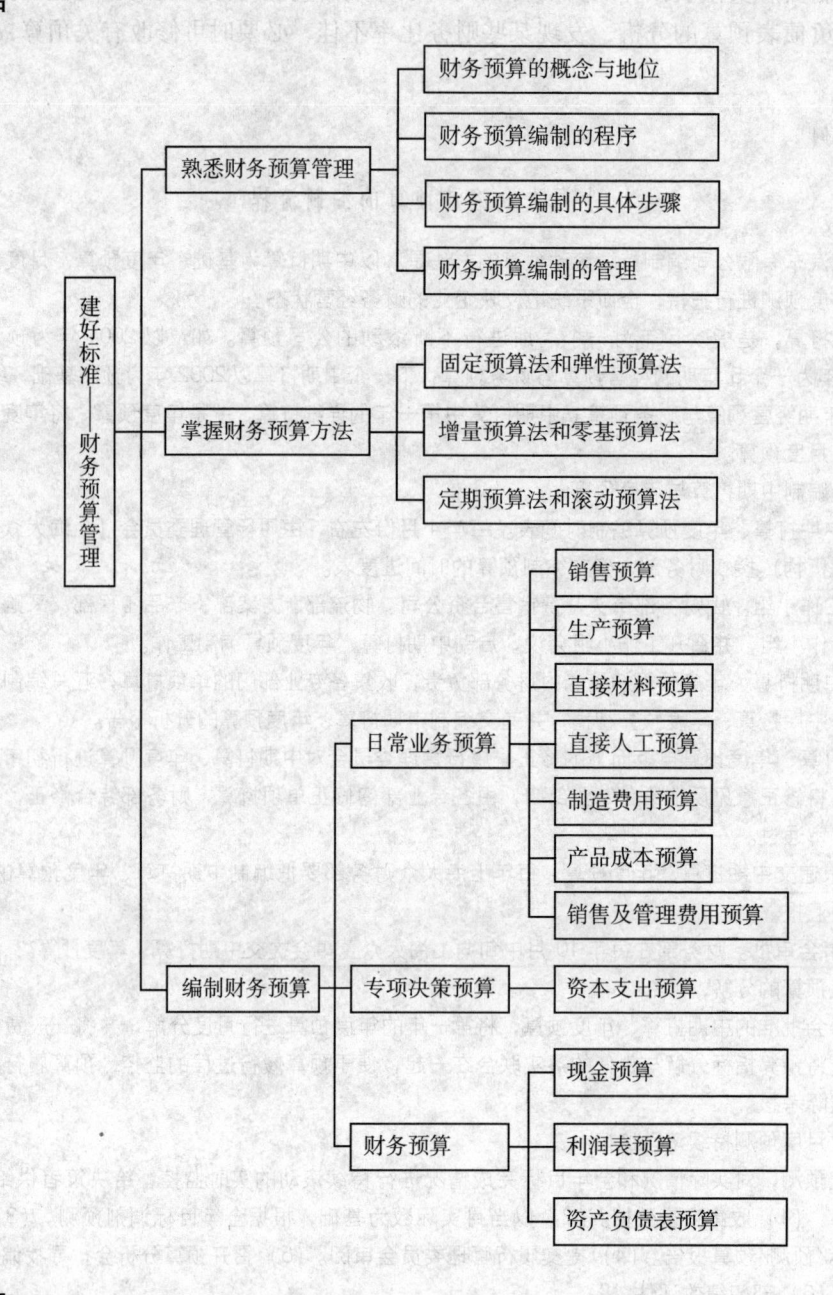

```
                              ┌─ 财务预算的概念与地位
                              ├─ 财务预算编制的程序
            ┌─ 熟悉财务预算管理 ─┤
            │                 ├─ 财务预算编制的具体步骤
            │                 └─ 财务预算编制的管理
            │
            │                 ┌─ 固定预算法和弹性预算法
建好标准——  ┤─ 掌握财务预算方法 ─┼─ 增量预算法和零基预算法
财务预算管理 │                 └─ 定期预算法和滚动预算法
            │
            │                              ┌─ 销售预算
            │                              ├─ 生产预算
            │                              ├─ 直接材料预算
            │                 ┌─ 日常业务预算 ┼─ 直接人工预算
            │                 │              ├─ 制造费用预算
            └─ 编制财务预算 ───┤              ├─ 产品成本预算
                              │              └─ 销售及管理费用预算
                              │
                              ├─ 专项决策预算 ── 资本支出预算
                              │
                              │              ┌─ 现金预算
                              └─ 财务预算 ────┼─ 利润表预算
                                             └─ 资产负债表预算
```

职业训练

一、判断（正确的在括号内打"√"，错误的打"×"）

1. 企业全面预算主要由销售预算、生产预算、材料人工预算、弹性预算等组成。（   ）
2. 企业编制财务预算时，生产预算是最关键的预算，是预算编制的起点。（   ）
3. 现金预算是反映企业预算期内现金收支详细情况的预算。（   ）
4. 固定预算是在成本性态分析的基础上，依据企业成本、业务量、利润之间的关系，充分考虑到预算期内相关指标可能发生的变化，按多种业务量编制的预算。（   ）
5. 弹性预算使预算期始终保持在12个月，因此富有弹性，它比零基预算更符合实际需

要，在实际工作中被广泛使用。   （   ）

6. 企业采用零基预算方法编制预算时应考虑上期的预算情况。   （   ）

7. 企业财务预算的编制是企业预算体系的最后环节。   （   ）

8. 定期预算的编制方法一般只适用于数额比较稳定的预算项目。 （   ）

9. 在财务预算的编制过程中，编制财务报表预算的正确程序是：先编制资产负债表预算，然后再编制利润表预算。   （   ）

10. 财务预算作为全面预算体系中的最后环节，可以从价值方面总括地反映经营期决策预算与业务预算的结果。   （   ）

11. 资产负债表预算是指用于总括反映企业预算期末财务状况的一种财务预算。（   ）

12. 为了保证财务预算的严肃性，无论出现什么情况，企业正式下达执行的财务预算不应进行调整。   （   ）

13. 利润表预算是全面预算的终点，它的编制需要以日常业务预算、专门决策预算、现金预算以及资产负债表预算为依据。   （   ）

14. 滚动预算使预算期间与会计年度相脱离，便于考核预算的执行结果。（   ）

15. 现金预算中的现金支出包括经营现金支出、分配股利的支出以及缴纳税金的支出，但是不包括资本性支出。   （   ）

二、选择（下列答案中有一项或多项是正确的，将正确答案前的英文字母填入括号内）

1. 下列哪项属于专门决策预算（   ）。
   A. 直接人工预算   B. 直接材料预算
   C. 产品生产成本预算   D. 资本支出预算

2. 下列预算中不是在生产预算的基础上编制的是（   ）。
   A. 材料采购预算   B. 直接人工预算   C. 产品成本预算   D. 管理费用预算

3. 关于弹性预算方法，下列说法不正确的是（   ）。
   A. 可比性差
   B. 克服了静态预算方法的缺点
   C. 弹性预算一般适用于与预算执行单位业务量有关的成本（费用）、利润等预算项目
   D. 编制弹性成本预算要进行成本性态分析

4. 既可以作为全面预算的起点，又可以作为其他业务预算的基础的是（   ）。
   A. 生产预算   B. 销售预算   C. 材料采购预算   D. 现金预算

5. 下列关于财务预算的论述错误的是（   ）。
   A. 财务预算是财务预测的依据
   B. 财务预算能使决策目标具体化、系统化、定量化
   C. 财务预算可以从价值方面总括反映经营决策预算和业务预算的结果
   D. 财务预算是企业全面预算体系中的最后环节，也称总预算

6. 定期预算编制方法的缺点是（   ）。
   A. 缺乏长远打算，导致短期行为出现
   B. 工作量大
   C. 形成不必要的开支合理化，造成预算上的浪费

D. 可比性差

7. 下列说法中正确的是（　　）。
   A. 开展预算执行分析，有关部门要收集有关信息资料，根据不同情况采用一些方法，从定量的层面反映预算执行单位的现状、发展趋势及其存在的潜力
   B. 预算审计可以全面审计，或者抽样审计
   C. 企业预算按调整前的预算执行，预算完成情况以企业年度财务会计报告为准
   D. 企业应当将年度预算细分为月份、季度和半年度预算，以分期预算控制确保年度预算目标的实现

8. 下列各项中，没有直接在现金预算中得到反映的是（　　）。
   A. 期初期末现金余额　　　　　　B. 现金筹措及运用
   C. 预算期产量和销量　　　　　　D. 预算期现金余缺

9. 某期现金预算中假定出现了正值的现金收支差额，且超过额定的期末现金余额时，单纯从财务预算调剂现金余缺的角度看，该期不宜采用的措施是（　　）。
   A. 偿还部分借款利息　　　　　　B. 偿还部分借款本金
   C. 抛售短期有价证券　　　　　　D. 购入短期有价证券

10. 可能导致无效费用开支项目不能得到有效控制的预算方法是（　　）。
    A. 增量预算　　B. 静态预算　　C. 固定预算　　D. 定期预算

11. 预算的作用主要表现在（　　）。
    A. 预算通过引导和控制经济活动，使企业达到预期目标
    B. 预算可以实现企业内部各个部门之间的协调
    C. 预算可以降低企业经营风险
    D. 预算可以作为业绩考核的标准

12. 下列各项中属于财务预算的有（　　）。
    A. 现金预算　　B. 管理费用预算　　C. 资产负债表预算　　D. 利润表预算

13. （　　）是编制利润表预算的依据。
    A. 各业务预算表　　　　　　B. 专项决策预算表
    C. 现金预算表　　　　　　　D. 资产负债表预算

14. 在编制现金预算的过程中，可作为其编制依据的有（　　）。
    A. 日常业务预算　　　　　　B. 利润表预算
    C. 资产负债表预算　　　　　D. 专项决策预算

15. 定期预算编制方法的优点包括（　　）。
    A. 能够使预算期间与会计期间相对应，便于将实际数与预算数进行对比
    B. 有利于对预算执行情况进行分析和评价
    C. 有利于管理人员对预算资料作经常性的分析研究
    D. 能根据当时预算的执行情况加以调整

三、实训（按要求完成实训任务）

项目实训一　企业财务预算程序与方法

实训目的：熟悉财务预算编制具体流程、具体方法及操作技巧，提高财务预算方法的实

际应用能力。

实训资料：瑞森公司的财务副总经理李军主要负责在2013年年底编制该企业2014年的全面预算。由于他是第一次接手该项工作，所以有许多问题不甚明确。2013年年底已经迫近，李军只能先行进入工作状态，一面进行全面预算的编制，另一面对操作中的错误予以纠正。以下是他进行预算组织工作的详细记录。

(1) 12月10日　为全公司各生产部门和职能部门下达编制全面预算的任务，预算的编制顺序为"两下两上"，即先由基层单位编制初稿，上交公司统一汇总、协调，然后再返还基层单位修改，修改后再次上交总公司以调整、确认。

(2) 12月11日　发专门文件说明预算的本质是财务计划，是预先的决策。

(3) 12月12日　专门指定生产部门先将生产计划编制出来，提前上交，因为生产部门的生产计划是全部预算的开端。

(4) 12月15日　设计预算编制程序如下：

① 成立预算委员会，由公司董事长任主任。
② 确定全面预算只包括短期预算。
③ 由预算委员会提出具体生产任务和其他任务。
④ 由各部门负责人自拟分项预算。
⑤ 上报分项预算给公司预算委员会，汇总形成全面预算。
⑥ 由董事会对预算进行审查。
⑦ 将预算下达给各部门实施。

(5) 12月20日　截止到该日，已上交的营业预算有：销售预算、生产预算、直接人工预算、直接材料采购预算、制造费用预算、营业费用预算、预计利润表。李军认为营业预算已经基本上交完毕。

资本支出预算也刚刚交来，被归入营业预算中。其主要内容是关于下一经营期购买厂房和土地的问题。

(6) 12月21日　收到的现金预算中有以下几项内容：现金收入、现金支出、现金结余。李军把现金预算归入销售预算内，因为销售是企业现金的主要来源。

(7) 12月22日　交来的预计资产负债表被李军退回，认为它不在预算之列。

(8) 12月25日　李军强行要求所有与生产成本相关的预算都以零基预算的方式进行。基层单位负责人反映该企业为方便业绩考核，前任财务经理对生产成本一直实施滚动预算，况且重新搜集成本资料支出过大，时限过长。

(9) 12月28日　生产经理的基本职责有两方面：生产控制和成本控制。公司要求生产经理作固定预算，生产经理强烈反对，认为只有弹性预算才能把生产控制和成本控制分开，便于考核业绩。

(10) 12月31日　预计出下一期股利的支付政策和方案，并把它列入专门决策预算。

实训要求：

(1) 李军在预算组织工作中存在哪些错误？请你为他加以纠正，并告之错误的原因。

(2) 什么是零基预算、滚动预算、弹性预算、固定预算？结合本案例谈谈这些预算方法的优缺点及其适用范围。

(3) 在编制预算过程中应注意哪些问题？

项目实训二 销售预算的编制

实训目的：加深理解销售预算是全面预算的关键，熟练掌握企业销售预算的编制。

实训资料：新华公司在预算期2014年度只销售甲产品，其销售单价是75元，每季度销售的货款当期收取40%，剩余在下季度收讫。2013年年末公司的应收账款余额为24 000元，预算期内预计销售量6 000件，其中第一季度1 000件、第二季度1 500件、第三季度2 000件、第四季度1 500件。

实训要求：

(1) 根据上述资料编制新华公司2014年度的销售预算及预计现金收入。

(2) 企业销售预算中的哪些项目会出现在现金预算中？

(3) 销售预算会不会对企业的资产负债表预算产生影响？

项目实训三 企业生产预算与材料预算的编制

实训目的：熟悉生产预算、直接材料预算的编制方法，熟练掌握生产预算及材料预算的编制。

实训资料：佳宝公司是一家小型生产企业，生产和销售台式小型应急灯，每件产品的材料消耗定额为10千克，计划单价为15元。为保证生产的顺利进行，要求材料每季度初的存货量至少要储备当季需用量的30%。该公司2014年1月1日的材料库存恰好与此要求相符，预计2014年各季度小型应急灯的销售量分别为10 000件、8 000件、13 000件和12 000件。佳宝公司期末无在产品存货，其产成品存货各季度期末存量应为下季度销售量的20%，其年初产成品存货为800件，年末预计的产成品存货量为1 500件。各期期末材料库存量是下期生产需要量的30%，年末预计库存材料的数量为2 000千克。

实训要求：

(1) 根据上述资料编制佳宝公司2014年度生产预算和直接材料预算。

(2) 编制生产预算和直接材料预算时，是否要考虑期初、期末存货数量，为什么？

(3) 生产预算是企业哪些日常业务预算的编制依据？

项目实训四 企业现金预算的编制

实训目的：了解企业现金预算的作用，熟悉企业现金预算的格式，并能够熟练掌握企业现金预算的编制方法。

实训资料：宏远公司是一家小家电生产企业，其核心产品是电暖气。该公司自2000年起开始编制全面预算，公司的全面预算包括日常业务预算、资本支出预算和财务预算等。宏远公司每个季度的最低现金持有量为6 000元，根据企业2014年日常业务预算、资本支出预算等资料，财务人员已基本完成2014年度现金预算表，见下表。

2014年现金预算表　　　　　　　　　　　　　　　　　　　　　　　单位：元

项　目	第一季度	第二季度	第三季度	第四季度	全年
期初现金余额	9 000		6 000	7 000	
加：现金收入		94 000	120 000	112 500	406 500

续表

项　目	第一季度	第二季度	第三季度	第四季度	全年
可动用现金合计	89 000		126 000	119 500	
减：现金支出	—	—	—	—	—
直接材料	46 000	55 000	60 000	45 000	206 000
制造费用	34 000	30 000	36 000	30 000	130 000
销售费用	2 000	3 000	4 000	4 500	13 500
购置设备	10 000	12 000	10 000	13 000	45 000
支付股利	3 000	3 000	3 000	3 000	12 000
现金支出合计	95 000	103 000			406 500
现金余缺	−6 000		13 000	24 000	9 000
现金筹集与运用	—	—	—	—	—
银行借款（期初）		9 000	—	—	21 000
归还本息（期末）	—	—	6 000		22 000
期末现金合计	6 000	6 000	7 000	8 000	8 000

实训要求：

（1）请运用现金预算表的编制方法，完成宏远公司2014年现金预算表中空白处的数据。

（2）企业现金预算的作用有哪些？

（3）现金预算的编制需要以哪些预算为依据？

项目四
选准项目——投资管理

【学习目标】
- 理解现金流量的概念及构成内容
- 掌握现金净流量的计算方法
- 掌握各种贴现与非贴现指标的含义、特点及计算方法
- 掌握项目投资决策评价指标的应用
- 了解证券投资的种类、特点与目的
- 掌握债券、股票的估价模型
- 掌握债券、股票收益率的计算
- 掌握资本资产定价模型，会利用该模型解决实际问题
- 掌握证券组合投资收益率的计量
- 能够运用现金净流量的计算方法确定各项目投资方案的现金净流量
- 能够运用非贴现指标为项目投资方案做出决策
- 能够运用贴现指标为项目投资方案做出决策
- 会通过现代媒体等手段收集企业项目投资决策方面的信息资料

任务一　项目投资决策

【任务描述】
　　在企业的财务活动中，项目投资是非常重要的一种，它不仅从根本上决定了企业的盈利能力，而且也决定了企业的经营风险，并在很大程度上决定了企业价值最大化目标的实现程度。可以说，项目投资决策的正确与否将直接决定着企业的兴衰成败，那么，立足什么样的理念，选择什么样的评价指标对投资项目进行正确的评估，对企业来讲就显得尤为重要。学习任务：熟悉现金流量的内容与计算方法，掌握项目投资决策中的贴现指标与非贴现指标的计算与应用，能运用项目投资决策的评价方法对单一投资项目做出财务可行性决策，并能从若干备选项目中做出最优决策。

　　学习引领　　李明所在的单位在若干年前曾经打算投资一个项目，并请过一家会计师事务所做过可行性分析，当时已支付咨询费 30 000 元。后来由于种种原因，该项目被搁置下来，该笔咨询费作为费用已经入账。现在单位旧事重提，在进行可行性分析时，李明坚持认为当初的 30 000 元咨询费用应该作为这个项目的支出，而单位的财务人员却极力反对。李明很纳闷，难道自己错了吗？在项目投资决策分析中哪些因素必须考虑，哪些因素无须考虑？

项目四 选准项目——投资管理

【知识准备】

一、投资的相关概念

（一）投资的含义与类型

1. 投资的含义。企业投资，是企业将财力投放于一定的对象，以期在未来获取收益的经济行为。在企业实际财务活动中，投资的概念有广义和狭义之分，广义投资既包括对内投资，又包括对外投资。企业的对内投资主要包括流动资产投资、固定资产投资和无形资产投资；企业的对外投资主要包括债券投资、股票投资、基金投资、联营投资和兼并投资等。狭义投资仅指企业的对外投资。企业财务管理中所称的投资一般是广义投资，而企业财务会计中的投资概念多指狭义投资。本书以广义投资概念为基础，重点阐述对内长期投资——项目投资和对外投资——证券投资。

2. 投资的类型。

（1）按投资与生产经营的关系分为直接投资与间接投资。直接投资是指企业将资金直接投放于能够形成生产经营能力的实体性资产以获取利润的投资活动。一般来说，直接投资能增加实物资产，扩大生产能力，为经济增长提供重要的物质基础。其特点是风险较小，流动性较差。直接投资主要包括创建企业的初始性投资、企业维持经营的重置性投资、企业扩大经营规模的扩充性投资等形式。间接投资又称为证券投资，是企业把资金投放于金融资产，主要是有价证券，以期获得股利、利息或资本利得的投资活动。

（2）按投资范围分为内部投资和外部投资。内部投资是指企业将资本投向企业内部，用以购置各种生产经营所需资产的投资活动。它主要包括长期资产投资和流动资产投资。长期资产投资主要包括固定资产投资和无形资产投资，而流动资产投资是对企业流通环节的投资，如存货、应收账款等投资。外部投资是指企业以现金、实物、无形资产等资产，通过购买股权、联营投资等方式向其他单位投资，以获得一定的投资收益或实现对其他企业的控制。

（3）按投资回收期的长短分为短期投资和长期投资。短期投资又称流动资产投资，是指能够且准备在一年以内收回的投资，主要是对现金、存货、应收账款、交易性金融资产等的投资。长期投资是指投资回收期在一年以上的企业投资，主要包括企业对厂房、机器设备等固定资产、无形资产和长期有价证券的投资。

（4）按投资的风险程度，可以分为确定性投资与风险性投资。确定性投资是指对未来收益可以进行相当准确的预测，投资风险很小的投资。风险性投资是指投资风险大、未来收益难以准确预测的投资。一般来说，风险与收益成正比关系，风险越大，可能获得的收益越高，所以在进行投资决策时，企业应当对收益和风险予以适当的平衡。

（5）按投资对未来的影响程度分为战略性投资与战术性投资。战略性投资是指涉及企业生产经营全局，影响企业生产经营方向和结构，能够决定公司未来命运的投资，如改变经营方向、调整主要产品的投资。战术性投资是指只涉及企业生产经营的局部，而不影响企业整个前途的投资，如提高产品质量、降低产品成本、增强销售能力的投资。

（二）项目投资的含义与类型

1. 项目投资的含义。项目投资是一种投资于实体性资产的长期投资，是一种以特定项目为对象,直接与新建项目或更新改造项目有关的长期投资行为。项目投资从性质上看,它是企业直接的、生产性的对内实物投资,通常包括固定资产投资、无形资产投资和流动资金投资等内容。项目投资具有耗资大、时间长、风险大、收益高等特点,对企业长期获利能力具有决定性影响。

2. 项目投资的类型。

(1) 单纯固定资产投资项目。单纯固定资产投资项目简称为固定资产投资,其特点在于:在投资中只包括为取得固定资产而发生的资本投入,其不涉及流动资金等的投入。

(2) 完整工业投资项目。完整工业投资项目的特点在于其不仅包括固定资产投资,而且涉及流动资金投资,甚至包括无形资产等其他长期资产投资项目。

(3) 更新改造项目。更新改造项目是以恢复或改善生产能力为目的的内涵式扩大再生产。

(三) 项目投资决策的程序

1. 进行投资环境分析,寻找投资机会,提出项目投资的领域和对象。这是项目投资的起点,由企业管理当局或企业高层管理人员提出,或者由企业的各级管理部门和相关部门领导提出。

2. 拟定投资项目建议书并进行可行性研究。在评价投资项目的环境、市场、技术和生产均具有可行性的基础上,通过估算项目的有关评估指标,对项目投资的财务可行性作出总体评价。

3. 预计资金来源渠道与方式,预测资金供应状况。预测项目投资对资金的需求数量,选择合理的筹资渠道与方式取得所需资金。

(四) 执行投资项目

执行投资项目即投资行为的具体实施。

(五) 投资项目的再评估

在投资项目执行过程中,应注意评价原来做出的投资决策是否合理。一定要随时掌握情况的变化,一旦原来的投资决策在新形势下变得不再合理,要进行是否终止投资的决策,从而避免更大的损失。

名人名言 企业的兴衰与其说是依靠其评估各种投资机会的能力,还不如说是取决于创造盈利机会的能力。

——派克和多宾斯

二、现金流量分析的相关概念

(一) 项目计算期的构成

项目计算期是指投资项目从投资建设开始到项目最终清算结束整个过程所涉及的时间,包括建设期和运营期。

建设期是指从投资额发生并最终形成生产经营能力的时间。运营期也叫生产经营期,是指投产后生产、销售产品,获取收入和利润的时间。项目计算期如图 4-1 所示。

图中 0 为建设起点,s 为建设期末,n 为终结点。0 到 s 为建设期,s 到 n 为运营期。项目计算期、建设期和运营期之间有以下关系：

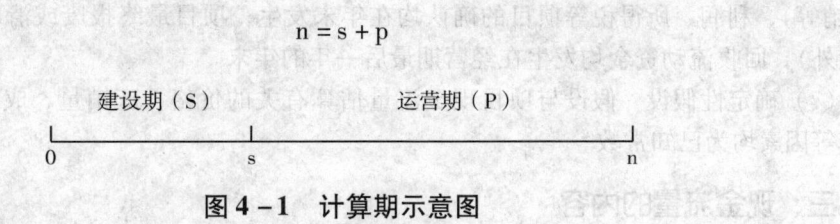

$$n = s + p$$

```
         建设期（S）              运营期（P）
├─────────────────────┼─────────────────────┤
0                     s                     n
```

图 4－1　计算期示意图

（二）原始投资、投资总额和资金投入方式

原始投资是指投资项目所需现实资金的总和。即企业为使项目完全达到设计生产能力、开展正常经营而投入的全部现实资金。

投资总额是指投资项目最终占用资金的总和，等于原始投资与建设期资本化利息之和。该指标可以反映投资项目的总体规模。其中建设期资本化利息是指建设期发生的与购建项目所需的固定资产、无形资产等长期资产有关的借款利息。

从时间特征上看，投资者将原始投资投入具体项目的方式有集中投入和分次投入两种形式。集中投入方式是指全部投资额在建设期的某一时点一次性发生；分次投入方式是指全部投资额分若干次在建设期陆续发生。

（三）现金流量的含义及估算假设

1. 现金流量的含义。现金流量是指在项目投资决策中与该项目有关的现金流入和流出的数量。这里的"现金"是广义的现金，它不仅包括各种货币资金，而且还包括项目需要投入的企业现有非货币资源的变现价值。例如，一个项目需要使用原有的厂房、设备和材料等，则相关的现金流量是指它们的变现价值，而不是其账面成本。

评价一个投资方案的经济效益，首先应该测定该方案的现金流入量与现金流出量。现金流入量与现金流出量的差额称为现金净流量，是评价投资方案的基础性指标。

2. 现金流量估算的假设

（1）投资项目类型假设。投资项目类型假设即假设投资项目只包括单纯固定资产投资项目、完整工业投资项目和更新改造项目三种类型。

（2）财务可行性分析假设。一个方案是否可行，不仅要从企业财务方面进行考察，还应该就其技术和对国民经济的影响等方面进行分析。如果项目技术落后、重复建设、破坏环境或损害国家利益，即使从企业财务角度分析是可行的，该项目也不能实施。为简化分析，这里假设投资项目除财务可行性有待进一步分析外，其他方面都是可行的。

（3）全投资假设。假设在确定项目的现金流量时，不论是自有资金还是借入资金等具体形式的现金流量，都将其视为自有资金。

（4）建设期投入全部资金假设。项目的原始投资不论是一次投入还是分次投入，均假设它们是在建设期内投入的。

（5）项目投资的经营期与折旧年限一致假设。假设项目固定资产的折旧年限与其经营期相同。

（6）时点指标假设。现金流量的具体内容所涉及的价值指标，不论是时点指标还是时期指标，均假设按照年初或年末的时点处理。其中，建设投资在建设期内有关年度的年初发生；垫支的流动资金在相关经营期的期初发生；经营期内各年的营业收入、付现成本、折旧（摊销等）、利润、所得税等项目的确认均在年末发生；项目最终报废或清理（中途出售项目除外），回收流动资金均发生在经营期最后一年的年末。

(7) 确定性假设。假设与项目现金流量估算有关的价格、产销量、成本水平、所得税税率等因素均为已知常数。

三、现金流量的内容

（一）按现金流动的方向分类

1. 现金流入量。现金流入量是指能使投资项目现实货币资金增加的项目。包括：投资项目投产后，每年可增加的营业现金收入或减少的营业现金支出；固定资产报废时的净残值收入或中途的变价收入；项目结束时，与投资项目相联系的原垫支流动资金的收回。

2. 现金流出量。现金流出量是指使投资项目现实货币资金减少的项目。主要包括固定资产投资、流动资金垫支、营业现金支出、各种税款和其他投资。

（二）按发生的时间分类

1. 初始现金流量。初始现金流量，是指发生在建设期的现金流量，由以下内容构成：

(1) 固定资产投资。固定资产投资包括固定资产的购入或建造成本、运输成本和安装成本等。

(2) 流动资产投资。流动资产投资包括材料、在产品、产成品和现金等投资。

(3) 无形资产投资。无形资产投资包括企业用于购买专利权、商标使用权、专有技术、土地使用权等的支出。

(4) 其他投资。其他投资是指与长期投资有关的筹建费用、职工培训费用、注册费用、谈判费、开办费等。

(5) 原有固定资产的变价收入。原有固定资产的变价收入是指固定资产更新改造项目中原有固定资产的变现收入。

2. 营业现金流量。营业现金流量，是指项目投入使用后，在其寿命周期内，由于生产经营所带来的现金流入量和现金流出量，一般按年计算。

(1) 营业现金流入量。营业现金流入量是指项目投产后每年实现的现金销售收入或营业收入。

(2) 营业现金流出量。营业现金流出量包括经营成本和各种税款。经营成本也就是付现成本，是指经营期内因为正常生产经营活动而用现实货币资金所支付的成本费用。各种税款是指依法缴纳的资源税、所得税等。

3. 终结点现金流量。终结点现金流量是指投资项目终结时所发生的现金流量，主要包括：

(1) 回收固定资产的残值收入；

(2) 回收垫支的流动资金；

(3) 停止使用土地的变价收入。

当然终结点所在年份依然在正常经营，所以终结点现金流量除了上述特殊流量之外，还包括正常经营所发生的现金流量。

【业务操作】

一、估算现金流量

(一) 现金流量估算中应注意的问题

在确定项目投资的现金流量时，应遵循的基本原则是：只有增量现金流量才是与投资项目相关的现金流量。所谓增量现金流量，是指由于接受或放弃某个投资项目所引起的现金变动部分。由于采纳某个投资方案引起的现金流入增加额，才是该方案的现金流入；同理，某个投资方案引起的现金流出增加额，才是该方案的现金流出。为了正确计算投资项目的增量现金流量，要注意以下几个问题：

1. 沉没成本。沉没成本，也叫沉落成本，是过去发生的支出，而不是新增成本。这一成本是由于过去的决策所引起的，对企业当前的投资决策不产生任何影响。例如某企业在两年前购置的某设备原价12万元，估计可使用5年，无残值，按直线法计提折旧，目前账面净值为8万元。由于科学技术的进步，该设备已被淘汰，在这种情况下，账面净值8万元就属于沉没成本。所以，企业在进行投资决策时要考虑的是当前的投资是否有利可图，而不是过去已花掉了多少钱。

2. 机会成本。在投资决策中，如果选择了某一投资项目，就会放弃其他投资项目，其他投资项目可能取得的收益就是本项目的机会成本。机会成本不是我们通常意义上的成本，它不是实际发生的支出或费用，而是一种潜在的放弃的收益。例如，一笔现金用来购买股票就不能存入银行，那么存入银行的利息收入就是股票投资的机会成本。如果某企业有一闲置的仓库，准备用来改建职工活动中心，但将仓库出租每年可得租金收入5万元，则5万元租金收入就是改建活动中心的机会成本。机会成本作为丧失的收益，离开被放弃的投资机会就无从计量。在投资决策过程中考虑机会成本，有利于全面分析评价所面临的各个投资机会，以便选择经济上最为有利的投资项目。

3. 公司其他部门的影响。一个项目建成后，该项目会对公司的其他部门和产品产生影响，这些影响所引起的现金流量变化应计入项目现金流量。

4. 对净营运资金的影响。一个新项目投产后，存货和应收账款等流动资产的需求随之增加，同时应付账款等流动负债也会增加。这些与项目相关的新增流动资产与流动负债的差额即净营运资金应计入项目现金流量。

(二) 完整工业投资项目现金净流量 (NCF) 的估算

1. 初始现金净流量。初始现金净流量是指发生在建设期的现金流入量与现金流出量的差额。

初始现金净流量 = −(固定资产投资 + 流动资产投资 + 无形资产投资 + 其他投资)

2. 经营现金净流量。经营现金净流量是指经营期各年现金流入量与现金流出量的差额。

经营期某年现金净流量 = 营业收入 − 付现成本 − 所得税
        = 息税前利润 × (1 − 所得税税率) + 非付现成本
        = 营业收入 × (1 − 所得税税率) − 付现成本 × (1 − 所得税税率)
         + 非付现成本 × (1 − 所得税税率)

3. 终结点现金净流量。终结点现金净流量＝该年正常经营现金净流量＋该年回收额

(三) 现金净流量估算的应用

[业务举例4-1] 康源公司准备购入一台设备，现有甲、乙两种方案可供选择：甲方案需投资200万元，使用寿命为5年，采用直线法计提折旧，5年后设备无残值，5年中每年的销售收入为90万元，付现成本为30万元；乙方案需固定资产投资260万元，流动资产投资20万元，固定资产使用寿命为5年，采用直线法计提折旧，5年后设备残值收入为6万元，5年中每年的销售收入为120万元，付现成本第一年为50万元，以后随着设备陈旧，逐年将增加修理费2万元。假设所得税率为25%，资本成本为8%。要求：计算甲、乙两种方案的现金净流量（计算过程见表4-1和表4-2）。

表4-1　　　　　　　　投资项目的营业现金流量计算表　　　　　　　　单位：元

项目经营期	1	2	3	4	5
甲方案					
销售收入（1）	900 000	900 000	900 000	900 000	900 000
付现成本（2）	300 000	300 000	300 000	300 000	300 000
折旧（3）	400 000	400 000	400 000	400 000	400 000
税前利润（4）	200 000	200 000	200 000	200 000	200 000
所得税（5）	50 000	50 000	50 000	50 000	50 000
税后净利（6）	150 000	150 000	150 000	150 000	150 000
现金净流量（7）	550 000	550 000	550 000	550 000	550 000
乙方案					
销售收入（1）	1 200 000	1 200 000	1 200 000	1 200 000	1 200 000
付现成本（2）	500 000	520 000	540 000	560 000	580 000
折旧（3）	508 000	508 000	508 000	508 000	508 000
税前利润（4）	192 000	172 000	152 000	132 000	112 000
所得税（5）	48 000	43 000	38 000	33 000	28 000
税后净利（6）	144 000	129 000	114 000	99 000	84 000
现金净流量（7）	652 000	637 000	622 000	607 000	592 000

提示：(4)＝(1)－(2)－(3)；(7)＝(1)－(2)－(5)＝(3)＋(6)。

表4-2　　　　　　　　固定资产投资项目现金净流量计算表　　　　　　单位：元

项目计算期	0	1	2	3	4	5
甲方案						
固定资产投资	-200 0000					
营业现金流量		550 000	550 000	550 000	550 000	550 000
现金流量合计	-200 0000	550 000	550 000	550 000	550 000	550 000
乙方案						
固定资产投资	-2 600 000					
垫支流动资金	-200 000					
营业现金流量		652 000	637 000	622 000	607 000	592 000
固定资产残值						60 000
流动资金收回						200 000
现金流量合计	-2 800 000	652 000	637 000	622 000	607 000	852 000

二、分析计算项目投资决策的基本指标

项目投资决策评价指标是衡量和比较投资项目可行性并据以进行方案决策的量化标准与尺度，根据是否考虑资金时间价值，分为静态指标和动态指标两大类。静态指标也叫非贴现指标，是指不考虑资金时间价值的分析方法，主要有投资回收期和投资报酬率等。动态指标也叫贴现指标，是考虑了资金时间价值的分析方法，主要有净现值、净现值率、获利指数和内含报酬率等。

（一）非贴现指标

1. 投资回收期。投资回收期是指收回原始投资所需要的时间（年数）。投资回收期短，可以及早收回投资，承担风险少，经济效果好；反之，投资回收期长，承担风险大。

（1）投资回收期的计算。投资回收期的计算方法，因每年现金净流量是否相等而有所不同。

① 当运营期内前若干年每年的营业现金净流量相等，而且其合计数大于或等于原始投资合计时，投资回收期可按以下公式计算：

$$\text{不包括建设期的投资回收期} = \frac{\text{原始投资合计}}{\text{运营期内前若干年每年相等的现金净流量}}$$

$$\text{包括建设期的投资回收期} = \text{不包括建设期的投资回收期} + \text{建设期}$$

② 运营期内每年营业现金净流量不相等，计算投资回收期要逐年计算累计现金净流量和各年尚未收回的投资额，来确定包括建设期的投资回收期，再推算出不包括建设期的投资回收期。具体见下式：

$$\text{包括建设期的投资回收期} = \text{累计现金流量最后一次出现负值的年数} + \frac{\text{当年累计现金净流量的绝对值}}{\text{下年现金净流量}}$$

$$\text{不包括建设期的投资回收期} = \text{包括建设期的投资回收期} - \text{建设期}$$

[业务举例4-2] 根据[业务举例4-1]资料来说明投资回收期计算原理的应用。

甲方案经营期每年的现金净流量相等,则:

甲方案投资回收期=2 000 000/550 000=3.63(年)

乙方案原始投资2 800 000元,每年的现金净流量不等,其各年的现金净流量及年末尚未收回的投资额如表4-3所示。

表4-3　　　　　　　　　　乙方案投资回收期计算表　　　　　　　　　　单位:元

项目计算期	0	1	2	3	4	5
净现金流量	-2 800 000	652 000	637 000	622 000	607 000	852 000
累计净现金流量	-2 800 000	-2 148 000	-1 511 000	-889 000	-282 000	570 000

从表4-3中可以看到,乙方案投资回收期在第4年和第5年之间,具体计算如下:

乙方案投资回收期=4+282 000/852 000

=4+0.33=4.33(年)

(2)投资回收期的决策标准。对于单一方案来说,投资回收期小于或等于基准回收期的投资项目才具有财务可行性;对于多个互斥方案来说,投资回收期短于基准回收期最短的方案为最优。

(3)投资回收期指标的评价。投资回收期指标的优点是计算简便,容易掌握。但它有两大缺点:一是忽略了投资回收期后的现金流量。这意味着投资回收期法不适用于长期项目或后期现金流量大的项目。二是忽略了资金的时间价值。由于以上两个缺点,因而不能单凭投资回收期法来评估投资的效益,必须依靠其他方法来补充。它主要用来测定方案的流动性而非营利性。

2.会计报酬率。会计报酬率是指投资项目经营期的年平均净利润占项目总投资的百分比。

(1)会计报酬率的计算。

会计报酬率的计算公式为:

$$会计报酬率 = \frac{年平均净利润}{项目总投资} \times 100\%$$

[业务举例4-3] 根据[业务举例4-1]资料来说明会计报酬率的计算和应用。

表4-4　　　　　　　　　　甲、乙方案利润与现金净流量　　　　　　　　　　单位:元

项目计算期	甲方案 利润	甲方案 现金净流量(NCF)	乙方案 利润	乙方案 现金净流量(NCF)
0		-2 000 000		-2 800 000
1	200 000	550 000	192 000	652 000
2	200 000	550 000	172 000	637 000

续表

项目计算期	甲方案 利润	甲方案 现金净流量（NCF）	乙方案 利润	乙方案 现金净流量（NCF）
3	200 000	550 000	152 000	622 000
4	200 000	550 000	132 000	607 000
5	200 000	550 000	112 000	852 000
合计	1 000 000	750 000	760 000	570 000

要求：计算甲、乙两方案的会计报酬率。

解：甲方案会计报酬率 = 200 000/2 000 000 = 10%

乙方案会计报酬率 = (760 000/5)/280 000 = 5.43%

（2）会计报酬率的决策标准。对于单一方案来说，会计报酬率指标大于或等于基准投资报酬率的项目才具有财务可行性。在多个备选方案的互斥决策中，选择会计报酬率大于基准报酬率最大的方案为最优方案。

（3）会计报酬率指标的评价。会计报酬率的优点是简单、明了、易于掌握，并能说明各投资方案的收益水平。缺点是：第一，没有考虑现金净流量，具有局限性；第二，没有考虑资金时间价值。

（二）贴现指标

贴现指标即动态评价指标，不仅考虑了资金时间价值，而且考虑了项目在整个寿命期内的现金净流量。因此，它是比静态指标更全面、更科学的评价指标。常用的动态分析方法有净现值法、净现值率法、现值指数法和内含报酬率法。

1. 净现值。净现值（NPV）是指投资项目现金流入量的现值与现金流出量的现值之差。净现值指标是对投资项目进行动态评价的最重要的指标之一，该指标考虑了投资项目寿命期内每年发生的现金净流量。

（1）计算方法。

净现值(NPV) = $\sum_{t=1}^{n}$（第 t 年的现金净流量 × 第 t 年的复利现值系数） - 原始投资额现值

或：　　　　净现值（NPV） = 现金流入量现值 - 现金流出量现值

当经营期各年现金净流量相等，建设期为零时：

净现值（NPV） = 年经营现金净流量 × 年金现值系数 - 原始投资现值

[业务举例4-4] 根据 [业务举例4-1] 资料来说明净现值的计算和应用，假定折现率为10%。

NPV(甲) = 550 000 × (P/A,10%,5) - 2 000 000

　　　　 = 550 000 × 3.7908 - 2 000 000

　　　　 = 2 084 940 - 2 000 000

= 84 940（元）

乙方案经营期现金净流量不相等，其净现值计算如表4-5所示。

表4-5　　　　　　　　　　乙方案净现值计算表　　　　　　　　　　单位：元

年份	NCF (1)	现值系数(10%) (2)	现值 (3)=(1)×(2)
0	-2 800 000	1	-2 800 000
1	652 000	0.9091	592 733
2	637 000	0.8264	526 417
3	622 000	0.7513	467 309
4	607 000	0.6830	414 581
5	852 000	0.6209	529 007
NPV			-269 953

（2）决策标准。净现值指标对项目的取舍标准是：若净现值大于等于零，则项目可行；若净现值小于零，则项目不可行。若存在若干个净现值大于零的互斥项目，则选择净现值最大的项目。根据上面的计算，甲方案净现值大于零，具有投资可行性；乙方案净现值小于零，应舍去。

（3）指标评价。净现值指标的优点：是充分考虑了资金的时间价值，考虑了项目计算期内全部现金流量信息，考虑了风险因素，是投资项目财务可行性分析的主要指标。

净现值指标的缺点：一是由于净现值指标是一个绝对数值，当项目投资额不等时，仅用净现值无法确定投资项目的优劣；二是折现率的确定和现金流量的预测比较困难；三是不能揭示项目本身所能达到的实际报酬率。

目前折现率的确定，主要有两种方法：一种方法是根据资金成本来确定，另一种方法是根据企业要求的最低投资利润率来确定。一般来说，折现率越高，净现值越小；折现率越低，净现值越大。

2. 净现值率。净现值率是投资项目的净现值占原始投资现值的百分比，即净现值与原始投资现值的比值，记作NPVR。

（1）计算公式。

$$净现值率 = \frac{净现值}{原始投资的现值}$$

[业务举例4-5] 根据[业务举例4-1]和[业务举例4-4]的资料来说明净现值率的计算。

NPVR（甲）= 84 940/2 000 000 = 0.0425

NPVR（乙）= -269 953/2 800 000 = -0.0964

（2）决策标准。净现值率的决策标准是：NPVR≥0 则方案可行；反之，则不可行。若存在若干净现值率均大于零的互斥项目，则选择净现值率最大的方案为最佳方案。由上述计算可知，甲方案具有财务可行性，而乙方案不具有财务可行性。

（3）指标评价。净现值率是一个折现的相对量指标，其优点在于考虑了资金时间价值；考虑了计算期内所有的现金净流量；可以从动态的角度反映项目投资的资金投入与净产出之间的关系，说明了每单位投资产生的净现值数额，比其他动态方法更容易计算。其缺点是无法反映项目的内在的、真实的报酬率，只能作为投资决策的辅助性指标。

3. 现值指数。现值指数也称获利指数，是投资方案未来报酬的总现值与原投资的现值之比，计作 PI。反映了每单位投资所创造的收益。

（1）计算公式如下：

$$现值指数 = \frac{未来报酬总现值}{原始投资现值}$$

即问即答 现值指数与净现值率在数量上存在什么关系？

现值指数 = 1 + 净现值率

（2）决策标准。如果投资方案的现值指数大于或等于1，该方案具有财务可行性；如果投资方案的现值指数小于1，该方案则不具有财务可行性；在几个方案的现值指数都大于1时，一般来说，现值指数越大，投资方案越好。

[业务举例 4-6] 根据 [业务举例 4-1] 和 [业务举例 4-4] 资料来说明现值指数的计算。

PI（甲）= [550 000 × (P/A,10%,5)] /2 000 000

    = [550 000 × 3.7908] /2 000 000

    = 2 084 940/2 000 000

    = 1.0425

PI（乙）= (592 733 + 526 417 + 467 309 + 414 581 + 529 007)/2 800 000

    = 2 530 047/2 800 000

    = 0.9036

或根据 [业务举例 4-5] 和净现值率与现值指数的关系，得出：

PI（甲）= 1 + 0.0425 = 1.0425

PI（乙）= 1 - 0.0964 = 0.9036

（3）指标评价。现值指数指标的优点是考虑了资金时间价值；考虑了计算期内所有的现金流量；可以从动态的角度反映项目投资的资金投入与总产出之间的关系，弥补了净现值指标在投资额不同方案之间不能比较的缺陷。它的缺点是无法反映项目内在的真实报酬率，只能作为投资决策的辅助性指标。

4. 内含报酬率。内含报酬率又称内部收益率，是指投资项目在项目计算期内各年现金净流量现值合计数等于零时的折现率，亦可将其定义为能使投资项目的净现值等于零时的折现率。显然，内含报酬率（IRR）满足下列等式：

$$\sum_{t=0}^{n} NCF_t \times (P/F,IRR,t) = 0$$

从上式可知，净现值的计算是根据给定的折现率求净现值。而内含报酬率的计算是先令净现值等于零，然后反求能使净现值等于零的折现率。所以，净现值不能揭示各个方案本身可以达到的实际报酬率，而内含报酬率实际上反映了项目本身的真实报酬率。

（1）计算方法。

① 经营期内各年现金净流量相等，且全部投资均于建设起点一次投入，建设期为零，则根据内含报酬率的定义可知：

经营期每年相等的现金净流量（NCF）×年金现值系数（P/A，IRR，t）－原始投资＝0

内含报酬率具体计算的步骤如下：

第一步，计算年金现值系数。

$$(P/A，IRR，t) = \frac{原始投资}{经营期每年相等的现金净流量}$$

第二步，根据计算出来的年金现值系数与已知的期数 n，查年金现值系数表，如果表中恰好有与该系数对应的利率，则该利率就是要查找的内含报酬率；如果表中没有与该系数对应的利率，则应用插值法确定内含报酬率。具体做法见下例。

[业务举例4-7] 根据表4-2的资料，方案甲的内含报酬率计算如下：

NPV(甲) ＝550 000×(P/A,i,5)－2 000 000＝0

(P/A,i,5) ＝3.6364

查年金现值系数表可知：(P/A，10%，5) ＝3.7908

(P/A，12%，3) ＝3.6048

可见 IRR 介于10%～12%之间，根据插值法计算如下：

$$IRR = 10\% + \frac{3.6346 - 3.7908}{3.6049 - 3.7908} \times (12\% - 10\%) = 11.66\%$$

方案甲的内含报酬率（IRR）为11.66%。

② 当经营期各年现金净流量不相等时，则可以用逐次测试法来确定内含报酬率。

逐次测试法即以不同的折现率来逐次计算现金净流量的净现值，直到净现值为零为止，这时所采用的折现率就是该投资项目的内含报酬率。

逐次测试法的具体计算方法为：首先估计一个折现率代入净现值公式进行试算，如果净现值为正，说明这个折现率偏小，应提高折现率再次试算；如果净现值为负，说明这个折现率偏大，应降低折现率再次试算。经过这样多次试算，找到净现值由正到负并且比较接近于零的两个折现率。最后，根据这两个邻近的折现率用插值法计算出内含报酬率。

[业务举例4-8] 根据表4-2的资料，已知乙方案的净现值为负数，说明它的内含报酬率小于资本成本率10%，因此，应降低折现率进一步测试。假设以7%为折现率进行测试，其净现值为－56 110元。下一步降低到6%重新测试，结果净现值为正的21 434元，可见其内含报酬率在6%～7%之间，测试过程如表4-6所示。

表4-6 内含报酬率测试表

期数	NCF	7% 现值系数	现值	6% 现值系数	现值
0	-2 800 000	1	-2 800 000	1	-2 800 000
1	652 000	0.9346	609 359	0.9434	615 097
2	637 000	0.8734	556 356	0.8900	566 930
3	622 000	0.8163	507 739	0.8396	522 231
4	607 000	0.7629	463 080	0.7921	480 805
5	852 000	0.7130	607 476	0.7473	636 700
NPV			-55 990		21 763

用插值法计算如下：

$$IRR = 7\% + \frac{0-(-55990)}{21763-(-55990)} \times (6\% - 7\%) = 6.28\%$$

乙方案内部报酬率为6.28%。

（2）决策标准。当一个投资项目的内含报酬率大于或等于企业的资本成本率或必要报酬率时，项目具有财务可行性；反之，则不具备财务可行性。多个备选方案的互斥决策中，内含报酬率超过资本成本率或必要报酬率最多的投资项目为最优项目。

上例中，康源公司甲方案的内含报酬（11.66%）大于资本成本率10%，可行；乙方案的内含报酬率（6.28%）小于其资本成本率，不可行。

重要提示 计算净现值、净现值率和现值指数所依据的折现率（i）都是事先已知的，而内含报酬率（IRR）的计算本身与折现率（i）的高低无关，采用这一指标的决策标准：将所测算的内含报酬率与给定的折现率进行对比，当IRR≥i时该方案是可行的。

（3）指标评价。内含报酬率指标的优点：考虑了资金时间价值，能从动态的角度直接反映投资项目的实际报酬率，且不受折现率高低的影响，比较客观，有利于对投资额不同的项目进行决策。

内含报酬率指标的缺点：计算过程比较复杂，尤其是对于每年现金净流量不相等的项目，一般要经过若干次测试才可以算出；当经营期在大量追加投资时，有可能导致多个内含报酬率出现，缺乏实际意义。

即问即答 净现值、净现值率、现值指数、内含报酬率这几个贴现指标在评价一个投资项目的财务可行性时有哪些内在联系？

四个评价指标在评价一个项目的财务可行性时会得出如下结论：

当NPV>0时，NPVR>0，PI>1，IRR>i；

当NPV=0时，NPVR=0，PI=1，IRR=i；

当NPV<0时，NPVR<0，PI<1，IRR<i。

说明这四个指标在评价项目可行性时不会自相矛盾，会得出完全一致的结论。

这些指标的计算结果都受到建设期和经营期的长短、投资金额及方式,以及各年现金净流量的影响。所不同的是净现值(NPV)为绝对数指标,其余为相对数指标。

三、运用项目投资决策指标进行决策分析

(一)独立投资项目决策

独立投资项目是指一组相互分离、互不排斥的项目,在独立项目之间,选择一个项目的同时并不影响另一个项目的实施。独立投资项目的决策只需要投资项目的财务可行性,不需要做出优选决策,即只需要做出"接收"或"拒绝"选择决策。由于前面讲到的贴现评价指标和非贴现评价指标之间在回答项目是否可行的结论时有可能出现背离,所以在项目评价过程中我们做如下界定:

如果贴现指标评价结论为可行、非贴现指标评价结论为可行,则该项目完全具备财务可行性;

如果贴现指标评价结论为可行、非贴现指标评价结论为不可行,则该项目基本具备财务可行性;

如果贴现指标评价结论为不可行、非贴现指标评价结论为可行,则该项目为基本不具备财务可行性;

如果贴现指标评价结论为不可行、非贴现指标评价结论为不可行,则该项目为完全不具备财务可行性。

只有当一个项目完全具备或基本具备财务可行性时,该项目才可以"接受",若项目基本不具备和完全不具备财务可行性时,只能选择"拒绝"。

(二)互斥投资项目决策

互斥方案是指相互关联,互相排斥的方案,即一组方案中的各个方案彼此可以相互代替,接受某一方案,就必须拒绝另一方案,彼此之间具有排他性。例如,厂房自建还是委托外单位承建,设备自己生产还是向其他企业购买等,这些方案之间是相互排斥的。互斥方案入选的前提是各方案已完全具备或基本具备财务可行性的方案,但入选的互斥方案能否最终被选中,还要进行下一轮的淘汰筛选。筛选方法有净现值法、净现值率法、年等额净回收额法等。

1. 净现值法。如果各互斥项目原始投资额相同,而且项目计算期也相等,通常使用净现值指标决策,即选择净现值大的投资方案为最优方案。

[业务举例4-9] 康源公司的一项固定资产需要原始投资50万元,有效使用期5年,必要报酬率为12%,有甲、乙两个互斥备选方案可供选择,各方案的营业现金净流量如表4-7所示。

表4-7　　　　　　　　各方案营业现金净流量表　　　　　　　　单位:万元

年份	营业净现金流量	
	甲方案	乙方案
1	15	20
2	15	20

续表

年份	营业净现金流量	
	甲方案	乙方案
3	15	10
4	15	10
5	15	10

根据上述资料可计算各方案的净现值如下：

NPV（甲）= -50 + 15 ×（P/A,12%,5）= 4.07（万元）

NPV（乙）= -50 + 20 ×（P/A,12%,2）+ 10 ×（P/A,12%,3）×（P/F,12%,2）
　　　　 = 2.95（万元）

上述计算表明，甲、乙两方案的净现值大于零，故甲、乙方案具备财务可行性。甲方案的净现值大于乙方案的净现值，所以，甲方案为最优方案。

重要提示　净现值法适用于计算期相同时多个互斥方案比较决策。决策标准是净现值最大的方案最优。

2. 净现值率法。净现值率法适用于原始投资相同项目的多个互斥方案的比较决策。

[业务举例4-10]　续用[业务举例4-9]的资料，依据甲、乙两方案的数据，用净现值率法判断选择最优方案。

可计算各方案的净现值率如下：

$NPVR_甲 = \dfrac{4.07}{50} = 0.0814$

$NPVR_乙 = \dfrac{2.95}{50} = 0.059$

显然，甲方案的净现值率大于乙方案净现值率，所以，甲方案为最优方案。

重要提示　在方案原始投资相同的情况下，用净现值率法的选择结论和净现值法是一致的。

3. 年等额净回收额法。年等额净回收额法适用于原始投资不相同、项目计算期也不相等的多个互斥方案的比较决策。

（1）年等额净回收额（ANCF）的含义及计算。年等额净回收额，就是净现值与年金现值系数的商，相当于考虑资金时间价值的年平均净现值。其计算公式如下：

$$ANCF = \dfrac{NPV}{(P/A,i,n)}$$

（2）决策原则。最大的年等额净回收额符合企业价值最大化的利益，因此，应选择年等额净回收额最大的方案为最优方案。

[业务举例4-11]　康源公司有两项投资方案，其现金净流量如表4-8所示。

表4-8　　　　　　　　　　　甲、乙方案现金净流量　　　　　　　　　　　单位：元

项目计算期	甲方案 净收益	甲方案 现金净流量	乙方案 净收益	乙方案 现金净流量
0		-200 000		-120 000
1	20 000	120 000	16 000	56 000
2	32 000	132 000	16 000	56 000
3			16 000	56 000

要求：如果该公司期望最低报酬率为12%，请做出决策。

① 甲方案经营期各年现金净流量各不相同，其净现值计算如表4-9所示。

表4-9　　　　　　　　　　　甲方案净现值计算表　　　　　　　　　　　单位：元

年份	NCF (1)	现值系数（12%） (2)	现值 (3) =（1）×（2）
0	-200 000	1	-200 000
1	120 000	0.8929	107 148
2	132 000	0.7972	105 230
NPV			-12 378

乙方案经营期各年现金净流量相等，其净现值计算如下：

NPV（乙）= 56 000 ×（P/A,12%,3）- 120 000
　　　　　= 56 000 × 2.4018 - 120 000
　　　　　= 14 500.8（元）

② 计算甲、乙方案的年等额净回收额。

$$甲方案年等额净回收额 = \frac{12\,378.4}{(P/A, 12\%, 2)} = \frac{12\,378.4}{1.6901} = 7\,324.06（元）$$

$$乙方案年等额净回收额 = \frac{14\,500.8}{(P/A, 12\%, 3)} = \frac{14\,500.8}{2.4018} = 6\,037.47（元）$$

③ 做出决策。

因为甲方案年等额净回收额（7 324.06元）>乙方案年等额净回收额（6 037.47元），因此应选择甲方案。

即问即答　为什么乙方案的净现值大于甲方案的净现值，结果却认为甲方案最优了呢？

由于甲、乙方案的投资额与计算期都不相同，因此即使乙方案的净现值大于甲方案的净现值，也不能说明乙方案优于甲方案。谁优谁劣，需要通过年等额净回收法计算年平均净现值得出此结论，甲方案的年等额回收额高于乙方案的年等额回收额，所以甲方案为最优方案。

经典案例

地产业傍酒店——雾里看花终是梦

"做其他生意赚很多钱的人，不一定能在酒店上赚钱。"这是业内人士对酒店行业的共识。但有些国内的开发商却不这么认为，在过去的几年间，中国的房地产开发商患了一场酒店投资的高烧，致使多个城市高星级酒店的数量迅速膨胀。仅在深圳南山，就有四季、喜来登、香格里拉等几大国际知名品牌驻扎，竞争的硝烟让这片土地上的酒店格局显得扑朔迷离。这样的现象伴随着国际酒店巨头跑马圈地，已经蔓延到了北京、上海、广州等地，在这场没有硝烟的战争中，房地产开发商成为幕后最大的推手。然而，开发商的酒店投资行为中，由于存在不理性的因素，对酒店商业运营模式认知不足，在对项目可行性分析不够的情况下就盲目投资，使得比赛还没正式开始时，就有为数不少的酒店投资项目已经遇到了预算不足、超额投资甚至推迟开业等各种问题，给开发商造成了种种意料之外的损失，吃了很多哑巴亏。

资料来源：根据周倩、杨富云：《酒店财务管理实务》，清华大学出版社、北京交通大学出版社 2011 年版编写。

任务二　证券投资决策

【任务描述】

证券投资是指利用企业闲置资金以获取收益或者为获得相关企业的控制权为目的而投资于有价证券等金融工具的一种财务行为。如果在投资前没有对目标证券的风险与收益率进行客观分析，没有对目标证券的内在价值进行估价，而进行盲目投资的话，很可能会使企业遭受惨重的损失。因此如何对有价证券进行估价，如何确定有价证券的收益水平对企业来讲就显得尤为重要。学习任务：了解证券投资的种类与风险，掌握不同模型债券、股票的估价方法，学会测算股票、债券的收益率，能利用基本理论知识帮助企业做出是否投资于一种有价证券的决策。

学习引领　李明参加工作后积攒了 20 000 元，李明寻思这钱存银行的话利息率有点低，不如拿去投资债券。李明相中一种债券，每张售价 108 元，面值 100 元，票面利率 6%，期限三年，市场利率为 7%，每年付息一次，到期还本。李明心想，三年中每张债券共得利息 18 元，加上到期的面值 100，共能取得 118 元，扣除购买的 108，每张债券可以赚 10 元。想到这里，李明立即就买了债券。请问：李明的决策正确吗？如果不正确，错在哪里？

【知识准备】

一、证券投资的含义与目的

（一）证券的含义及特点

证券是指根据一国的有关法律法规发行的，具有一定票面金额，代表财产所有权或债权，可以有偿转让的一种信托凭证或金融工具，如股票、债券等。

证券具有流动性、收益性和风险性三个特点。流动性又称变现性，是指证券可以随时以公平合理的价格抛售从而取得现金。收益性是指证券持有者凭借证券可以获得相应的报酬。

证券收益一般由当前收益和资本利得构成，以股息、红利或利息所表示的收益称为当前收益，由证券价格上升（或下降）而产生的收益（或亏损），称为资本利得或价差收益。风险性是指证券投资者达不到预期的收益而遭受各种损失的可能性。通常证券的流动性与收益性往往负相关，而风险性则一般与收益性正相关。

（二）证券投资的目的

证券投资是指企业为获取投资收益或特定经营目的而买卖有价证券的一种投资行为。不同企业进行证券投资的目的各有不同，但总的来说有以下几个方面：

1. 充分利用闲置资金，获取投资收益

企业正常经营过程中有时会有一些暂时多余的闲置资金，为了充分有效地利用这些资金，可购入一些有价证券，在价位较高时抛售，以获取较高的投资收益。

2. 为了控制相关企业，增强企业竞争能力

企业有时从经营战略上考虑需要控制某些相关企业，可通过购买该企业大量股票，从而取得对被投资企业的控制权，以增强企业的竞争能力。

3. 为了积累发展基金或偿债基金，满足未来的财务需求

企业如欲在将来扩建厂房或归还到期债务，可按期拨出一定数额的资金投入一些风险较小的证券，以便到时售出，满足所需的整笔资金需求。

4. 多角化经营，降低企业风险

一个企业如果经营领域单一，可能会承担较大的经营风险，一旦市场发生变化，会给企业造成重大的经济损失。在这种情况下，企业可以考虑将部分资产投放于企业外部，投资于证券，以优化投资组合，降低经营风险。

二、证券投资的种类

（一）债券投资

债券是发行者为筹集债务资金，向债权人发行的，在约定时间支付一定比例的利息，并在到期时偿还本金的一种有价证券。债券投资是将资金投资于债券以获取间接利益的投资行为。

1. 债券的基本要素。

（1）债券面值。债券面值是指设定的票面金额，它代表发行人借入并且承诺于未来某一特定日期偿付给债券持有人的金额。

（2）票面利率。票面利率是指债券发行者预计一年内向投资者支付的利息占票面金额的比率。票面利率不同于实际利率。实际利率通常是指按复利计算的一年期的利率。债券的计息和付息方式有多种，可能使用单利或复利计息，利息支付可能半年一次、一年一次或到期日一次支付；这就使得票面利率可能不等于实际利率。

（3）债券的到期日。债券的到期日指偿还本金的日期。债券一般都规定到期日，以便到期时归还本金。

2. 债券投资的种类。

（1）按发行主体分类，债券分为政府债券、金融债券和公司债券。政府债券是国家为了筹措资金而向投资者出具的，承诺在一定时期支付利息和到期还本的债务凭证，其信用度

高，利息率较低。金融债券是经中央银行或其他政府金融管理部门批准，银行或其他金融机构发行的债券，其信用度介于政府债券和公司债券之间。公司债券是指公司为发展业务或补充资本而向社会发行的债券，一般来说，相对于政府债券和金融债券，利息率较高，但投资风险较大。

（2）按期限长短分类，债券分为短期债券、中期债券和长期债券。一般而言，到期日在1年以下的债券为短期债券；到期日1年以上10年以下的债券为中期债券；到期日在10年以上的债券为长期债券。短期债券流动性强，风险低，但收益率也低。长期债券流动性差，投资风险较高，但收益率也较高。本节所讲债券指中长期债券。

3. 债券投资的特点。

（1）属于债权性投资。债券投资属于债权性投资，债券是代表债权债务的凭证，债券持有人作为发行公司的债权人，定期获得利息并到期收回本金，但无权参与公司的经营管理。

（2）收益较低但稳定。债券投资的收益是按票面金额和票面利率计算的利息收入及债券买卖的价差，与发行公司的经营状况无关，因而其投资的收益比较稳定。

（3）本金安全性高。保本是投资的首要目标。政府发行的债券由国家财力作后盾，本金安全性非常高，通常视为无风险债券，企业债券持有者拥有优先求偿权，即当企业破产时，优先于股东分得企业资产，因此其本金损失的可能性小。

债券投资的本金相对股票投资而言是比较安全的，股票投资的本金可能血本无归，这是因为股票投资价格变动比较剧烈，并且股票的求偿权和资产要求权居后。

（4）购买力风险大。债券的面值和利息都是固定的，当通货膨胀时，债券投资收益的购买力将会下降，给投资者造成损失。除购买力风险外，债券投资的其他风险相对股票而言较小。

（5）有到期日。无论长期债券还是短期债券，都有到期日，在债券存续期结束时，债务人有偿还本金及利息的义务。而股票投资没有到期日，将永续存在下去。

（二）股票投资

股票是股份公司发给股东的所有权凭证，是股东借以取得股利的一种有价证券。股票投资是指企业购买其他企业发行的股票以获取股利、股票买卖价差收益的一种投资活动。

1. 股票投资的目的。

（1）以获取收益为目的。以获取收益为目的的股票投资是一般意义上的证券投资，其目的是为了获取股利收入及股票买卖价差收益，或为了配合企业对资金的需求，调剂现金余缺，使现金余额达到合理水平。在这种情况下，企业仅应该将某种股票作为证券组合的一个组成部分，不应冒险将大量资金投资于某一只股票上。

（2）以取得控制权为目的。以取得控制权为目的，是指利用购买某一企业的大量股票达到控制该企业的目的。在这种情况下，企业应集中资金投资于被控制企业的股票上，这时考虑更多的不应是股票投资报酬这种目前利差的高低，而应是长远利益即占有多少股权才能达到控制的目的。

2. 股票投资的特点。股票投资和债券投资都属于证券投资。证券投资与其他投资相比，总的来说具有高风险、高收益、易于变现的特点。但股票投资相对于债券投资而言，又具有以下特点：

(1) 股票投资是股权性投资。股票投资属于股权性投资，股票是代表所有权的凭证，持有人作为发行公司的股东，有权参与公司的经营决策。

(2) 股票投资的风险大。投资者购买股票之后，不能要求股份公司偿还本金，只能在证券市场上转让。因此，股票投资者至少面临两方面的风险：一是股票发行公司经营不善所形成的风险。如果公司经营状况较好，盈利能力强，则股票投资者的收益就多；如果公司的经营状况不佳，发生了亏损，就可能没有收益；如果公司破产，由于股东的求偿权位于债权人之后，因此，股东可能部分甚至全部不能收回投资。二是股票市场价格变动所形成的价差损失风险。股票价格的高低，除了取决于公司经营状况外，还受政治、经济、社会等多种因素的影响，因而股票价格经常处于变动之中，其变动幅度往往高于债券价格的变动幅度。股票价格的变动既能为股东带来价格上升的收益，也会带来价格下跌的损失。

(3) 股票投资的收益高但不稳定。由于投资的高风险性，股票作为一种收益不固定的证券，其收益一般高于债券。股票投资的收益主要是公司发放的股利和股票转让的价差收益，相对债券而言，其稳定性较差。股票股利直接与公司的经营状况相关，公司盈利多，就可能多发放股利，公司盈利少，就可能少发或不发股利；股票转让的价差收益主要取决于股票市场的行情，股市行情好，出售股票就可以得到较大的价差收益，股市低迷时，出售股票将会遭受损失。

(4) 股票价格的波动性大。股票价格既受发行公司经营状况影响，又受股市投机等因素的影响，波动性极大。这就决定了不宜冒险的资金最好不要用于股票投资，而应选择风险较小的债券投资。

名人名言 股票的价格没有表现出与收益的紧密联系，然而它与股息变化的关系却是一个需要讨论的问题。

——耶鲁大学经济学教授斯坦利·里索、罗伯特·J·希特勒

（三）基金投资

基金就是投资者的钱和其他许多人的钱合在一起，然后由基金公司的专家负责管理，用来投资于多家公司的股票或者债券。基金按可否赎回分为"封闭式基金"与"开放式基金"。"封闭式基金"在信托契约期限未满时，不得向发行人要求赎回；而"开放式基金"是指投资者可以随时要求基金公司赎回所买基金，当然目标应该是卖出价高于买入价，同时在"回购"的时候，要承担一定的手续费。基金投资由于由专家经营管理，风险相对较小，正越来越受到广大投资者的青睐。本章主要介绍债券投资、股票投资及组合投资。

三、证券投资的风险

进行证券投资，必然要承担一定的风险，这是证券的基本特征之一。证券投资风险按其性质不同划分为系统性风险和非系统性风险。

（一）系统性风险

系统性风险是指由于某些外部环境因素变化而给市场上所有的证券都带来影响的风险。比如：战争、通货膨胀、经济衰退、利率变动、税收政策变化、世界能源状况的改变等都几乎会影响到所有的证券，使其收益发生变动。由于系统性风险会影响到整个证券市场，所以也称为市场风险；又由于这种风险无法通过投资多样化的资产组合加以避免，因此，又称为

不可分散风险。

系统性风险程度通常用β系数来计量，整个证券市场的β系数为1。如果某种证券的β系数大于1，则表明其风险大于整个证券市场的风险；如果某种证券的β系数小于1，则表明其风险小于整个证券市场的风险；如果某种证券的β系数等于1，则表明其风险与整个证券市场的风险程度一致。

系统性风险主要包括以下几种：

1. 利息率风险。利息率风险是指由于利息率的变动而引起证券价格变动，给投资人收益带来不确定的风险。证券的价格将随利息率的变动而变动。一般而言，银行利率下降，证券价格上升；银行利率上升，证券价格下跌。不同期限的证券，利息率风险不一样，期限越长，风险越大。

2. 通货膨胀风险。由于通货膨胀而使证券到期或中途出售所获得资金的购买力下降的风险，称为通货膨胀风险，也叫购买力风险。在通货膨胀时期，购买力风险对投资者有重要影响。一般而言，随着通货膨胀的发生，变动收益证券比固定收益证券要好。因此，普通股股票被认为比公司债券和其他有固定收益的证券能更好地避免购买力风险。

3. 再投资风险。再投资风险是指由于市场利率下降而造成的无法通过再投资而实现预期收益的可能性。通俗一点讲，就是投资短期金融工具面临着投资到期后，由于利率等因素的变动，再一次投资无法找到合适投资工具的风险。

除此而外，政策波动风险、经济周期性波动风险、汇率风险等也属于系统性风险的范畴。

（二）非系统性风险

非系统性风险是指由于市场、行业以及企业本身等因素影响个别企业证券的风险。它是由于发行公司自身的因素造成的只影响本公司证券收益的风险，属个别风险，能够通过投资多样化来抵消，又称可分散风险。不同证券之间的发展变化趋势不同，有些证券之间是正相关关系，有些证券之间是负相关关系。所谓正相关是指证券之间具有相同的变化发展趋势。如生产经营普通照相机与生产经营感光材料的企业发行的证券即为正相关证券。所谓负相关是指证券之间具有相反的发展变化趋势。如生产经营汽车与生产经营摩托车的企业发行的证券往往为负相关关系。当人们对汽车的消费增加时，对摩托车的消费将会下降，其收益和证券价格变动的趋势一般是反方向的。完全负相关（相关系数 r = -1）的证券组合可以抵消全部的非系统性风险；完全正相关（相关系数 r = 1）的证券组合将不能抵消任何风险。一般证券之间的相关关系位于 +0.5 ~ +0.7，在这种情况下，两种证券的组合可以在一定程度上降低风险，但不能完全消除风险。不过，如果证券种类较多，则能分散掉大部分的非系统性风险，而当证券数量足够多时，几乎能把所有的非系统性风险都分散掉。非系统性风险主要包括以下几种：

1. 违约风险。证券发行人无法按期支付利息或偿还本金的风险，称为违约风险。一般而言，政府发行的证券违约风险小，金融机构发行的证券次之，企业发行的证券风险较大。造成企业证券违约的原因有以下几个方面：政治、经济形势发生重大的变动；由于自然原因所引起的非常性破坏事件，如水灾、火灾等；企业经营管理不善、成本高、浪费大；企业在市场竞争中失败，主要顾客流失；企业财务管理失误，不能及时清偿到期债务等。

2. 流动性风险。流动性风险是指当投资人想出售有价证券获取现金时，有价证券不能立即以公平价格出售的风险。一种资产如果能在较短期内按市价大量出售，则属于流动性较高的资产，其流动性风险较小；反之，如果一种资产不能在短期内按市价大量出售，则这种资产的流动性较低，其流动性风险较大。例如，购买不知名公司的债券，想立即出售比较困难，因而流动性风险较大；而若购买国库券，几乎可以立即出售，则流动性风险小。

3. 经营风险。经营风险是指在企业生产经营活动过程中遇到的各种不确定情况，给企业盈利带来的影响，进而使投资者无法获取预期收益或导致亏本的可能性。比如，公司的决策人员和管理人员在经营管理中出现失误，竞争失败，原材料供应地发生政治经济情况变动，开发自然资源时能否找到矿藏，开发新产品能否成功，市场销售情况如何，以及货款能否及时回收等情况的发生都会导致企业收益产生波动，从而导致经营风险的爆发。

4. 财务风险。财务风险是指企业财务结构不合理、融资不当使企业可能丧失偿债能力而导致投资者预期收益下降的风险。财务风险是客观存在的，它是证券投资过程乃至企业财务管理过程中必须面对的一个现实问题，投资者和企业财务管理者对财务风险只有采取有效措施来降低风险，而不可能完全消除风险。

四、证券投资的基本程序

（一）选择投资对象

企业进行证券投资首先要选择合适的投资对象，即选择投资于哪种证券，投资于哪家证券。投资对象的选择是最为关键的一步，直接关系到投资的成败。

（二）开户与委托

投资者在进行证券买卖前，首先要到证券营业部或证券登记机构开立证券账户，该账户用来记载投资者进行买卖和拥有证券的数额和品种。投资者完成开户和选择证券事项后，就可以选择经纪人，委托其买卖证券。

（三）交割与清算

投资者委托证券经纪人买卖证券后，要及时办理交割，即买入方交付价款领取证券，卖出方交出证券收取价款。

（四）过户

证券过户是指投资者从交易市场买进证券后，到证券发行公司办理变更持有人姓名的手续，一般只限于记名股票。只有及时办理过户手续，才能成为新股东，享有应有的权利。

【业务操作】

一、估算债券的价值与收益率

（一）债券价值的估算

债券价值是债券投资者在持券期间所取得的现金流入量的现值，是债券真正的价值所在。债券给投资者带来的现金流入量包括利息收入和到期归还的面值或中途转让的价款收入。一般情况下，只有当债券价值大于债券价格时，债券才具有投资可行性；反之，进行投资则是不利的选择。换言之，债券价值是债券发行方在制定债券价格时可以参考的最高上

限,同时也是债券投资者在购买债券时愿意支付的最高价格。债券的价值估算有以下三种模型:

1. 债券估价的基本模型。基本模型债券是指复利计息方式下,分次付息,到期还本的债券。该模型债券的价值由各期利息的年金现值和到期的面值或中途转让价款收入的复利现值构成。其计算公式为:

$$P = I \cdot (P/A, K, n) + M \cdot (P/F, K, n)$$

式中:P——债券价值;I——每期利息(债券面值与票面利率的乘积);M——债券面值或中途转让价款;K——市场利率或投资者要求的必要收益率;n——付息总期数。

[业务举例4-12] 华康公司预计购买面值为1 000元,票面利率为8%,期限为3年的A债券,要求必须获得10%的报酬率,问债券价格为多少时华康公司才能进行投资?

A债券价值计算如下:

$P = 1\ 000 \times 8\% \times (P/A, 10\%, 3) + 1\ 000 \times (P/F, 10\%, 3)$
$= 1\ 000 \times 8\% \times 2.4869 + 1\ 000 \times 0.7513$
$= 198.95 + 751.3$
$= 950.25$(元)

A债券的价格必须低于950.25元时,华康公司才能购买。

即问即答 假如上例中的债券其他条件不变,仅把付息方式调整为每半年付息一次的话,债券价值该如何计算呢?

$P = 1\ 000 \times 4\% \times (P/A, 5\%, 6) + 1\ 000 \times (P/F, 5\%, 6)$
$= 1\ 000 \times 4\% \times 5.0757 + 1\ 000 \times 0.7462$
$= 203.03 + 746.2$
$= 949.23$(元)

即在债券价值计算中一定要将付息期数和折现率的时间口径匹配起来。本例中应将期数调整为6期,折现率调整为5%。

2. 一次还本付息的债券模型。一次还本付息债券是指中途不付息,到期一次还本付息的债券,其价值为到期本利和的复利现值。公式模型为:

$$P = M \cdot (1 + i \cdot n) \cdot (P/F, K, n)$$

式中:M——债券面值,其他符号同前式。

[业务举例4-13] 大华公司拟购买另一家公司的B债券作为投资,该债券面值1 000元,期限3年,票面利率6%,单利计息,当前市场利率为8%,该债券发行价格为多少时才能购买?

$P = 1\ 000 \times (1 + 6\% \times 3) \times (P/F, 8\%, 3)$
$= 1\ 000 \times 1.18 \times 0.7938$
$= 936.68$(元)

该债券的价格必须低于936.68元时大华公司才适宜购买。

3. 贴现债券模型。贴现债券是指以折价方式发行债券,不计利息,到期按面值还本的债券。贴现债券的估价模型为:

$$P = M \cdot (P/F, K, n)$$

公式中的符号含义同前式。

[业务举例4-14] C债券面值为1 000元,期限为5年,以贴现方式发行,期内不计利息,到期按面值偿还,当时市场利率为8%,其价格为多少时,投资者才能购买?

$P = 1\,000 \times (P/F, 8\%, 5)$

　　$= 1\,000 \times 0.6806$

　　$= 680.6$(元)

该债券的价格只有低于680.6元时,投资者才能购买。

重要提示　债券价值随着折现率的提高而降低。对于一年付息一次,到期一次还本的债券,若票面利率高于市场利率,则债券会溢价发行;若票面利率等于市场利率,则债券会平价发行;若票面利率低于市场利率,则债券会折价发行。

(二) 债券收益率的计量

1. 票面收益率。票面收益率是指债券票面上标明的固定利率,又称名义收益率或息票率,即年利息与债券面值的比率。投资者持有平价买入的债券一直到期满,则获得的投资收益率与票面收益率是一致的,计算公式为:

$$票面收益率 = \frac{债券年利息}{债券面值} \times 100\%$$

票面收益率只适用于投资者按面值买入债券直至期满并按票面金额收回本金的情况,它没有反映债券发行价格与票面金额不一致时的收益率,也没有考虑投资者持有债券未到期出售的可能,因此其应用范围较窄。

2. 直接收益率。直接收益率又称本期收益率、当前收益率,指债券的年利息与购买价格的比率。其计算公式为:

$$直接收益率 = \frac{债券的年利息}{债券的购买价} \times 100\%$$

直接收益率反映了投资者的投资成本带来的收益,它对那些每年从债券投资中获得一定利息收入的投资者很有意义。但它和票面收益率一样,不能全面反映投资者的实际收益,因为它忽略了资本利得,既没有计算持有债券到期按面值偿还的本金与投资者购买价格之间的差额,也没有反映到期前出售或赎回价格与购买价格之间的差额。

3. 持有期收益率。持有期收益率是指投资者持有期间得到的收益率,此收益率是一种年收益率。投资者在持有债券期间取得的收益包括利息收入和资本利得。资本利得是指面值(或中途出售价)与购买价格的差额。按是否考虑资金时间价值分为两种计算方法。

(1) 不考虑资金时间价值的持有期收益率。不考虑资金时间价值的持有期收益率公式如下:

$$持有期收益率 = \frac{年利息 + (债券面值或中途出售价格 - 债券购买价) \div 持有年限}{债券购买价} \times 100\%$$

重要提示　不论投资者持有债券期限有多长,在不考虑资金时间价值的情况下计算持有期收益率时，一律要把分子上的收益折算为年均收益。

[业务举例 4-15] 大华公司 2013 年 1 月 1 日购买面值为 1 000 元，票面利率为 8%，5 年期，每半年付息一次，到期一次还本债券，债券的买价为 950 元，该企业于 2013 年的 10 月 1 日以每张 1 050 元的价格出售，要求计算该债券的持有期收益率。

$$持有期收益率 = \frac{[1\,000 \times 8\% \div 2 + (1\,050 - 950)] \div 9 \times 12}{950} \times 100\% = 19.65\%$$

[业务举例 4-16] 接 [业务举例 4-15] 资料，如果该债券是每年末付息一次，其他条件不变，试计算该债券的持有期收益率。

$$持有期收益率 = \frac{(1\,050 - 950) \div 9 \times 12}{950} \times 100\% = 14.04\%$$

(2) 考虑资金时间价值的持有期收益率。考虑资金时间价值的持有期收益率是指能使投资者在持有期间所取得的现金流入量现值等于现金流出量现值的折现率。现金流入量包括持有期间获得的利息、到期的面值或中途出售价格；现金流出量则是指当初的购买价格。债券模型不同，持有期收益率计算的具体公式会有所不同。

① 基本模型债券的持有期收益率。基本模型债券是指分次付息，到期按面值还本的债券。投资者持有这种债券所取得的现金流入量包括各期末取得的利息和到期面值或中途出售价格。其计算公式为：

$$P = \frac{I}{(1+R)} + \frac{I}{(1+R)^2} + \frac{I}{(1+R)^3} + \cdots + \frac{I}{(1+R)^t} + \frac{M}{(1+R)^n}$$
$$= I \times (P/A,R,n) + M \times (P/F,R,n)$$

式中：R——持有期收益率，其他符号同上。

[业务举例 4-17] 大华公司于 2013 年 1 月 1 日以 110 元价格购入某公司于 2012 年 1 月 1 日发行的面值为 100 元，票面利率 8% 的 5 年期债券，该债券为每年末支付利息，到期一次还本。计算其持有期收益率。

根据上述资料：

$100 \times 8\% \times (P/A,R,4) + 100 \times (P/F,R,4) - 110 = 0$

当取 R = 8% 时，

$8 \times 3.3121 + 100 \times 0.7350 - 110 = -10 < 0$

当取 R = 6% 时，

$8 \times 3.4651 + 100 \times 0.7921 - 110 = -3.07 < 0$

当取 R = 5% 时，

$8 \times 3.5460 + 100 \times 0.8227 - 110 = 0.64 > 0$

用插值法计算如下：

$$R = 5\% + \frac{0.64}{0.64 - (-3.07)} \times (6\% - 7\%) = 5.17\%$$

② 一次还本付息债券的持有期收益率。一次还本付息债券是指持有期间不付息，债券到期时连本带利一并偿还的债券，也称利随本清债券。本是指债券面值，利是指持有期间按单利计算累计的利息。投资者持有这种债券所取得的现金流入量包括持有到期取得的利息和

到期面值或中途出售价格。其计算公式为:

$$P = \frac{M \cdot (1 + n \times i)}{(1 + R)^n}$$

$$R = n\sqrt{\frac{M \cdot (1 + n \times i)}{P}} - 1$$

式中:R——持有期收益率;i——票面利率;P——购买价格;M——债券面值;n——持有期限。

[业务举例4-18] 接[业务举例4-17]资料,假定该债券还本付息方式变为到期一次还本付息,其他条件不变,试求该债券持有期收益率。

根据上述资料有:

$100 \times (1 + 8\% \times 5) \times (P/F, R, 4) - 110 = 0$

$(P/F, R, 4) = 0.7857$

当 R = 8% 时,查复利现值系数表,得(P/F, 8%, 4) = 0.7350

$100 \times (1 + 8\% \times 5) \times 0.7350 - 110 = -7.1 < 0$

当 R = 6% 时,查复利现值系数表,得(P/F, 6%, 4) = 0.7291

$100 \times (1 + 8\% \times 5) \times 0.7921 - 110 = 0.894 > 0$

用插值法计算如下:

$$R = 6\% + \frac{0.894}{0.894 - (-7.1)} \times (8\% - 6\%) = 6.22\%$$

该债券持有期收益率为 6.22%。

③ 贴现债券的持有期收益率。贴现债券对于投资者来说在持有期间只能获得到期面值或中途出售价格,因此其收益率计算如下:

$$P = M \cdot (1 + R)^{-n}$$

$$\therefore R = n\sqrt{\frac{M}{P}} - 1$$

式中:M——面值或中途出售价格;P——购买价格;n——持有期限。

[业务举例4-19] 大华公司于 2012 年 1 月 1 日以 90 元价格买入某公司于 2012 年 1 月 1 日发行的面值为 100 元的 2 年期贴现债券,计算该债券持有期收益率。

$$\text{持有期收益率} = 2\sqrt{\frac{100}{90}} - 1 = 5.41\%$$

二、估算股票的价值与收益率

(一) 估算股票的价值

股票的价值又称股票的内在价值,是进行股票投资所获得的现金流入量的现值。股票投资者的现金流入量包括两部分:股利和股票出售价格。因此股票的内在价值由一系列的股利和将来股票出售价格的现值构成,通常当股票的市场价格低于股票内在价值时才适宜投资。

1. 股票价值的基本模型。

$$P = \sum_{t=1}^{n} \frac{d_t}{(1+K)^t} + \frac{V_n}{(1+K)^n}$$

式中：P——股票内在价值；d_t——第 t 期的预期股利；K——投资人要求的必要报酬率；V_n——未来出售时预计的股票价格；n——预计持有股票的期数。

[业务举例 4-20] 大华公司拟购买一种股票，预计 2 年后出售价格为每股 25 元，预计该股票第一年股利每股 2 元，第 2 年股利每股 2.5 元，投资者要求的必要报酬率为 8%，则该股票的投资价值为：

P = 2×(P/F,8%,1) + 2.5×(P/F,8%,2) + 25×(P/F,8%,2)
  = 2×0.9259 + 2.5×0.8573 + 25×0.8573
  = 1.8518 + 2.1433 + 21.4325
  = 25.43（元）

该股票价值为 25.43 元，只有当价格低于 25.43 元时才有投资可行性。

2. 固定股利模型（零成长股票模型）。零成长模型股票给投资者带来的现金流入量是无穷多个相等的股利，相当于永续年金。其价值模型为：

$$P = \frac{d}{K}$$

式中：P——股票内在价值；d——每年固定股利；K——投资人要求的必要收益率。

[业务举例 4-21] 大华公司拟投资购买并长期持有某公司股票，该股票每年分配股利 3 元，必要收益率为 10%，该股票价格为多少时适合购买？

解：P = 3÷10% = 30（元）

股票价格低于 30 元时才适合购买。

3. 长期持有，股利固定增长股票模型。这种模型股票给投资者带来的现金流入量只有股利，且每年股利都在上年股利基础上增长固定的比率。其股票价值模型为：

$$P = \frac{d_0(1+g)}{K-g} = \frac{d_1}{K-g}$$

式中：P——股票内在价值；d_0——基期股利（上年股利）；d_1——第一年股利；g——股利固定增长率；K——投资人要求的必要报酬率。

[业务举例 4-22] 大华公司拟投资某公司股票，该股票上年每股股利为 2 元，预计年增长率为 3%，必要投资报酬率为 10%，该股票价格为多少可以投资？

$$P = \frac{2×(1+3\%)}{10\%-3\%} = 29.43（元）$$

该股票价格低于 29.43 元时才可以投资。

（二）计量股票投资收益率

1. 本期收益率。本期收益率是指股份公司股利发放额与本期股票价格的比率。公式如下：

$$本期收益率 = \frac{年股利}{本期股票价格} \times 100\%$$

式中，年股利是指发放的上年每股股利，本期股票价格是指证券市场上该股票当日的收盘价，本期收益率表示以现行价格购买股票的预期收益。

2. 持有期收益率。持有期收益率是指投资者持有期间得到的收益率，此收益率是一种年收益率，反映了股东持有股票期间的实际收益情况。投资者在持有股票期间取得的收益包括股利收入和资本利得。资本利得是指股票出售价格与购买价格之间的差额。持有期收益率有以下两种计算方法：

（1）不考虑资金时间价值的持有期收益率。不考虑资金时间价值的持有期收益率的计算为：

$$持有期收益率 = \frac{(出售价格 - 购买价格) \div 持有年限 + 年现金股利}{购买价格} \times 100\%$$

（2）考虑时间价值的持有期收益率。考虑时间价值的持有期收益率就是能使投资额者在持有期间所取得的现金流入量现值等于现金流出量现值的折现率。现金流入量包括持有期间获得的股利和股票的出售价格；现金流出量则是指初的购买价格。由于股票未来现金流入特征各不相同，所以应区分以下几种情况：

① 股利固定模型（零成长股票模型）股票的持有期收益率。这种模型股票的现金流入量只有每期固定不变的股利，其持有期收益率计算如下：

$$\because P = \frac{d}{K}$$

$$\therefore 持有期收益率（K）= \frac{d}{P}。$$

式中：d——年股利；P——股票价值（格）；K——持有期收益率。

[业务举例 4-23] 大华公司以每股 25 元的价格购买一公司股票并准备长期持有，该股票预期每股每年固定股利收入 2 元，则其持有期收益率为：

$$K = \frac{2}{25} = 8\%$$

② 长期持有股利固定增长股票的持有期收益率。

$$\because P = \frac{d_0(1+g)}{K-g} = \frac{d_1}{K-g}$$

$$\therefore 持有期收益率（K）= \frac{d_1}{P} + g。$$

式中：d_1——第一年股利；P——股票价值（格）；g——股利年固定增长率。

[业务举例 4-24] 有一只股票的价格为 25 元，预计下一期的股利是 2 元，该股利将以大约 4% 的速度持续增长。该股票的持有期收益率为：

$$K = \frac{2}{25} + 4\% = 12\%$$

如果用 12% 作为必要报酬率，则一年后的股价为：

$P_1 = d_0 \times (1+g)/(k-g)$
　　$= 2 \times (1+4\%)/(12\% - 4\%)$
　　$= 26$（元）

三、计量证券投资组合的收益与风险

（一）计量证券投资组合的收益

证券投资组合是指在投资时不要把全部资金投资于一种证券，而是有选择地把资金投资于若干种证券，这种方式可以帮助投资者全面捕捉获利机会，降低投资风险。

证券投资组合的收益是各种投资项目期望收益率的加权平均数，其权数为各种投资项目在整个投资组合总额中所占的比重。其公式为：

$$E(R_p) = \sum W_i R_i$$

式中：$E(R_p)$——投资组合期望收益率；W_i——投资于第 i 种证券的资金占全部投资额的比重；R_i——第 i 种证券的期望收益率。

重要提示　证券组合期望收益率受单项资产的收益率和组合内各项资产占全部资产的比重两个因素影响。

[业务举例 4-25]　大华公司分别投资于 A 资产和 B 资产，投资于 A 资产期望收益率为 10%，投资 B 资产期望收益率为 12%，其投资比重分别为 60% 和 40%。

试计算该投资组合的期望收益率。

$E(R_p) = 60\% \times 10\% + 40\% \times 12\%$
　　　　$= 10.8\%$

（二）衡量证券投资组合的风险

1. 单项证券系统性风险的衡量。系统性风险的程度通常用 β 系数来衡量，其实质是某种证券的不可分散风险与市场平均不可分散风险之间的对比关系。计算公式如下：

$$\beta = \frac{某种证券风险收益率变动率}{证券市场平均风险收益率变动率}$$

重要提示　当 β=1 时，说明单项资产的风险与市场组合风险一致，即如果市场投资组合的风险收益率上升 5%，则该单项资产的风险收益率也上升 5%；

当 β>1 时，说明单项资产的风险大于市场组合的风险，当 β=1.5 时表示单项资产的风险是市场组合风险的 1.5 倍，即如果市场投资组合的风险收益率上升 10%，则该单项资产的风险收益率上升 15%；

如果 β<1，说明单项资产的风险小于市场组合的风险。当 β=0.8 时表示单项资产的风险是市场组合风险的 0.8 倍，即如果市场投资组合的风险收益率上升 10%，则该单项资产的风险收益率上升 8%。

2. 证券投资组合的 β 系数。投资组合的系统性风险同样用 β 系数表示，投资组合的 β 系数是所有单项资产 β 系数的加权平均数，权数为各种资产在投资组合中所占的比重。其计算公式为：

$$\beta_p = \sum W_i \beta_i$$

式中：β_p——证券组合的系统性风险系数；W_i——第 i 项证券在组合中所占的价值比重；β_i——第 i 项证券的系统性风险系数。

重要提示 投资组合 β 系数的计算公式表明：投资组合的 β 系数受到单项证券 β 系数和各种证券在投资组合中的比重两个因素的影响。

[业务举例 4-26] 大华公司持有共 100 万元的三种股票，该组合中 A 股票 20 万元，B 股票 40 万元，β 系数均为 1.5；C 股票 40 万元，β 系数为 0.8，则该投资组合的 β 系数为：

$\beta_p = 20\% \times 1.5 + 40\% \times 1.5 + 40\% \times 0.8 = 1.22$

（三）运用资本资产定价模型计算证券投资收益

证券组合投资能够分散非系统性风险，而且，如果组合是充分有效的，则非系统风险可以完全被消除。所以从一定程度上来说，证券组合投资更为关注系统风险，在证券市场均衡而无套利行为时，证券资产应当能够提供与系统性风险相对称的期望收益率，市场的系统性风险越大，投资者从证券投资中获得的期望收益率也越高。1964 年美国金融财务学家夏普（W. F. Sharpe）提出了风险资产价格决定理论，即资本资产定价模型（Capital Asset Pricing Model，简称 CAPM 模型），有效描述了在市场均衡状态下单个证券资产的风险与期望收益率的关系，进而为正确确定证券的价值提供了计量前提。资本资产定价模型的表达式为：

$$R = R_f + \beta \times (R_m - R_f)$$

式中：R——某种证券必要收益率；R_m——市场组合收益率；R_f——无风险收益率；$(R_m - R_f)$——市场风险溢酬。

重要提示 市场风险溢酬反映了市场作为整体对风险的平均容忍程度。对风险越是厌恶和回避，市场风险溢酬就越大；反之，就越小。

市场风险溢酬乘以 β 系数，反映了某种证券的风险收益率。公式为：

$$风险收益率 = \beta \times (R_m - R_f)$$

通过计算公式可以看出，单项资产或特定组合的必要收益率受到无风险收益率、市场组合收益率和 β 系数三个因素的影响。

[业务举例 4-27] 大华公司投资购买 A、B 两种股票，A 股票的 β 系数为 1.8，B 股票的 β 系数为 2.4，无风险收益率为 6%，假定同期市场组合收益率为 10%。要求：计算上述两种股票的必要收益率。

A 股票必要收益率 = 6% + 1.8 × (10% - 6%) = 13.2%
B 股票必要收益率 = 6% + 2.4 × (10% - 6%) = 15.6%

计算表明：只有当 A 股票的收益率达到或超过 13.2% 时，B 股票的必要收益率达到或超过 15.6% 时，投资者才能购买，否则，投资者就不会购买。

如果投资者持有的是证券组合，则其收益率的计算与资本资产定价模型相似，唯一不同的是 β 系数为证券组合中各证券 β 系数的加权平均数。

[业务举例 4-28] 大华公司持有由甲、乙、丙三种股票构成的证券组合，它们的 β 系

数分别为2.0、1.0、0.5，它们在证券组合中所占的比重分别为60%、30%、10%，市场组合收益率为14%，无风险收益率为6%。要求：确定这种证券组合的风险收益率。

(1) 确定证券组合的 β 系数

β = 60% × 2.0 + 30% × 1.0 + 10% × 0.5 = 1.55

(2) 计算该证券组合的风险收益率

风险收益率（R_r）= 1.55 ×（14% − 6%）= 12.4%

（四）制定证券投资组合策略

1. 保守型策略。这种策略认为，最佳证券投资组合是要尽量模拟市场现状，将尽可能多的证券包括进来，以便分散掉全部可分散风险，得到与市场所有证券的平均报酬同样的报酬。这种投资组合能分散掉全部可分散风险，不需要高深的证券投资专业知识，证券投资的管理费比较低。但这种组合获得的报酬不会高于证券市场上所有证券的平均报酬。因此，此种策略属于报酬不高、风险不大的策略，故称为保守型策略。

2. 冒险型策略。这种策略认为，与市场完全一样的组合不是最佳组合，只要投资组合做得好，就能击败市场或超越市场，取得远远高于平均水平的报酬。在这种组合中，一些成长型的股票比较多，而那些低风险、低报酬的证券不多。另外，其组合的随意性强，变动频繁。而采用这种策略的人都认为，报酬就在眼前，何必死守苦等。对于追随市场的保守派，他们是不屑一顾的。这种策略报酬高，风险大，因此，被称为冒险型策略。

3. 适中型策略。这种策略认为，证券的价格，特别是股票的价格，是由特定企业的经营业绩来决定的，市场上股票价格的一时沉浮并不重要，只要企业经营业绩好，股票一定会升到其本来的价值水平。采用这种策略的投资者，一般都善于对证券进行分析，如行业分析、企业业绩分析、财务分析等，通过分析，选择高质量的股票和债券，组成投资组合。适中型策略如果做得好，可获得较高的报酬，而又不会承担太大风险。但进行这种组合的投资者必须具备丰富的投资经验，拥有进行证券投资的各种专业知识。这种投资策略因风险不太大，但报酬却比较高，所以，是一种最常见的投资组合策略。各种金融机构、投资基金和企事业单位在进行证券投资时一般都采用此种策略。

经典案例

股权投资——雅戈尔的隐形翅膀

金融投资对雅戈尔而言是一种润滑剂，可以在充分运用财务杠杆增加股东收益率的情况下，保有相机变现的安全资金储备，并且还可以充分分享中国资本市场与相关上市公司的发展成果。"实业经营＋金融投资"的模式使雅戈尔在牛市中不断享受着股权投资的成果。面对股权投资的巨大风险，雅戈尔也采取了控制措施：(1) 公司股权投资将以追求稳定收益为目标，目前主要投资对象为资源类、技术龙头类公司；(2) 公司采用"跟从战术"，跟随国内外有实力的基金公司等投资机构参与投资；(3) 公司持有被投资公司股权比例要达到对其产生重大影响，并派出1~2名董事进入被投资公司董事会，以求全面了解和掌握被投资公司；(4) 公司将聘请职业经理人和专业团队负责此项业务，以求更好地控制风险。但金融市场具有很大的不确定性，雅戈尔的"翅膀"——金融投资，在金融风暴中面临着受伤的危险，这使得雅戈尔面临着战略与行业定位的取舍。在雅戈尔以服装纺织业起家，再到涉足房地产行业，进而又成功进行了股权投资后，又经历了2008年度资本市场与房地产市场双双低迷的情况下，雅戈尔应更注重考虑风险因素和稳健因素。这也是雅戈尔淡出金融投资领域，重回服装主业的原因之一。只有在加强对金融投资的把握与运作能力之后，金融投资才可以成为企业成长的引擎。

资料来源：根据张玉明：《财务金融案例》，清华大学出版社、北京交通大学出版社2010年版编写。

项目小结

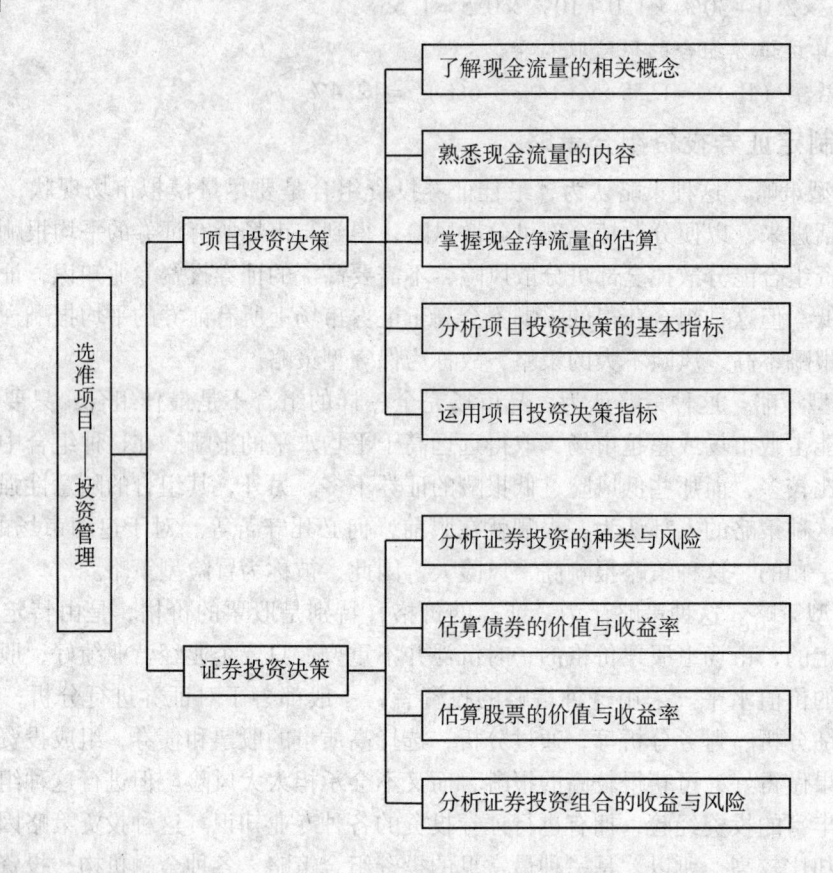

```
                           ┌─ 了解现金流量的相关概念
                           │
                           ├─ 熟悉现金流量的内容
                           │
              ┌─ 项目投资决策 ─┼─ 掌握现金净流量的估算
              │            │
              │            ├─ 分析项目投资决策的基本指标
              │            │
选准项目——      │            └─ 运用项目投资决策指标
投资管理    ─┤
              │            ┌─ 分析证券投资的种类与风险
              │            │
              │            ├─ 估算债券的价值与收益率
              └─ 证券投资决策 ─┤
                           ├─ 估算股票的价值与收益率
                           │
                           └─ 分析证券投资组合的收益与风险
```

职业训练

一、判断（正确的在括号内打"√"，错误的打"×"）

1. 包括建设期的投资回收期应等于累计净现金流量为零时的年限再加上建设期。（ ）

2. 若假定在经营期不发生提前回收流动资金，则在终结点回收的流动资金应等于各年垫支的流动资金投资额的合计数。（ ）

3. 对于独立方案，只有完全具备财务可行性的方案才可以接受。（ ）

4. 一般情况下，使投资方案净现值小于零的折现率，一定高于该投资方案的内含报酬率。（ ）

5. 某一方案年等额净回收额等于该方案净现值与相关的资本回收系数的商。（ ）

6. 在进行项目投资决策时，如果某一备选方案的净现值比较小，那么该方案的内含报酬率相对较低。（ ）

7. 净现值考虑了资金的时间价值，能够反映各种投资方案的净收益，但是不能揭示各方案本身可能达到的真实投资报酬率。（ ）

8. 现金流量是按照收付实现制计算的，而在做出投资决策时，应该以权责发生制计算

出的营业利润作为评价项目经济效益的基础。   （   ）
  9. 采用现值指数评价投资项目的投资效果，只有现值指数大于1的方案才可行。
                                                                    （   ）
  10. 折旧与摊销属于投资项目现金流出量的内容。   （   ）
  11. 把投资报酬呈完全正相关的证券放在一起进行组合，可以降低风险。   （   ）
  12. 一般情况下，股票价格会随着市场利率上升而下降，随着市场利率下降而上升。
                                                                    （   ）
  13. β系数既可以衡量系统性风险也可以衡量非系统性风险。   （   ）
  14. 所有权证券所承担的风险一般大于债权证券。   （   ）
  15. 证券期限越长，期限性风险也越大。   （   ）

二、选择（下列答案中有一项或多项是正确的，将正确答案前的英文字母填入括号内）
  1. 项目投资决策中，完整的项目计算期是指（   ）。
     A. 建设期   B. 生产经营期
     C. 建设期 + 达产期   D. 建设期 + 运营期
  2. 某投资项目原始投资额为100万元，使用寿命10年，已知该项目第10年的经营净现金流量为25万元，期满处置固定资产残值收入及回收流动资金共8万元，则该投资项目第10年的净现金流量为（   ）万元。
     A. 8   B. 25   C. 33   D. 43
  3. 在一般投资项目中，当一项投资方案的净现值等于零时，即表明（   ）。
     A. 该方案的投资回收期等于1年   B. 该方案不具备财务可行性
     C. 该方案的净现值率大于零   D. 该方案的内含报酬率等于设定折现率
  4. 企业欲购入一套新设备，要支付400万元，该设备使用寿命为4年，无残值，采用直线法计提折旧。预计每年可产生税前利润140万元，如果所得税率为25%，则回收期为（   ）。
     A. 1.95年   B. 2.9年   C. 2.2年   D. 3.2年
  5. 下列表述不正确的有（   ）。
     A. 净现值是未来报酬的总现值与原始投资额现值之差
     B. 当净现值等于零时，说明此时的贴现率为内含报酬率
     C. 当净现值大于零时，获利指数小于1
     D. 当净现值大于零时，说明该投资方案可行
  6. 不属于终结点现金流量范畴的是（   ）。
     A. 固定资产折旧   B. 固定资产残值收入
     C. 垫支流动资金的收回   D. 停止使用土地的变价收入
  7. 如果某投资项目完全具备财务可行性，且其净现值指标大于零，则可以断定该项目的相关评价指标同时满足以下关系：（   ）。
     A. 获利指数大于1
     B. 净现值率大于零
     C. 内含报酬率大于设定折现率
     D. 包括建设期的投资回收期大于项目计算期的一半

8. 计算营业现金流量时，每年净现金流量可按下列（　　）公式计算。
   A. NCF＝每年营业收入－付现成本
   B. NCF＝净利润＋折旧
   C. NCF＝每年营业收入－付现成本－所得税
   D. NCF＝净利润＋折旧－所得税

9. 对于一个投资方案而言，下列说法正确的是（　　）。
   A. 资本成本越高，净现值越低
   B. 资本成本相当于内含报酬率时，净现值为零
   C. 资本成本越高，净现值越高
   D. 资本成本相当于内含报酬率时，净现值小于零

10. 当某股票的β系数等于1，则下列表述正确的是（　　）。
    A. 该股票的市场风险大于整个市场股票的风险
    B. 该股票的市场风险小于整个市场股票的风险
    C. 该股票的市场风险等于整个市场股票的风险
    D. 该股票的市场风险与整个市场股票的风险无关

11. 对证券持有人而言，证券发行人无法按期支付债券利息或偿付本金的风险称为（　　）。
    A. 流动性风险　　B. 系统性风险　　C. 违约风险　　D. 购买力风险

12. 某公司股票的β系数为1.5，无风险利率为4%，市场上所有股票的平均收益率为8%，则该公司股票的收益率应为（　　）。
    A. 4%　　　　B. 12%　　　　C. 8%　　　　D. 10%

13. 当两种证券完全正相关时，由此所形成的证券投资组合（　　）。
    A. 能适当分散风险
    B. 不能分散风险
    C. 证券组合风险小于单项证券风险的加权平均数
    D. 可分散掉全部风险

14. 非系统性风险（　　）。
    A. 归因于广泛的价格趋势和事件
    B. 归因于某一投资企业特有的价格因素和事件
    C. 不能通过投资组合得以分散
    D. 通常以β系数进行衡量

15. 证券投资组合的系统性风险产生的原因主要有（　　）。
    A. 国家税法的变化　　　　　　B. 国家财政和货币政策的变化
    C. 投资失误　　　　　　　　　D. 世界能源状况的变化

三、实训（按要求完成实训任务）

项目实训一　评价单一方案的财务可行性

实训目的：利用不同决策指标，评价投资方案的财务可行性，熟悉各指标的财务可行性评价标准，加深对各指标的理解，提高各指标的应用能力。

实训资料：某企业购买机器设备价款200 000元，可为企业每年增加净利20 000元，该

设备可使用 5 年，无残值，采用直线法计提折旧，该企业的折现率为 8%。

实训要求：

（1）计算该投资方案的会计报酬率、投资回收期。

（2）计算该投资方案的净现值、净现值率、现值指数、内含报酬率，并对此投资方案作出评价。

项目实训二 债券估价与收益率的测算

实训目的：加深对债券价值估算的认识，熟练掌握债券收益率的测算。

实训资料：李明于 2012 年 1 月 1 日以 980 元购入一张面值为 1 000 元，票面利率为 8%，每年 12 月 31 日付息，到期日为 2017 年 1 月 1 日的债券。李明持有债券至到期日，当时市场利率为 6%。

实训要求：

（1）计算该债券价值；

（2）计算该债券收益率（考虑时间价值）。

项目实训三 股票内在价值的估算

实训目的：加深对股票价值估算的认识，提高股票投资的能力。

实训资料：某企业计划利用一笔长期资金投资购买股票，现有 A、B 两种股票可供选择。A 股票现行市价为每股 6 元，上年每股股利为 0.2 元，预计以后每年以 5% 的增长率增长。B 股票现行市价为每股 8 元，上年每股股利为 0.5 元，采用固定股利政策。该企业所要求的投资必要报酬率为 8%。

实训要求：

（1）利用股票估价模型，分别计算 A、B 两种股票的内在价值；

（2）如该企业只投资一种股票，请对这两种股票作出分析与决策。

项目实训四 资本资产定价模型的应用

实训目的：加深对资本资产定价模型的认识，熟练测算证券投资的风险收益率和必要收益率。

实训资料：某企业持有甲、乙、丙三种股票构成的证券组合，其 β 系数分别为 1.5、1.2 和 0.7，在证券组合中所占比重分别为 50%、30% 和 20%，股票的市场收益率为 12%，无风险收益率为 7%。

实训要求：

（1）计算该证券组合的 β 系数；

（2）计算该证券组合的风险收益率；

（3）计算该证券组合的必要收益率。

项目五
供应血液——筹资管理

【学习目标】
- 掌握资金需要量预测的方法
- 知道有哪些筹资方式，了解各种筹资方式的优缺点
- 理解资本成本对筹资决策的作用
- 理解杠杆与财务风险分析原理
- 掌握资本结构优化的基本方法
- 会利用合适的方法进行筹资规模预测
- 能辨析各种筹资方式的优缺点
- 能帮助企业作出筹资方式选择
- 会通过现代媒体等手段收集企业筹资管理方面的信息资料
- 具有基本的筹资结构优化决策分析能力

任务一 资金需要量预测

【任务描述】

资金是企业的"血液"，新创建企业需要资金，企业扩大生产经营规模需要资金，项目投资也需要资金。那么，需要多少资金？这就要结合企业目前情况和未来发展需要，选择合适的方法，预测资金需要量。资金需要量预测是企业筹资管理十分重要的工作，它对筹资管理工作质量具有重要影响。若资金需要量预测过高，企业筹资过剩，可能增加资金机会成本，降低资金使用效率；若资金需要量预测过低，企业筹资不能满足需要，则影响生产经营正常进行。学习任务：熟悉资金需要量预测工作的流程，了解各种预测方法的特点，掌握销售百分比法、资金习性分析法的基本原理，能够运用这些方法完成企业资金需要量预测工作任务。

学习引领 刚刚大学毕业步入工作岗位的李明，对筹资的重要性认识比较深刻。上班后，他雄心勃勃，想借用自己社会资源的优势及早地为企业筹集较多的资金，以备需要时使用。他把自己的想法告诉财务经理，可是，没想到却遭到了经理的反对。李明感到十分困惑，难道早筹资、多筹资有什么不妥吗？

【知识准备】

名人名言 纵观世界上著名的大企业、大公司，没有哪一家是单纯靠企业自身利润积累发展起来的，几乎都是在合适的时候采用合适的筹资方式为企业的发展带来资本依托。

——史迪格勒

一、筹资的概念及种类

筹资，也称为融资，是指根据企业生产经营、对外投资及调整资本结构等活动对资金的需要，向企业外部有关单位或个人以及企业内部，通过一定的渠道，采取一定的方式，获取所需资金的一种财务活动。企业筹资的动机有多种，如为新设企业筹资、为扩大经营规模筹资、为调整资本结构筹资、为支付性筹资等。筹资按不同的标准可分为多种类型。

（一）按企业所取得资金的性质分类，可分为权益筹资、债务筹资和混合筹资

1. 权益筹资。权益筹资所筹资金为权益资金，是指投资人投入企业的资本金以及持续经营过程中形成的留存收益，它不需要偿还，属于企业永久性资本金，故可称为企业的自有资金或股权资本。由于股权资本不需要偿还，投资者将资金投入企业享有对企业税后净利润的分配权，所以，股权资本对于企业来讲具有财务风险小，资本成本相对较高的特点。权益资金的筹资方式主要有吸收直接投资、发行股票和内部积累等。

2. 债务筹资。债务筹资所筹资金为企业负债，是指企业所承担的能以货币计量、需以资产或劳务偿付的债务。对债务资金，企业负有到期归还本金和利息的法定责任和义务。若到期无力偿还债务，则要冒破产的风险。因此，负债资金对于企业而言，具有财务风险大、资本成本相对较低的特点。负债资金的筹集方式主要有发行债券、向银行借款、利用商业信用、融资租赁等。

企业资金通常由权益资金和负债资金构成，在财务上，一般将权益资金和负债资金的构成称为财务结构。

3. 混合筹资。混合筹资筹集的资金是混合性资金，即兼具权益资金和债务资金的特征。我国上市公司目前取得的混合性资金的方式主要有发行可转换债券和认股权证。

（二）按筹集资金的使用期限分类，可分为短期筹资和长期筹资

1. 短期筹资。短期筹资所筹资金为短期资金，是指使用期限在1年以内的资金，如短期银行借款获取的资金。

2. 长期筹资。长期筹资所筹资金为长期资金，是指使用期限在1年以上的资金，如银行长期借款、发行公司债券等所筹资金。

（三）按筹集资金的来源分类，分为内部筹资和外部筹资

1. 内部筹资。内部筹资是指资金直接来源于企业内部，又称为内源性筹资。内部筹资主要是通过计提折旧和留存收益而形成的资金，一般不会发生筹资费用。

2. 外部筹资。外部筹资是指资金直接来源于企业外部，又称为外源性筹资。外部筹资是企业资金最主要的来源形式。

（四）按筹集资金是否以金融机构为媒介分类，分为直接筹资和间接筹资

1. 直接筹资。直接筹资是指不通过银行等金融机构，直接向资金供应者通过发行股票、发行债券、吸收直接投资等方式筹集资金。

2. 间接筹资。间接筹资是指借助于银行和非银行金融机构等筹集资金。如银行借款、公开间接发行股票、发行债券等。

二、筹资管理的原则

（一）合法性原则

企业无论选择何种筹资方式来筹集资金，都应遵守国家的法律法规，合法合规地为企业筹集所需资金，并要依法披露相关信息，维护各方的合法权益。

（二）合理性原则

一方面要保持合理筹资规模，若资金短缺，会影响企业正常生产经营的进行，若资金过剩，则会造成资金的闲置浪费，可能导致机会成本增加；另一方面要保持合理的资本结构，有效控制财务风险。

（三）及时性原则

企业在筹集资金时要按照资金投放使用的时间来合理安排，使筹资与用资在时间上相衔接，避免筹资滞后而贻误投资的有利时机，也要防止取得资金过早而造成投放前的资金闲置。

（四）经济性原则

企业筹集资金的渠道与方式有许多，但其难易程度、资本成本和财务风险等各不相同。企业在筹资时要综合考虑各种因素的影响，力求以较低的资本成本获取企业所需资金。

（五）结构合理原则

结构合理原则是指，筹资管理要综合考虑各种筹资方式，优化资本结构。筹资既要考虑权益资金与债务资金的关系，又要兼顾长期资金和短期资金的关系，还要考虑内源筹资和外源筹资的关系，合理安排资本结构，保持适当偿债能力，防范企业财务危机。

三、企业筹资决策基本流程

企业筹资决策基本流程，如图5-1所示。

四、资金需要量的预测

企业预测一定时期的资金需要量时，应按照一定程序，结合有关因素和条件，选择科学合理的方法进行预测。

（一）资金需要量预测的程序

企业资金需要量预测的一般程序如图5-2所示。

（二）资金需要量预测的方法

预测资金需要量的方法分定性预测法和定量预测法两种，定性预测法和定量预测法各有利弊，企业在进行预测时，应将二者有机结合起来。

1. 定性预测法。定性预测法主要是利用直观的材料，依靠个人经验的主观判断和分析能力，对未来的资金状况和需要数量做出预测。这种方法一般是在企业缺乏完备、准确的历史资料和现状统计资料的情况下采用的。常用的定性预测法主要有：专家会议法和德尔菲法等。

（1）专家会议法。是由企业组织各方面的专家，组成预测小组，通过召开各种形式座

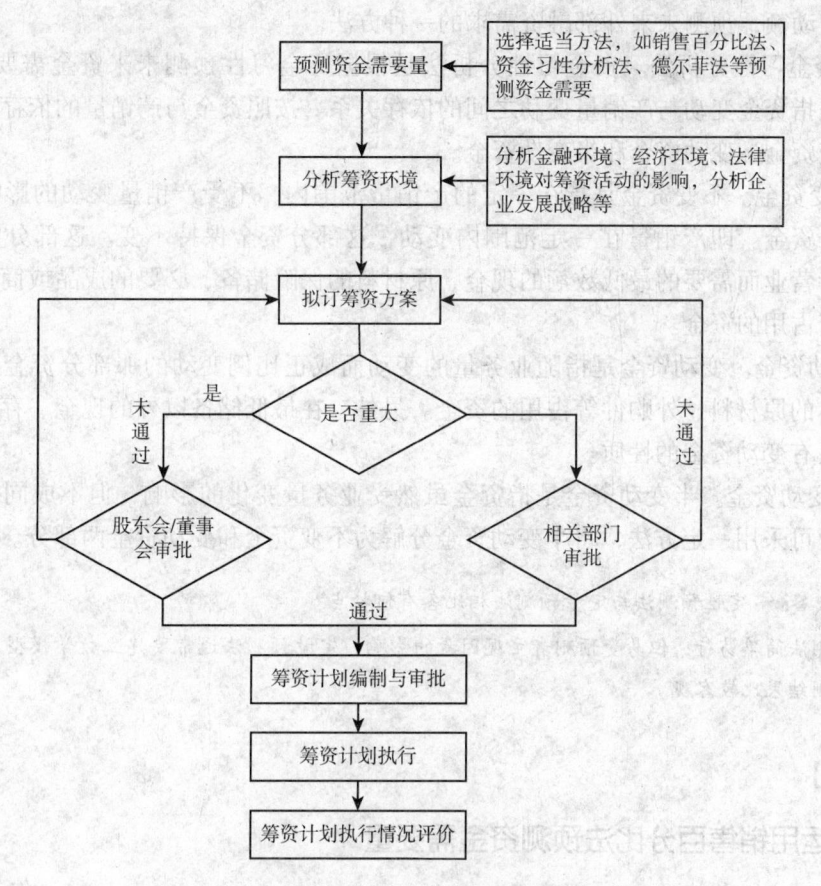

```
                    ┌─────────────┐      ┌──────────────────────┐
                    │ 预测资金需要量 │ ←──  │选择适当方法,如销售百分比法、│
                    └─────────────┘      │资金习性分析法、德尔菲法等预│
                           ↓              │测资金需要            │
                                         └──────────────────────┘
                    ┌─────────────┐      ┌──────────────────────┐
                    │ 分析筹资环境 │ ←──  │分析金融环境、经济环境、法律│
                    └─────────────┘      │环境对筹资活动的影响,分析企│
                           ↓              │业发展战略等          │
                                         └──────────────────────┘
                    ┌─────────────┐
              ┌──→ │ 拟订筹资方案 │ ←──┐
              │     └─────────────┘    │
              │            ↓           │
              │       ╱是否重大╲       │
              │    是╱         ╲      │
           未 │    ╱             ╲ 否  │ 未
           通 │   ╱               ╲   │ 通
           过 │  ╲                 ╱  │ 过
              │   ╲               ╱   │
              │    ╲             ╱    │
              │     ╲           ╱     │
              │   ┌─────────┐  ┌─────────┐
              └── │股东会/董事│  │相关部门 │──┘
                  │会审批   │  │审批    │
                  └─────────┘  └─────────┘
                          通过
                           ↓
                    ┌─────────────────┐
                    │ 筹资计划编制与审批 │
                    └─────────────────┘
                           ↓
                    ┌─────────────┐
                    │ 筹资计划执行 │
                    └─────────────┘
                           ↓
                    ┌───────────────────┐
                    │ 筹资计划执行情况评价 │
                    └───────────────────┘
```

图 5 – 1　筹资决策基本程序

```
┌────────┐  ┌────────┐  ┌────────┐  ┌────────┐  ┌────────┐  ┌────────┐
│明确资金 │→│制订预测 │→│收集整理 │→│确定合适 │→│进行资金 │→│修正资金 │
│预测目标 │  │工作计划 │  │相关资料 │  │预测方法 │  │实际预测 │  │预测结果 │
└────────┘  └────────┘  └────────┘  └────────┘  └────────┘  └────────┘
```

图 5 – 2　预测的基本流程

谈会的方式,共同讨论、研究、分析有关资料,运用集体智慧作出分析判断,最后预测结果。该方法具有集体讨论,结果更全面、可靠的特点,但由于可能会受到权威专家的影响,其客观性相对德尔菲法较差。

（2）德尔菲法。是指主要通过信函方式向有关专家发出预测问题调查表来搜集和征求意见,并经过多次反复、综合、整理,归纳各个专家的意见之后作出预测判断。其主要特点是保密性强、多次反馈,预测结果相对专家会议法具有一定的客观性。

2. 定量预测法。定量预测法是根据变量之间存在的数量关系（如时间关系、因果关系）建立数学模型,来进行预测的方法。这种方法一般是在企业具备完备、准确的历史资料和现状统计资料的情况下采用的。常用的筹资需要量预测的定量预测法有:销售百分比法和资金习性分析法。

（1）销售百分比法。销售百分比法是在假定某些资产项目、负债项目与销售额之间存在稳定的百分比关系的前提下,根据预计销售额和相应稳定的百分比,预计资产、负债和所有者权益变动额,预测未来外部融资需求的一种方法。

(2) 资金习性分析法。资金习性分析法是根据资金习性预测未来资金需要量的方法。资金习性是指资金变动与产销量变动之间的依存关系。按照资金与产销量的依存关系可将资金分为不变资金、变动资金和半变动资金。

① 不变资金。不变资金是指在一定的产销量范围内,不受产销量变动的影响而保持不变的那部分资金。即产销量在一定范围内变动,这部分资金保持不变。这部分资金主要包括:为维持营业而需要的最低数额的现金、原材料的保险储备、必要的成品或商品储备,以及固定资产占用的资金。

② 变动资金。变动资金是指随业务量的变动而成正比例变动的那部分资金。如直接构成产品实体的原材料、外购件等占用的资金。另外,在最低储备以外的现金、存货、应收账款等其他具有变动资金的性质。

③ 半变动资金。半变动资金是指资金虽然受业务量变化的影响,但不成同比例变动的资金。企业可采用一定方法,将半变动资金分解为不变资金和变动资金两部分。

即问即答 定性预测法与定量预测法相比各有何特点?

定性预测法简单易行,但易受预测者主观因素的影响;定量预测法通常要建立数学模型,要求企业资料健全,预测结果比较客观。

【业务操作】

一、运用销售百分比法预测资金需要量

(一) 销售百分比法的步骤

步骤一,预测销售。

销售预测是指以历史资料为依据,采用一定方法,预测企业未来某一时期的销售总额、销售增加额或销售增长率。销售预测是资金需要量预测的重要基础,销售预测的质量将影响资金量需要量的预测。若销售预测过低,企业资金准备不能满足生产经营需要,可能导致失去市场和盈利机会;若销售预测过高,企业资金准备过剩,可能导致机会成本加大,资金使用效率降低,从而使企业整体经济效益降低。

步骤二,确定随销售额变动而变动的资产和负债项目,并计算占销售的百分比。

通常情况下,随销售增长而相应增加的项目被称为敏感项目(变动项目),不随销售额的增长而增加的项目被称为非敏感项目(不变项目)。敏感性资产项目一般主要包括现金、应收账款、存货等经营性资产;敏感性负债项目一般主要包括:应付账款、应付费用和其他应付款等经营性债务。金融性资产和金融性负债一般不随销售额的增长而增加,被称为非敏感项目。

即问即答 什么是经营资产、金融资产、经营负债、金融负债?

企业活动分为经营活动和金融活动,经营活动包括销售商品或提供劳务等营业活动。经营资产是指销售商品或提供劳务所涉及的资产。金融资产是企业利用经营活动多余的资金进行投资的资产,如企业在资本市场购入的各种证券。经营负债是指销售商品或提供劳务所涉及的负债,金融负债是债务筹资活动所涉及的负债。

$$\text{敏感项目占销售百分比} = \frac{\text{基期敏感资产（负债）}}{\text{基期销售额}} \times 100\%$$

步骤三，估算需要增加的资金总额。

预计需要增加的资金总额 = 预计资产增加额 - 预计负债增加额

步骤四，根据有关财务指标的约束条件，预计留存收益的增加额。

预计留存收益的增加额 = 预计销售额 × 预计销售净利率 × 预计留存收益率

步骤五，确定外部融资需要量。

外部融资需要量 = 预计资产增加额 - 预计负债增加额 - 预计留存收益的增加额

或 = 预计销售增加额 ×（敏感资产占销售额百分比 - 敏感负债占销售额百分比）- 预计销售额 × 预计销售净利率 × 预计留存收益率

或 = 预计销售增长率 ×（敏感资产额 - 敏感负债额）- 预计销售额 × 预计销售净利率 × 预计留存收益率

重要提示 销售百分比法的应用是有前提的，该方法基本假设有：（1）目前的资产、负债、所有者权益结构已达到最优；（2）某些资产项目、负债项目与销售额之间存在稳定的百分比关系；（3）预测期的销售及净利率可准确预计；（4）预测期企业的财务政策已定，即留存收益率已经确定。

（二）销售百分比法的应用

[业务举例 5-1] 宏达公司 2013 年资产负债表（简表）如表 5-1 所示，2013 年销售收入为 2 200 万元，销售净利率为 10%，股利支付率为 60%。2014 年预计销售收入将增长到 2 640 万元，该公司生产能力已经饱和，增加销售需要增加固定资产投资，无形资产保持不变。若 2014 年全年公司销售净利率和股利分配率仍保持上年水平。采用销售百分比法预测 2014 年宏达公司需要从外部筹集的资金额。

表 5-1　　　　　　　　　　资产负债表（简）

2013 年 12 月 31 日　　　　　　　　　　单位：万元

资　产	金　额	负债及所有者权益	金　额
货币资金	200	短期借款	200
应收账款	360	应付账款	80
存货	220	应付费用	30
固定资产	460	长期借款	350
无形资产	20	所有者权益	600
资产总计	1 260	负债及所有者权益总计	1 260

(1) 计算预计销售增长率。

$$预计销售增长率 = \frac{预计销售额 - 基期销售额}{基期销售额} \times 100\%$$

$$= \frac{2\,640 - 2\,200}{2\,200} \times 100\% = 20\%$$

(2) 确定随销售额变动而变动的资产和负债项目,并计算销售百分比。

宏达公司敏感项目的销售百分比计算,如表 5-2 所示。

表 5-2   资产负债表(简)

2013 年 12 月 31 日   单位:%

资 产	占销售百分比	负债及所有者权益	占销售百分比
货币资金	9.09	短期借款	—
应收账款	16.36	应付账款	3.64
存货	10	应付费用	1.36
固定资产	20.91	长期借款	—
无形资产	—	所有者权益	—
资产总计	56.36	负债及所有者权益总计	5.00

(3) 估算需要增加的资金总额。

从表 5-2 可知,销售收入每增加 100 元,需要增加资产占用的资金为 56.36 元,同时增加 5 元的负债资金来源。需要增加的资金为 51.36% (56.36% - 5%),即销售每增加 100 元,必须取得 51.36 元的资金,才能满足需要。因此,该公司 2013 年销售收入增加 440 万元 (2 640 - 2 200),预计需要增加资金总额为 225.98 万元 (440 × 51.36%)。

预计需要增加的资金总额 = (2 640 - 2 200) × 56.36% - (2 640 - 2 200) × 5% = 225.98 (万元)

(4) 根据有关财务指标的约束条件,预计留存收益增加额。

预计留存收益 = 2 640 × 10% × (1 - 60%) = 105.6 (万元)

(5) 确定外部融资需要量。

预计外部融资需要量 = 225.98 - 105.6 = 120.4 (万元)

或 = (2 640 - 2 200) × (56.36% - 5%) - 105.6 = 120.4 (万元)

或 = 20% × (1 240 - 110) - 105.6 = 120.4 (万元)

二、运用资金习性分析法预测资金需要量

(一) 资金习性分析法的步骤

步骤一,建立数学模型。

设产销量为自变量 x,资金占用量为因变量 y,它们之间的关系可用下式表示:

$$y = a + bx$$

式中：a——不变资金；b——单位产销量所需的变动资金。
a、b的数值可依据历史资料采用高低点法、回归直线法求得。

高低点法下：

$$b = \frac{最高销售额期资金占用额 - 最低销售额期资金占用额}{最高销售额 - 最低销售额}$$

$$a = 最高销售额期资金占用额 - b \times 最高销售额$$

或 $\quad = 最低销售额期资金占用额 - b \times 最低销售额$

回归直线法下：

$$a = \frac{\sum x_i^2 \sum y_i - \sum x_i \sum x_i y_i}{n \sum x_i^2 - (\sum x_i)^2}$$

$$b = \frac{n \sum x_i y_i - \sum x_i \sum y_i}{n \sum x_i^2 - (\sum x_i)^2}$$

步骤二，预测资金需求量。

根据企业历史资料确定a、b数值，在此基础上建立数学模型，即可预测一定业务量x所需的资金量y。

重要提示　利用资金习性法应注意的问题：（1）资金需要量与业务量之间线性关系的假定应符合实际需要；（2）确定a、b值，应利用预测期前连续若干期的历史资料，一般要有3~5期；（3）应考虑价格等因素的变动情况。

（二）资金习性分析法的应用

[业务举例5-2]　宏达公司2009年至2013年销售额和资金需要量的资料如表5-3所示，预计2014年销售额为2 640万元，采用高低点法预测资金需要量。

表5-3　　　　　　　　宏达公司销售额与资金需要量资料　　　　　　　　单位：万元

年度	销售额（x）	资金需要量（y）
2009	1 500	900
2010	1 800	1 000
2011	1 900	1 050
2012	2 000	1 120
2013	2 200	1 260

采用高低点法确定a、b值，建立数学模型，预测资金需要量。

（1）建立数学模型。

$$b = \frac{1\ 260 - 900}{2\ 200 - 1\ 500} = 0.5143（元）$$

$$a = 1\ 260 - 0.5143 \times 2\ 200 = 128.55（万元）$$

或 a = 900 − 0.5143 × 1 500 = 128.55（万元）

建立数学模型为：y = 128.55 + 0.5143x

（2）预测资金需求量。

当 2013 年预计销售额为 2 640 万元时，预计资金需求量为：

预计资金需要量 = 128.55 + 0.5143 × 2 640 = 1 486.30（万元）

[业务举例 5 − 3] 依 [业务举例 5 − 2] 的资料，采用回归直线法确定 a、b 值，建立数学模型，预测资金需要量。

（1）建立数学模型。

根据表 5 − 3 资料计算的回归直线方程数据，如表 5 − 4 所示。

表 5 − 4　　　　　　　　　回归直线方程数据计算表　　　　　　　单位：万元

年度	销售额（x）	资金需要量（y）	xy	x^2
2009	1 500	900	1 350 000	2 250 000
2010	1 800	1 000	1 800 000	3 240 000
2011	1 900	1 050	1 995 000	3 610 000
2012	2 000	1 120	2 240 000	4 000 000
2013	2 200	1 260	2 772 000	4 840 000
n = 5	$\sum x_i = 9\,400$	$\sum y_i = 5\,330$	$\sum x_i y_i = 10\,157\,000$	$\sum x_i^2 = 17\,940\,000$

$$a = \frac{17\,940\,000 \times 5\,330 - 9\,400 \times 10\,157\,000}{5 \times 17\,940\,000 - 9\,400^2} = 107.76（万元）$$

$$b = \frac{5 \times 10\,157\,000 - 9\,400 \times 5\,330}{5 \times 17\,940\,000 - 9\,400^2} = 0.5097（元）$$

建立数学模型为：y = 107.76 + 0.5097x

（2）预测资金需要量。

当 2014 年预计销售额为 2 640 万元时，预计资金需求量为：

预计资金需要量 = 107.76 + 0.5097 × 2 640 = 1 453.37（万元）

即问即答　　回归分析法预测资金需要量的前提是什么？

回归分析法是假定资金需要量与业务量之间存在线性关系，企业有关历史资料健全。

任务二　权益筹资

【任务描述】

预测资金需要量后，就要准备为企业筹资了。权益资金筹集的渠道和方式有多种，但并不一定每一种都适合本企业。企业在筹资时，应在筹资环境分析的基础上，比较各种筹资方式的优缺点，作出科学合理的筹资方式决策。学习任务：了解吸收直接投资、发行普通股、发行优先股和利用留存收益等各种权益资金筹资方式的理论知识，比较各种筹资方式的优缺点，掌握筹资方式决策的基本原理。

学习引领 企业筹资并非越早越好，也并非越多越好。企业应根据需要选择最经济合理的筹资渠道和筹资方式，适时筹资。可是，权益筹资的渠道有哪些？企业可以采用哪些筹资方式筹资？李明首先想到的是发行股票筹资，但并非所有企业都能通过发行股票筹资。根据我国有关法律规定，企业发行股票应具备一定条件的。那么，除了发行股票筹资之外，还有哪些筹资方式可供企业选择，它们各有何优缺点，企业应如何选择？

【知识准备】

一、筹资渠道

筹资渠道是指客观存在的筹措资金的来源方向与通道。目前我国企业的筹资渠道主要有国家财政资金、银行信贷资金、其他金融机构资金、其他企业资金、居民个人资金、外商资金、企业自留资金等。

二、筹资方式

筹资方式是指企业筹措资金采取的具体方法和手段。我国企业目前可采用的筹资方式主要有吸收直接投资、发行普通股、发行优先股、利用留存收益、向银行借款、利用商业信用、发行公司债券、融资租赁等。

三、筹资渠道和筹资方式

若希望从国家财政获取资金，可以采取哪些方式？若希望从居民个人手中获取资金可以采用哪些筹资方式？若希望从其他企业获取资金呢？……一种筹资渠道并非所有的筹资方式都适用，一般意义上讲，一定的筹资方式可能只适用于某一特定的筹资渠道，但是同一渠道的资金往往可采用不同的方式去取得，如其他金融机构资金可通过发行股票、发行债券、借款、租赁等多种方式。

四、权益筹资方式

权益资金是指投资人投入企业的资本金以及持续经营过程中形成的留存收益，它不需要偿还，属于企业永久性资本金，也称为自有资金。企业权益资金的筹集方式有吸收直接投资、发行普通股、发行优先股、利用留存收益等。

即问即答 企业除了以上常用的筹资方式外，在筹资实践中还有哪些筹资方式？
在企业筹资实践中还有应收账款转让融资、应收账款抵押融资、资产典当融资、引进风险投资、民间借贷等。企业应在国家法律法规许可的范围内，结合自己的实际作出最优决策。

【业务操作】

一、分析吸收直接投资筹资的优缺点

吸收直接投资是指企业按照"共同投资、共同经营、共担风险、共享收益"的原则，

根据协议等形式，吸收国家、法人、个人和外商投入资金的一种筹资方式。出资人以其合法财产向企业进行投资后，即成为企业的所有者，对企业具有经营管理权，按出资比例分享利润，以出资额为限承担责任。企业通过吸收直接投资获取的资金属于权益资金，企业具有永久的使用权。吸收直接投资是新设企业的重要筹资方式。

（一）了解吸收直接投资的出资形式

吸收直接投资的出资形式可以是货币资金、实物资产、工业产权、土地使用权等。

1. 货币资金出资。货币资金出资指投资者以货币资金进行投资，是吸收直接投资中一种最重要的出资方式。我国《公司法》规定，公司全体股东或者发起人的货币出资金额不得低于公司注册资金的30%。

2. 实物资产出资。实物资产出资是指投资者以厂房、建筑物、设备等固定资产和原材料、商品等流动资产所进行的投资。企业吸收的实物投资应符合如下条件：确为企业科研、生产、经营所需；技术性能比较好；作价公平合理。

3. 工业产权出资。工业产权出资是指投资者以专有技术、商标权、专利权等无形资产所进行的投资。企业吸收的工业产权投资应符合如下条件：能帮助企业研究和开发新的高科技产品；能帮助企业生产适销对路的高科技产品；能帮助企业改进产品质量，提高生产效率；能帮助企业大幅度降低各种能耗；作价比较合理。吸收工业产权等无形资产出资的风险较大。因为以工业产权出资，实际上是把有关技术予以资本化了，把技术的价值固定化了。而技术具有时效性，会因其不断老化而导致价值不断减少甚至完全丧失。因此，企业在吸收工业产权投资时应特别谨慎，需认真进行可行性研究。

4. 土地使用权出资。土地使用权是指按有关法规和合同的规定使用土地的权利，投资者可以用土地使用权来进行投资。企业吸收土地使用权投资应符合以下条件：为适合企业科研、生产、经营、研发活动的需要；交通、地理条件比较适宜；作价公平合理。

（二）熟悉吸收直接投资的基本程序

企业利用吸收直接投资进行筹资的基本程序，如图5-3所示。

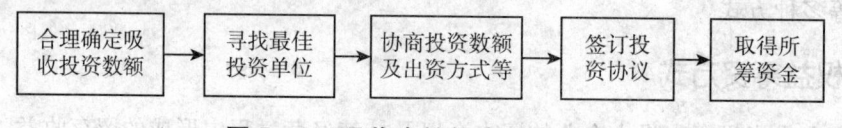

合理确定吸收投资数额 → 寻找最佳投资单位 → 协商投资数额及出资方式等 → 签订投资协议 → 取得所筹资金

图5-3 吸收直接投资筹资程序

（三）分析吸收直接投资筹资的优缺点

表5-5 吸收直接投资的优缺点

优 点	缺 点
（1）有利于增强企业信誉。筹集的资金属于企业权益资金，与债务融资相比，吸收直接投资能够提高企业的资信程度和借款能力，有利于扩大企业经营规模，壮大企业实力。	（1）资本成本较高。因为企业要从税后净利润中向投资者支付的报酬一般高于债务资金的利息，所以吸收直接投资方式融资所需负担的资本成本较高。

续表

优　点	缺　点
（2）有利于尽快形成生产能力。吸收直接投资不仅可以取得部分货币资金，而且通常能够直接获得企业所需要的先进设备和技术，有利于尽快形成生产力。	（2）容易分散企业的控制权。投资者作为企业所有者一般都要求获得与投资份额相当的经营管理权，若吸收直接投资较多，则会稀释原有股东对企业的控制权。
（3）财务风险较低。吸收直接投资没有固定的还本付息压力，视企业经营状况向投资者支付报酬，企业经营状况好，可向投资者多付报酬，否则，可少付或暂不付报酬。	（3）不利于产权交易。由于吸收直接投资筹资方式没有证券为媒介，不便于产权交易。

二、分析发行股票筹资的优缺点

（一）分析股票的特点

股票是股份公司为筹集权益资金依法发行的具有平等权利和义务的有价证券，是持有人拥有公司股份的凭证。它代表持有人在公司所拥有的所有权，股票持有人即为公司的股东。股票具有永久性、流通性、风险性、参与性等特点。

永久性是指发行股票所筹集的资金属于权益资金，没有期限，不需归还。

流通性是指股票作为一种有价证券，在资本市场可以自由转让、买卖和流通，也可以继承、赠送或作为抵押品。

风险性是指由于发行股票所筹资金的永久性，股东成为企业风险的主要承担者。风险的表现形式一般有股票价格的波动性、股利的不确定性、破产清算时股东处于剩余财产分配的最后顺序等。

参与性是指股东作为股份公司的所有者，拥有经营者选择权、重大决策权、财务监督权、获取收益权等权力，同时承载着有限责任、遵守公司章程等义务。

（二）了解股票的种类

1. 按股东的权利和义务不同分为普通股和优先股。普通股是指股份公司发行的代表股东享有平等的权利和义务，不加特别限制，股利不固定的股票，它是股份公司权益资金的最基本组成部分。普通股股东具有公司管理权、分享盈余权、出让股份权、优先认股权和剩余财产要求权。

优先股是股份公司发行的、在分配股利和剩余财产时比普通股具有优先权的股票。从法律上讲，企业对优先股不承担法定的还本义务，是企业自有资金的一部分。一般情况下，优先股股东没有参与公司管理的权利。

2. 按股票是否记名分为记名股票和无记名股票。记名股票是指在股票票面上记载股东的姓名或者名称，并将股东的姓名或名称记入公司股东名册的股票。无记名股票，是指在股票票面上不记载股东的姓名或者名称，股东的姓名或名称也不记入公司股东名册的股票。公司只记载股票的数量、编号和发行日期。

我国《公司法》规定，股份公司向发起人、国家授权投资的机构、法人发行的股票，应当为记名股票；对社会公众发行的股票，可以为记名股票，也可以为无记名股票。

3. 按发行对象和发行地点分为 A 股、B 股、H 股、N 股、S 股等。A 股即人民币普通股票，由我国境内公司发行，境内上市交易，以人民币标明面值，以人民币认购和交易；B 股即人民币特种股票，由我国境内公司发行，境内上市交易，以人民币标明面值，以外币认购和交易；H 股为在香港上市的股票；N 股是在纽约上市的股票；S 股是在新加坡上市的股票。

（三）了解股票的发行程序及发行方式

1. 股份有限公司首次发行股票的一般程序。

（1）发起人认足股份、缴付股资。发起人可以用货币出资，也可以用非货币资产作价出资。在发起设立方式下，发起人缴付全部股资后，应选举董事会、监事会，由董事会办理公司设立的登记事项；在募集设立方式下，发起人认足应认购的股份并缴付股资后，其余部分向社会公开募集。

（2）提出公开募集股份的申请。以募集方式设立的公司，发起人向社会公开募集股份时，必须向国务院证券监督管理部门递交募股申请，并报送批准设立公司的相关文件，包括公司章程、招股说明书等。

（3）公开招股说明书，签订承销协议。公开募集股份申请经国家批准后，应公告招股说明书。招股说明书应包括公司的章程、发起人认购的股份数、本次每股票面价值和发行价格、募集资金的用途等。同时，与证券公司等证券承销机构签订承销协议。

（4）招认股份，缴纳股款。发行股票的公司或其承销机构一般用广告或书面通知的办法招募股份。认股者一旦填写了认股书，就要承担认股书中约定的缴纳股款义务。如果认股者的总股数超过发起人拟招募的总股数，可以采取抽签的方式确定哪些认股者有权认股。认股者应在规定的期限内向代收股款的银行缴纳股款，同时交付认股书。股款收足后，发起人应委托法定的机构验资，出具验资证明。

（5）召开创立大会，选举董事会、监事会。发行股票的股款募足后，发起人应在规定期限内（法定 30 天）主持召开创立大会。创立大会由发起人、认股人组成，应有代表股份总数半数以上的认股人出席方可举行。创立大会通过公司章程，选举董事会和监事会成员，并有权对公司的设立费用进行审核，对发起人用于抵作股款的财产作价进行审核。

（6）办理公司设立登记，交割股票。经创立大会选举的董事会，应在创立大会结束后 30 天内，办理申请公司设立的登记事项。登记成立后，即向股东正式交付股票。

2. 股票的发行方式。

（1）公开间接发行。公开间接发行是指股份公司通过中介机构向社会公众公开发行股票的方式。采用募集设立方式成立的股份有限公司，向社会发行股票时，必须由有资格的证券经营机构，如证券公司、信托投资公司等承销。

（2）不公开直接发行。不公开直接发行股票，是指股份公司只向少数特定对象直接发行股票，不需要中介机构承销。采用发起设立方式成立和向特定对象募集方式发行新股的股份有限公司，向发起人和特定对象发行股票，采用直接将股票销售给认购者的自销方式。

（四）了解股票发行、上市、暂停上市、终止上市的条件

1. 股票发行的条件。我国股份公司发行股票必须符合《公司法》、《证券法》和《上市

公司证券发行管理办法》规定的发行条件，以及经国务院批准的国务院证券管理机构规定的其他条件。

公司初次发行股票包括以募集方式新建股份有限公司时公开发行股票和原有企业改组为股份有限公司首次公开发行股票两种情况。以募集方式新建股份有限公司，发行人申请公开发行股票时，应当符合下列条件：

(1) 其生产经营符合国家产业政策；
(2) 其发行的普通股限于一种，同股同权；
(3) 发起人认购的股本数额不少于公司拟发行股本总额的35%，其认购部分不少于人民币3 000万元（国家另有规定的除外）；
(4) 公司股本总额不少于人民币5 000万元；
(5) 向社会公众发行的部分不少于公司拟发行股本总额的25%，拟发行股本超过4亿元的，可酌情降低向社会公众发行部分的比例，但最低不得少于公司拟发行股本总额的15%；
(6) 发起人在近3年内没有重大违法行为。

原有企业改组设立的股份有限公司初次发行股票，除应符合上述条件外，还应具备下列条件：

(1) 发行前一年末，净资产在总资产中所占比例不低于30%，无形资产在净资产中所占比例不高于20%，但国家另有规定的除外；
(2) 近3年连续盈利等。

2. 股票上市的条件。股票上市是指股份有限公司公开发行的股票经批准在证券交易所挂牌交易。我国《证券法》规定，股份有限公司申请股票上市，应当符合以下条件：

(1) 股票经国务院证券监督管理机构核准已公开发行；
(2) 公司股本总额不少于人民币3 000万元；
(3) 公开发行的股份达到公司股份总数的25%以上；公司股本总额超过人民币4亿元的，公开发行股份比例为10%以上；
(4) 公司最近3年无重大违法行为，财务会计报告无虚假记载。

重要提示 股票发行方式有公开间接发行和不公开直接发行两种。公开间接发行是指通过中介机构，公开向社会公众发行股票的方式。不公开直接发行是指不需经中介机构承销，只向少数特定的对象直接发行股票的方式。股票销售方式有自销和承销两种方式，承销方式又分为包销和代销。

3. 股票暂停上市的条件。上市公司有下列情形之一的，由证券交易所决定暂停其股票上市交易：

(1) 公司股本总额、股权分布等发生变化不再具备上市条件；
(2) 公司不按照规定公开其财务状况，或者对财务会计报告作虚假记载；
(3) 公司有重大违法行为；
(4) 公司最近3年连续亏损；
(5) 证券交易所上市规则规定的其他情形。

4. 终止股票上市的条件。上市公司有下列情形之一的，由证券交易所决定终止其股票上市交易：

（1）公司股本总额、股权分布等发生变化不再具备上市条件，在证券交易所规定的期限内仍不能达到上市条件；

（2）公司不按照规定公开其财务状况，或者对财务会计报告作虚假记载，且拒绝纠正；

（3）公司最近3年连续亏损，在其后一个年度内未能恢复盈利；

（4）公司解散或者被宣告破产；

（5）证券交易所上市规则规定的其他情形。

（五）分析发行普通股筹资的优缺点

表5-6　　　　　　　　　　发行普通股筹资的优缺点

优　点	缺　点
（1）普通股股本没有固定的到期日，无须偿还本金。这对于保证公司对资金的最低需求，促进公司长期、持续、稳定经营具有重要意义。	（1）资本成本高。发行股票手续繁杂，筹资费用较高；企业要从税后净利中向股东支付高于债务利息的股利，所以，资本成本高。
（2）没有固定的股利负担。股利的支付与否和支付多少视企业盈利情况而定，多盈多分，少盈少分，现金支付灵活，财务压力较小，因而筹资风险较小。	（2）容易分散公司的控制权。利用普通股筹资会增加新股东，从而稀释原有股东对公司的控制权，导致股权分散。
（3）提高公司信誉，增强举债能力。发行普通股筹集的资金是企业权益资金的来源，权益资金的多少，反映了企业的实力，较多的权益资金为债权人提供了坚实的信用基础和保障，可增强公司的举债能力。	（3）有可能导致股价的下跌。一方面公司若过度依赖普通股融资，会被投资者视为消极的信号，从而引起股票价格下跌；另一方面，新股东对公司未发行新股前累积的盈余具有分享权。

即问即答　上市发行股票对企业有哪些影响？

在我国，有相当多的企业积极筹备上市，股票上市对企业既有有利影响，也有不利影响。股票上市有助于改善企业财务状况，有利于提高公司知名度，有利于利用股票市场客观评价企业，也有利于用股票激励员工，还可以利用股票收购其他公司。当然，股票公开上市不仅需要很高的费用，而且使公司失去隐私权，也限制了经理人员操作的自由度。

三、分析发行优先股筹资的优缺点

（一）分析优先股的特点

优先股是股份公司依法发行的，在分配公司收益和剩余财产方面比普通股具有一定优先权的股票。发行优先股筹集的资本属于公司权益资金，这一特征类似于普通股，同时优先股具有面值和固定的股利率，这一特征又类似于债券，因此，优先股通常被看成是一种混合性证券。

（二）分析发行优先股筹资的优缺点

表 5-7　　　　　　　　　　发行优先股筹资的优缺点

优　点	缺　点
（1）优先股股本没有固定的到期日，无须归还本金，与普通股相类似，财务风险小。	（1）筹资成本较高。优先股成本虽然低于普通股成本，但由于优先股股利要从税后利润中支付，没有抵减所得税的好处，所以，其资本成本高于债务筹资。
（2）优先股的股息具有固定性，与债务资本的利息类似，可发挥财务杠杆作用，在企业资本利润率高于负债利息率时，会增加股东财富。	（2）财务负担较重。由于优先股股息固定，并且不能在税前扣除，当企业盈利下降时，优先股的股利可能会成为企业一项较重的财务负担。

四、分析利用留存收益筹资的优缺点

（一）分析留存收益的特点

留存收益是企业税后利润形成的，包括盈余公积和未分配利润。其主要特点是属于所有者权益，无到期日，无须还本，可供企业长久使用。

（二）分析利用留存收益筹资的优缺点

表 5-8　　　　　　　　　　留存收益筹资的优缺点

优　点	缺　点
（1）资本成本较普通股低。利用留存收益筹资不发生任何筹资费用，与普通股相比，资本成本较低。	筹资数额有限。留存收益来自企业当期净利润和年初未分配利润，其最大数额不会突破这两项之和，所以，其筹资数额有限。
（2）不会分散公司控制权。留存收益属于普通股股东所有，这种方式筹资，不会增加新的股东，不改变原有股权结构，不会稀释原有股东的控股权。	
（3）增强企业信誉。留存收益筹资能够使企业保持较大的可支配的现金流，既可解决企业经营发展的资金需要，又能提高企业举债能力。	

任务三　债务筹资

【任务描述】

债务资金是企业资金的重要构成部分，适度负债经营可以为企业带来财务杠杆利益、降低资本成本，但同时也伴随着财务风险。企业进行债务筹资应正确理解各种筹资方式的优缺点，合理选择筹资方式。学习任务：熟悉银行借款的程序，银行借款筹资的优缺点；熟悉发行债券的程序和我国有关法律规定；掌握债券发行价格的计算和债券筹资的优缺点；掌握放弃现金折扣成本的计算和利用商业信用筹资的优缺点；掌握融资租赁的特点、租金的计算方法和融资租赁的优缺点。

学习引领　通常情况下，企业经营发展仅有权益资金往往不能满足需要，还需要有一定的债务资金来支持。关于债务资金的筹集方式，李明比较熟悉的是向银行借款。除此之外还有哪些债务资金筹集方式？各有何优缺点？企业应如何做选择？

【知识准备】

一、债务资金

债务资金是指企业从银行或非银行金融机构、个人及其他企业借入的、依借贷合同规定按期支付利息到期归还本金的资金。对于债务资金，企业负有到期归还本金和利息的法定责任。若无力偿还到期债务，则要冒破产的风险。所以，企业债务资金比例要适当。

二、债务资金筹资方式

目前我国企业债务资金筹集的方式主要有银行借款、发行债券、利用商业信用、融资租赁等。债务资金筹集方式的主要优点是：债务利息具有抵税作用，筹资成本低；主要缺点是：资金有到期日，企业要按期支付利息，到期归还本金，财务风险大。

【业务操作】

一、分析借款筹资的优缺点

借款按照期限的长短分为长期借款和短期借款。

（一）长期借款

长期借款是指企业向银行或其他非银行金融机构借入的期限超过一年，需要还本付息的款项。我国目前各金融机构的长期借款种类主要有基本建设借款、更新改造借款、科技开发和新产品试制借款等。

1. 了解长期借款流程。银行借款的一般流程，如图5-4所示。
2. 分析长期借款筹资的优缺点。

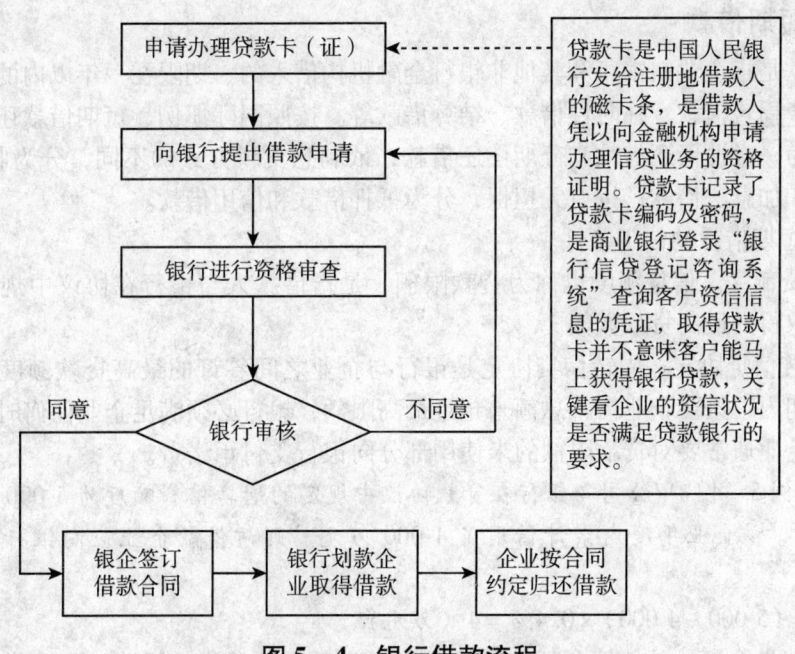

图 5-4　银行借款流程

表 5-9　　　　　　　　　　　长期借款筹资的优缺点

优　点	缺　点
(1) 筹资速度快。金融机构对企业进行全面调查分析后，企业的借款项目报待审部门审议，通过后可以立即办理贷款手续，获取借款。而发行各种证券时，发行的准备工作就需要一定时间。	(1) 筹资风险大。借款需要还本付息，在筹资数额较大的情况下，企业资金调度不周，就有可能无力按期偿付本金和利息，甚至导致破产。
(2) 筹资弹性大。企业在需要资金时可与借款人商定借入时间、数量和条件等，在资金充裕时可商定提前还本付息，或变更偿还时间，灵活性较强。	(2) 限制条款较多。企业与银行签订的借款合同中，一般都会有一些限制性条款，这些条款可能会限制企业的经营活动。
(3) 筹资成本低。借款筹资没有太繁杂的手续，筹资费用比较低，而且就目前我国情况来看，借款利息率比发行债券的利息率低。	(3) 筹资数量有限。银行一般不愿借出巨额长期借款，在企业需要大量资金时，采用这种方法可能达不到筹资目的。
(4) 发挥财务杠杆作用。债务资金，具有财务杠杆作用，当企业资本利润率超过负债利息率时，债务资金可为企业带来差额收益，提高自有资金收益水平，从而增加股东财富。	

125

（二）短期借款

短期借款是指企业向银行和其他非银行金融机构借入的、期限在一年以内的借款。其种类主要有生产周转借款、临时性借款、结算借款等。按照国际惯例，短期借款还可按偿还方式不同，分为一次性偿还借款和分期偿还借款；依利息支付方式的不同，分为收款法借款、贴现法借款和加息法借款；按有无担保，分为抵押借款和信用借款。

1. 了解短期借款的信用条件。

（1）信贷额度。信贷额度也称为贷款限额，是指借款人与银行在协议中规定的允许借款人从银行取得的最高贷款数额。

（2）周转信贷协定。周转信贷协定是银行与企业之间签订的最高贷款额度的协定。在协定的有效期内，只要企业借款总额未超过最高限额，银行必须满足企业任何时候提出的借款要求。而企业通常要对贷款限额的未使用部分向银行支付承诺费。

[业务举例5-4] 甲公司与银行在贷款协议中规定的周转信贷额度为5 000万元，承诺费率为0.4%，该企业年度内累计借用了4 000万元。则该借款企业应向银行支付的承诺费为：

承诺费 = (5 000 - 4 000) × 0.4% = 4（万元）

（3）补偿性余额。补偿性余额是指银行为了降低自己的贷款风险，要求借款企业在银行中保留按贷款限额或实际借款额的一定百分比（通常为10%~20%）计算的最低存款余额。补偿性余额使企业实际得到的借款额减少，但利息并未因此而少付，所以补偿性余额在降低银行贷款风险的同时，提高了借款企业的实际利率，加重了企业的实际负担。实际利率的计算公式为：

$$实际利率 = \frac{名义利率}{1-补偿性余额比例} \times 100\%$$

[业务举例5-5] 甲公司向银行借款600万元，年利率10%，银行要求保留20%的补偿性余额，则该项借款的实际利率为：

$$实际利率 = \frac{10\%}{1-20\%} \times 100\% = 12.5\%$$

（4）借款抵押。银行向信誉不好、财务风险较大的企业发放贷款时，为了降低贷款风险，通常要求有抵押品作担保。借款的抵押品通常是借款企业的应收账款、存货和有价证券等。银行贷款金额通常为抵押品账面价值的30%~50%。

（5）偿还条件。无论何种借款，银行都会规定还款期限。根据我国金融制度的规定，贷款到期后仍无能力偿还的，视为逾期贷款，银行要照章加收逾期罚息。

（6）以实际交易为贷款条件。当企业发生临时资金需求，向银行申请借款时，银行以企业将要进行的实际交易为贷款基础，单独立项，单独审批，最后作出决定并确定贷款的相应条件和信用保证。

2. 分析短期借款筹资的优缺点。

表 5-10　　　　　　　　　短期借款筹资的优缺点

优　　点	缺　　点
(1) 筹资速度快。企业获得短期借款的所需的时间相对长期借款短得多，因为银行在发放长期贷款前，需要花较长时间对借款企业进行全面的调查分析。	(1) 筹资风险大。短期借款的偿还期短，在筹资数额加大时，如企业资金调度不周，就有可能出现财务风险。
(2) 筹资弹性大。借款数额及借款时间弹性较大，在资金充裕时可提前还本付息，变更偿还时间，灵活性较强。	(2) 在有补偿性余额等信用条件时，相对其他短期筹资方式短期借款筹资成本较高。

二、分析商业信用筹资的优缺点

(一) 了解商业信用的形式

商业信用是指商品交易中以延期付款或延期交货所形成的借贷关系，是企业之间的直接信用行为。其具体形式有：预收账款；延期付款，但不提供现金折扣；延期付款，但早付款可享受现金折扣。

1. 预收账款。预收账款是指企业在销售商品时，已知买方信用欠佳，或所销售的产品生产周期长、售价高，则会要求买方在卖方发出货物之前支付部分或全部货款的一种信用条件。这种信用条件下，销货单位可以得到暂时的资金来源，购货单位则要预先垫支一笔资金。

2. 延期付款，但不提供现金折扣。这种信用条件是指企业购买商品时，销售方允许购货方在交易发生后一定时期内按发票金额支付货款的情形，如"n/30"或"net30"，就是指要求付款方在 30 天内按发票金额付款。这种条件下信用期间一般为 30~60 天，但有些季节性生产的企业可能为其顾客提供更长的信用期间。在这种情况下，买卖双方存在商业信用，买方可因延期付款而筹集了部分资金。

3. 延期付款，但早付款可享受现金折扣。这种信用条件下，买方若在折扣期内付款，则可获得短期的资金来源，并能得到现金折扣，现金折扣一般为发票金额的 1%~5%；若放弃现金折扣，则会在稍长时间内占用卖方的资金，但必须全额付款。如"1/10, n/30"，该信用条件的经济含义是指：如果买方在购货后 10 天内付款，则可以享受 1% 的现金折扣，只需支付货款的 99%；如果在 10 天至 30 天付款，则不会享受现金折扣，必须支付 100% 的货款。该信用条件中，10 天被称为折扣期限，是指享受现金折扣的最后期限，30 天被称为信用期限，是买方付款的最后期限，1 即 1%，被称为现金折扣。

(二) 计算放弃现金折扣成本并作决策

在采用商业信用形式销售产品时，为鼓励购买单位尽早付款，销货单位往往都规定一些信用条件，主要包括现金折扣和信用期限两部分内容。如果销货单位提供了现金折扣，购买

127

单位应尽量争取获得此项折扣，因为丧失现金折扣的机会成本很高。放弃现金折扣成本计算公式如下：

$$放弃现金折扣成本 = \frac{现金折扣率}{1-现金折扣率} \times \frac{360}{付款期限-折扣期限}$$

企业是否选择享受现金折扣，取决于放弃现金折扣成本与企业为享受现金折扣早日付款所筹资金付出的代价。一般情况下，当所筹资金付出的代价大于放弃现金折扣成本时，应选择放弃现金折扣，反之则选择享受现金折扣。

［业务举例5－6］甲公司购进一批存货，价款总额为10万元，信用条件为"2/10，n/30"。如果该企业选择在信用期付款，即第30天付款，则企业放弃现金折扣成本为：

$$放弃现金折扣成本 = \frac{2\%}{1-2\%} \times \frac{360}{30-10} = 36.73\%$$

如果该公司为筹集货款付出的成本不高于其放弃现金折扣成本36.73%时，就应选择在10天内付款，否则应选择第30天付款。

（三）分析利用商业信用筹资的优缺点

表5－11　　　　　　　　　　商业信用筹资优缺点

优　点	缺　点
（1）限制条件少。商业信用融资相对于其他筹资方式而言，限制条件是最少的。	（1）融资期限较短，若享受现金折扣则期限更短。
（2）融资便利。商业信用融资与商品买卖同步进行，是一种自然性融资，不必做正规而周密的安排，融资非常便捷。	（2）若放弃现金折扣，则资本成本较高。
（3）筹资成本低。只要买方不放弃现金折扣或卖方未提供现金折扣，则商业信用筹资没有实际成本。	

即问即答　商业信用是企业之间的直接信用行为，优点明显，实践中许多企业利用此方式融资，请问企业是如何利用商业信用的？

在信用期限内，进货延期付款，销售提前收款。

三、分析发行债券筹资的优缺点

（一）了解债券的种类

债券是经济主体为筹集资金而发行的，用以记载和反映债权债务关系的有价证券。由企业发行的债券称为企业债券或公司债券；由政府发行的债券称为政府债券；由金融机构发行的债券称为金融债券。这里所说的债券,指的是期限超过1年的公司债券,其发行目的通常是为建设大型项目筹集大笔长期资金。公司债券一般可按以下标准分类:

1. 按债券是否记名分为记名债券和无记名债券。发行记名债券的,应当在券面上注明债权人姓名或名称,同时在公司债券存根簿上载明下列事项:债券持有人的姓名或者名称及住所;债券持有人取得债券的日期及债券的编号;债券总额,债券的票面金额、利率、还本付息的期限和方式;债券的发行日期。发行无记名公司债券的,债券票面不注明债权人姓名或名称,也不用在债权人名册上登记债权人姓名或名称,但应当在公司债券存根簿上载明债券总额、利率、偿还期限和方式、发行日期及债券的编号。

2. 按债券能否转换为公司股票分为可转换债券和不可转换债券。可转换债券是指一定时期内,可以按规定的价格或一定比例,由持有人自由地选择转换为普通股的债券。不可转换债券是指不可以转换为普通股的债券。

3. 按有无特定的财产担保分为信用债券和抵押债券。信用债券是指仅凭债券发行者的信用发行的、没有抵押品作抵押或担保人作出担保的债券。抵押债券是指以一定抵押品作抵押而发行的债券。抵押债券按抵押物的不同,又可分为不动产抵押债券、设备抵押债券和证券信托债券。

(二)了解发行债券的条件

我国企业发行公司债券,必须符合《公司法》、《证券法》等有关法律、法规规定的条件。公开发行公司债券,应当符合下列条件:

(1) 股份有限公司的净资产不低于人民币3 000万元,有限责任公司的净资产不低于人民币6 000万元;

(2) 累计债券余额不超过公司净资产的40%;

(3) 最近三年平均可分配利润足以支付公司债券一年的利息;

(4) 筹集的资金投向符合国家产业政策;

(5) 债券的利率不超过国务院限定的利率水平;

(6) 国务院规定的其他条件。

发行公司凡有下列情形之一的,不得再次发行公司债券:

(1) 前一次发行的公司债券尚未募足;

(2) 对已发行的公司债券或者其债务有违约或延迟支付本息的事实,且仍处于持续状态;

(3) 违反规定,改变公开发行公司债券所募资金的用途。

(三)熟悉发行债券的程序

公司发行债券的程序与发行股票的程序基本相同,由发行公司做出发行债券的决议,向有关部门提出债券发行申请,证监会或国家授权部门审批,经审批后公司制定募集办法并予以公告,发售公司债券筹集借款。

重要提示 (1) 拟发行公司债券的公司必须向经国务院证券监督管理机构或者国务院授权的部门提出发行债券申请,经核准后方可发行,未经依法核准,任何单位和个人不得公开发行债券。

(2) 公司债券募集办法中应当载明下列主要事项:公司名称;债券募集资金的用途;债券总额和债券的票面金额;债券利率的确定方式;还本付息的期限和方式;债券担保情况;债券的发行价格、发行的起止日期;公司净资产额;已发行的尚未到期的公司债券总额;公司债券的承销机构。

（四）计算债券发行价格

债券发行价格通常有三种：平价、溢价和折价。平价是指以债券的票面金额为发行价格；溢价是指以高出债券票面金额的价格为发行价格；折价是指以低于债券票面金额的价格为发行价格。

债券发行价格受诸多因素影响，其中主要是票面利率与市场利率的一致程度。债券的票面金额、票面利率在债券发行前即已参照市场利率和发行公司的具体情况确定下来，并载明于债券之上。但在发行债券时已确定的票面利率不一定与当时的市场利率一致。为了协调债券购销双方在债券利息上的利益，就要调整发行价格，即当票面利率高于市场利率时，以溢价发行；当票面利率低于市场利率时，以折价发行；当票面利率与市场利率一致时，以平价发行。债券发行价格的计算公式为：

$$P = \sum_{t=1}^{n} \frac{M \times r}{(1+i)^t} + \frac{M}{(1+i)^n}$$

式中：P——债券发行价格；M——票面金额；r——票面利率；i——债券发行时的市场利率；n——债券期限；t——付息期数。

[业务举例5-7] 宏达公司计划发行面值1 000元，票面利率8%，期限5年的债券，每年末付息一次，到期按面值归还本金。计算当市场利率分别为7%、8%、9%时的债券发行价格。

当市场利率为7%时，票面利率高于市场利率，债券溢价发行，其发行价格计算为：
P = 1 000×8%×(P/A,7%,5) + 1 000×(P/F,7%,5) = 80×4.1002 + 1 000×0.7130
= 1 041.02（元）

当市场利率为8%时，票面利率等于市场利率，债券平价发行，其发行价格计算为：
P = 1 000×8%×(P/A,8%,5) + 1 000×(P/F,8%,5) = 80×3.9927 + 1 000×0.6806
= 1 000（元）

当市场利率为9%时，票面利率低于市场利率，债券折价发行，其发行价格计算为：
P = 1 000×8%×(P/A,9%,5) + 1 000×(P/F,9%,5) = 80×3.8897 + 1 000×0.6499
= 961.08（元）

（五）熟悉债券偿还方式

债券偿还按其实际偿还时间与规定的到期日之间的关系，分为提前偿还与到期偿还两种。

1. 提前偿还。提前偿还又称提前赎回，是指在债券尚未到期之前就予以偿还。只有在企业发行债券的契约中明确规定了有关允许提前偿还的条款，企业才可以进行此项操作。提前偿还所支付的价格通常要高于债券的面值，并随到期日的临近而逐渐下降。具有提前偿还条款的债券可使企业融资有较大的弹性，当企业资金有结余时，可提前赎回债券；当预测利率下降时，也可提前赎回债券，而后以较低的利率来发行新债券。

2. 到期偿还。到期偿还是指当债券到期后还清债券所载明的义务。到期偿还又包括分批偿还和一次偿还两种。

（六）分析发行债券筹资的优缺点

表5-12　　　　　　　　发行债券筹资的优缺点

优　　点	缺　　点
（1）资本成本较低。因为债券的发行费用较低，债券利率一般要低于股票股利率，加之债券的利息在税前支付，具有抵税作用，所以利用债券筹资的成本要比股票筹资的成本低。	（1）筹资风险高。发行债券所筹资金属于企业债务资金，对于债务，企业承担着还本付息的法定义务，当企业经营不景气时，向债券持有人还本、付息，会给企业带来更大的困难，甚至导致破产。
（2）保证公司控制权。债券仅代表一种债权债务关系，持券者只享有到期收回本金和利息的权利，没有参与企业经营管理权。发行债券筹资，不会改变原有的股权结构，更不会分散原有股东对公司的控制权。	（2）限制条件多。债券的契约中往往有一些限制性条款，这种限制比优先股及短期债务严得多，可能会影响企业的正常发展以及以后的筹资能力。
（3）可以产生财务杠杆利益。由于债券利息一般固定不变，当企业息税前利润变动时，每股收益会更大幅度的变化。	（3）筹资额有限。利用债券筹资有一定的限度，如我国《公司法》中关于累计债券总额不超过公司净资产额40%的规定也使得债券的筹资额有限。

四、分析融资租赁的优缺点

（一）了解融资租赁的种类

融资租赁是指由租赁公司按照承租单位的要求融资购买设备，并在契约或合同规定的较长期限内提供给承租企业使用的融资信用业务。融资租赁的具体形式有直接租赁、售后租回和杠杆租赁三种。

1. 直接租赁。直接租赁是指承租人向出租人租入所需要的资产，并支付租金。直接租赁是融资租赁的典型形式，通常所说的融资租赁是指直接租赁形式。

2. 售后租回。售后租回是指制造企业按照协议先将其资产卖给租赁公司，再作为承租企业将所售资产租回使用，并按期向租赁公司支付租金。采用这种方式，承租企业会因出售资产而获得一笔资金，同时因将其租回而保留了资产的使用权。

3. 杠杆租赁。杠杆租赁一般涉及承租人、出租人和贷款人三方当事人。杠杆租赁方式下，出租人只垫支购买资产所需资金的20%~40%，其余部分以该资产为担保向贷款人借资支付，租赁公司既是出租人又是借款人，因此既要收取租金又要偿还债务；但是对承租人来讲，杠杆租赁与其他融资租赁形式并没有区别。这种融资租赁形式，由于租赁收益一般大于借款成本支出，出租人借款购买资产出租可获得财务杠杆利益，故被称为杠杆租赁。

（二）分析融资租赁的特点

融资租赁的特点主要表现在以下几个方面：

（1）一般由承租企业向租赁公司提出正式申请，由租赁公司融资购进设备出租给承租企业使用；租赁期限较长，大多为租赁资产寿命的一半以上；

（2）租赁合同比较稳定，在规定的租期内非经双方同意，任何一方不得中途解约，这有利于维护双方的权益；

（3）由承租企业负责设备的维修保养和保险，但无权自行拆卸改装；

（4）租赁期满时，按事先约定的办法处置设备，一般有退租、续租、留购三种选择，通常由承租企业留购。

（三）熟悉融资租赁的程序

步骤一，选择租赁公司

企业决定采用租赁方式取得某项设备时，首先需了解各家租赁公司的经营范围、业务能力、资信情况，以及与其他金融机构如银行的关系，取得租赁公司的融资条件和租赁费率等资料，加以分析比较，从中择优选择。

步骤二，办理租赁委托

企业选定租赁公司后，便可向其提出申请，办理委托。这时，承租企业需填写《租赁申请书》，说明所需设备的具体要求，同时还要向租赁公司提供财务状况文件，包括资产负债表、利润表和现金流量表等资料。

步骤三，签订购货协议

由承租企业与租赁公司的一方或双方合作组织选定设备供应厂商，并与其进行技术和商务谈判，在此基础上签订购货协议。

步骤四，签订租赁合同

租赁合同由承租企业与租赁公司签订。它是租赁业务的重要文件，具有法律效力。融资租赁合同的内容可分为一般条款和特殊条款两部分。

步骤五，办理验货、付款与保险

承租企业按购货协议收到租赁设备时，要进行验收，验收合格后签发交货及验收证书，并提交租赁公司，租赁公司据以向供应厂商支付设备价款。同时，承租企业向保险公司办理投保事宜。

步骤六，支付租金

承租企业在租期内按合同规定的租金数额、支付方式等，向租赁公司支付租金。

步骤七，合同期满处理设备

融资租赁合同期满时，承租企业根据合同约定，对设备退租、续租或留购。

（四）计算融资租赁租金

1. 租金的构成。融资租赁的租金包括设备价款、利息和租赁手续费等。其中，设备价款主要包括设备的买价、运杂费和途中保险费、安装调试费等；利息是指租赁公司为承租企业购置设备垫付资金所应支付的利息；租赁手续费是指租赁公司承办租赁设备所发生的业务费用和必要的利润。

2. 租金的支付方式。按支付间隔期长短，分为年付、半年付、季付和月付等方式；按支付时期先后，分为先付租金和后付租金；按每期支付金额，分为等额支付和不等额支付。

3. 计算融资租赁租金。我国融资租赁实务中，租金的计算大多采用等额年金法。等额年金法下，通常要根据利率和租赁手续费确定一个租赁费率，作为折现率。

[业务举例5-8] 宏达公司于2014年1月1日从租赁公司租入价值为100万元的机器设备一台，租期5年，租赁期满有残值5万元，归租赁公司。假设双方商定以10%作为折现率，租金每年末支付一次。则，每年的租金为：

每年租金 = [100 - 5 × (P/F,10%,5)] / (P/A,10%,5) = 25.56（万元）

（五）分析融资租赁的优缺点

表5-13　　　　　　　　　　　融资租赁的优缺点

优　　点	缺　　点
(1) 迅速获得所需资产。融资租赁集"融资"与"融物"于一身，比起先筹措资金再购置设备节省了时间，可尽快形成生产能力。	(1) 筹资成本较高，租金总额通常要高于设备价值的30%。
(2) 筹资限制较少。企业运用股票、债券、长期借款等筹资方式，都受到相当多的资格条件等限制，而融资租赁筹资的限制条件很少。	(2) 承租企业在财务困难时期，支付固定的租金也将构成一项沉重的负担。
(3) 财务风险较小。全部租金通常在整个租期内分期支付，可适当降低不能偿付到期债务的风险。如果承租方选择退租，还可免遭设备陈旧过时的风险。	(3) 如不能享有设备残值，也可视为承租企业的一种机会损失。
(4) 具有财务杠杆作用。由于租金费用固定不变，当承租企业息税前利润变动时，每股收益会更大幅度的变化。	

任务四　资本成本计算

【任务描述】

资本成本是财务管理的一个非常重要的要素，它不仅是企业筹资决策、投资决策的重要依据，也是评价企业整体业绩的主要依据。因此，正确估算和合理降低资本成本是企业进行财务决策的基础，也是财务决策正确与否的关键环节。学习任务：明确资本成本的概念和作用；掌握资本成本的计算方法，会运用这些方法计算个别资本成本、加权平均资本成本，并能够运用资本成本进行财务决策。

学习引领　企业进行投融资决策的重要依据之一是资本成本，资本成本测算的是否合理、准确，关系到财务决策的成败。所以，作为财务管理人员，仅仅学习和了解筹资方式的有关知识是不够的。李明有幸被安排到筹资项目组工作，主要任务是协助项目组进行筹资决策分析。资本成本计算、筹资风险分析、筹资决策方法的合理选择等有关知识就必须掌握。

【知识准备】

名人名言 ……除非一个企业产生的利润大于其资本成本，否则这个企业是亏损经营的……到挣足它的资本成本以前，企业没有创建价值，是在摧毁价值。

—— 德鲁克

一、资本成本的概念

资本成本是指企业筹集和使用资金而付出的代价，通常包括筹资费和用资费。筹资费是指企业在筹集资金过程中为取得资金而发生的各项费用，如银行借款手续费、发行股票、债券等有价证券而支付的印刷费、评估费、公证费、宣传费及承销费等。筹资费在企业筹集资金时一次性发生，在资金使用过程中不再发生，可作为筹资额的一项扣除。

资本成本具有广义和狭义之分，广义的资本成本既包括短期资本成本又包括长期资本成本；狭义的资本成本仅指长期资本成本。由于短期资金规模较小、时间较短、游离程度较高，其成本的高低对企业财务决策影响不大，因此，通常意义上的资本成本主要指狭义资本成本，即长期资本成本。

二、资本成本的作用

资本成本是衡量资本结构优化程度的标准，也是对投资获得经济效益的最低要求。资本成本的作用主要表现在以下几方面：

（一）资本成本是选择筹资方式的重要依据

个别资本成本是指各种不同筹资方式的资本成本。企业的筹资方式是多元化的，评价各种筹资方式的标准也是多种多样的，如对企业控制权的影响、对投资者的吸引力大小、财务风险的大小、资本成本的高低等。其中，资本成本是一个极为重要的因素。在其他条件基本相同或对企业影响不大时，应选择资本成本最低的筹资方式。

（二）资本成本是进行资本结构决策的重要依据

企业进行资本结构决策通常以加权平均资本最低为基本标准。加权平均资本成本是指以各项个别资本在企业全部资本中所占比重为权数，对个别资本成本进行加权平均而得到的平均资本成本，也称综合资本成本。财务管理目标是企业价值最大化，当加权平均资本成本最低时，企业价值最大，此时的资本结构是企业的最佳资本结构。

（三）资本成本是选择追加筹资方案的重要依据

边际资本成本是指资金每增加一个单位其成本的增加额。通常情况下，企业筹资数额越大，资本成本越高；当资金的边际成本超过企业的承受能力时，企业就不能再增加筹资数量。因此，可以通过计算边际资本成本的大小来作出是否追加筹资的决策。

（四）资本成本是评价投资项目可行性的主要依据

资本成本率是投资人对投入资本所要求的必要报酬率，即最低报酬率。如果备选的多个投资项目相互独立，则只要预期投资报酬率大于资本成本率，投资项目就具有财务可行性；相反，则不可行。若备选的多个投资项目都是可行的，则应将各方案的投资报酬率与其对应的资本成本率相比较，其中正差额最大的项目是效益最高的，应予以首选。因此，资本成本率被认为是投资项目的"取舍率"。

（五）资本成本是评价企业整体业绩的重要依据

资本成本是用资企业支付给资金出让方的报酬，是使用资金应获得收益的最低界限。一定时期资本成本的高低不仅反映了财务经理的管理水平，还可用于衡量企业整体的经营业绩。

三、资本成本的计算

资本成本可用资本成本额和资本成本率两种形式表达。资本成本额是绝对数，但当筹资额不同时，可比性较差；资本成本率是相对数，当筹资额不同时，也具有较强的可比性。因此，资本成本通常用相对数资本成本率来表示。其一般计算公式为：

$$资本成本率 = \frac{年用资费用}{筹资总额 - 筹资费用} \times 100\%$$

$$= \frac{年用资费用}{筹资总额 \times (1 - 筹资费率)} \times 100\%$$

式中：筹资费率 = 筹资费用 ÷ 筹资总额 × 100%

企业在进行资本结构决策时，不仅需要计算个别资本成本，而且需要计算加权平均资本成本和边际资本成本。下面重点介绍个别资本成本和加权平均资本成本的计算和应用。

【业务操作】

一、计算个别资本成本

（一）计算长期借款资本成本率

$$长期借款资本成本率 = \frac{年利息 \times (1 - 所得税税率)}{借款总额 \times (1 - 筹资费率)} \times 100\%$$

如果长期借款的筹资费很低，甚至可以忽略不计时，上式可简化为：

$$长期借款资本成本率 = 年利率 \times (1 - 所得税税率)$$

[业务举例5-9] 宏达公司2014年拟从银行取得一笔3年期长期借款1 000万元，年利率为10%，每年付息一次，到期还本，借款手续费是借款总额的0.3%，该公司适用的所得税税率为25%。则，该项长期借款的资本成本为：

$$长期借款资本成本率 = \frac{1\,000 \times 10\% \times (1 - 25\%)}{1\,000 \times (1 - 0.3\%)} \times 100\% = 7.52\%$$

（二）计算债券资本成本率

$$债券资本成本率 = \frac{年利息 \times (1 - 所得税税率)}{债券筹资总额 \times (1 - 筹资费率)} \times 100\%$$

重要提示 在计算债券资本成本率时，分子中的年利息按债券面值和票面利率计算，分母中的债券筹资总额按发行价格计算。

[业务举例5-10] 宏达公司2014年拟平价发行总额为1 000万元、票面利率12%、5年

期的债券，发行费率为 0.5%，公司适用的所得税税率为 25%。则该债券的资本成本率为：

$$债券资本成本率 = \frac{1\,000 \times 12\% \times (1-25\%)}{1\,000 \times (1-0.5\%)} \times 100\% = 9.05\%$$

假设上述债券溢价发行总额为 1 100 万元，其他条件不变，则该债券成本率为：

$$债券资本成本率 = \frac{1\,000 \times 12\% \times (1-25\%)}{1100 \times (1-0.5\%)} \times 100\% = 8.22\%$$

假设上述债券折价发行总额为 900 万元，其他条件不变，则该债券成本率为：

$$债券资本成本率 = \frac{1\,000 \times 12\% \times (1-25\%)}{800 \times (1-0.5\%)} \times 100\% = 11.31\%$$

（三）计算普通股资本成本率

普通股资本成本计算模型主要有股利折现模型、资本资产定价模型等。

1. 股利折现模型。

$$P = \sum_{t=1}^{n} \frac{D_t}{(1+K_s)^t}$$

式中：P——普通股筹资净额，即发行价格扣除发行费用；D_t——普通股第 t 年的股利；K_s——折现率，即普通股资本成本率。

在普通股发行价格已知的条件下，如果能确定普通股每年股利就可以反求出普通股成本，而普通股年股利额高低则会因公司股利政策的不同而不同。

如果公司采用固定股利政策，即每年分派相等的现金股利，则普通股资本成本率计算公式为：

$$普通股资本成本率 = \frac{普通股年股利}{普通股筹资总额 \times (1-筹资费率)} \times 100\%$$

如果公司采用固定股利增长率政策，即未来各期股利按固定增长率增长。则普通股资本成本率计算公式为：

$$普通股资本成本率 = \frac{第一年预计股利}{普通股筹资总额 \times (1-筹资费率)} \times 100\% + 股利固定增长率$$

[业务举例 5-11] 宏达公司 2014 年准备增发普通股 200 万股，每股发行价格为 10 元，发行费率 3%，上年每股分派现金股利 1.5 元，预计以后每年股利增长 5%，则该股票资本成本率为：

$$普通股资本成本率 = \frac{200 \times 1.5 \times (1+5\%)}{200 \times 10 \times (1-3\%)} \times 100\% + 5\% = 21.24\%$$

普通股资本成本率也可用资本资产定价模型确定。其计算公式为：

$$K_s = R_f + \beta \cdot (R_m - R_f)$$

式中：K_s——普通股资本成本率；R_f——无风险报酬率，可用国库券利率表示；β——股票的系统性风险程度；R_m——市场组合收益率；$(R_m - R_f)$——市场风险溢酬。

[业务举例 5-12] 已知某股票的 β 值为 1.2，市场组合报酬率 10%，无风险报酬率

6%。该股票的资本成本率为:

普通股资本成本率 = 6% + 1.2 × (10% - 6%) = 10.8%

2. 资本资产定价模型

普通股资本成本率也可用资本资产定价模型确定。其计算公式为:

$$K_s = R_f + \beta \cdot (R_m - R_f)$$

式中:K_s——普通股资本成本率;R_f——无风险报酬率,可用国库券利率表示;β——股票的系统性风险程度;R_m——市场组合收益率;$(R_m - R_f)$——市场风险溢酬。

(四) 计算优先股资本成本率

$$优先股资本成本率 = \frac{优先股年股利}{优先股筹资总额 \times (1 - 筹资费率)} \times 100\%$$

[业务举例5-13] 宏达公司2014年拟发行1 000万股优先股,每股面值2元,发行价格2元,年股利率为10%,发行费率3%。则,该优先股资本成本率为:

$$优先股资本成本率 = \frac{1\,000 \times 2 \times 10\%}{1\,000 \times 2 \times (1-3\%)} \times 100\% = 10.31\%$$

(五) 计算留存收益资本成本率

留存收益属于企业内部资金积累,其所有权属于普通股股东,等同于股东对企业的追加投资。因此,留存收益资本成本率的计算与普通股资本成本率计算基本相同,不同之处在于不考虑筹资费用。

[业务举例5-14] 依 [业务举例5-11] 的资料计算留存收益资本成本率。

$$留存收益资本成本率 = \frac{200 \times 1.5 \times (1+5\%)}{200 \times 10} \times 100\% + 5\% = 20.75\%$$

即问即答 一般情况下,以上五种筹资方式的资本成本最高的是哪个?最低的是哪个?

一般情况下,债务资本成本较小,权益资本成本较大。上述五种方式的资本成本从小到大的排序一般为:长期借款成本<债券成本<优先股成本<留存收益成本<普通股成本。企业可以通过计算个别资本成本对各种筹资方式进行比较,做出筹资方式的最佳选择。

二、计算加权平均资本成本

加权平均资本成本是以个别资本在全部资本中所占比重为权数,对个别资本成本率进行加权平均而得到的平均资本成本率,也叫综合资本成本率。其计算公式为:

$$K_w = \sum_{j=1}^{n} K_j W_j$$

式中:K_w——加权平均资本成本率;K_j——第j种个别资本成本率;W_j——第j种个别资本在全部资本中所占的比重。

[业务举例5-15] 依 [业务举例5-9]、[业务举例5-10]、[业务举例5-11]、[业务举例5-13] 的资料和个别资本成本率计算结果,计算加权平均资本成本率,如表5-14所示。

表5-14　　　　　　　　宏达公司加权平均资本成本率计算表

资本种类	资本总额	资本比例（%）	个别资本成本率（%）	加权平均资本成本率（%）
长期借款	1 000	20	7.52	1.50
债券	1 000	20	9.05	1.81
普通股	2 000	40	21.25	8.5
优先股	1 000	20	8.59	1.72
合计	5 000	100	—	13.53

经典案例

大宇汽车，过度负债的牺牲品

韩国第二大企业集团大宇集团1999年11月1日向新闻界正式宣布破产。该公司在政府政策和银行信贷的支持下，走上了一条"举债经营"之路，并试图通过大规模举债，达到"章鱼足式"扩张的目的，最后实现"市场占有率至上"的目标。而举债经营能否给企业带来积极效应，关键是两条：一是资金的利用效果如何，二是资金的回收速度快慢。显然，在1997年亚洲金融危机爆发后，大宇集团已经显现出经营上的困难，其销售额和利润均不能达到预期目的。而与此同时，债权金融机构又开始收回短期贷款，政府也无力再给它更多支持。因此，导致大宇集团这一结果的直接原因是，公司过度"举债经营"，资不抵债，无力偿还到期债务。

任务五　资本结构决策

【任务描述】

资本结构决策是企业财务决策的核心问题，高负债的资本结构在给企业带来财务杠杆效应的同时，也会加大企业财务风险。所以，企业应综合考虑有关影响因素，运用适当的方法进行资本结构决策，使企业的资本结构不断优化。学习任务：明确资本结构决策的重要性；掌握杠杆效应和风险分析的基本原理；掌握比较资本成本法、每股收益无差别点法等决策方法，并能够运用这些方法为企业进行资本结构决策分析。

学习引领　你对企业财务杠杆和财务风险了解的如何？对资本结构决策的方法了解吗？这是企业财务人员进行财务决策必须具备的知识。下面就让我们与李明共同进入资本结构决策内容的学习。

【知识准备】

一、资本结构的概念

（一）资本结构

资本结构是指企业各种来源资本的构成及其比例关系。资本结构有广义和狭义之分。广义的资本结构是指企业全部债务与股东权益的构成比例；狭义的资本结构是指长期负债与股东权益的构成比例。短期债务作为营运资金来管理。本教材所指的资本结构是狭义的资本结构。

（二）最佳资本结构

最佳资本结构是指在一定条件下使企业加权平均资本成本最低、企业价值最大的资本结构。从理论上讲，最佳资本结构是存在的，但由于企业内部条件和外部环境的经常变化，动态地保持最佳资本结构十分困难。实践中，最佳资本结构通常是指适合企业实际的满意的资本结构。

最佳资本结构是企业筹资管理追求的目标，企业应通过降低平均资本成本或提高普通股每股收益来实现资本结构优化。所以，在资本结构决策时，不仅要计算比较资本成本，分析财务风险，而且要分析影响资本结构的环境因素，并要选择合适的方法进行决策。企业进行最佳资本结构决策可使用的方法主要有比较资本成本法、每股收益无差别点法等。

二、影响资本结构的因素

（一）政府税收政策

因为利息费用可以在应税所得额中合法抵扣，即利用负债可以获得减税利益。因此，所得税税率越高，负债的好处越多；如果税率很低，则采用举债方式筹资的减税利益就不十分明显。

（二）利率水平的变动趋势

如果公司财务管理人员认为利率暂时较低，但不久的将来有可能上升的话，便会大量举借长期债务，从而在若干年内把利率固定在较低水平上。

（三）行业因素

不同行业，资本结构有很大差别。财务经理必须考虑本企业所处的行业，以便考虑最佳的资本结构。

（四）贷款人和信用评级机构的影响

一般而言，大部分贷款人都不希望企业的负债比例太大。同样，如果企业债务太多，信用评级机构可能会降低企业的信用等级，从而影响企业的筹资能力。

（五）企业销售的稳定性

如果企业的销售比较稳定，则有能力负担较多的财务费用，此时可以选择债务比例较高的资本结构；如果销售和盈余有周期性，则负担固定的财务费用将冒较大的财务风险，此时应选择债务比重较小的资本结构。

（六）企业的财务状况

企业获利能力越强、财务状况越好、变现能力越强的公司，就越有能力负担财务上的风险，其举债融资就越有吸引力。当然，也有些企业因为财务状况不好，无法顺利发行股票，只好以高利率发行债券来筹集资金。

（七）资产结构

一般而言，拥有大量固定资产的企业主要通过长期负债和发行股票来筹集资金，拥有较多流动资产的企业,更多地依赖流动负债来筹集资金;资产适用于抵押贷款的公司举债额较多,如房地产公司的抵押贷款就相当多;以技术研究开发为主的企业则负债很少。

(八) 企业决策者的态度

资本结构决策最终由企业所有者和管理人员作出,他们的态度对资本结构会产生重要影响。喜好冒险的决策者,可能会安排较高的负债比例;反之,稳健决策者则会安排较低的债务比例。

三、杠杆效应与风险分析基础知识

自然界中的杠杆效应,是指在合适的支点上,通过使用杠杆,可以用很小的力量移动较重物体的现象。财务管理活动中也存在着类似的杠杆效应,表现为:由于特定固定费用(固定经营成本和固定资本成本)的存在,导致当某一财务变量以较小幅度变动时,另一相关变量会以较大幅度变动的现象。财务管理中的杠杆效应,主要包括经营杠杆、财务杠杆和总杠杆三种杠杆效应。

进行杠杆效应和风险分析应具备成本习性、边际贡献和息税前利润等相关知识。

(一) 成本习性

成本习性是指成本总额与业务量之间在数量上存在的依存关系。成本按习性可划分为固定成本、变动成本和混合成本三类。

1. 固定成本。固定成本是指其总额在一定时期和一定业务量范围内,不直接受业务量变动的影响而保持不变的成本。如固定资产按直线法计提的折旧费、管理人员的工资、财产保险费、广告费、办公费等,均属于固定成本。其基本特征是:其成本总额不随业务量的变动而变动,但单位固定成本与业务量的增减呈反方向变动。

2. 变动成本。变动成本是指在一定时期和一定业务量范围内,其总额随业务量的变动而成正比例变动的成本。如直接材料、直接人工、按销售量支付的推销员佣金、包装费等。其基本特征是:成本总额随业务量的变动成正比例变动,但单位变动成本不变。

3. 混合成本。混合成本是指同时兼有固定成本与变动成本两种性质的成本。其基本特点是:有一个初始量保持固定不变,在初始量的基础上,随业务量的变动而变动。

在实际经济业务中,企业大量的费用项目属于混合成本,必须通过一定的技术方法将混合成本分解为固定成本和变动成本两部分。这也是计算边际贡献、分析杠杆效应的基本前提。

(二) 边际贡献

边际贡献是指销售收入与变动成本的差额。其计算公式为:

$$边际贡献 = 销售收入 - 变动成本$$
$$= (销售单价 - 单位变动成本) \times 产销量$$
$$= 单位边际贡献 \times 产销量$$

$$边际贡献率 = \frac{边际贡献}{销售收入} \times 100\% = \frac{单位边际贡献}{单价} \times 100\%$$

$$变动成本率 = 1 - 边际贡献率$$

(三) 息税前利润

息税前利润是指企业支付利息和缴纳所得税之前的利润。其计算公式为:

$$息税前利润 = 销售收入 - 变动成本 - 固定成本$$
$$= （销售单价 - 单位变动成本）\times 产销量 - 固定成本$$
$$= 边际贡献 - 固定成本$$

【业务操作】

一、经营杠杆与经营风险分析

（一）理解经营杠杆的含义

经营杠杆是指由于固定性经营成本的存在，而使企业的息税前利润变动率大于业务量变动率的现象。经营杠杆反映了资产报酬的波动性，可用于评价企业的经营风险。

在一定的经营规模条件下，当其他条件不变时，固定成本总额是一个固定不变的数值，当产销量增加时，单位产品分摊的固定成本会随之下降；反之，当产销量下降时，单位产品分摊的固定成本会随之上升，这一切都会导致息税前利润以更大幅度随业务量的变动而变动，这就是经营杠杆效应。但是，当不存在固定性经营成本时，息税前利润变动率与产销业务的变动率一致。所以，只要企业存在固定性经营成本，就存在经营杠杆效应。

（二）计算经营杠杆系数

经营杠杆系数是测算经营杠杆效应程度常用的指标，它等于息税前利润变动率与产销量变动率的比。其理论计算公式为：

$$经营杠杆系数（DOL）= \frac{息税前利润变动率}{产销量变动率}$$

其简化计算公式为：

$$经营杠杆系数（DOL）= \frac{基期边际贡献}{基期息税前利润}$$

[业务举例5-16] 宏达公司2014年销售收入为20 000万元，变动成本为8 000万元，固定成本为6 000万元，预计下一年销售增长20%，则：

边际贡献（TCM）= 20 000 - 8 000 = 12 000（万元）

边际贡献率 = 12 000/20 000 = 60%

变动成本率 = 1 - 60% = 40%

息税前利润（EBIT）= 12 000 - 6 000 = 6 000（万元）

$$经营杠杆系数 = \frac{12\ 000}{6\ 000} = 2$$

说明产生了2倍的经营杠杆效应。

预期息税前利润增长率 = 2 × 20% = 40%

预计息税前利润 = 6 000 × (1 + 40%) = 8 400（万元）

（三）分析经营杠杆与经营风险

经营风险是指企业由于生产经营上的原因而导致利润波动的风险。产品的市场需求、价格、成本等因素的不确定性是引起企业经营风险的主要原因，经营杠杆本身并不是利润不稳定的根源。但是，经营杠杆放大了市场和生产等因素变化对利润波动的影响。而且，经营杠杆系数越高，表明利润波动程度越大，企业经营风险也就越大。其关系可表示为：

$$经营杠杆系数 = \frac{(基期单价 - 基期单位变动成本) \times 基期产销量}{(基期单价 - 基期变动成本) \times 基期产销量 - 基期固定成本}$$

$$或 = \frac{基期息税前利润 + 基期固定成本}{基期息税前利润}$$

$$或 = 1 + \frac{基期固定成本}{基期息税前利润}$$

上式表明，影响经营杠杆系数的因素包括产品产销量、销售价格、成本水平等，而且，在企业不发生经营性亏损、息税前利润为正的前提下，经营杠杆系数最低为1，只要有固定经营性成本存在，经营杠杆系数总是大于1，固定性经营成本越高，经营杠杆系数越大，企业经营风险也越大。

二、财务杠杆与财务风险分析

（一）理解财务杠杆的含义

财务杠杆是指由于债务利息、优先股股息等固定性资本成本的存在，使得企业普通股每股收益变动率大于息税前利润变动率的现象。财务杠杆反映了股权资本报酬的波动性，可用以分析企业财务风险。

在其他条件不变的情况下，企业支付的债务利息、优先股股息等资本成本是相对固定的，因而当息税前利润增长时，每一元息税前利润所负担的固定性资本成本就会减少；当息税前利润减少时，每一元息税前利润所负担的固定资本成本就会相应增加，这一切都会导致普通股每股收益以更大幅度随息税前利润的变动而变动，这就是财务杠杆效应。当然，当企业不存在固定债务利息、优先股股息等固定性资本成本时，也就不存在财务杠杆效应了。

（二）计算财务杠杆系数

财务杠杆系数是测算财务杠杆效应程度常用的指标，它等于每股收益变动率与息税前利润变动率的比。其理论计算公式为：

$$财务杠杆系数(DFL) = \frac{每股收益变动率}{息税前利润变动率}$$

其简化计算公式为：

$$财务杠杆系数(DFL) = \frac{基期息税前利润}{基期息税前利润 - 基期利息 - 基期优先股股息/(1 - 所得税税率)}$$

[业务举例5-17] 宏达公司2014年实现的息税前利润为6 000万元，发生利息费用220万元，支付优先股股息为200万元，适用的所得税税率为25%，预计下一年的息税前利润增长率为40%，其财务杠杆系数为：

$$财务杠杆系数(DFL) = \frac{6\ 000}{6\ 000 - 220 - 200/(1 - 25\%)} = 1.09$$

预计每股收益增长率 = 1.09 × 40% = 43.5%

说明产生了1.09倍的财务杠杆效应。

（三）分析财务杠杆与财务风险

财务风险是指企业由于筹资原因产生的固定性资本成本负担而导致的普通股收益波动的风险。引起企业财务风险的因素有企业息税前利润、资本规模、企业资本结构、固定性资本成本等。在其他因素一定的情况下，固定性资本成本越高，财务杠杆系数越大，企业财务风险也越大。

名人名言 企业做大很重要，因为规模就是杠杆，足够的深度与广度可以容纳更多的投资、更大的风险，以及可以更长久地对未来进行投入。我还从来没有看见哪家小公司不愿成长为大公司的，也从来没有见过哪小公司不眼红大公司的研究开发预算和营销预算的，或者是大公司销售规模以及势力范围的。

——IBM前董事长 郭士纳

三、总杠杆与企业风险分析

（一）理解总杠杆的含义

总杠杆也称复合杠杆，是指由于固定性经营成本和固定性资本成本的存在，而导致普通股每股收益变动率大于产销量变动率的现象。总杠杆反映经营杠杆与财务杠杆共同作用的结果，用以评价企业整体风险水平。

（二）计算总杠杆系数

总杠杆系数是测算总杠杆效应程度常用的指标，它等于经营杠杆系数与财务杠杆的乘积，是普通股每股收益变动率相当于产销业务量变动率的倍数。其理论计算公式为：

$$总杠杆系数（DTL）= \frac{普通股每股收益变动率}{产销量变动率}$$

总杠杆系数与经营杠杆系数、财务杠杆系数之间的关系可用下式表示：

$$总杠杆系数（DTL）= 经营杠杆系数 × 财务杠杆系数$$

总杠杆系数简化计算公式为：

$$总杠杆系数 = \frac{基期边际贡献}{基期息税前利润 - 基期利息 - 基期优先股股息/（1 - 所得税税率）}$$

[业务举例5-18] 依[业务举例5-16]、[业务举例5-17]的资料和计算结果，计算宏达公司总杠杆系数。

$$总杠杆系数 = \frac{12\ 000}{6\ 000 - 220 - 200/（1 - 25\%）} = 2.18$$

或 = 2 × 1.09 = 2.18

说明产生了2.18倍的总杠杆效应。

（三）分析总杠杆与企业风险

企业风险包括企业的经营风险和财务风险，总杠杆系数反映了经营杠杆和财务杠杆之间的关系，用以评价企业的整体风险水平。在总杠杆系数一定的情况下，经营杠杆系数与财务杠杆系数此消彼长。

重要提示 一般来说，资金密集型企业，经营杠杆系数较高，经营风险较大，企业筹资主要依靠权益资金，以保持较小的财务杠杆系数和财务风险；劳动密集型企业，经营杠杆系数较低，经营风险较小，企业筹资主要依靠债务资金，保持较大的财务杠杆系数和财务风险。

四、进行资本结构决策分析

（一）运用比较资本成本法进行资本结构决策分析

1. 比较资本成本法的基本原理。比较资本成本法是通过比较备选筹资方案加权平均资本成本的高低来做出资本结构决策的方法。其决策的基本原理是：加权平均资本成本越低，资本结构越优。

2. 比较资本成本法的决策步骤。

步骤一，计算各备选方案的个别资本成本；

步骤二，计算各备选方案的加权平均资本成本；

步骤三，比较各备选方案的加权平均资本成本，选择加权平均资本成本最低的方案为最优方案。

[业务举例5-19] 宏达公司预计在计划期筹集长期资本10 000万元，目前有甲、乙两个筹资方案可供选择，有关资料如表5-15所示，运用比较资本成本法为该企业作出资本结构决策。

表5-15　　　　　　　　甲、乙筹资方案资料

资本种类	甲方案 资本结构（%）	甲方案 个别资本成本（%）	乙方案 资本结构（%）	乙方案 个别资本成本（%）
长期借款	30	4	25	4
债券	35	6	30	6
优先股	10	10	10	10
普通股	20	16	30	16
留存收益	5	14	5	14
合　计	100	—	100	—

甲方案加权平均资本成本 = 30% × 4% + 35% × 6% + 10% × 10% + 20% × 16% + 5% × 14% = 8.2%

乙方案加权平均资本成本 = 25% × 4% + 30% × 6% + 10% × 10% + 30% × 16% + 5% × 14% = 9.3%

宏达公司应选择甲方案筹资，因为甲方案的加权平均资本成本低于乙方案。

（二）采用每股收益无差别点法进行资本结构决策分析

1. 每股收益无差别点法的决策原理。每股收益无差别点是指两种筹资方式下普通股每股收益相等时的息税前利润或销售收入。决策的基本原理是：

（1）当实际或预计息税前利润（或销售收入）大于每股收益无差别点的息税前利润（或销售收入）时，选择债务筹资方式，可获得较高的每股收益；

（2）当实际或预计息税前利润（或销售收入）小于每股收益无差别点的息税前利润（或销售收入）时，选择权益筹资方式可获得较高的每股收益；

（3）当实际或预计息税前利润（或销售收入）等于每股收益无差别点的息税前利润（或销售收入）时，债务筹资或权益筹资方式获得的每股收益一致，此时选择两种方式中的任何一种均可。

此决策原理也可通过图5-5来说明。

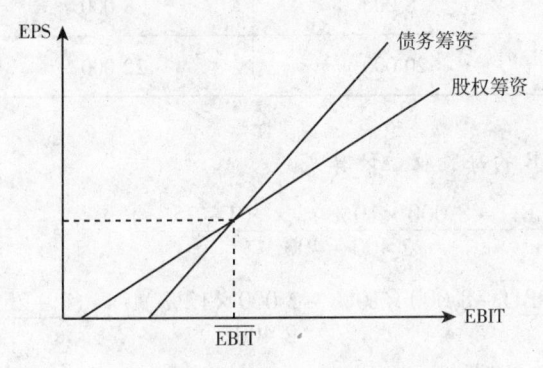

图5-5 每股收益无差别点图

2. 每股收益无差别点法的决策步骤。

步骤一，列出不同筹资方案下每股收益计算式。

$$EPS = \frac{(EBIT - I) \times (1 - T)}{N}$$

式中：EPS——每股收益；EBIT——息税前利润；I——债务利息；T——所得税税率；N——普通股股数。

步骤二，令两种筹资方案的每股收益相等，式中息税前利润设为未知数。其计算公式为：

$$\frac{(\overline{EBIT} - I_1) \times (1 - T)}{N_1} = \frac{(\overline{EBIT} - I_2) \times (1 - T)}{N_2}$$

式中：$\overline{EBIT}$——每股收益无差别点的息税前利润。

解出上式中的$\overline{EBIT}$。

步骤三，比较实际或预计EBIT与$\overline{EBIT}$的大小，作出筹资方案的选择。

［业务举例5-20］宏达公司目前的资本总额20 000万元，其中，债务资本8 000万元，年利率为10%；普通股12 000万元，每股5元。为投资一新项目，该公司准备追加筹资

2 000万元，现有A、B两种筹资方案可供选择：

A方案：增发普通股400万股，每股发行价格5元。

B方案：增发公司债券2 000万元，年利率为12%。

根据公司财务部门预测，该新项目投产后息税前利润可达到3 000万元。该公司适用的所得税税率为25%，不考虑筹资费用因素。宏达公司追加筹资前后资本结构变化情况，如表5-16所示。用每股收益无差别点法做出最优资本结构决策。

表5-16　　　　　　　　　宏达公司资本结构资料表　　　　　　　　单位：万元

筹资方式	当前资本结构	A方案资本结构	B方案资本结构
发行普通股	12 000	14 000	12 000
发行公司债券	8 000	8 000	10 000
资本总额	20 000	22 000	22 000

（1）列出方案A、B的每股收益计算式

A方案：$EPS_A = \dfrac{(\overline{EBIT} - 8\,000 \times 10\%) \times (1 - 25\%)}{2\,400 + 400}$

B方案：$EPS_B = \dfrac{(\overline{EBIT} - 8\,000 \times 10\% - 2\,000 \times 12\%) \times (1 - 25\%)}{2\,400}$

（2）令$EPS_A = EPS_B$，则

$$\dfrac{(\overline{EBIT} - 8\,000 \times 10\%) \times (1 - 25\%)}{2\,400 + 400} = \dfrac{(\overline{EBIT} - 8\,000 \times 10\% - 2\,000 \times 12\%) \times (1 - 25\%)}{2\,400}$$

解得，$\overline{EBIT} = 2\,480$（万元）

（3）做出筹资方案选择

$\overline{EBIT}$为2 480万元是两个筹资方案的每股收益无差别点，在此点上，两个方案的每股收益相等，任选一个即可。

该新项目投产后息税前利润可达到3 000万元，大于每股收益无差别点的息税前利润2 480万元，所以应选择B方案筹资，即发行公司债券筹资。

经典案例

秦池"昙花一现"

1996年11月8日下午，中央电视台传来令全国人民震惊的新闻：名不见经传的秦池酒厂以3.21亿元人民币的"天价"，买下了中央电视台黄金时间段广告，从而成为令人炫目的连任两届"标王"（1995年该厂曾以6 666万元人民币夺得"标王"）。巨额广告投入确实给秦池带来了"惊天动地"的效果，然而好景不长，1998年秦池经营陷入困境，亏损已成定局。这一切主要源于巨额广告支出使秦池经营杠杆作用程度加大，当1996年秦池酒厂的销量大幅增加时，经营杠杆产生积极作用，而1998年，由于市场竞争和秦池自身问题导致其市场份额下降，经营杠杆产生了消极作用，最终导致秦池的衰败。

资料来源：根据谢贵荣、徐三怗：《公司理财实务》，中国税务出版社2006年版编写。

项目小结

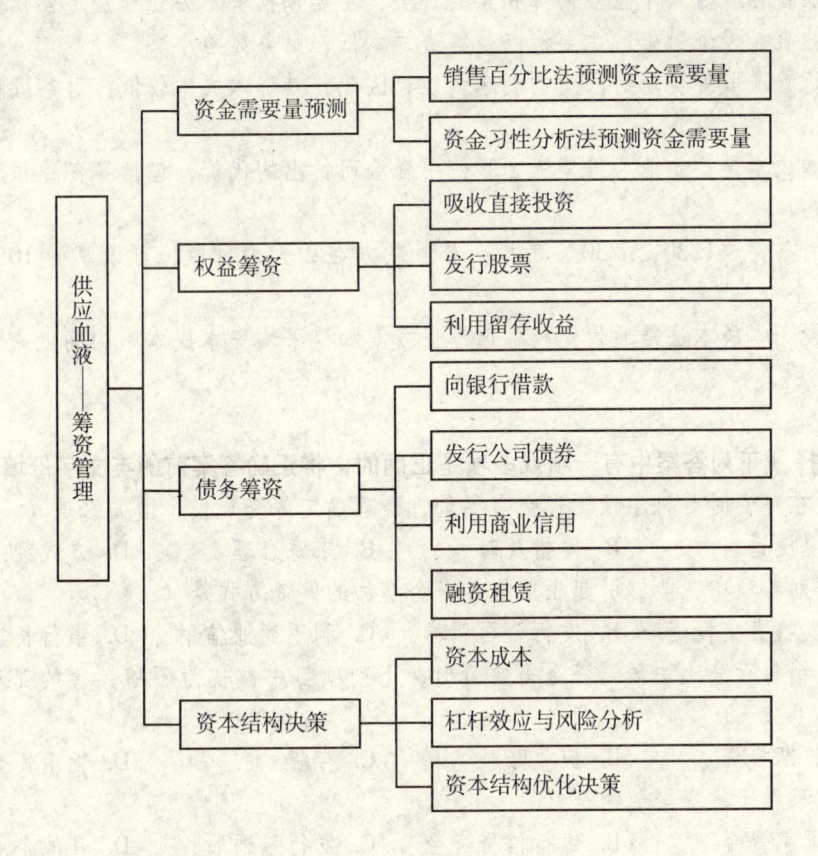

```
                    ┌─ 资金需要量预测 ─┬─ 销售百分比法预测资金需要量
                    │                 └─ 资金习性分析法预测资金需要量
                    │
                    ├─ 权益筹资 ──────┬─ 吸收直接投资
                    │                 ├─ 发行股票
供应血液——           │                 └─ 利用留存收益
筹资管理             │
                    ├─ 债务筹资 ──────┬─ 向银行借款
                    │                 ├─ 发行公司债券
                    │                 ├─ 利用商业信用
                    │                 └─ 融资租赁
                    │
                    └─ 资本结构决策 ──┬─ 资本成本
                                      ├─ 杠杆效应与风险分析
                                      └─ 资本结构优化决策
```

职业训练

一、判断（正确的在括号内打"√"，错误的打"×"）

1. 筹资是指企业根据其对资金的需要，向企业外部有关单位或个人，通过一定的渠道，采取适当的方式，获取所需资金的一种行为。（　　）

2. 销售百分比法是建立在部分资产与销售成稳定的变动关系的假设基础上的。（　　）

3. 根据筹资及时性原则，企业应尽早地筹措生产经营所需要的资金，以免影响生产经营正常进行。（　　）

4. 在销售百分比法下，外部融资需求＝资产增加额－负债增加额＋内部资金来源。（　　）

5. 根据资金习性，可以将资金划分为不变资金、变动资金和半变动资金。（　　）

6. 筹资方式是指企业筹集资金所采取的具体形式，它受到法律环境、经济环境、金融环境等筹资环境的制约。特别是受国家对金融市场和融资行为方面的法律法规制约。（　　）

7. 商业银行以营利为目的，主要从事信贷资金投放，为企业提供各种政策性贷款。（　　）

8. 最优资本结构是指权益资金和负债资金比例达到最佳状态的资本结构。（　　）

9. 只要企业存在固定经营成本，在息税前利润大于零时，经营杠杆系数恒大于1。（　　）

10. 企业留存收益属于企业内部积累的资金，主要包括资本公积和法定公积金。（   ）

11. 吸收直接投资融资的主要优点是筹资成本低，财务风险小。（   ）

12. 发行普通股筹资没有固定的利息负担，因此，其资本成本较低，财务风险小。（   ）

13. 资本成本是指企业为筹集资金和使用资金而付出的代价，包括筹资费和用资费。（   ）

14. 信用条件"1/20，n/30"是指：若付款方在2天内付款，可以享受10%的价格优惠，30天付全价。（   ）

15. 比较资本成本法是通过比较备选筹资方案加权平均资本成本率的高低来做出资本结构决策的方法。（   ）

二、选择（下列答案中有一项或多项是正确的，将正确答案前的英文字母填入括号内）

1. 企业在筹资时要科学预测资金需要量、合理确定筹资规模，遵循的是（   ）原则。
   A. 规模适当   B. 筹措及时   C. 来源合理   D. 方式经济

2. 在下列各项中，能够引起企业权益资金增加的筹资方式是（   ）。
   A. 吸收直接投资   B. 发行公司债券   C. 利用商业信用   D. 银行长期借款

3. 采用销售百分比法预测资金需要量时，下列项目中被视为不随销售的变动而变动的资产项目是（   ）。
   A. 长期投资   B. 应收账款   C. 存货   D. 货币资金

4. 下列不属于筹资渠道的是（   ）。
   A. 国家资金   B. 银行信贷资金   C. 发行普通股   D. 其他企业资金

5. 下列属于吸收直接投资缺点的是（   ）。
   A. 容易分散企业控股权   B. 企业借款能力下降
   C. 无法避免财务风险   D. 资本成本低

6. 下列属于发行公司债券筹资优点的是（   ）。
   A. 不易分散企业控股权   B. 有利于增强企业信心
   C. 财务风险较高   D. 资本成本低

7. 下列属于企业之间商业信用形式的主要有（   ）。
   A. 应付账款   B. 预收货款   C. 应收账款   D. 银行借款

8. 普通股筹资的优点有（   ）。
   A. 没有固定利息负担   B. 没有固定到期日
   C. 资本成本较低   D. 财务风险小

9. 短期银行借款筹资的优点（   ）。
   A. 财务风险小   B. 限制条件少   C. 筹资速度快   D. 筹资成本低

10. 公司债券按有无特定的财产担保分为（   ）。
    A. 信用债券   B. 抵押债券   C. 可转换债券   D. 不可转换债券

11. 融资租赁租金包括的项目有（   ）。
    A. 设备价款   B. 租赁公司融资成本
    C. 租赁手续费   D. 设备预计残值

12. 当财务杠杆系数为1时，下列表述中正确的是（　　）。
    A. 息税前利润增长率为零　　　　B. 息税前利润为零
    C. 利息与优先股股息为零　　　　D. 固定成本为零
13. 在个别资本成本的计算中，必须考虑所得税因素的是（　　）。
    A. 长期借款成本　B. 发行债券成本　C. 留存收益成本　D. 普通股成本
14. 下列表达式中正确的有（　　）。
    A. EBIT=边际贡献－固定成本
    B. EBIT=销售量×单位边际贡献－固定成本
    C. EBIT=边际贡献＋固定成本
    D. EBIT=销售收入－变动成本－固定成本
15. 计算财务杠杆系数要考虑的因素有（　　）。
    A. 所得税税率　　B. 基期利润总额　　C. 基期利息　　D. 预期净利润

三、实训（按要求完成实训任务）

实训项目一　销售百分比法的应用

实训目的：加深对销售百分比法的理解，提高销售百分比法的应用能力。

实训资料：光明公司基期简化资产负债表如下表所示，基期销售收入为800万元，销售净利率为10%，股利支付率为40%。计划期预计销售收入将增长20%，企业生产能力已经饱和，增加销售需增加固定资产投资。销售净利率和股利支付率仍保持基期水平。

资产负债表
单位：万元

资　产		负债和所有者权益	
现金	190	短期借款	160
应收账款	230	应付账款	125
存货	220	应付费用	270
固定资产	300	长期借款	145
		所有者权益	240
合　计	940	合　计	940

实训要求：
(1) 根据以上资料，采用销售百分比法为光明公司预测计划期外部融资需要量；
(2) 对销售百分比法的应用作出总结评价。

实训项目二　高低点法和回归直线分析法的应用

实训目的：加深对高低点法和回归分析法的理解，提高对高低点法和回归分析法的应用能力。

实训资料：光明公司2009~2013年的销售量及资金需要量资料如下表所示，预计2014年的销售量为100万件。

2009~2013年销售量及资金需要量

年 份	销售量（万件）	资金需要量（万元）
2009	40	1 200
2010	30	1 350
2011	20	1 100
2012	50	2 000
2013	80	2 700

实训要求：
（1）采用高低点法预测2014年资金需要量；
（2）采用回归分析法预测2014年资金需要量
（3）比较高低点法和回归分析法。

实训项目三　筹资决策分析
实训目的：熟悉各种筹资方式的优缺点，理解资本结构的含义，掌握资本成本的计算和资本结构决策的基本原理，提高对专业知识的综合运用能力和分析问题、解决问题的能力。
实训资料：光明公司为一家上市公司，为改进产品工艺流程，决定于2014年年初投资50 000万元购置一条新的流水线，请你为光明公司拟定50 000万元资金的最佳筹资组合方案。
实训要求：
（1）说明设计筹资方案时应重点考虑的因素？
（2）确定最佳资本结构的标准是什么？你在设计筹资方案时是如何确保资本结构最佳的？

实训项目四　资本结构决策
实训目的：巩固每股收益无差别点法的应用
实训资料：某公司现有普通股100万股，股本总额1 000万元，公司债券为600万元，年利率为10%。公司拟扩大筹资规模，拟追加筹资1 000万元，现有两个备选方案：一是增发普通股100万股，每股价格为10元；二是向银行借款1 000万元，借款年利率为8%，所得税税率25%。
实训要求：
（1）计算两种筹资方式的每股收益无差别点，并进行筹资结构决策分析；
（2）分组讨论，每股收益无差别点的应用条件、拓展范围、存在的不足，提交小组讨论总结报告。

实训项目五　杠杆效应与风险分析
实训目的：加深对杠杆效应的理解和认识，提高风险意识和风险分析能力。
实训资料：某公司2014年销售产品30万件，单价60元，单位变动成本为35元，固定成本总额为200万元。公司负债60万元，年利率为10%，并需每年支付优先股股利10万元，所得税税率为25%。

实训要求：

(1) 计算边际贡献、净利润、保本点；

(2) 计算该公司的经营杠杆系数、财务杠杆系数和总杠杆系数；

(3) 分组实训。5~7人为一组，组长负责，收集一家企业最近一年的相关资料，测算其保本点和保利点。

(4) 分组实训。5~7人为一组，组长负责，收集一家企业相关资料，利用财务杠杆原理对该企业的财务杠杆效应和财务风险进行分析，并完成分析报告。

项目六
加速周转——营运资金管理

【学习目标】
- 理解营运资金的概念
- 明确营运资金管理的目标
- 掌握确定最佳现金持有量的各种模型
- 掌握信用政策决策的方法
- 掌握确定经济订货批量的各种模型
- 会运用各种模型确定最佳现金持有量
- 会收集、整理相关信息协助有关部门对客户进行资信程度评估
- 能协助部门领导进行信用政策决策分析
- 会运用存货管理的各种模型确定存货经济订购批量

任务一 现金管理

【任务描述】
现金是企业流动性最强、收益性最弱的资产，企业不能产生现金短缺，但也不能持有过多的现金资产。企业要加强现金收支管理，保持适度的现金持有量，保证企业经营活动的需要。学习任务：掌握营运资金特点，明确营运资金管理的目标；分析现金相关成本，掌握最佳现金持有量的确定方法。

学习引领 现金管理是一个企业重要也是很敏感的问题之一，"现金为王"是许多企业谨慎理财的观念，即所谓的"手里有钱心不慌"。企业不能出现现金短缺，但持有的现金并非越多越好，怎样才能使企业现金既能满足正常生产经营需要又不产生闲置浪费？

【知识准备】

一、营运资金

（一）营运资金的概念

营运资金是指企业维持日常经营所需的资金。营运资金有广义和狭义之分，广义的营运资金是指占用在流动资产上的全部资金，狭义的流动资金是指流动资产减去流动负债后的差额，亦称净营运资金。财务管理中所讲的营运资金通常是指狭义的营运资金。

（二）营运资金的特点

1. 周转速度快，变现能力强。营运资金周转一次所需要的时间短，通常为一年或超过

一年的一个营业周期，对企业影响的时间比较短。因此，营运资金一般可通过商业信用、短期银行借款等方式加以解决。营运资金一般具有较强的变现能力，流动资产中的现金本身就是随时可支用的财务来源，具有百分之百的变现能力。其他流动资产，如短期投资、应收票据、应收账款等的变现能力也比较强。一旦企业出现资金周转不良、现金短缺等情形，可迅速变卖这些资产换取现金。这对于财务上满足临时性资金需要具有重要意义。

2. 占用数量具有波动性。营运资金的数量并非一个常数，其占用额随企业供产销的变化而变化，季节性企业如此，非季节性企业也如此。随着流动资金数量的变动，流动负债的数量也相应发生变动。

3. 实物形态具有多变性。营运资金在循环周转过程中，经过供产销三个阶段，其占用形态不断变化。一般按现金、材料、在产品、应收账款、现金的顺序转化。从企业的每一个生产经营周期来看，为了保证生产经营活动的正常进行，必须首先拿出一部分现金去采购材料，这样，有一部分现金转化成材料；材料投入生产后，当产品尚未最后完工脱离加工过程以前，便形成在产品或自制半成品；当产品进一步加工后，就成为准备出售的产成品；产成品经过出售有的可直接获得现金，有的则因赊销而形成应收账款；经过一定时期以后，应收账款通过收现又转化为现金。由此可见，要使营运资金周转顺利进行，必须在各项营运资金上合理配置资金数额。

4. 营运资金的来源具有灵活多样性。企业筹集长期资金的方式一般比较少，只有吸收直接投资、发行股票、发行长期债券、银行长期借款等方式。而企业筹集营运资金的方式却较为灵活多样，通常有银行存款、短期融资券、商业信用、应交税金、应付工资、应付费用、预收货款、票据贴现等。

5. 获利能力相对较弱，投资风险相对较小。流动资产一般被认为是企业生产经营过程中的垫支性资产，如现金、应收账款等。垫支性资产在某种意义都属于非生产性资产，并不直接创造价值，但又是价值创造中不可或缺的要素，获利能力较小。另外，这类资产与固定资产相比，通用性强，周转速度快，因此，投资风险小。

（三）营运资金管理的目标

营运资金管理的内容主要包括流动资产管理和流动负债管理，其中，流动资产管理主要包括现金管理、应收账款管理和存货管理等内容；流动负债管理主要包括短期借款管理和商业信用管理等内容。由于流动负债管理已在筹资管理中介绍过，就不再赘述，这里重点介绍流动资产管理。

营运资金管理应做到加速资金周转、提高资金使用效率、节约资金使用成本、保持足够的短期偿债能力、保证合理的资金需求。营运资金管理的目标是在保证企业正常生产经营活动资金需要的情况下，以最低的管理成本实现最大经济效益。

名人名言　公司若要取得成功，就必须拥有增长率和市场份额各不相同的产品组合，组合的构成取决于现金流的平衡。

——波士顿公司的创立者　布鲁斯

二、现金管理

（一）现金的含义

现金有广义和狭义之分。广义的现金是指占用在各种货币形态上的资产，包括库存现金、银行存款及其他货币资金。狭义的现金是指企业的库存现金。这里讲的现金是指广义的现金。

(二) 持有现金的动机

企业持有现金一般有三种动机：交易性动机、预防性动机和投机性动机。

1. 交易性动机。交易性动机是指用来满足日常业务的现金支出需要。企业在经营活动中经常取得收入，也经常发生支出，两者往往不可能同步同量。企业为了组织日常生产经营活动，必须保持一定数额的现金，用于购买原材料、支付工资、缴纳税款、偿付到期债务、派发现金股利等。因此，企业留存一定数量的现金余额是正常业务活动能够连续进行的基本保障。一般来说，为满足交易性动机所持有的现金余额主要取决于企业销售水平。企业销售规模扩大，销售额增加，所需要的现金也随之增加。

2. 预防性动机。预防性动机是指用来应付突发事件发生对现金支出的需要。企业有时会出现料想不到的突发事件，如政治环境的变化、客户可能的违约、生产事故、坏账损失、自然灾害等，这些事件一旦发生，就可能产生现金急需。因此，企业在正常业务活动现金需要量的基础上，为了应付突发事件，有必要追加一定数量的现金。一般来说，预防性现金数额的多少，主要取决于企业对未来现金流量预测的可靠程度，企业对未来现金流量的预测越准确，需要的预防性现金数额就越少；反之，则越多。

3. 投机性动机。投机性动机是指用于从事投机活动并从中获利的现金需要。比如，当企业遇到廉价原材料或其他资产供应的机会，便可用手头暂时闲置的现金大量购入；再如在适当时机购入价格有利的股票和其他有价证券等。投机性动机一般只是企业确定现金余额所需考虑的次要因素，其持有量的大小往往与企业在金融市场的投资机会及企业对待风险的态度有关。

重要提示 交易性动机是用来满足日常业务的现金支出需要，预防性动机是指应付突发事件对现金支出的需要。交易性动机和预防性动机是企业确定持有现金量应考虑的主要因素，而投机性动机则是次要因素。

(三) 现金成本

现金成本是指企业持有现金而付出的代价。企业持有现金的成本主要包括管理成本、机会成本、转换成本和短缺成本等。

1. 管理成本。现金的管理成本是指企业因持有一定数量的现金而发生的管理费用。如要建立完整的现金管理内部控制制度，制定各种现金收支规定和现金预算执行的具体办法，以及支付给现金管理人员的工资和安全措施费用等。管理成本在一定时期一定现金持有量范围之内通常保持不变，具有固定成本性质。

2. 机会成本。持有现金的机会成本是指企业因持有现金而丧失的再投资收益。由于企业持有现金一般不会获取收益，即便银行存款有利息收入，也是非常低的，只能看作是起一种保值作用，如果企业将这部分现金资产进行其他投资，有可能获取一定的投资收益。因此，将因持有现金而丧失的再投资收益称为机会成本。

$$持有现金机会成本 = 现金持有量 \times 机会成本率$$

式中，机会成本率通常参照有价证券利率。

持有现金的机会成本与现金持有量成正比例关系,即现金持有量越大,机会成本越高;反之,现金持有量越小,机会成本越小。

3. 交易成本。交易成本是指现金与有价证券转换过程中所发生的成本。如委托买卖佣金、委托手续费、证券过户费、实物交割手续费等。

4. 短缺成本。短缺成本是指现金持有量不足而又无法及时通过有价证券变现加以补充给企业造成的损失,包括直接损失和间接损失。如由于现金不足不能及时购买原材料而使生产中断造成的停工损失,不能及时供货而违约造成的信用损失等。现金短缺成本与现金持有量成负相关关系,即现金短缺成本随现金持有量的增加而减少,随现金持有量的减少而增加。

(四) 现金管理的目标

现金作为流动性最强的资产,是满足企业正常经营支出、清偿债务、履行纳税义务的重要保证。因此,企业保持足够的现金余额,对于增加其资产的流动性,降低或避免经营风险和财务风险都具有十分重要的意义。但是,现金又是一项非营利性资产,持有量过多,会给企业造成较大的机会成本,导致企业整体资产的获利能力降低。因此,现金管理的目标,就是在现金的流动性与收益性之间作出合理的选择,力求做到既保证企业正常生产经营活动的需要,又不使企业现金多余闲置,以获取最大的长期利润。

【业务操作】

一、确定最佳现金持有量

所谓最佳现金持有量是指现金总成本为最低时的现金持有量。确定最佳现金持有量的方法主要有成本分析模型、存货模型等。

(一) 运用成本分析模型确定最佳现金持有量

成本分析模型下最佳现金持有量是指持有现金机会成本、管理成本和短缺成本之和为最小时的现金持有量。三者与现金持有量之间的关系如图 6-1 所示。图中总成本曲线的最低点对应的现金持有量,即为最佳现金持有量。

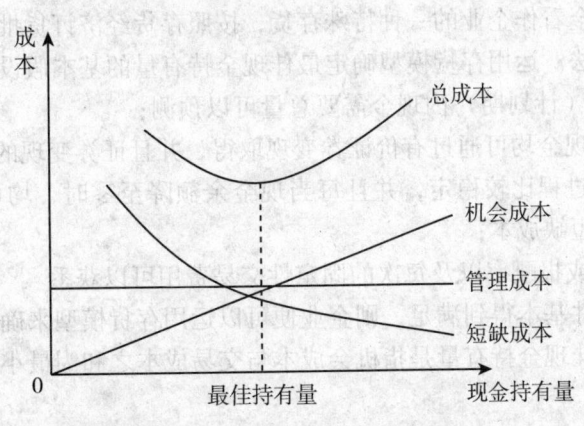

图 6-1 持有现金的总成本

[业务举例6-1] 海洋公司现拟订了甲、乙、丙、丁四种现金持有量方案,有关成本资料如表6-1所示。

表6-1　　　　　　　　　　备选方案成本资料表　　　　　　　　单位:元,%

项　目	甲	乙	丙	丁
现金持有量	35 000	55 000	75 000	95 000
管理成本	8 000	8 000	8 000	8 000
机会成本率	12	12	12	12
短缺成本	5 000	3 500	1 000	0

试运用成本分析模型为海洋公司确定最佳现金持有量。

根据表6-1资料,计算甲、乙、丙、丁四种现金持有量方案的总成本,如表6-2所示。

表6-2　　　　　　　　　　现金持有总成本　　　　　　　　　　单位:元

项　目	甲	乙	丙	丁
现金持有量	35 000	55 000	75 000	95 000
管理成本	8 000	8 000	8 000	8 000
机会成本	5 400	6 600	9 000	11 400
短缺成本	5 000	3 500	1 000	0
总成本	18 400	18 100	18 000	19 400

由以上计算可知,丙方案的现金总成本最低。因此,海洋公司最佳现金持有量应为75 000元为宜。

(二) 运用存货模型确定最佳现金持有量

存货模型是将现金看作企业的一种特殊存货,按照存货经济订货批量法的原理确定企业最佳现金持有量的方法。运用存货模型确定最佳现金持有量的基本假设如下:

(1) 企业预算期(计划期)内现金需要总量可以预测;

(2) 企业所需的现金均可通过有价证券变现取得,并且证券变现的不确定性很小;

(3) 现金的支出过程比较稳定,并且每当现金余额降至零时,均可通过部分有价证券变现得以补足,没有短缺成本;

(4) 证券的利率或报酬率以及每次的固定性交易费用可以获悉。

如果以上假设条件基本得到满足,则企业便可以运用存货模型来确定最佳现金持有量。

存货模型下的最佳现金持有量是指机会成本与交易成本之和为最小的现金持有量。其成本计算公式为:

$$TC = K \times Q/2 + F \times T/Q$$

式中：TC——现金持有成本；Q——现金持有量；K——有价证券利率或机会成本率；T——一定时期的现金需要量；F——每次出售有价证券以补充现金的交易成本。

每次转换回现金后现金持有量达到最高，下次转换前现金用完，现金余额为零，故现金平均余额为 Q/2。现金在一定时期的变化情况如图 6-2 所示。

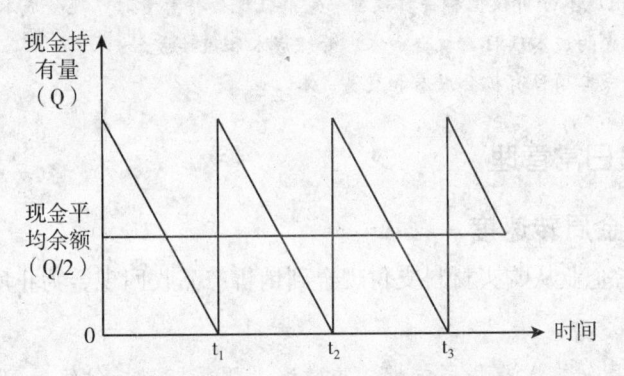

图 6-2 现金余额周期性变化

成本与现金持有量的关系如图 6-3 所示。

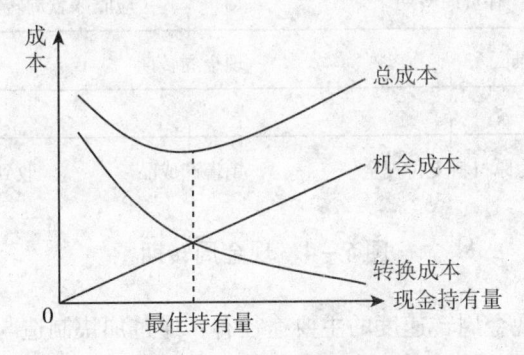

图 6-3 现金的成本构成

通过对公式 TC = K×Q/2 + F×T/Q 求导，求出 TC（Q）极小值，可以确定出最佳现金持有量、最低相关总成本和有价证券最佳转换次数。其计算公式分别为：

$$Q^* = \sqrt{\frac{2TF}{K}}$$

$$TC^* = \sqrt{2TFK}$$

$$N^* = T/Q^*$$

式中：Q^*——最佳现金持有量；TC^*——最低相关总成本；N^*——最佳转换次数。其他字母表示的含义同上。

[业务举例 6-2] 海洋公司预计全年现金总需要量为 6 000 000 元，该公司收支状况比较稳定。假设同期有价证券利率为 12%，有价证券变现的转换成本为 100 元/次。

试运用存货模型为该公司确定最佳现金持有量、最低相关总成本及最佳转换次数。

$$Q^* = \sqrt{\frac{2 \times 6\,000\,000 \times 100}{12\%}} = 100\,000（元）$$

$$TC^* = \sqrt{2 \times 6\,000\,000 \times 100 \times 12\%} = 12\,000\,(元)$$

$$N^* = \frac{6\,000\,000}{100\,000} = 60\,(次)$$

即问即答 运用成本分析模型和存货模型确定最佳现金持有量时，现金成本项目有何不同？

成本分析模型下考虑的成本项目有机会成本、管理成本和短缺成本；

存货模型下考虑的成本项目有机会成本和交易成本。

二、加强现金日常管理

（一）加快现金周转速度

现金周转期是指企业从购买材料支付现金到销售产品收回现金为止所需要的时间。其计算公式为：

现金周转期 = 存货周转期 + 应收账款周转期 – 应付账款周转期

它们之间的关系如图6-4所示。

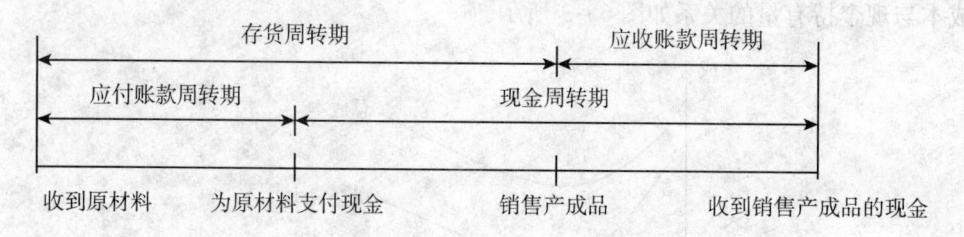

图6-4 现金周转期

由上图可知，加快现金周转速度的主要途径有：通过加快制造与销售产成品速度来缩短存货周转期；加速应收账款的回收，缩短应收账款周转期；减缓支付应付账款来延长应付账款周转期。

（二）加强现金回收的管理

企业加速现金的收取，不仅要尽量使顾客早付款，而且要尽快地将这些款项转化为可用现金。因此，关键要做好两方面工作：一是缩短顾客给企业寄邮支票（或汇票）的过程；二是缩短现金存入企业往来银行的过程。

（三）加强现金支出管理

企业现金支出管理方面，在不违反信用政策、合理合法的情况下，企业尽可能地延缓现金的支出时间。如合理使用"现金浮游量"、支票改汇票结算等。

即问即答 什么是现金"浮游量"？

现金浮游量是指企业从银行存款户上开出的支票总额超过其银行存款账户的余额。出现现金浮游量的主要原因是企业开出支票、收款人收到支票并将其送交银行直至银行办理完款项的划转通常需要一定的时间。因此，"浮游量"实际上就是企业与银行双方出账与入账的时间差造成的，也就是在这段时间里，虽然企业已开出支票却仍可动用银行存款账上的这笔资金，以达到充分利用现金的目的，但是企业使用现金浮游量应谨慎行事，要预先估计好这一差额，并控制使用的时间，否则，会发生银行存款的透支。

（四）加强资金集中管理

资金集中管理也称司库管理，是指集团企业借助商业银行网上银行功能及其他信息技术手段，将分散在集团各所属企业的资金集中到总部，由总部统一调度、统一管理和统一运用。目前，企业集团多实施资金集中管理。

任务二　应收账款管理

【任务描述】

应收账款是企业流动资产中很重要的构成部分，应收账款管理直接影响到企业营运资金的周转速度和经济效益。目前，我国一些企业存在应收账款数额较大，管理成本过高，潜伏的风险较大等现象。加强应收账款管理，有效防范和控制应收账款风险十分重要。学习任务：理解应收账款管理的重要性；了解应收账款的功能；掌握制定信用政策和应收账款日常管理的方法。

学习引领　李明就职的公司为了稳定市场，增加销售，对老客户实行"先供货、后付款"的销售方式，对新客户实行"先预付30%的货款，待客户的货全部销售后再支付剩余款项"的销售方式。该政策实施一段时期以后，公司的经营业绩明显上升。但是，由于应收账款越来越多，回款能力下降，现金短缺现象越来越明显。李明有些担忧，如果应收账款不能如期收回，将会给企业带来怎样的后果？企业应如何加强应收账款管理，降低应收账款风险呢？

【知识准备】

一、应收账款的功能

应收账款是企业因对外赊销商品、产品、提供劳务，应向购货单位或接受劳务单位收取的款项，主要包括应收账款和应收票据等。应收账款的功能是指它在企业生产经营活动中所具有的作用。概括起来应收账款的功能主要体现在以下两个方面：

（一）促进销售的功能

在激烈的市场竞争中，赊销是促进销售的一种重要方式。企业销售产品时，可以采用的方式一般有两种，即现销和赊销。现销方式的最大优点是应计现金流入量与实际现金流入量完全吻合，既能避免呆坏账损失，又能及时将收回的现金投入再生产过程，因此是企业最理想的一种销售结算方式。但是，在激烈的市场竞争条件下，仅靠这种方式是很难获取竞争优势的。采用赊销方式，在向顾客提供商品的同时，还向顾客提供了可以在一定期限内无偿使用的资金，即商业信用资金，这对顾客具有较大的吸引力。因此，赊销作为一种重要的促销手段，越来越受到更多企业的青睐。

（二）减少存货的功能

赊销可以加速产品销售的实现，加快产成品向销售收入的转化速度，从而降低存货中的产成品数额。这有利于缩短产成品的库存时间，降低产成品的库存成本。因此，当产成品存货较多时，企业可以采用优惠的信用条件进行赊销，尽快实现产成品存货向销售收入的转化，变持有存货为持有应收账款，节约各项存货支出。

二、应收账款的成本

应收账款的成本是指企业持有应收账款所付出的代价。主要包括应收账款机会成本、管理成本、坏账成本等。

（一）应收账款机会成本

应收账款机会成本是指企业的资金因投放于应收账款而必须放弃其他投资机会所丧失的收益。其计算公式为：

$$应收账款机会成本 = 应收账款占用资金 \times 机会成本率$$

式中，机会成本率——一般按短期有价证券利率计算，也可以按资本成本率计算。

$$应收账款占用资金 = 应收账款平均余额 \times 变动成本率$$

$$应收账款平均余额 = 日销售额 \times 平均收账期$$

[业务举例6-3] 某企业预计年度销售收入为7 200万元，应收账款周转期为30天，变动成本率为60%，资本成本率为8%，则应收账款的机会成本可计算如下：

$$应收账款平均余额 = \frac{7\ 200}{360} \times 30 = 600（万元）$$

$$应收账款占用资金 = 600 \times 60\% = 360（万元）$$

$$应收账款机会成本 = 360 \times 8\% = 28.8（万元）$$

由以上计算可知，企业投放360万元的资金可维持7 200万元的赊销业务，相当于垫支资金的20倍之多。

在正常情况下，应收账款周转的速度越快，应收账款占用资金就越少，应收账款的机会成本就越低；相反，应收账款周转的速度越慢，应收账款占用资金就越多，应收账款的机会成本就越高。因此，企业只有加速应收账款周转速度，减少应收账款占用资金，才能降低应收账款机会成本，提高应收账款的管理效益。

（二）管理成本

管理成本是指企业因管理应收账款而发生的各项费用。主要包括对客户的资信调查费用、收集相关信息的费用、账簿的记录费用、收账费用等。

（三）坏账成本

坏账成本是指企业的应收账款因故不能收回而发生的损失。这一成本与应收账款数额成正比，即企业应收账款越多，可能发生的坏账成本也越多。

重要提示 为避免发生坏账成本给企业经营活动的稳定性造成不利影响，企业财务制度规定企业应建立坏账准备金制度。

三、应收账款管理的目标

应收账款是企业为扩大销售、提高利润而进行的投资，在增加收入、收益的同时，也会增加成本费用；但是，如果企业为了节约支出，减少应收账款投资，又会限制销售，影响企业的盈利能力。因此，企业应收账款管理的目标是在应收账款成本和收益之间作出权衡。

【业务操作】

一、制定信用政策

信用政策即应收账款的管理政策，是企业对应收账款投资进行规划和控制的基本原则和行为规范。信用政策决策是应收账款管理的重要内容，制定合理的信用政策，是加强应收账款管理，提高应收账款投资效益的重要前提。企业信用政策主要包括信用标准、信用条件和收账政策三部分。

（一）制订信用标准

信用标准是指客户获取企业的商业信用所应具备的最低条件，通常以预期的坏账损失率表示。

1. 分析影响信用标准的因素。

（1）分析同行业竞争对手的情况。在其他方面（如产品质量、售后服务等）相同的条件下，如果企业制订的信用标准远高于同行业竞争对手，就会失去一定的市场，影响经营业绩和竞争力。

（2）分析企业承担风险的能力。如企业有一定的风险承担能力，可以适当降低信用标准，增加应收账款；否则，将严格信用标准，控制应收账款风险。

（3）评价客户的资信状况。企业在确定信用标准时，应事先对客户的资信状况进行评估，常用的方法是"5C"系统评估法。所谓"5C"系统评估法是指客户的资信程度通常取决信用品质、偿付能力、资本、抵押品、条件等五个方面，由于这五个方面的英文第一个字母均为"C"，故称为"5C"系统评估法。

- 信用品质（Character）

客户信用品质，即客户的信誉，是指客户主观上履行偿债义务的主观愿望，是决定是否给予客户信用的首要因素。这主要通过了解客户以往的付款履约记录进行评价。

- 偿付能力（Capacity）

偿付能力即客户的偿债能力。偿付能力的高低，主要取决于企业的资产，特别是流动资产的数量、变现能力及其与流动负债的关系。一般而言，企业流动资产的数量越多，流动比率越大，其偿付能力就越强；反之，则偿债能力就越差。当然，对客户偿债能力的判断，还要注意对资产质量的分析，即对资产的变现能力以及负债的流动性进行分析。

- 资本（Capital）

资本是指客户的经济实力与财务状况，是客户偿付债务的最终保证。资本实力雄厚的企业一般偿付债务的能力也强。

- 抵押品（Collateral）

抵押品是指客户为获取商业信用而向企业提供的作为担保的资产。一旦收不到这些顾客的款项，便以抵押品抵补。因此，要求能够作为抵押品的资产，必须是客户实际所拥有，并且变现能力较强，这对向相互不知底细或信用状况有争议的客户提供信用时尤为重要。

• 条件（Conditions）

条件是指经济发展趋势或某些不利经济环境对客户偿付能力产生的影响。如某一地区的一些特殊情况对顾客偿还能力的影响。

2. 进行信用标准决策分析。企业在确定信用标准时往往面临着两难的选择，如果信用标准过严过高，将使许多客户被拒于企业商业信用之外，这尽管有利于降低违约风险及收账费用，减少应收账款机会成本，但却会影响企业市场竞争能力；相反，如果企业采取较低的信用标准，虽然有利于扩大销售，提高市场占有率，但却要冒较大的坏账损失风险，同时收账费用增加。为此，企业应权衡成本与收益等因素，确定适宜的信用标准。

[业务举例6-4] 海洋公司为扩大销售，提高竞争力，拟放宽信用政策，拟订了预计坏账损失率为3%和5%两种方案，有关资料如表6-3。该公司生产能力尚有剩余，即增加产销量只增加变动成本，变动成本率为60%，应收账款机会成本率为15%。假设不考虑所得税因素。试为海洋公司做出信用标准的决策。（一年按360天计算）

表6-3　　　　　　　　　　备选方案资料表

项　目	原方案	甲方案	乙方案
年销售收入总额（万元）	3 000	3 400	3 800
预计坏账损失率（%）	2	3	5
平均收账期（天）	30	45	60
收账费用（%）	25	35	50

（1）根据以上资料计算各方案的应收账款成本，如表6-4所示。

表6-4　　　　　　　备选方案应收账款成本计算表　　　　　　　　单位：万元

项　目	原方案	甲方案	乙方案
机会成本	(3 000/360)×30×60%×15%=22.5	(3 400/360)×45×60%×15%=38.25	(3 800/360)×60×60%×15%=57
坏账损失	3 000×2%=60	3 400×3%=102	3 800×5%=190
收账费用	25	35	50
应收账款总成本	107.5	175.25	297

（2）根据以上资料计算各方案的信用成本后收益，如表6-5所示。

表 6-5　　　　　　　　　　备选方案信用成本后收益计算表　　　　　　　　单位：万元

项　目	原方案	甲方案	乙方案
信用成本前收益	3 000×(1-60%)=1 200	3 400×(1-60%)=1 360	3 800×(1-60%)=1 520
减：应收账款总成本	107.5	175.25	297
信用成本后收益	1 092.5	1 184.75	1 223

(3) 作出决策。由表 6-5 计算结果可知，三个方案中，采用乙方案为企业获取的收益最多。所以，海洋公司应选择乙方案，即将现行的信用标准（预计坏账损失率）由2%放宽到5%。

二、确定信用条件

(一) 明确信用条件的内容

信用条件是指企业接受客户信用订单时所提出的付款要求，其内容主要包括信用期限、折扣期限和现金折扣等。

1. 信用期限。信用期限是指企业为客户规定的最长付款时间。一般来说，企业给予客户的信用期限越长，表明客户享受的信用条件越优，对客户的吸引力也越强。但同时会增加企业的资金占用，加大应收账款的机会成本，增加企业的风险。

2. 折扣期限。折扣期限是指企业为顾客规定的可享受现金折扣的付款时间。

3. 现金折扣。现金折扣是指企业为了鼓励客户提前付款而给予的优惠。

(二) 信用条件决策

信用条件的基本表达方式如"2/10，1/20，n/60"，其中，60 天为信用期限，10 天和 20 天均为折扣期限，2%和1%均为现金折扣。提供比较优惠的信用条件能增加销售量，但也会带来额外的费用负担，如会增加应收账款机会成本、坏账成本、现金折扣成本等，同时还会增加企业的风险。所以，企业应权衡成本、收益后再做决策。

[业务举例6-5] 承 [业务举例6-4]，海洋公司经过财务部门讨论后，在上述乙方案的基础上，拟对信用条件作调整，提出了丙方案：即将"n/60"调整为"2/10，1/20，n/60"，估计约有60%的客户会利用2%的折扣，25%的客户将利用1%的折扣，坏账损失率将降低为3%，收账费用降低为40万元，其他条件与乙方案相同。试为海洋公司作出信用条件决策。

(1) 根据以上资料计算丙方案的应收账款成本。

现金折扣 = 3 800×60%×2% + 3 800×25%×1% = 55.1（万元）

平均收账期 = 10×60% + 20×25% + 60×15% = 20（天）

应收账款机会成本 = $\frac{3\,800}{360}$ × 20 × 60% × 15% = 19（万元）

坏账损失 = 3 800×3% = 114（万元）

收账费用 = 40（万元）

应收账款成本 = 19 + 114 + 40 = 173（万元）

(2) 计算丙方案信用成本后收益，并作出决策。

信用成本后收益 = 3 800×(1-60%) - 55.1 - 173 = 1 291.9（万元）

根据以上计算可知，与乙方案相比，改变信用条件后可为公司多盈利 68.9 万元

(1 291.9万元 – 1 223 万元)。因此，海洋公司应选择丙方案。

三、制定收账政策

收账政策是指当客户违反信用条件，拖欠甚至拒付账款时企业采取的收账策略和措施。

在企业向客户提供商业信用时，必须考虑三个问题：一是客户是否会拖欠或拒付账款，程度如何；二是怎样最大限度地防止客户拖欠账款；三是一旦账款遭到拖欠甚至拒付时，企业应采取怎样的对策。前两个问题主要靠信用调查和严格信用审批制度来控制；第三个问题则必须通过制定完善的收账政策，采取有效的收账措施予以解决。

对企业来讲，收账政策一般有两种选择：即积极的收账政策和消极的收账政策。若采取积极的收账政策，则会减少资金占用和坏账损失，但会增加收账费用；若采取消极的收账政策，则可能会增加应收账款投资，增加坏账损失及应收账款机会成本，但同时会减少收账费用。因此，企业在制定收账政策时，应充分考虑应收账款的机会成本和坏账损失与收账费用之间的关系，权衡收账过程的成本与收益后再做决定。

重要提示 影响企业信用标准、信用条件及收账政策的因素除了有关的成本和收益之外，还有其他因素，这就使信用政策的制定更为复杂。一般来说，理想的信用政策就是企业采取积极或消极的信用政策时所产生的成本最低、收益最大的政策。

四、加强应收账款日常管理

信用政策是企业在应收账款方面的全局性策略，一般一年修订一次，而对应收账款的日常管理则是每天都在进行的工作，应收账款日常管理主要包括以下内容。

（一）客户信用调查

企业应定期或不定期地收集有关信息，对客户的偿债能力和偿债的主观愿望做出判断和估计，以便企业制定正确、合理的信用政策。信用调查的具体方法主要有：

1. 直接调查。直接调查是企业调查人员通过对客户当面采访、询问、观察、记录等方式获取信用资料的一种方法。这种方法的优点是保证信息的准确性和及时性。但若得不到被调查客户的合作，则会使调查资料不完整或部分不真实。

2. 间接调查。间接调查是企业通过有关单位的财务报告、信用评估机构、商业银行的信用部门和财务咨询公司、工商财税部门、消费者协会、证券交易部门等取得信息资料，了解客户情况的一种调查方法。

（二）客户信用评估

企业可通过正规的信用评估机构对客户进行信用评估。目前，信用评估机构在评估等级方面主要有两种：第一种采用三类九级制，即把企业的信用情况分为 AAA、AA、A；BBB、BB、B；CCC、CC、C 三类九级，AAA 为最优等级，C 为最差等级。第二种采用三级制，即 AAA、AA、A 三级。企业在信用评估时，最好聘请专门的信用评估机构进行评估，因为专门的信用评估机构通常评估方法先进，评估调查细致，评估程序合理，可信度较高。

（三）应收账款账龄分析

应收账款账龄分析，是指通过计算各账龄应收账款余额占应收账款总余额的比重，定期编制应收账款账龄分析表来进行分析的一种方法。企业已发生的应收账款时间有长有短，有的尚未超过信用期，有的则已经逾期拖欠。通过定期账龄分析，密切关注应收账款的回收情况，加强应收账款管理，减少坏账损失。

[业务举例6-6] 甲企业2013年6月30日的应收账款账龄结构如表6-6所示。

表6-6　　　　　　　　甲企业应收账款账龄结构表　　　　　　　　单位：万元

应收账款账龄	客户数	金　额	比重（%）
信用期（设为3个月）	55	4 000	56.66
超过信用期1个月以内	32	1 500	21.25
超过信用期2个月以内	20	120	1.70
超过信用期3个月以内	30	80	1.13
超过信用期4个月以内	22	260	3.68
超过信用期5个月以内	18	800	11.33
超过信用期6个月以内	15	200	2.83
超过信用期6个月以上	8	100	1.42
合　计	200	7 060	100.00

从表6-6可知，该企业56.66%的应收账款尚在信用期内，已有44.34%超过信用期。对于超过信用期半年以上的应收款应给予足够重视，查明具体属于哪些客户，这些客户的资信情况如何，发生拖欠的原因何在，采取相应的措施加以催收。

经典案例

巨额应收账款无法收回的教训

四川长虹股份有限公司2003年12月31日应收账款余额为49.85亿元，其中美国的APEX公司代理出口300万台彩电约42亿元应收账款。2004年12月28日，长虹发布了上市10年来首次预亏提示公告：由于长虹在美国的进口商APEX公司拖欠账款高达4.675亿美元，而可能收回的资金仅有1.5亿美元，公司2004年度将会出现大幅亏损。同时意味着最高可达3.175亿美元的欠款白白流失。

任务三　存货管理

【任务描述】

存货是联结企业产品生产和销售的纽带，为了保证生产经营过程的持续正常进行，存货既不能短缺，也不能超储积压。这就要求企业树立现代管理理念，采用科学适当的方法加强存货管理，以便加速流动资产周转速度，提高整体资产的盈利能力。学习任务：分析计算存货成本，确定存货经济订货批量的方法，了解存货日常管理的方法。

学习引领　今天，李明一上班，财务主管就让他上网查阅近日网上披露的服装业高库存问题。一些国际国内知名服装品牌公司，竟因为产成品高库存而导致严重的资金周转缓慢、盈利水平下降、经济效益滑坡等问题。当李明看到这些情况后，自然联想到本公司存货管理的情况。对本公司来讲，存货不仅有产成品，还有原材料、燃料、半成品等。不管哪种存货，供应不足或超储积压都会给企业带来十分不利的影响，所以，存货管理也是营运资金管理的重要内容。

【知识准备】

一、存货的功能

存货是指企业在生产经营过程中为销售或耗用而储备的物资，包括各种材料、燃料、低值易耗品、在产品、半成品、产成品、协作件、商品等。存货在企业生产经营活动中的功能主要体现在以下几个方面：

（一）保证企业生产经营活动的正常进行

企业拥有一定数量的存货，主要是为满足正常生产经营活动的需要。因为，即使市场经济很发达，也不可能保证企业所需的各类存货都不出现短缺。即使市场供应充足，由于企业与供货地点的距离较远时需要途中运输，也不可能保证不出现运输故障。一旦经营活动出现物资短缺，必然会给企业带来停工待料的损失。因此，为了减少损失，企业必须储存一定数量的存货。

（二）降低进货成本

一般情况下，零购物资的价格往往高于成批采购的价格，特别是市场竞争激烈的今天，一些企业为了鼓励客户多买，在价格上给予更多的优惠。采购企业采用成批采购的方式，不仅可以享受较多的折扣优惠，而且能减少进货次数，降低采购费用。只要进货成本的降低额大于因存货增加而增加的储存费用，便是可行的采购方式。

（三）便于组织均衡生产并降低产品成本

有的企业生产活动具有比较明显的季节性，为了实行均衡生产，降低生产成本，企业必须储存一定的半成品存货或保持一定的原材料存货。否则，就会出现旺季超负荷运转，淡季生产能力闲置，生产成本提高的现象。储存一定数量的存货，可以使企业组织均衡生产，降低产品成本。

二、存货的成本

企业为充分发挥存货的固有功能，必须拥有一定的存货储备，由此而付出的代价被称为存货成本。一般来讲，储备存货的总成本等于取得成本、储存成本和缺货成本三者之和。

（一）取得成本

取得成本是指企业取得存货而支付的成本，主要由购置成本和订货成本两部分构成。

1. 购置成本。购置成本由存货买价、运杂费、装卸费、运输途中的合理损耗和入库前的挑选整理费等构成，一般与采购数量成正比例变化。在存货年需求量一定，并且物价稳定，无"数量折扣"的情况下，购置成本在存货决策中属于无关成本，但在有"数量折扣"时，购置成本就成为决策的相关成本。

2. 订货成本。订货成本是指为订购存货而发生的各项费用。订货成本中有一部分与订货次数无关，称为固定性订货成本，如常设采购机构的基本开支等，属于决策无关成本。另一部分成本与订货次数有关，与订货次数成正比例变动，称为变动性订货成本，如差旅费、邮资费、电话电报费等，这类费用属于决策相关成本。

（二）储存成本

储存成本是指存货在储存过程中发生的费用，包括仓储费、搬运费、保险费、存货占用资金的应计利息（也称为机会成本）、存货残损霉变损失等。储存成本可以按照与储存数量的关系分为固定性储存成本与变动性储存成本两种。其中，固定性储存成本与存货储存数量的多少无直接关系，如仓库的折旧、仓库管理人员的固定月工资等，属于决策的无关成本；变动性储存成本与存货数量的多少成正比例关系，如存货占用资金的应计利息、存货残损与变质损失、存货的保险费用等，属于决策的相关成本。

（三）缺货成本

缺货成本是指由于存货中断而造成的损失，包括由于材料供应中断造成的停工损失、产成品库存短缺造成的拖欠发货损失和丧失销售机会的损失（还应包括需要主观估计的商誉损失）等。如果生产企业能够以替代材料解决库存材料供应中断之急，缺货成本则表现为替代材料紧急采购的额外开支。缺货成本能否作为决策的相关成本，应视企业是否允许出现存货短缺的情形而定。

重要提示 在分析计算企业存货成本时，首先应确定存货成本项目，然后再分析这些成本与存货订购批量之间的变动关系，即相关性，最后计算相关成本发生额，确定经济订货批量。

三、存货管理的目标

企业持有足够数量的存货，不仅有利于保证生产经营活动正常进行，及时满足客户订货的需要，节约进货费用，而且有利于避免因存货不足带来的损失。但是，大量拥有存货，必然要占用大量的资金，这样，不仅会使企业付出较大的机会成本，而且会增加存货的储存保管费用，影响企业获利能力的提高。因此，存货管理的目标是尽量在存货成本与收益之间做出权衡，达到二者的最佳结合，争取以最低的成本保证正常生产经营的需要。

【业务操作】

一、确定存货经济订货批量

存货经济订货批量是指能够使一定时期存货总成本达到最低时的订货数量。确定存货经济订货批量有多种模型，每种模型都有特殊的假设条件。根据其假设条件的不同有基本模型、陆续供应和使用的经济订货模型、有数量折扣的经济订货模型等。

（一）利用基本模型确定存货经济订货批量

确定存货经济订货批量的基本模型是建立在一系列假设基础上的，这些假设主要有：
（1）一定时期存货需求量稳定，总需求量是既定的常数；
（2）存货是一次集中到货，并且均衡使用；
（3）存货能及时补充，不存在缺货；
（4）存货单价不变，无数量折扣；
（5）存货持有成本与库存水平呈线性关系。

设立了上述假设后，与存货订货批量相关的成本只有变动性订货成本和变动性储存成本两项。其计算公式可以简化为：

$$TC = A/Q \times K + Q/2 \times K_c$$

对上式求一阶导数，便可得出经济订货批量的基本模型，即：

$$Q^* = \sqrt{\frac{2AK}{K_c}}$$

根据经济订货量的基本模型还可以得出其他模型，即：

$$N^* = \frac{A}{Q^*} = \sqrt{\frac{AK_c}{2K}}$$

$$TC^* = \sqrt{2AKK_c}$$

$$t^* = \frac{1}{N^*}$$

$$I^* = \frac{Q^*}{2} \times U$$

式中：A——全年存货需要量；Q——订货批量；U——存货单价；K——每次订货成本；K_c——单位存货年储存成本；Q^*——经济订货批量；N^*——经济订货次数；TC^*——最低相关总成本；t^*——最佳订货周期；I^*——经济订货量占用资金。

经济订货量也可以用图6-5来表示。

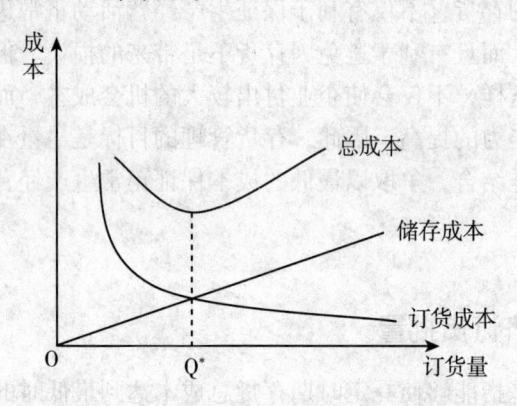

图6-5 存货订货批量与成本关系

[业务举例6-7] 海洋公司甲零件年需要量为3 600件，购买单价为30元，单位存货年储存成本为6元，每次订货成本为300元。甲零件计划分批采购，每批采购量集中到货，市场不提供数量折扣。确定甲零件的经济订货批量、经济订货次数、最低相关总成本。

$$Q^* = \sqrt{\frac{2 \times 3\,600 \times 300}{6}} = 600 \text{（件）}$$

$$N^* = \frac{3\,600}{600} = \sqrt{\frac{3\,600 \times 6}{2 \times 300}} = 6 \text{（次）}$$

订货成本 = 6 × 300 = 1 800（元）

储存成本 = 600/2 × 30 × 20% = 1 800（元）

TC* = 1 800 + 1 800 = 3 600（元）

或 TC* = $\sqrt{2 \times 3\,600 \times 300 \times 6}$ = 3 600（元）

（二）确定陆续供应和使用的存货经济订货批量

在建立存货经济订货批量基本模型时，假设存货一次采购量一次全部入库，故存货增加时，存量变化为一条垂直的直线。在其他条件不变时，各批存货也可能陆续到货入库，库存量将陆续增加，尤其是产成品入库和在产品转移，几乎总是陆续供应和陆续耗用的。在这种情况下就需要对存货经济订货基本模型做一些修正。

设每日存货送货量为 P，每日存货耗用量为 d，则该批存货全部送达所需天数，即进货期为 Q/P。

进货期内最高库存量为：$\left(Q - \dfrac{Q}{P} \times d\right)$

平均存货量为：$\dfrac{1}{2}\left(Q - \dfrac{Q}{P} \times d\right)$

存货量的变动如图 6-6 所示。

存货总成本为：$TC = \dfrac{A}{Q}K + \dfrac{Q}{2}\left(1 - \dfrac{d}{p}\right)K_c$

为了求出 TC 的极小值，对上式求导，便可得出存货陆续供应和使用的经济订货批量及最低总成本计算公式如下：

$$Q^* = \sqrt{\dfrac{2AK}{K_c} \times \dfrac{p}{p-d}}$$

$$TC^* = \sqrt{2AKK_c \times \left(1 - \dfrac{d}{p}\right)}$$

式中字母含义同上。

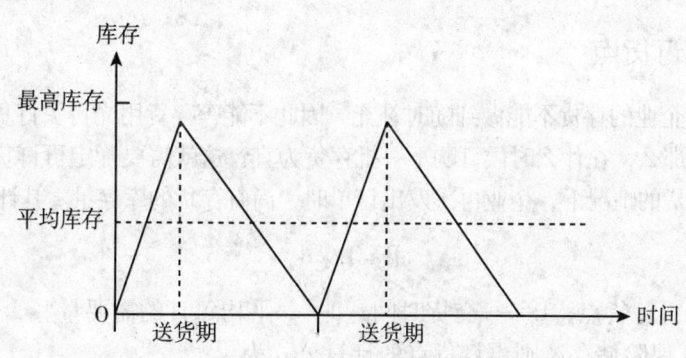

图 6-6 存货库存量变动图

[业务举例 6-8] 海洋公司甲零件年需要量为 3 600 件，购买单价为 30 元，单位存货年储存成本为 6 元，每次订货成本为 300 元。甲零件分批采购，每批采购量陆续到货和使用，假设每日送货量为 400 件，每日耗用量为 300 件，确定甲零件的经济订货批量和最低相关总成本。

$Q^* = \sqrt{\dfrac{2 \times 3\,600 \times 300}{6} \times \dfrac{400}{400 - 300}} = 1200$（件）

$$TC^* = \sqrt{2 \times 3\,600 \times 300 \times 6 \times \left(1 - \frac{300}{400}\right)} = 1\,800 \text{（元）}$$

（三）确定有数量折扣条件下的存货经济订货量

如果企业在采购存货时，销售企业根据采购数量给予不同程度的价格折扣，则确定经济订货批量除了考虑变动订货成本和变动储存成本外，还应考虑购置成本。此时的存货总成本等于购置成本、变动订货成本和变动储存成本之和，经济订货批量即为这三种成本之和为最小的批量。

[业务举例6-9] 海洋公司甲零件年需要量为3 600件，购买单价为30元，单位存货年储存成本为6元，每次订货成本为300元。供应商规定，客户每批的购买量不足750件，按照标准价格计算；每批购买量在700~1 000件，价格优惠2%；每批购买量在1 000件以上，价格优惠3%。确定甲零件的经济订货批量。

没有数量折扣时：

$$\text{经济订货批量} = \sqrt{\frac{2 \times 3\,600 \times 300}{6}} = 600 \text{（件）}$$

$$\text{存货总成本} = 3\,600 \times 30 + \frac{3\,600}{600} \times 300 + \frac{600}{2} \times 6 = 111\,600 \text{（元）}$$

订货批量在750~1 000件时：

$$\text{存货总成本} = 3\,600 \times 30 \times (1 - 2\%) + \frac{3\,600}{750} \times 300 + \frac{750}{2} \times 6 = 109\,530 \text{（元）}$$

订货批量在1 000件以上时：

$$\text{存货总成本} = 3\,600 \times 30 \times (1 - 3\%) + \frac{3\,600}{1\,000} \times 300 + \frac{1\,000}{2} \times 6 = 108\,840 \text{（元）}$$

由以上计算可知，当订货量为1 000件时存货总成本最低。因此，1 000件为该企业甲零件的经济订货批量。

二、确定再订货点

一般情况下，企业的存货不能做到随时补充，因此不能等存货用光再去订货，而需要在没有用完时提前订货。那么，在什么时候订购下一批存货为宜？这就需要确定再订货点。所谓再订货点，就是在提前订货的情况下，企业再次发出订单时，尚有存货的库存量。其计算公式为：

$$R = L \times d$$

式中：R——再订货点；L——交货时间；d——平均每日的需要量。

如果企业设立保险储存，则再订货点的计算公式为：

$$R = L \times d + B$$

式中：B——保险储备量。

按某一订货批量（如经济订货批量）和再订货点发出订单后，如果需求增大或送货延迟，就会发生缺货或供货中断。为防止由此给企业造成的损失，就需要多储备一些存货以备应急之需，这些多储备的存货量被称为保险储备量（安全储备量）。这些存货在正常情况下不动用，只有当存货过量使用或送货延迟时才动用。

[业务举例6-10] 假设海洋公司B材料订货日至到货日的时间为10天，每日存货需要量为20千克，保险储备量为100千克，则：

无保险储备的再订货点为：R = 10×20 = 200（千克）

有保险储备的再订货点为：R = 10×20 + 100 = 300（千克）

即当企业B材料库存量剩余300千克时，应再次订货，等到订货到达时（再次发出订货单10天后），原有存货刚好用完或用到保险储备量。此时，有关存货的每次订货批量、订货次数、订货间隔时间等并无变化。根据海洋公司B材料的有关资料绘制有保险储备的再订货点如图6-7所示。

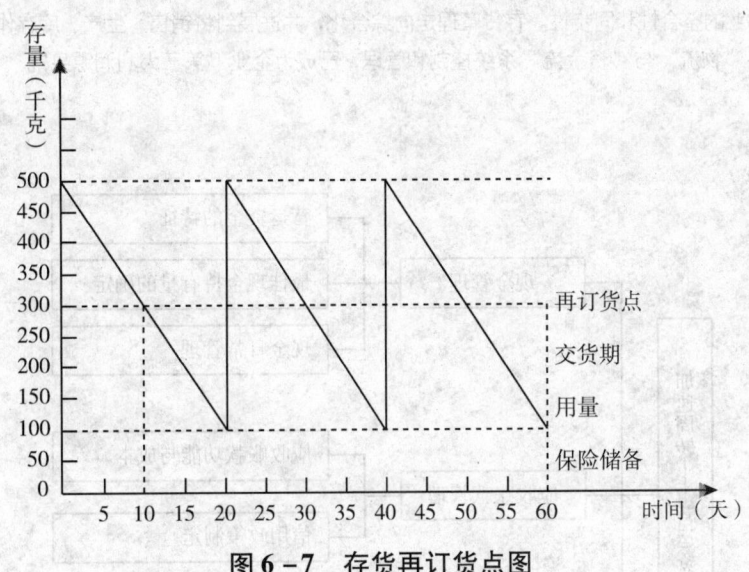

图6-7 存货再订货点图

三、实施存货ABC分类控制

所谓ABC分类控制就是按照一定的标准，将企业的存货划分为A、B、C三类，分别实行分品种重点管理、分类别一般控制和按总额灵活掌握的存货管理方法。

1. 掌握存货ABC分类的标准。分类的标准主要有两个：一是金额标准，二是品种数量标准。其中金额是最基本的，品种数量标准仅作为参考。一般来讲，A类存货的特点是金额巨大，但品种数量很少。其品种数约占全部品种的5%~15%，累计金额约占库存资金总额的50%~70%；B类存货金额与品种数量居中，一般品种数约占全部品种数的20%~25%，累计金额约占库存资金总额的15%~20%；C类存货品种数量繁多，但金额却很小，品种数约占全部品种数的60%~70%，累计金额约占库存资金总额的5%~35%。可见，A类存货占用着企业绝大多数资金，只要控制好A类存货，基本上就不会出现较大问题。

把存货划分成A、B、C三类的目的是对存货占用资金进行有效控制，避免不分主次，面面俱到。由于A类存货占用资金多，所以，企业对A类存货采取按每一品种进行周密规划、严格控制、重点管理；B类存货资金占用相对较少，可以通过划分类别的方式进行管理；对C类存货实施资金占用总额控制。

2. 熟悉A、B、C三类存货的划分步骤。首先，列示企业全部存货的明细表，并计算出每种存货的价值总额及占全部存货金额的百分比;其次,按照金额由大到小进行排列并累计金额百分比;最后,按照累计金额百分比将存货划分为 ABC 三类。

经典案例

戴尔公司的"零库存"管理

为加强存货管理,降低存货风险,世界一些著名企业创造了不同的存货管理模式,如戴尔公司创建了零库存管理模式。迈克尔·戴尔认为"库存不是资产而是负债,在戴尔公司,库存的只是信息。"从某种意义上说,存货就是浪费,它耗费空间、资金和时间。随着计算机技术的发展与普及,提高了像订单处理、采购管理、日常管理、配销工程等作业的整合性和同步性。存货管理走向综合化,并进展到将销售、生产、库存作为综合系统的库存管理。注重库存"物流"与"资金流"系统控制和管理,已成为企业"第三大利润源泉"。

项目小结

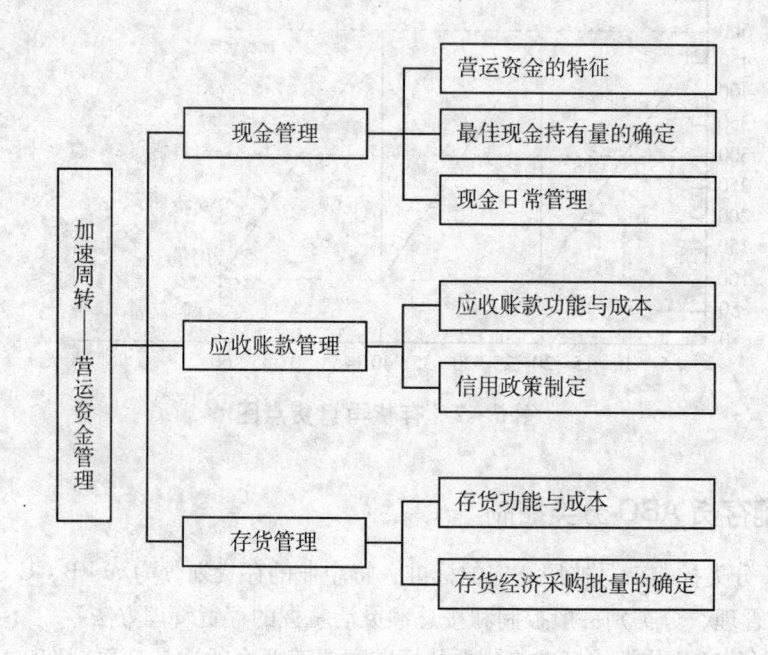

```
                              ┌── 营运资金的特征
                   ┌─ 现金管理 ├── 最佳现金持有量的确定
                   │          └── 现金日常管理
加速周转——         │          ┌── 应收账款功能与成本
营运资金管理 ──────┼─ 应收账款管理
                   │          └── 信用政策制定
                   │          ┌── 存货功能与成本
                   └─ 存货管理
                              └── 存货经济采购批量的确定
```

职业训练

一、判断(正确的在括号内打"√",错误的打"×")

1. 企业现金持有量越多,盈利水平越高。( )
2. 企业之所以持有一定数量的现金,主要是基于三个方面的动机:交易性需求、预防性需求、投资性需求。( )
3. 预防性动机是指持有一定量现金以防发生意外的支付需要,它与企业未来现金流量的确定性及企业的借款能力有关。( )
4. 企业营运资金是指流动资产减流动负债后的余额,营运资金越大,企业偿债能力越强,财务风险越小。( )
5. 现金周转期是指从收到尚未付款的材料开始到现金支出之间所用的时间。( )
6. 信用标准一般以预期坏账损失率表示,企业规定的预期坏账损失率越高,表明其信

用政策越宽松。（ ）
7. 应收账款平均收现期是指所有客户收现期的算术平均数。（ ）
8. 编制账龄分析表，可以了解客户的欠款金额、欠款时间，提示应收账款变化趋势。
（ ）
9. 存货的经济订货批量是指订货成本和购置成本达到最低时的批量。（ ）
10. 购置成本和缺货成本不论在哪种模型下都不直接影响经济订货批量的确定。（ ）
11. 订货成本的高低取决于订货的数量和质量。（ ）
12. 存货保险储备的建立是为了防止需求过大而发生缺货或供货中断。（ ）
13. 存货周转期是指将原材料转化成产成品并出售所需要的时间。（ ）
14. 在存货 ABC 控制法下，应当重点管理的是品种数量少、金额大的存货。（ ）
15. 在有数量折扣时，与存货订货批量相关的成本项目有购置成本、变动订货成本和变动储存成本。（ ）

二、选择（下列答案中有一项或多项是正确的，将正确答案前的英文字母填入括号内）

1. 现金周转期是指介于公司支付现金与收到现金之间的时间段，下列会使现金周转期缩短的方式有（ ）。
   A. 缩短存货周转期　　　　　　　B. 缩短应收账款周转期
   C. 缩短应付账款周转期　　　　　D. 延长应付账款周转期
2. 下列项目中属于持有现金机会成本的是（ ）。
   A. 现金管理人员工资　　　　　　B. 现金安全措施费用
   C. 现金被盗损失　　　　　　　　D. 现金的再投资收益
3. 在成本分析模式下确定现金最佳持有量的相关成本有（ ）。
   A. 现金管理成本　B. 持有机会成本　C. 现金转换成本　D. 现金短缺成本
4. 下面对信用标准的描述正确的是（ ）。
   A. 信用标准是客户获得企业信用的条件
   B. 信用标准通常以预期坏账损失率表示
   C. 信用标准越严格，企业的坏账损失越低
   D. 信用标准越宽松，企业的销售收入越低
5. 某企业目前信用条件为"n/30"，赊销额为 3 600 万元，若该企业变动成本率为 60%，机会成本率为 10%。若年按 360 天计算，该企业应收账款机会成本为（ ）万元。
   A. 18　　　　　B. 30　　　　　C. 54　　　　　D. 36
6. 对应收账款信用期限的表述，正确的是（ ）。
   A. 信用期限越长，企业坏账风险越大
   B. 延长信用期限，不利于销售收入的扩大
   C. 信用期限越长，表明客户享受的信用条件越优
   D. 信用期限越长，应收账款的机会成本越低
7. 除了（ ），都是客户信用评估"5C"评估法中的因素。
   A. 品质　　　　B. 能力　　　　C. 质量　　　　D. 资本
8. 与应收账款机会成本有关的因素有（ ）。

A. 应收账款平均余额　　　　　　B. 变动成本率
C. 销售成本率　　　　　　　　　D. 资本成本率

9. 关于存货 ABC 分类管理描述正确的有（　　）。
   A. A 类存货占用资金数额大，品种数量多
   B. B 类存货占用资金数额相对 A 类和 C 类居中，品种数量相对较多
   C. C 类存货占用资金数额小，品种数量多
   D. 对 A 类存货应实施重点管理，B、C 类存货实施一般管理
10. 下列订货成本中，属于变动成本的是（　　）。
    A. 采购部门管理费用　　　　　B. 订货差旅费
    C. 采购人员的计时工资　　　　D. 预付订金的机会成本
11. 已知甲存货平均每天需用量为 3 件，存货的交货时间为 5 天，企业建立的保险储备为 50 件，则该种存货的再订货点为（　　）件。
    A. 15　　　　B. 50　　　　C. 65　　　　D. 100
12. 以下各项与存货有关的成本费用中，不影响经济订货批量的是（　　）。
    A. 专设采购机构的基本开支　　B. 采购员的差旅费
    C. 存货资金占用费　　　　　　D. 存货的保险费
13. 经济订货批量基本模型的假设不包括（　　）。
    A. 企业一定时期存货总需求量是已知的常数
    B. 存货一次采购连续供应和使用
    C. 单位存货成本为常数，无数量折扣
    D. 允许出现缺货
14. 下列属于变动储存成本的是（　　）。
    A. 仓库折旧费　　　　　　　　B. 仓储管理人员工资
    C. 存货的变质破损损失　　　　D. 存货占用资金的利息
15. 存货总成本主要由（　　）构成。
    A. 订货成本　　B. 销售成本　　C. 储存成本　　D. 短缺成本

三、实训（按要求完成实训任务）

项目实训一　运用成本分析模型确定现金最佳持有量

实训目的：加深对成本分析模型的理解，提高对成本分析模型的应用能力。

实训资料：A 公司现拟定了甲、乙、丙、丁四种现金持有量方案，有关成本资料如下表所示。

备选方案成本资料表

单位：元

项　目	甲	乙	丙	丁
现金持有量	50 000	55 000	75 000	84 000
管理成本	6 000	6 000	6 000	6 000
机会成本率	10%	10%	10%	10%
短缺成本	2 500	1 500	1 000	0

实训要求：
(1) 试运用成本分析模型为 A 公司确定最佳现金持有量；
(2) 分析成本模型应用的条件，查阅资料对该方法做出评价。

项目实训二　运用存货模型确定现金最佳持有量
实训目的：加深对存货模型的理解，提高对存货模型的应用能力。
实训资料：假设某企业上年现金需要量 40 000 元，预计今年需要量增加 50%，假定年内收支状况稳定。每次买卖有价证券发生的固定费用为 120 元，证券市场平均利率 10%。
实训要求：
(1) 试用存货模式确定最佳现金持有量、现金总成本及年内有价证券变现次数；
(2) 分组讨论，存货模型在应用中存在的突出问题，提出优化的思考。

项目实训三　信用政策决策分析
实训目的：掌握信用政策决策分析的原理，对制定合理的信用政策有更深入的理解。
实训资料：假设某公司 2013 年甲产品销售收入为 4 000 万元，总成本为 3 000 万元，其中固定成本为 600 万元，变动成本率为 60%。该企业的资本成本率为 8%。2014 年该企业有两种信用政策可供选择：

A 方案：给予客户 45 天信用期限，即 n/45，预计销售收入为 5 000 万元，货款将于第 45 天收到，其收账费用为 20 万元，坏账损失率为货款的 3%。

B 方案：信用政策为 2/10，1/20，n/60，预计销售收入为 5 400 万元，将有 30% 的货款于第 10 天收到，20% 的货款于第 20 天收到，其余 50% 的货款于第 60 天收到。预计坏账损失率为货款的 2%，收账费用为 50 万元。

实训要求：
(1) 为该企业做出信用政策的决策，并说明理由；
(2) 分组讨论，应收账风险及一些企业应收账款居高不下的原因，并提出解决的对策。

项目实训四　经济订货批量决策分析
实训目的：掌握存货经济订货批量基本模型的应用。
实训资料：某公司预计年耗用 B 材料 250 000 千克，单价为 10 元/千克，目前企业每次订货量和每次订货成本分别为 50 000 千克和 500 元/次。
实训要求：
(1) 计算该企业每年存货的订货成本为多少？
(2) 若单位存货的年储存成本为 0.1 元/千克，若企业存货管理相关最低总成本为 4 000 元，则企业每次订货成本限额为多少？
(3) 分组讨论产成品存货积压的解决对策。

项目七
统筹兼顾——收益分配管理

【学习目标】
- 能了解利润形成过程
- 会计算目标利润与目标利润的预测
- 能理解利润分配的基本原则和影响因素
- 能辨析各种利润分配政策及其优缺点
- 能运用利润分配程序来制订其分配方案
- 能区别股票分割与股票回购
- 能理解各种环境、法规、政策、因素的变动对利润分配方案的影响
- 会通过现代媒体等手段收集利润分配所需的资料
- 能根据企业所实现的利润计算应纳税所得税额

任务一 利润计算

【任务描述】
利润是企业扩大再生产和资本积累的"血液库",企业扩大生产经营规模或进行资本积累都离不开企业的利润。企业经营的目的也就是为了实现收益,即实现利润。对于企业在本期经营过程中,实现多少的利润,怎样计算利润以及对企业的目标利润怎样进行预测,这就需要企业根据经营情况选择合适的计算方法,并进行企业经营利润计算,对企业的目标利润进行预测,这也是企业管理者对企业开展绩效管理的一项非常重要的内容。学习任务:了解利润与目标利润的概念,熟悉利润的形成过程和利润的管理要求,掌握目标利润与目标利润的预测方法,并能预测企业的目标利润与计算企业的实际利润。

学习引领 到了年终企业计算与分配利润的时候了,李明与他的同事将本年度的所有会计资料进行分析后计算出本年度的利润,准备将此利润上报给财务经理,并经财务经理提交董事会讨论。可是,没想到却遭到了财务经理的坚决反对。李明和他的同事都感到十分困惑,难道计算方法有什么不妥吗?

【知识准备】

一、利润的概念

利润是指企业在一定会计期间的经营成果。利润包括收入减去费用后的净额和直接计入当期利润的利得与损失等。因此当期利润总额取决于该期间收入和费用以及直接计入当期利润的利得与损失的金额大小。

二、目标利润的概念

目标利润是指企业在未来一段期间内，通过企业经营管理应该或者可以达到的利润控制目标，它同时也是企业未来经营必须考虑的重要战略目标之一。目标利润预测是指企业在运用定量预测分析的基础上，通过对产品销售量、销售价格和产品成本以及其他对利润发生影响的因素的分析和研究，对企业在未来某一时期可以实现的利润的预计和测算。正确的目标利润预测可以为企业未来的经营建立合理的利润目标，以便于企业按利润目标对企业经营效果进行考核和分析。

三、利润的种类

根据自2007年1月1日起正式施行的《企业会计准则》和《企业会计准则应用指南》中的关于企业利润表列报的相关规定，上市公司至少应列报包括营业利润、利润总额和净利润三大类关于利润的指标。

营业利润是指企业从事生产经营活动所产生的利润。

利润总额是指企业在一定时期生产经营活动所取得的主要财务成果。

净利润是指企业利润总额减去所得税费用之后的余额。

名人名言 财富应当用正当的手段去谋求，应当慎重地使用，应当慷慨地用以济世，而到临死时应当无留恋地与之分手，当然也不必对财富故作蔑视。

——培根

四、利润的形成过程

（一）利润的构成

利润总额中的构成主体是营业利润。营业利润由营业收入、营业成本、营业税金及附加、销售费用、管理费用、财务费用、资产减值损失、公允价值变动损益和投资净收益等内容构成。

1. 营业收入的确认。营业收入是指企业在从事销售商品、提供劳务和让渡资产使用权等日常经营业务过程中所形成的经济利益总流入。营业收入可以分为主营业务收入和其他业务收入。

主营业务收入是指企业从事某种主要生产和经营活动所取得的营业收入。

其他业务收入是指企业从事除主营业务收入以外的其他业务所取得的收入。它包括材料销售、技术转让、固定资产出租和包装物及低值易耗品出租等形成的非工业性劳务收入。

2. 营业利润的确认。营业利润是指企业从事生产经营活动所产生的利润。营业利润是综合了企业在某一会计期间的营业收入与为实现这些营业收入所发生的费用成本比较计算的结果，它是企业通过自身的生产经营活动所取得的。营业利润的计算公式如下：

$$营业利润 = 营业收入 - 营业成本 - 营业税金及附加 - 销售费用 - 管理费用 - 财务费用 - 资产减值损失 \pm 公允价值变动损益 \pm 投资净收益$$

其中：

营业成本是指企业根据收入准则确认销售商品、提供劳务等主营业务收入和其他业务收入时应结转的成本和其他经营活动发生的成本,包括主营业务成本和其他业务成本。

营业税金及附加是指企业经营活动发生的消费税、城市维护建设税、资源税和教育费附加等相关税费。

销售费用是指企业销售商品和材料、提供劳务的过程中发生的各种费用。

管理费用是指企业为组织和管理企业生产经营所发生的管理费用。

财务费用是指企业为筹集生产经营所需资金等而发生的筹资费用。

资产减值损失是指企业根据资产减值等准则计提各项资产减值准备所形成的损失。

公允价值变动损益是指企业交易性金融资产等公允价值变动形成的应计入当期损益的利得(或损失);

投资净收益是指企业以各种方式对外投资所取得的收益(或损失)。

方正电机股份有限公司(002196,以下简称"方正电机")2012年度的利润表如表7-1所示。

表7-1 利润表
2012 年度　　　　　　　　　　　　　　　　　　　　　　　　单位:元

项 目	本期金额	上期金额
一、营业总收入	376 669 376.98	252 802 541.88
营业收入	376 669 376.98	252 802 541.88
二、营业总成本	359 804 164.56	238 973 314.32
营业成本	309 670 556.24	208 493 970.17
营业税金及附加	792 931.30	304 524.54
销售费用	7 150 794.84	4 396 990.70
管理费用	29 887 412.94	17 691 100.19
财务费用	10 786 755.34	7 288 889.89
资产减值损失	1 515 713.90	797 838.83
三、其他经营收益	123 132.73	121 107.54
投资净收益	123 132.73	121 107.54
四、营业利润	16 988 345.15	13 950 335.10
营业外收入	8 545 097.31	8 432 697.31
营业外支出	368 855.96	365 792.14
五、利润总额	25 164 586.50	22 017 240.27
所得税	4 576 809.08	4 269 325.32
六、净利润(万元)	0.21	0.18
归属于母公司股东的净利润	20 587 777.42	17 747 914.95
七、每股收益	0.18	0.15
基本每股收益	0.18	0.15
稀释每股收益	0.18	0.15

3. 利润总额的确认。利润总额是企业在一定时期生产经营活动所取得的主要财务成果。从整个社会来看，利润是社会再生产的重要资金来源；从企业来看，利润是企业生存与发展的必要条件，也是评价企业生产经营状况的一个重要指标。

利润总额的计算公式如下：

$$利润总额 = 营业利润 + 营业外收入 - 营业外支出$$

其中：

营业外收入是指企业发生的与其经营活动无直接关系的各项收入。

营业外支出是指企业发生的与其经营活动无直接关系的各项支出。

即问即答 根据表7-1，方正电机股份有限公司2012年度的营业利润的计算正确吗？

正确。

营业利润 = 376 669 376.98 - 359 804 164.56 + 123 132.73 = 16 988 345.15（元）

4. 净利润的确认。净利润是指企业利润总额减去所得税费用之后的金额。

净利润的计算公式如下：

$$净利润 = 利润总额 - 所得税费用$$

其中：

所得税费用是指企业根据所得税准则确认的应从当期利润总额中扣除的所得税费用。

即问即答 根据表7-1，如果方正电机股份有限公司2012年度的利润总额比营业利润的金额还要大，这意味着什么？

这主要是由于该企业的营业外净收支较大，从而增加利润总额。

（二）利润的作用

企业利润来自企业的生产经营活动，在缴纳企业所得税后，最终的净利润归属于企业投资者。因此企业加强对利润管理，不断提高企业的利润水平，无论对企业投资者还是国家，都具有重大的经济意义。

1. 利润是企业实现财务目标的基础。一般认为，企业财务管理的目标是企业价值最大化，而企业价值最大化要达到利润与风险的最佳组合匹配。企业只有实现足够的利润，才能使得企业债权人和投资者的利益得到保障。利润是一项综合性很强的指标，对于企业经营管理的质量、市场开拓能力、成本费用的开支和各种财务风险最终都会在企业利润上体现出来，因而利润也是对企业作出评价的最重要的指标之一。

2. 利润是国家财政收入的重要来源之一。根据税法的有关规定，企业作为国民经济的基本单位有义务将其实现的利润在国家和企业之间进行分配。也就是说，企业要依法向国家缴纳所得税。由于所得税具有强制性、无偿性和固定性等特点，因此构成了国家财政收入的重要来源之一。

3. 利润是衡量企业生产经营水平的一项综合性指标。利润从构成内容看，概括了企业的全部生产经营工作范围。因此，利润的多少反映了企业生产经营水平的高低。企业获得的利润越多，越说明企业管理者经营管理有方，生产经营活动中的消耗少，产品成本低，产品适销对路、质量好、产销数量多。

4. 利润是企业扩大再生产的资金保障。企业的资金来源是多方面的，其中利润是一项重要的资金来源。企业要扩大生产经营规模，提高生产技术主要应依靠企业自身的内部积累。这不仅能给企业带来更多的未来利润，也有利于提高企业的安全性。

五、利润管理的要求

（一）树立正确的盈利理念，不断提高企业利润水平

企业在生产经营的过程中必须反对那种一方面不顾国家的法律和政策不择手段、唯利是图的经营观念，另一方面也必须反对不讲核算、不讲效益、浪费社会财富的做法。而应当在坚持正确的生产经营方向的前提下，把经济效益放在应有的位置上，并采取各种有效的方法和措施来提高企业的盈利水平。

（二）实行目标利润分管责任制，保证利润目标的完成

利润既是生产经营结果的反映，又对企业生产经营活动起着一定的制约作用。为了加强利润管理，企业必须开展利润预测，制定切合实际的利润目标。为了实现利润目标，企业要完善内部的责任制，将利润目标和其他各项经济技术指标分解，落实到企业有关部门和个人，明确他们的经济责任，并且将责权利结合起来，组织和动员各方面的力量来增加利润，保证利润目标的顺利完成。

（三）严格执行有关财经法规，正确进行利润分配

企业采取各种措施增加利润，必须从全局利益出发，严格执行国家的有关法规。例如，企业安排生产，首先必须符合国家产业政策的要求，生产的产品必须保证质量，符合国家颁布的质量标准，不得偷工减料，以次充好。同时，企业应严格按财经法规的规定，正确组织利润分配。企业一定时期内的利润必须首先用以缴纳企业所得税，然后才能将余下的利润在企业和投资人之间进行分配。

六、目标利润预测的方法

正确的目标利润预测可以为企业未来的经营建立合理的利润目标，以便于企业按利润目标对企业经营效果进行考核和分析。由于在利润总额中，营业利润占的比重最大，因而营业利润的预测当然是利润预测的重点，营业外收支净额和所得税费用等项目可以采用较为简便的方法进行预测。

目标利润预测的方法主要包括定性预测和定量预测两种方法。其中定量预测法主要有本量利分析法、上加法和销售收入增长率法等。

（一）本量利分析法

本量利分析法是指利用成本、业务量、利润之间的关系来预测目标利润的方法。其计算公式为：

$$P = (SP - VC) \times Q - FC$$

式中：P——利润额；SP——产品销售价格；VC——单位变动成本；Q——销售量；FC——固定成本。

[业务举例7-1] 方正电机的一个分公司主营业务之一是生产汽车电机，预计该公司下年度的销售量为900 000件，预计汽车电机每件单价为2 500元，每件单位变动成本为1 900元，固定成本为230 000 000元，则该公司下年度汽车电机业务的目标利润是多少？

P = (2 500 - 1 900) × 900 000 - 230 000 000 = 310 000 000（元）

即问即答 根据上面的例7-1，可否计算出方正电机公司的经营杠杆系数？

完全可以。DOL = (2 500 - 1 900) × 900 000/310 000 000 = 1.74

（二）上加法

上加法是根据有关基期的实际利润总额和过去若干期平均利润增长幅度预测利润总额的一种方法。其计算公式为：

目标利润总额 = 基期利润总额 × (1 + 利润总额增长率)

[业务举例7-2] 方正电机2012年汽车电机业务的利润总额为10 000万元，最近若干年的利润增长率年均稳定在5%的水平上。该公司2013年汽车电机业务的利润总额预测值为：

目标利润总额 = 10 000 × (1 + 5%) = 10 500（万元）

即问即答 根据[业务举例7-2]，方正电机公司基期的利润总额的大小对于预计年度的目标利润有什么重要的影响？

成正比例影响。

（三）销售收入增长率法

销售收入增长率法的基本思路是认为利润与销售收入之间存在一定的正比例关系。当已通过合理的预测方法来确认了未来销售的增长率时，也就预知了未来利润的增长率。其计算公式为：

目标利润总额 = 基期实际利润总额 × (1 + 下一期销售收入增长率)

[业务举例7-3] 方正电机2012年汽车电机业务的利润总额为10 000万元，预计下一期该公司的销售增长率为5%的水平上。该公司2013年的利润总额预测值为：

目标利润总额 = 10 000 × (1 + 5%) = 10 500（万元）

即问即答 根据[业务举例7-3]，方正电机公司的销售收入对于该公司利润总额的影响是否重大？

有较大的影响。其影响幅度即为销售的增长率。

【业务操作】

一、利用本量利分析法预测盈亏临界点

（一）理解盈亏临界点的定义

所谓盈亏临界点，也叫保本点，是指企业既无盈利又无亏损的经营点，即企业收入和成本相等的经营状态；从本、量、利分析的角度来看，也就是指企业的边际贡献等于固定成本的那个业务量，或者说是使企业的利润为零的那个业务量。

（二）预测盈亏临界点

当利润为零时的销量即为企业盈亏临界点的销售量。根据本量利分析法的基本原理：P = (SP - VC) × Q - FC 得：

$$盈亏临界点销售量 = \frac{固定成本}{单价 - 单位变动成本} = \frac{固定成本}{边际贡献}$$

$$盈亏临界点销售额 = \frac{固定成本}{边际贡献率}$$

一般将盈亏临界点销售量（额）占企业正常销售量（额）的比重称为保本作业率，这里讲的企业正常销售量（额）是指市场正常和开工正常情况下的企业销售量（额），其计算公式如下：

$$盈亏临界点作业率 = \frac{盈亏临界点销售量（额）}{正常销售量（额）} \times 100\%$$

这个比率表明，企业保本的业务量在正常业务量中所占的比重。一般情况下，企业的生产经营能力是按正常销售量来规划的，所以，盈亏临界点作业率还表明保本状态下的生产经营能力的利用程度。

一般将正常销售量（额）与盈亏临界点销售量（额）的差称为安全边际量（额），安全边际量（额）占企业正常销售量（额）的比重称为安全边际率。其计算公式为：

$$安全边际率 = \frac{安全边际量（额）}{正常销售量（额）} \times 100\%$$

$$盈亏临界点作业率 + 安全边际率 = 1$$

安全边际率越大，说明企业发生亏损的可能性越小，企业经营就越安全。企业的安全性检验标准，如表7-2所示。

表7-2　　　　　　　　　经营安全性检验标准

安全边际率（%）	40以上	30~40	20~30	10~20	10以下
安全等级	很安全	安全	较安全	值得注意	危险

[业务举例7-4] 假定方正电机的一个分公司生产一种电机，单价为15元，单位变动成本为10元，固定成本为1 800万元，该公司的正常销售量为1 000件，计算如下：

盈亏临界点销售量 = 1 800 ÷ (15 - 10) = 360（万件）

盈亏临界点销售额 = 1 800 ÷ [(15 - 10) ÷ 15] = 5 400（万元）

盈亏临界点作业率 = 360 ÷ 1 000 = 36%

安全边际率 = 1 - 36% = 64%

盈亏临界点作业率与安全边际率的关系，如图7-1所示。

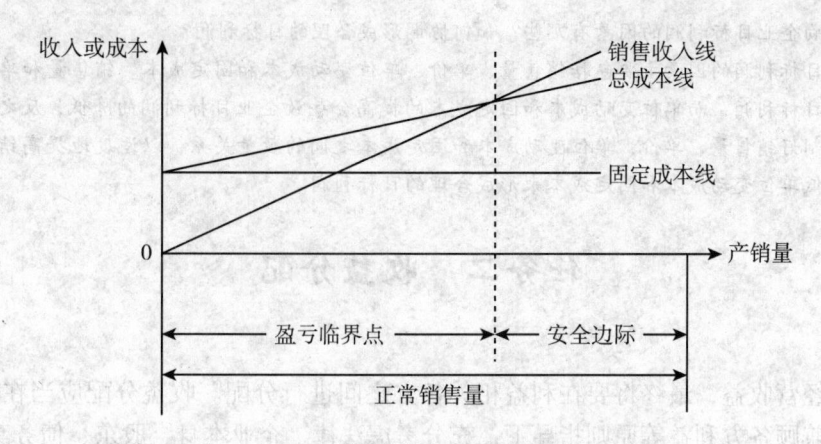

图 7-1 盈亏临界点作业率和安全边际率

二、利用本量利分析法预测保利点

当利润大于零时的销售量即为企业的保利销售量。根据本量利分析法的基本原理：P = (SP - VC) × Q - FC 得：

$$保利销售量 = \frac{固定成本 + 目标利润}{单价 - 单位变动成本}$$

$$保利销售额 = \frac{固定成本 + 目标利润}{边际贡献率}$$

[业务举例 7-5] 公司生产机床，每台售价 10 万元，单位变动成本为 6 万元，固定成本总额 40 000 万元，本年度生产销售 12 500 台，目标利润为 12 000 万元，试计算本年度的边际贡献总额、营业利润、变动成本率与保利点销售额。

解：边际贡献总额 = (10 - 6) × 12 500 = 50 000（万元）
营业利润 = 50 000 - 40 000 = 10 000（万元）
边际贡献率 = 50 000 ÷ 125 000 × 100% = 40%
保利销售量 = (40 000 + 12 000) ÷ (10 - 6) = 13 000（万台）
保利销售额 = (40 000 + 12 000) ÷ 40% = 130 000（万元）

即问即答 2008 年 10 月 31 日雅戈尔公司下属电子器材厂的会议记录如下：

总经理说：母公司下达我厂 2009 年度制定的利润指标为 700 万元，现市场竞争激烈，原材料价格上涨，请大家结合实际情况讨论：(1) 本厂 2009 年度的目标利润定多少？(2) 2009 年的产量定多少？提供实现目标利润的可行方案。

销售科长说：据最近一次市场调查预测，2009 年预测 A、B、C 型电子器材销售量为 1 万台、0.5 万台、0.2 万台，预计售价分别为 2 800 元/台、4 000 元/台、5 000 元/台。

生产科长说：目前生产能力富余，预计上述三种规格的电子器材在 2008 年的基础上可各增加 50%（2008 年 A、B、C 型电子器材产销量分别为 0.9 万台、0.5 万台、0.2 万台，单价分别为 2 750 元、3 950 元、4 980 元）。

财务科长说：为保证公司利润指标的完成，我厂的目标利润应定得稍高一些，再追加 5% 为宜。据往年预算控制的经验，如措施得力，固定费用可在 2008 年 2 250 万元的基础上降低 2% 左右。

请问：影响企业目标利润的因素有哪些？如何协调形成合理的目标利润？

影响企业目标利润的因素主要包括销售量、单价、单位变动成本和固定成本。销售量和单价的提高可以提高企业的目标利润，而单位变动成本和固定成本的提高会导致企业目标利润的降低，反之亦然。因此企业必须要控制好销售量、单价、单位变动成本和固定成本之间的数量关系，以适度地提高销售量和单价以及适度地降低单位变动成本和固定成本来形成合理的目标利润。

任务二　收益分配

【任务描述】

企业的经营收益，最终将要在利益相关各方之间进行分配。收益分配应当在依法分配、资本保全、兼顾各方利益等原则指导下，充分考虑法律、企业本身、股东、债务契约、通货膨胀等相关因素的影响，合理制定利润分配政策。利润分配就是将企业实现的净利润，按照国家财务制度规定的分配形式和分配顺序，在国家、企业和投资者之间进行分配。分配的过程和结果关系到参与各方的合法权益能否得到保护，企业能否长期、稳定发展等重要问题，也是财务成果分配的重点。学习任务：了解利润分配的原则，理解影响利润分配的主要因素，掌握利润分配的顺序与股利政策，并能运用股利政策对企业实现的收益制订相应的分配方案。

学习引领　通过以上学习，李明明白了，即使在合法合规的情况下，企业也并非按结转收支的项目结转后即为可供分配的利润。企业还需要进行纳税调整，还要确定恰当的分配方式等内容。可是，李明又有了新的困惑，利润分配的政策与方式有哪些？怎样确定企业现阶段应采用的分配政策？企业收益分配需要考虑哪些因素？支付水平又怎样确定？

【知识准备】

一、利润分配的定义

利润分配是指按照有关政策的规定和顺序，将净利润分配给投资者和留存于公司再投资的活动，是企业在一定时期内所创造的剩余价值总额在企业内外各利益主体之间分割的过程。因此，企业财务活动中的利润分配活动，首先是执行有关的法律、政策、制度以及事先确定的分配顺序；其次是妥善处理好各利益主体之间的关系、企业短期发展和长远发展的关系，以保证企业的健康稳定发展。

二、利润分配的原则

企业的利润分配有广义的利润分配和狭义的利润分配两种。广义的利润分配是指对企业的收入和净利润进行分配的过程；狭义的利润分配则是指对企业净利润的分配。本章所指利润分配是指企业净利润的分配。企业的利润分配应当遵循以下原则：

（一）依法分配原则

为了规范企业利润分配的行为，国家制定了包括《中华人民共和国公司法》等在内的多项法律法规。依法分配原则就是要求企业在进行分配时，应当遵守国家有关法律和法规的要求，按照法定的程序进行分配。企业在进行利润分配之前必须要处理好分配与法律要求之间的关系。

(二) 投资与收益对等的原则

企业利润分配应当体现"谁投资谁受益,受益大小与投资比例相适应",这是正确处理企业和投资者利益关系的立足点。投资者因投资行为,以各自的出资额依法享有利润分配权,可以要求企业本着公平原则,一律按照投资者投入资本的比例来进行分配,不允许发生任何一方多分多占的现象,从根本上实现利润分配中的公开、公平和公正,以保护投资者的利益。

(三) 资本保全的原则

资本保全的原则就是企业的利润分配必须建立在盈利确认的基础上,也即利润分配必须是建立在企业资本增值的基础之上而不是对投资者本金的返还,所以企业利润分配的时候应避免在不盈利甚至亏损的情况下的所谓"利润分配",只有这样才能最终保护投资各方的权益。

(四) 兼顾各方面利益原则

兼顾各方面利益原则首先要处理好满足各方面的短期利益与注重维持企业长远的发展实力之间的关系;其次,要处理好与企业利润分配有相关利益的各个团体和个人之间的关系。企业的利润分配政策的确定,关系到企业的长远盈利能力、企业资本结构的合理性、企业综合资金成本的高低和企业长短期偿债能力的保持,并影响企业投资人和债权人的信心、企业未来的举债能力和企业管理层及员工的积极性和主动性。

(五) 处理好企业分配与积累的关系

企业进行利润分配之前需要准确处理企业长期利益与短期利益之间的关系,也即坚持利润分配与积累并重的原则。企业除了要按照规定计提法定盈余公积金之外还要留存适当的未分配利润作为积累,也就是要合理地安排企业内部的积累与消费的比例关系。这部分积累不仅可以为企业将来扩大再生产提供资金,而且能够增强企业发展能力和抵御风险的能力。

三、利润分配的影响因素

企业的利润分配政策实施前通常是由企业管理者制定的,但是利润分配方案的最终实施还要受其他约束条件的限制。这些条件包括客观上、主观上的许多制约因素,这使得决策人只能遵循当时的经济环境与法律环境作出有限的选择。制约企业利润分配政策的因素主要有以下几个方面:

(一) 法律约束因素

法律约束是指为保护债权人和股东的利益,国家法律对企业的投资分红进行的硬性限制。这些限制主要体现在以下几个方面:

1. 资本保全的约束。资本保全约束是企业财务管理应遵循的一项重要原则,它要求企业所发放的股利或投资分红不得来源于股本,即不能因为支付股利而引起资本的减少而只能来源于企业的各种前期留存收益或者本期实现的利润。这一法律约束的目的,在于保证企业有完整的资本产权基础,以达到切实保护债权人的利益。

2. 资本积累的约束。根据有关法律的规定，资本积累要求企业在投资并取得净利润时，必须按照净利润的一定比例（一般为净利润的10%）提取法定盈余公积金。此外，资本积累要求在具体的分配政策上，贯彻"没有利润就不能分配"的原则，即当企业出现年度亏损时，一般不得分配股利。即使出于维护企业形象的考虑，动用以前年度的盈余公积金分派股利，也要保留一定数额的留存收益。

3. 超额累积利润的约束。在我国，由于投资者接受股利收入所缴纳的个人所得税税率为20%（按照财政部的有关规定，目前减半征收税率为10%）要高于进行股票投资的资本利得（按照财政部的有关规定，目前资本利得不征税）所缴纳的税金，因此对于股份制企业而言，它可以通过积累利润使股价上涨的方式来帮助股东避税。而西方各国税法基本都明确规定对企业超额累积利润加征不合理留利税，这样可以防止少数股东利用操纵股利分配达到逃避个人所得税的目的。

4. 偿债能力的约束。企业进行现金股利分配时，需要支付大量的现金，因此企业不能只看利润表上可供分配利润的数额，还要注意资产负债表上的现金结余情况。现金股利的支付会导致企业现金的流出，而支付现金股利后一定会影响到企业偿债能力和正常经营。因此企业在确定现金股利分配数量时，一定要考虑现金流出对企业偿债能力的影响，这就会导致企业发放现金股利的数额要受到限制。

（二）企业自身因素

企业出于长期发展与短期经营考虑，需要综合考虑以下因素，并最终制定出切实可行的分配政策。这些因素主要有：

1. 债务筹资的考虑。企业对外举债时，债权人为保护自身债权的安全性，可以在借款合同中要求在企业限制或者减少其发放现金股利的行为。这些限制和减少的措施主要包括：规定每股现金股利的最高限额和规定企业只有在达到一定的财务比率（如流动比率、利息保障倍数等）才可发放股利等。企业出于未来负债筹资的信用方面的考虑，一般均能自觉遵守这些限制性条款，以稳定企业与债权人的关系。

2. 未来投资机会。利润分配政策要受到企业未来投资机会的影响。这主要表现在：企业在预期未来有良好的投资机会时，会将大部分盈余用于投资，这就会减少企业现金股利的发放，而企业在预期未来没有良好的投资机会时，则倾向于支付较高的现金股利。

3. 筹资成本。用留存收益的方式筹资与发行新股筹资相比，不需支付任何的筹资费用，这样有利于降低筹资成本。因此从资金成本考虑，很多企业将企业的净利润作为筹资的首选渠道，从而降低企业筹资成本。

4. 资产的流动性。在股利决策中，流动性是应该考虑的一个主要方面。对于成长型的企业资产来说，它的大部分资金投资在固定资产和永久性营运资金方面，这导致其资产总体缺乏流动性，因此企业的管理者通常希望保持一定的流动性，以作为其财务灵活性的缓冲，而不愿意支付大额股利而危及企业的稳定运营。

5. 现金流量。企业资金的正常周转是企业生产经营的保证条件之一。因此为了保持企业正常的经营活动对现金的需要，有必要对企业利润分配政策进行控制。

6. 筹资能力。企业在制定利润分配政策之时，还要考虑企业自身的筹资能力如何，即如果企业具有较强的筹资能力，随时可以筹集到生产经营所需要的资金，则企业具有较大的股利支付能力。反之亦然。

（三）投资者因素

1. 企业控制权的稀释。利润分配政策会受到企业投资者对于控制权要求的影响。企业支付较高的股利，就会导致留存盈余减少，这又意味着企业将来依靠发行股票等方式筹资的可能性加大，而发行新的普通股意味着企业控制权有旁落其他企业的可能。这是企业原有具有控股权的股东们所不愿看到的局面。因此，若他们拿不出更多的资金购买新股以满足企业的需要，宁肯不分配股利也要反对募集新股。

2. 投资目的。企业投资者的投资目的主要有以下两种：一是为了取得明确的收益；二是为了稳定现有的购销关系。作为接受投资的企业，在进行投资分红时，必须事先了解投资者的投资目的，据此选择适当的利润分配方案。对于以收益为目的股东，在分配时就应侧重于分红；如果属于通过投资稳定购销关系，加强分工协作，那么分配政策就应侧重于留存。

3. 避税要求的考虑。政府对企业利润在征收所得税以后，还要对自然人股东征收个人所得税。许多国家的个人所得税采用累进税率，且边际税率很高。一些高股利收入的股东正是出于避税的考虑，往往反对企业发放较多的股利。

即问即答 对利润分配投资者的影响因素中，哪种因素是企业第一位需要考虑的因素？

企业控制权的稀释是需要首先考虑的。

四、利润分配的顺序

按照我国《公司法》及其他相关法律制度规定，企业应当按照如下程序进行利润分配：

1. 弥补以前年度亏损，但不得超过税法规定的弥补期限。根据《中华人民共和国企业所得税法》的有关规定，企业发生的年度亏损可以用下一年度的税前利润弥补，下一年度利润不足弥补的可以在5年内用税前利润连续弥补。5年内不足弥补的，则用企业的税后利润弥补，也可以用以前年度提取的盈余公积金弥补。企业以前年度亏损未弥补完，不得提取法定盈余公积金。在提取法定盈余公积金前，不得向投资者分配利润。

2. 缴纳所得税。企业所得税是对我国境内的企业和其他取得收入的组织的生产经营所得和其他所得征收的所得税。它按年计征，分期预缴。企业必须严格执行《企业所得税法》的规定，正确计算和缴纳企业所得税。

3. 税后弥补亏损。如果企业的亏损数额较大，用税前利润在5年的期限内弥补不完（即超过5年仍然不能弥补的亏损），就应由企业的税后利润弥补。

4. 提取法定公积金。根据《公司法》的规定，企业应按当年税后利润（弥补亏损后）的10%提取法定公积金，当法定公积金累计达到注册资本的50%以后，可以不再提取。法定公积金主要用于弥补亏损、转增资本和在企业亏损年度经股东会特别决议后按规定分配股利。用法定公积金转增资本或分配股利后所留存的该项公积金不得低于转增前注册资本的25%。提取法定公积金的目的是为了增加企业内部积累，以利于企业扩大再生产。

5. 提取任意公积金。根据《公司法》的规定，公司从税后利润中提取法定公积金后经股东会或股东大会决议，企业还可以从税后利润中提取任意公积金，其用途和法定公积金相同。

6. 向投资者分配利润。根据《公司法》的规定，企业弥补亏损和提取公积金后所余税后利润，可以向股东（投资者）分配股利（利润）。其中，有限责任公司股东按照实缴的出资比例分取红利，全体股东约定不按照出资比例分取红利的除外；股份有限公司按照股东持有的股份比例分配，但股份有限公司章程规定不按持股比例分配的除外。

7. 剩余利润转作未分配利润，可在下期分配。

五、股利政策

股利政策是指企业在法律允许的范围内，由企业自主决定是否发放股利、发放股利的数量和发放股利的时间等一系列关于发放股利的政策。企业实现的各种盈余既可以以股利的形式发放给股东，也可以留存在企业内部。股利政策的关键问题是如何确定股利分配和留存的比例。通常可供企业选择的股利政策包括剩余股利政策、固定股利支付率政策、固定或稳定增长股利政策及低正常股利加额外股利政策。

（一）剩余股利政策

1. 剩余股利政策的内容。剩余股政策是指企业生产经营所获得的净利润首先应考虑满足企业投资项目的需要。只有当增加的权益资本达到预定的最佳目标资本结构之后，还有剩余的利润才派发现金股利，反之则不派发。剩余股利政策是一种有利于保持企业最优资本结构的股利政策。采用这种利润分配政策的企业，当存在较好的投资机会时，净利润首先应当满足企业投资项目对权益资本的需要，如果有剩余的话，再将剩余的部分用于向股东发放现金股利。

2. 剩余股利政策的理论依据。剩余股利政策以股利无关论为依据，该政策认为股利是否发放以及发放的多少对企业价值以及股价不会产生任何影响，所以股东不关心企业股利的分配。因此企业可以始终把保持最优资本结构作为投资决策的首位要素。在这种股利结构下，企业的综合资金成本也是最低的，同时企业价值实现了最大化。

3. 剩余股利政策的实施步骤。

（1）根据企业的投资项目来确定企业的最佳资本投资目标。为了实现最低的综合资本成本和企业价值最大化，企业可根据以往的数据采用每股收益无差别点分析法等方法来确定企业最优资本结构，即确定企业权益资本和债务资本的比例关系。

（2）根据企业的目标资本结构及最佳资本预算预计企业资金需求中所需要的权益资本数额，即根据投资总额中权益资本与债务资本的最优比例关系，来首先确定投资项目所需要的权益资本的数额。

（3）尽可能用留存收益来满足资金需求中所需增加的权益资本。

（4）留存收益在满足企业权益资本后，用剩余的留存收益来发放股利。

[业务举例7-6] 假定方正电机股份有限公司2012年度的净利润为4 000万元，股票总数为4 400万股。由于企业尚处于初创期，产品市场前景广阔，产业优势明显。假定2013年该公司有较好投资前景的投资项目，需要投资6 000万元。同时企业确定的目标资本结构为：负债资本为70%，股东权益资本为30%。假如该公司采用剩余股利政策，则该公司应当如何分配股利和进行融资？

首先，确定按目标资本结构需要筹集的股东权益资本为：

6 000×30% = 1 800（万元）

其次，确定应分配的股利总额为：

4 000 - 1 800 = 2 200（万元）

每股现金股利数额 = 2 200÷4 400 = 0.5（元/股）

此外，方正电机股份有限公司还应当筹集负债资金：

6 000 - 1 800 = 4 200（万元）

4. 剩余股利政策的优缺点及适用性。

（1）剩余股利政策的优点。企业当年实现的留存收益首先保证企业新投资项目的资金需要，从而有助于降低新投资项目的资本成本，这样可以实现企业价值的最大化。

（2）剩余股利政策的缺点。如果完全遵照执行剩余股利政策，股利发放额就会每年随投资机会和盈利水平的波动而波动。即使在盈利水平不变的情况下，股利也将与投资机会的存在出现较大的波动，不利于稳定投资者的投资预期，可能导致股价出现大幅度的震荡。

（3）剩余股利政策的适用性。由于这种政策不利于股票投资者安排收入与支出，也就不利于企业树立良好的形象，所以剩余股利政策比较适用于企业初创阶段或处于高速成长的企业。

（二）固定股利支付率政策

1. 固定股利支付率政策的内容。固定股利支付率政策是指企业在设立之初就确定固定的股利支付率，并长期按此比率从净利润中进行股利分配的政策。执行固定股利支付率政策的企业每年发放的股利额都等于净利润乘以固定的股利支付率。当企业当年实现净利润较多的年份，股东可以获得的股利就多；反之股东领取的股利就少。采用固定股利支付率政策发放股利时，股东每年领取的股利额是变动的，其多少主要取决于企业每年实现的净利润的多少和股利支付率的高低。

2. 固定股利支付率政策的理论依据。主张采用固定股利支付率政策的人认为，通过固定的股利支付率向股东发放股利，能使股东获取的股利与企业实现的盈余紧密结合，以真正体现"多盈多分，少盈少分，无盈不分"的原则。另外，采取此政策向股东发放股利时，实现净利润多的年份向股东发放的股利多，实现净利润少的年份向股东发放的股利少，所以不会像固定股利政策一样给企业带来固定的财务负担。

3. 固定股利支付率政策的优缺点及适用性。

（1）固定股利支付率政策的优点。

- 采用固定股利支付率政策，股利与企业盈利情况紧密地结合，体现了多盈多分、少盈少分和无盈不分的股利分配原则，这将企业的利益和股东的利益紧紧联系在一起了。

- 由于企业的盈利能力在各财务年度间是变动的，所以每年分配的股利会随着企业实现净利润的变动而变动。采用固定股利支付率政策，企业每年按固定的比例从税后利润中支付现金股利，从企业支付能力的角度看，这是一种稳定的股利政策。

（2）固定股利支付率政策的缺点。

- 固定股利支付率政策传递的信息容易造成企业股价的频繁波动。大多数企业每年分配的股利难以保持稳定不变，如果企业每年收益实现状况不同，则固定支付率的股利政策将导致企业每年股利分配额的频繁变化。在股票市场中，企业发放股利的情况通常可以认为是对企业未来经营情况的信号传递，因此波动的股利向市场传递的信息就是企业未来收益前景不明确，很容易给投资者留下企业经营状况不稳定、投资风险较大的不良印象，这容易造成企业股价的频繁波动。

- 固定股利支付率政策容易使企业面临较大的现金支付压力。因为企业实现的盈利越多，一定支付比率下派发的股利就越多，但这并不代表企业有充足的现金可以足额派发股利。如果企业当年的现金流量状况并不好，却还要按固定比率派发股利的话，就很容易给企业造成较大的现金支付压力。

● 固定股利支付率政策缺乏财务弹性。股利支付率的确定既是企业股利政策的主要内容，也是企业的财务管理的手段和方法。在不同阶段，根据财务状况制定不同的股利政策，会更有效地实现企业的财务目标。但是如果企业制定了固定股利支付率的政策，企业也就丧失了调整财务管理政策的空间。

● 合理的固定股利支付率的确定难度大。如果企业固定股利支付率确定得较低，不能满足投资者对现金股利收益的要求，而固定股利支付率确定得较高，企业则可能面临没有足够的现金派发股利或者会给企业带来较大的财务压力。因此确定合理的股利支付率难度很大。

(3) 固定股利支付率政策的适用性。由于不同的企业面临着不同的财务环境、投资机会和筹资能力等条件的不同，所以固定股利支付率政策只适用于那些处于稳定发展状态且财务状况也较稳定的企业。

(三) 固定或稳定增长股利政策

1. 固定或稳定增长股利政策的内容。固定或稳定增长股利政策，是指企业将每年派发的股利额固定在某一固定水平或是在此基础上维持某一固定比率逐年稳定增长。只有在确信未来的盈利增长不会发生逆转时，企业才会宣布实施固定或稳定增长的股利政策。在固定或稳定增长的股利政策下，首先确定的是股利分配额，而且该分配额一般不随企业内部对于投资资金的需求波动而变动。

2. 固定或稳定增长股利政策的理论依据。

(1) 固定或稳定增长股利政策向股东传递重要信息。如果企业支付的股利稳定，就说明该企业的经营业绩比较稳定，经营风险较小，有利于股票价格上升。反之企业的股利政策不稳定，股利忽高忽低，这就给投资者传递企业经营不稳定的信息，导致投资者对风险的担心，进而使股票价格下降。

(2) 采用固定或稳定增长股利政策发放的股利每年比较稳定，而稳定的股利有利于股东提前安排其收支，这对股利数额有很强依赖性的股东更是如此。

(3) 采取固定或稳定增长股利政策发放的股利比较稳定，稳定的股利可能会不符合剩余股利政策的理论，可能会导致企业不能保持最优资本结构。

3. 固定股利或稳定增长股利政策的优缺点及适用性。

(1) 固定或稳定增长股利政策的优点。

● 由于股利政策本身的信息含量，它能将企业管理层对企业经营的信心的信息传递给股东，因此固定或稳定增长的股利政策可以传递给股票市场的投资者企业经营状况稳定、管理层对未来充满信心的印象，从而有利于企业在股票市场上树立良好的形象、增强投资者信心，进而有利于稳定企业股价。

● 固定或稳定增长股利政策有利于吸引股东，希望自己投资的股票能够给其带来稳定的收入来源，以便安排自己的消费，这有利于维护那些打算做长期投资的股东的权益。

(2) 固定或稳定增长股利政策的缺点。

● 固定或稳定增长股利政策下的股利分配只升不降，可能造成企业股利支付与盈利情况相脱节。

- 在企业的生产经营过程中，难免会出现经营状况不好的时期，此时如果继续执行固定或稳定增长的股利政策，可能导致派发的现金股利金额大于企业实现的净利润，这将侵蚀企业的留存收益甚至违法并影响企业的后续发展。

(3) 固定或稳定增长股利政策的适用性。采用固定或稳定增长的股利政策需要对企业未来的盈利和现金支付能力做出较准确的判断，所以执行固定或稳定增长的股利政策的企业确定的固定股利开始金额不能太高，以防止企业无力支付的被动局面。固定或稳定增长的股利政策一般适用于经营比较稳定或正处于成长期的企业，且很难被长期采用。

(四) 低正常股利加额外股利政策

1. 低正常股利加额外股利政策的内容。低正常股利加额外股利政策是指企业先设定一个较低的正常股利额，每年除了按正常股利额向股东发放现金股利外，还根据企业盈利情况再根据实际情况发放额外股利。

2. 低正常股利加额外股利政策的理论依据。低正常股利加额外股利政策的理论依据是"一鸟在手"理论和股利信号理论。将企业派发的股利固定地维持在较低的水平，则当企业盈利较少或需用较多地保留盈余进行投资时，企业仍然能够按照既定的股利水平派发股利。而当企业盈利增长且拥有较多现金时，企业才派发额外股利。企业将派发额外股利的信息传播给股东，有利于股票价格的上扬。

3. 低正常股利加额外股利政策优缺点及适用性。

(1) 低正常股利加额外股利政策的优点。

- 低正常股利加额外股利政策赋予企业一定的灵活性，使企业在股利发放上留有余地和具有较大的财务弹性。同时每年可以根据企业的具体情况，可以选择不同的股利发放水平以完善企业的资本结构，进而实现企业的财务目标。

- 低正常股利加额外股利政策有助于稳定股价，增强投资者信心。由于企业每年固定派发的股利维持在一个较低的水平上，在企业盈利较少或需用较多的留存收益进行投资时，企业仍然能够按照既定承诺的股利水平派发股利，使投资者保持一个固有的收益保障，这有助于维持企业股票的现有价格。而当企业盈利状况较好且有剩余现金时，就可以在正常股利的基础上再派发额外股利，而额外股利信息的传递则有助于企业股票的股价上扬，增强投资者信心。

(2) 低正常股利加额外股利政策的缺点。

- 企业不同年份之间的盈利波动会使额外股利不断变化即时小时大，容易给投资者企业收益不稳定的感觉。

- 当企业在较长时期持续发放额外股利后，可能会被股东误认为是"正常股利"，而一旦取消了这部分额外的"正常股利"，传递出去的信号可能会使股东认为这是企业财务状况恶化的表现，进而可能会引起企业股价下跌的不良后果。

(3) 低正常股利加额外股利政策的适用性。低正常股利加额外股利政策既吸收了固定或稳定增长股利政策对股东投资收益的保障优点，同时又摒弃其对企业所造成的财务压力方面的不足，所以在资本市场上颇受投资者和企业的欢迎。这种股利政策适用于那些盈利水平随着经济周期而波动较大的企业。

即问即答 如果你是一个刚成立的高新企业的最高管理者,你在进行股利分配的时候会选择哪种股利分配政策?

剩余股利政策。

【业务操作】

一、制订收益分配方案

企业在确定收益分配方案时需要考虑以下几个方面的内容。

(一)选择股利政策

股利政策不仅直接影响企业的资本结构和融资活动,也会影响企业的正常运营以及未来的发展,因此制定适合的股利政策就显得十分重要。对于上市公司而言,由于股利支付情况透露了企业的重要信息,其意义显得尤为重大。基于上述股利政策存在着各自的利弊,企业在进行股利政策决策时,要根据企业所处的发展环境,综合考虑企业面临的各种具体影响因素,以保证实现企业总体战略目标的实现。

企业在不同成长与发展环境应当采用的股利政策,可见表7-3。

表7-3　　　　　　　　企业股利分配政策的选择

企业发展阶段	特　点	适用的股利政策
初创阶段	经营风险高,有很强的投资需求但融资能力偏差。	剩余股利政策
快速发展阶段	企业快速发展,需要大规模投资。	低正常股利加额外股利政策
稳定增长阶段	企业业务稳定增长,市场竞争力增强,行业地位已经巩固,投资需求减少,净现金流入量稳步增长,每股收益呈上升态势。	固定或稳定增长股利政策
成熟阶段	产品市场趋于饱和,企业盈利水平保持稳定,通常已积累了相当的盈余和资金。	固定支付率股利政策
衰退阶段	企业业务逐渐减少,获利能力、现金获取能力和股利支付能力逐渐下降。	剩余股利政策

(二)确定股利支付水平

股利支付水平的高低通常用股利支付率指标来进行衡量。股利支付率可以用企业当年发放股利除以当年净利润或者每股股利除以每股收益表示。一般来说,股利支付率越高说明企业发放股利越多,因此高股利支付率对股东和潜在的投资者的吸引力越大,也就越有利于建立良好的企业信誉。

是否对股东派发股利以及股利支付率高低的确定,主要取决于企业对下列因素的权衡:(1)企业所处的经营周期;(2)当前的投资机会;(3)借款协议及法律限制;(4)企业当前的资本结构;(5)股利政策的信号传递功能;(6)企业的筹资能力及成本;(7)股东偏好等。

（三）确定股利支付形式

常见的股利支付形式有现金股利、股票股利、财产股利和负债股利四种。

1. 现金股利。现金股利是股利支付的最常见的形式。企业采用现金股利形式时，必须具备两个基本条件：第一，企业要有足够的未指明用途的可分配利润；第二，企业要有足够的现金。也即企业要支付现金股利除了要有累计盈余（特殊情况下可用弥补亏损后的盈余公积金支付）外，还要有足够的现金，因此，企业在支付现金股利前需筹备充足的现金。

2. 股票股利。股票股利是指企业以增发股票的方式所支付的股利，我国股票市场俗称其为"送股"。股票股利对企业来说，并没有现金流出企业，也不会导致企业的财产减少，而只是将企业的留存收益转化为股本。股票股利会增加流通在外的股票数量，同时降低股票的每股价值，它不会改变企业股东权益总额，但会改变股东权益的构成。

企业发放股票股利的优点主要有：

（1）发放股票股利只是需要在会计账务上进行相应的科目调整，不需要向股东支付现金，因此不会减少企业的货币资金。

（2）发放股票股利以后增加了企业股票的总数同时可以降低企业股票的市场价格。当一些企业在其股票价格较高，缺少流动性，不利于股票交易和流通时，企业可以通过发放股票股利来适当降低股价水平，以此提高股票的流动性。

（3）发放股票股利之后，由于降低了企业股票的市场价格，所以可以传递企业未来发展前景良好的信息，增强投资者的信心。

3. 财产股利。财产股利是指以企业拥有的货币资金以外的其他财产支付的股利。其他财产主要是指企业将所拥有政府债券、其他企业的债券和其他企业的股票等有价证券。

财产股利可解决企业支付股利与现金不足的矛盾，而用于分派股利的有价证券流通性强易于变现，也能被大多数股东所接受。

4. 负债股利。负债股利是指以应付票据和应付债券等负债向股东发放的股利。负债股利适用于那些有盈利但现金不足的企业，但实际上企业只有在万不得已的情况下才采用这种方式。

在我国股票市场的实务中，股利支付运用最广泛的形式是现金股利和股票股利。财产股利和负债股利实际上都是现金股利的替代方式，目前这两种股利方式在我国股票市场的操作中还没有使用过，但并非法律所禁止。

（四）确定何时发放股利

企业分配股利必须遵循法定的程序，先由董事会提出分配的预案，然后提交股东大会决议。也即派发股利的决策最终由企业股东大会所决定。股东大会决议通过分配预案之后，向全体股东宣布发放股利的方案。方案包括股权登记日、除息（除权）日和股利发放日等详细信息。当一项股利发放的方案被股东大会所宣告之时，它就变成企业的负债不能被取消。在宣告后的一段时间，就要在股利发放日派发给所有股东。

（五）股利的发放

企业在选择了适合自身的股利政策和确定了股利支付水平后，应当对股利发放的信息进行发布和股利的发放。企业股利的发放必须遵循相关的要求，按照日程安排来进行。一般而言，股利的支付需要按照下列日程来进行，以下以我国上市公司的股利发放时间来进行相应的说明。

1. 预案公布日。上市公司分派股利时，首先要由公司董事会制订利润分配预案，然后由其以公告的方式向社会公开发布包括本次分配的数量，股利分配的方式，股东大会审议的时间、地点和表决方式等在内的预案信息。

2. 股东大会审议日。董事会制定的分红预案必须经过公司股东大会讨论并经过所有与会的股东进行投票表决同意或者反对。

3. 股利宣布日。利润分配预案经公司股东大会投票表决通过之后，由董事会公布正式股利分配实施公告。股利分配实施公告内容包括经股东大会确定的利润分配形式、分配数额和以下实施的三项具体时间。

4. 股权登记日。股权登记日是在上市公司分派股利时规定一个日期，在此日期当天收盘后投资者持有的股票为含权股票（股票股利）或含息股票（现金股利），即有权领取股利的股东资格登记截止日期。只有在股权登记日当天收盘之后在上市公司股东名册上登记的股东，才有权分享股利，在此日之后取得股票的股东则无权享受已宣布发放的股利。

5. 除权（息）日。因发放股票股利，从而导致股本增加而形成的剔除行为称为除权。这是由于向股东分配股票股利从而导致上市公司股本增加，每股股票所代表的上市公司实际价值（每股净资产）有所减少，需要在发生该事实之后从股票市场价格中剔除这部分因素，所以股价会相应的下降。

因现金股利分配引起的剔除权利行为称为除息。这是由于在除息日，股票的所有权和领取股息的权利分离，股利权利不再从属于股票，所以在这一天购入上市公司股票的投资者不能享有已宣布发放的股利。另外，由于失去了附息的权利，除息日的股价会下跌，下跌的幅度约等于分派的股息。

股权登记日后的第一个交易日就是除权日或除息日，这一天或以后购入该上市公司股票的股东，不再享有该上市公司此次股票股利和现金股利。

6. 股利发放日。上市公司按公布的股利分配方案向股权登记日在册的股东实际支付股票股利和现金股利的日期。

[业务举例7-7] 方正电机公司2012年3月8日召开董事会会议，讨论上年度股利分配方案，并于3月25日提交股东大会表决通过，同日发布公告如下：本公司于2012年3月25日召开股东大会，讨论通过上年度股利分配方案：每10股派发现金股利15元，送红股5股。所有2012年4月10日前持有本公司股票的股东将获得本次发放的股利，股利将于4月25日发放。

在本例中，2012年3月25日为股利宣告日，2012年4月10日为股权登记日，2012年4月11日为除息日，4月25日为股利支付日。

二、进行股票分割和股票回购

（一）股票分割

股票分割是指将面额较高的股票分割成面额较低的股票的行为。股票分割时，发行在外的股票总数增加，使得每股面额降低和每股收益下降，但企业总的价值、股东权益总额和股东权益各项目金额及相互间的比例不会改变，即资产负债表中所有者权益各项目（股本、资本公积和留存收益）的余额都保持不变。

股票分割的作用主要有以下四点：

1. 有利于促进股票流通换手。股票分割会使企业每股市价降低，买卖同等数量的股票所必需的资金量减少，这样可以增加该股票在投资者之间的换手，因此，股票分割可以促进股票的流通和交易。

2. 股票分割有助于提高投资者对于该公司的信心。股票分割使企业每股市价降低，向上增长的空间可以向投资者传递企业发展前景良好的信息，从而有助于提高投资者对于该公司的信心。

3. 股票分割可以为企业发行新股做准备。企业股票价格太高，会使许多潜在的投资者不愿对企业的股票进行投资。在新股发行之前，利用股票分割降低股票价格，可以促进新股的发行。

4. 股票分割有利于防止恶意收购。股票分割带来的股票流通性的提高和股东数量的增加，会在一定程度上加大对企业股票恶意收购的难度。

（二）股票回购

1. 股票回购。股票回购是指上市公司利用现金和其他企业股票，从股票市场上购回本企业发行在外的股票的行为。企业在股票回购完成后可以将所回购的股票注销或者作为库存股处理。在绝大多数情况下，企业将回购的股票作为库藏股保留，仍属于发行在外的股票，但不参与每股收益的计算和分配。库藏股日后可作为他用，如发行可转换债券、雇员福利计划或者作为股权激励的支付手段等。

2. 股票回购的动机。在证券市场上，股票回购的动机主要有以下几点：

（1）提高每股收益。由于每股收益指标是以流通在外的股票总数作为分母计算的基础，在企业净利润不变的情况下，分母减少则可以提高每股收益的数值。有些企业为了自身形象和投资者渴望高回报等原因，采取股票回购的方式来减少实际流通的股份总数，从而达到了提高每股收益指标的目的。

（2）改变企业的资本结构。股票回购是改善企业资本结构的一个较好途径。回购一部分股份后，负债在企业总资产中的比重就会上升，而所有者权益的比重会减少。

（3）传递企业的信息以稳定或提高企业的股价。股价过低，无疑将对企业经营造成一定的负面影响，使人们对企业未来的发展信心下降，使消费者对企业产品产生怀疑。在这种情况下，企业回购本企业股票以支撑企业股价，有利于改善企业形象。股价在上升过程中，投资者又重新关注企业的经营情况，消费者对企业产品的信任增加，企业也有了进一步增发或者配股融资的可能。因此，在股价过低时回购股票，是维护企业形象的有力途径。

（4）巩固既定控制权或转移企业控制权，防止敌意收购。许多股份有限公司的大股东为了保证其所代表公司的控制权不被改变，往往采取直接或间接的方式回购股票，从而巩固既有的控制权。股票回购因此在国外经常是作为一种重要的反收购措施而被运用。回购可以提高本企业的股价，减少在外流通的股份，这样可以防止流通在外的股票落入收购企业的手中。

3. 股票回购的影响。

（1）股票回购对上市公司的影响。

- 股票回购需要企业支付大量资金，这容易造成企业资金紧张，导致企业资产流动性降低，可能会影响企业的后续发展。

- 企业进行股票回购的时候，会导致企业资本的减少，这在一定程度上削弱了对债权人利益的保障能力。
- 股票回购可能使企业的发起人股东更注重创业利润的兑现，从而忽视企业长远的发展，会导致企业的根本利益的受损。
- 股票回购容易导致企业操纵股价。企业回购自己的股票，容易导致其利用内幕消息进行炒作，从而使其他个人投资者蒙受投资损失。因此世界各国对股票回购的行为都有法律约束。

（2）股票回购对投资者的影响。

- 股票回购与现金股利相比，股票回购对于投资者来说，一方面可以导致股价上涨；另一方面投资者在出售股票获取的收益也可以不用缴纳投资所得税，而现金股利必须缴纳所得税。
- 股东对企业派发的现金股利的行为没有选择性，而对股票回购则具有可选择性，需要现金的投资者可选择卖出股票，而不需要现金的投资者则可继续持有股票。
- 如果企业急于回购相当数量的股票，而对股票回购的出价太高，以至于偏离均衡价格，那么结果会不利于选择继续持有股票的投资者，因为回购行动过后，股票价格会出现回归性下跌。

4. 股票回购的方式。

（1）按照股票回购的地点不同，可分为场内公开收购和场外协议收购两种。场内公开收购是指上市公司作为普通投资者通过在证券公司设立的证券账户以当前市场价格购买方式进行股票回购。在国外较为成熟的股票市场上，这一种方式较为流行。

场外协议收购是指股票发行企业与某一或者几个持有本企业大量股票的投资者直接协商，通过协议的方式来回购自己企业股票的一种方式。协商的内容包括价格和数量的确定以及执行时间等。

（2）按照回购行为的筹资方式，可分为举债回购、现金回购和混合回购。举债回购是指企业通过向银行等金融机构借款的办法来回购本企业股票。其主要是为了防止其他企业对企业的敌意兼购。

现金回购是指企业利用本企业拥有的剩余资金来回购本企业的股票。

如果企业既动用剩余资金，又向银行等金融机构举债来回购本企业股票，就称为混合回购。

（3）按照回购价格的确定方式，可分为固定价格要约回购和荷兰式拍卖回购。固定价格要约回购是指企业为了在短时间内回购数量相对较多的股票，在特定时间发出的以某一高出股票当前市场价格的价格水平的出价来回购既定数量股票的要约。它的优点在于赋予了现有的投资者向本企业出售其所持股票的均等机会。与公开收购相比，固定价格要约回购通常被认为是更积极的信号，其原因是固定价格要约回购价格要高出市场当前交易的价格。但是由于固定价格要约回购溢价的存在也使得回购执行成本较高。

荷兰式拍卖回购方式的股票回购在回购价格确定方面给予回购企业更大的灵活性。在荷兰式拍卖的股票回购中，首先企业指定回购价格的范围和计划回购的股票数量，然后持有本企业股票的投资者进行投标，各自说明愿意以某一特定价格水平出售股票的数量；企业汇总所有股东提交的价格和数量，确定此次股票回购的"价格与数量曲线"，并根据实际回购数量确定最终的回购价格,从而降低了企业在回购时的成本。

即问即答 股票股利与股票分割有何区别?

股票股利是上市公司直接从当年可分配的利润中拿出一部分分给投资者;股票分割是将一张较大面值的股票拆成几张较小面值的股票。股票分割对公司的资本结构不会产生任何影响,一般只会使发行在外的股票总数增加,资产负债表中所有者权益各项目的总额和余额都保持不变。股票分割给投资者带来的不是现实的利益,但是投资者持有的股票数增加了,给投资者带来了今后可多分股息和更高收益的希望,因此股票分割往往比股利派发对股价上涨的刺激作用更大。

三、运用利润分配方案

[业务举例7-8] 假定方正电机股份有限公司年终利润分配前的有关资料如表7-4所示。

表7-4　　　　　方正电机股份有限公司利润分配情况简表　　　　　单位:万元

项目	金额
上年未分配利润	1 000
本年实现的净利润	2 000
股本(500万股,每股1元)	500
资本公积	100
盈余公积	400
所有者权益合计	4 000
每股市价	40

该公司决定,本年度按规定比例20%提取法定盈余公积,发放股票股利10%(即股东每持有10股可得1股),并且按发放股票股利后的股数派发现金股利每股0.1元。假设股本市价与每股账面价值成正比例关系,计算利润分配后的未分配利润、盈余公积金、资本公积、流通股数和预计每股市价。

(1) 本年提取盈余公积金 = 2 000 × 10% = 200(万元)

本年盈余公积余额 = 400 + 200 = 600(万元)

(2) 流通股数 = 500 × (1 + 10%) = 550(万股)

(3) 本年股本余额 = 1 × 550 = 550(万元)

本年发放股票股利 = 40 × 500 × 10% = 2 000(万元)

本年资本公积余额 = 100 + (2 000 - 500 × 10%) = 2 050(万元)

(4) 本年现金股利 = 550 × 0.1 = 55(万元)

本年未分配利润余额 = 1 000 + 2 000 - 200 - 2 000 - 55 = 745(万元)

(5) 分配前每股账面价值 = 4 000 ÷ 500 = 8(元)

分配前每股市价与账面价值的比值 = 40 ÷ 8 = 5(倍)

分配后每股账面价值 = (550 + 2 050 + 600 + 745) ÷ 550 = 7.17(元/股)

预计分配后每股市价 = 7.17 × 5 = 35.85(元/股)

四、制订剩余股利分配方案

[业务举例7-9] 假定方正电机股份有限公司去年净利润为500万元,今年由于经济不景气,净利润降为475万元,目前公司发行在外普通股为100万股。该公司对未来仍有信心,决定投资400万元设立新厂,其60%将来自举债,40%来自权益资金。此外,该公司去年每股股利为3元。

要求:
(1) 若该公司维持固定股利支付率政策,则今年应支付每股股利为多少元?
(2) 若依剩余股利政策,则今年应支付每股股利又是多少元?

(1) 去年每股收益 = 500 ÷ 100 = 5(元/股)
股利支付率 = 3 ÷ 5 × 100% = 60%
今年每股盈余 = 475 ÷ 100 = 4.75(元)
今年每股股利 = 4.75 × 60% = 2.85(元)

(2) 依据剩余股利政策,公司先以保留盈余满足扩充所需权益资金后,有剩余的再分配股利。

扩充所需权益资金 = 400 × 40% = 160(万元)
可分配盈余 = 475 - 160 = 315(万元)
每股股利 = 315 ÷ 100 = 3.15(元/股)

经典案例

我国利润分配制度的沿革

我国社会主义国营企业主要有两种分配方法:一种是企业实现的利润在企业和国家之间按一定比例分成,具体办法多种多样;另一种是企业实现的利润依法缴纳各种税收,剩余利润全部留给企业,具体做法亦各不相同。

在我国的企业中根据企业所有制性质的不同,分别采用不同的利润分配形式。集体所有制企业一般实行国家征税、自负盈亏的办法。国营企业的利润分配经历了两个阶段,采用了两种办法。1978年以前为第一阶段,国营企业的利润分配除有几年曾实行过企业奖励基金和利润留成等办法外,基本上是采取统收统支的办法。从1978年起为第二阶段,国家对国营企业的财务体制进行了改革,逐步改为一部分利润留给企业,大部分利润上缴给国家的分配办法。具体形式有:(1)企业基金。企业完成国家规定的计划指标后,除可按工资总额的一定比例从实现利润中提取企业基金外,还可从当年利润比上年利润的增长额中提取一定比例的企业基金,其余则全部上交国家。(2)利润留成。企业完成国家规定的计划指标后,可按照规定的比例,分别从实现利润(包括基数利润加增长利润),或超计划利润中留用一部分利润(没有完成计划指标的企业,要相应扣减一部分留用利润)。(3)盈亏包干。国家对某些微利企业,实行"上缴利润包干,超收部分分成或全部留用"的办法;对确因客观原因发生亏损的企业,实行定额补贴的包干办法。(4)利改税(即所得税)。从1983年1月1日起,对盈利的国营企业普遍实行利改税。国营企业实行利改税一般分两步走,第一步(1983年1月起)实行税利并存;第二步(1984年10月起)实行完全的利改税。

西方企业的利润分配:西方私人企业的利润一部分以股息形式分配给股票持有者,一部分以留存收益的形式作为企业的追加资本,另一部分则以后备基金的形式留在企业。

资料来源:根据胡振方:《财政学通论》,浙江人民出版社2002年版编写。

项目小结

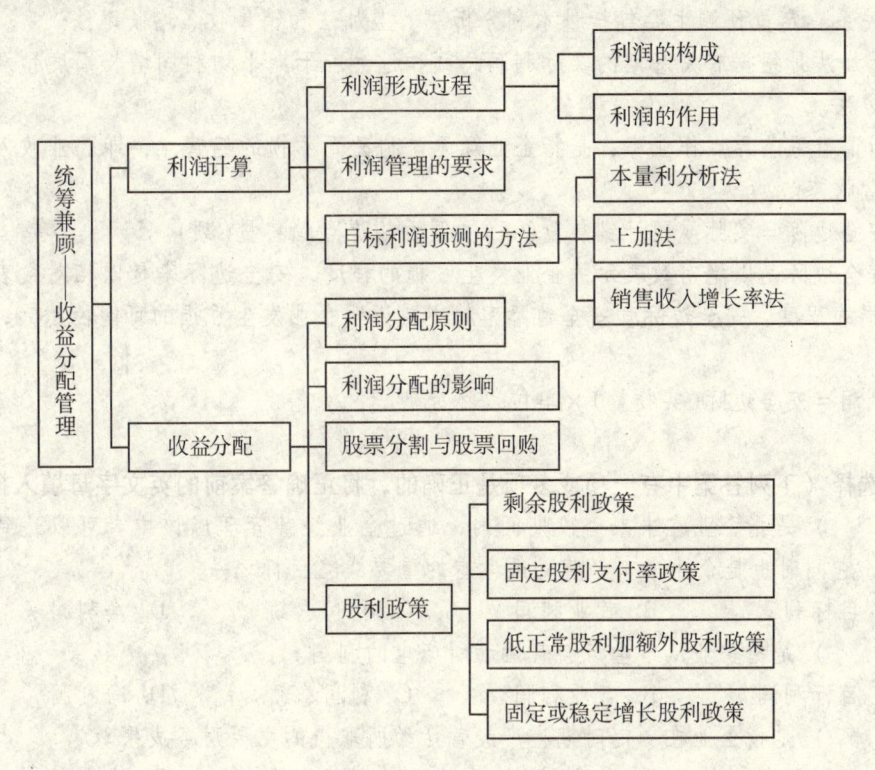

```
                            ┌─ 利润形成过程 ─┬─ 利润的构成
                            │              └─ 利润的作用
            ┌─ 利润计算 ────┼─ 利润管理的要求
统筹兼顾     │              │              ┌─ 本量利分析法
——收益 ─────┤              └─ 目标利润预测的方法 ─┼─ 上加法
分配管理     │                             └─ 销售收入增长率法
            │              ┌─ 利润分配原则
            │              ├─ 利润分配的影响
            └─ 收益分配 ───┼─ 股票分割与股票回购
                           │              ┌─ 剩余股利政策
                           │              ├─ 固定股利支付率政策
                           └─ 股利政策 ──┼─ 低正常股利加额外股利政策
                                          └─ 固定或稳定增长股利政策
```

职业训练

一、判断（正确的在括号内打"√"，错误的打"×"）

1. 利润是指企业在一定会计期间的经营成果。　　　　　　　　　　　　（　　）

2. 净利润是指企业在未来一段期间内，通过企业经营管理应该或者可以达到的利润控制目标，它同时也是企业未来经营必须考虑的重要战略目标之一。　　　　　　　（　　）

3. 根据自 2007 年 1 月 1 日起正式施行的《企业会计准则》和《企业会计准则应用指南》中的关于企业利润表列报的相关规定，上市公司至少应列报包括营业利润、利润总额和净利润三大类关于利润的指标。　　　　　　　　　　　　　　　　　　　　（　　）

4. 固定和持续增长股利政策的主要缺点，在于公司股利支付与其盈利能力相脱节，不能体现多盈多分、少盈少分、无利不分的分配原则。　　　　　　　　　　　（　　）

5. 固定股利支付率政策的主要目的是避免出现由于经营不善而削减股利的情况。（　　）

6. 企业发放股票股利会引起每股收益下降，从而导致每股市价有可能下跌，因而每位股东所持有股票的市场价值总额也将随之下降。　　　　　　　　　　　　　（　　）

7. 利润的增加一定会使企业现金增加，而成本的增加一定会使企业现金减少。（　　）

8. 采用剩余股利政策的优点是有利于保持理想的资本结构，降低企业的综合资本成本。
　　　　　　　　　　　　　　　　　　　　　　　　　　　　　　　　　（　　）

9. 利润总额预测的方法主要包括定性预测和定量预测两种方法。　　　　（　　）

10. 定量预测主要是根据企业以往的历史资料，在运用各类数学统计的方法和各种数学计算工具进行科学的加工处理，并建立经济预测的数学模型，以此充分揭示有关变量之间的规律性的关系。定量预测主要包括量本利分析法、上加法和销售收入增长率法。（　　）

11. 上加法是根据有关基期的实际利润总额和过去若干期平均利润增长幅度预测利润总额的一种方法。（　　）

12. 所谓盈亏临界点作业率，是指企业既无盈利又无亏损的经营点，即企业收入和成本相等的经营状态。（　　）

13. 安全边际 = 实际或预计销售量（额） - 盈亏临界点销售量（额）。（　　）

14. 安全边际是以绝对数表示的企业发生亏损的程度，安全边际率是以相对数表示的企业发生亏损的程度。安全边际和安全边际率越小，说明企业发生亏损的可能性越大，企业就越安全。（　　）

15. 利润 = 安全边际（实物量）× 单位边际贡献。（　　）

二、选择（下列答案中有一项或多项是正确的，将正确答案前的英文字母填入括号内）

1. （　　）是指企业在未来一段期间内，通过企业经营管理应该或者可以达到的利润控制目标，它同时也是企业未来经营必须考虑的重要战略目标之一。
　　A. 目标利润　　　B. 营业利润　　　C. 利润总额　　　D. 净利润

2. （　　）是指企业从事生产经营活动所产生的利润。
　　A. 目标利润　　　B. 营业利润　　　C. 利润总额　　　D. 净利润

3. （　　）是指企业在一定时期生产经营活动所取得的主要财务成果。
　　A. 目标利润　　　B. 营业利润　　　C. 利润总额　　　D. 净利润

4. （　　）是指企业在从事销售商品，提供劳务和让渡资产使用权等日常经营业务过程中所形成的经济利益总流入。
　　A. 营业收入　　　B. 主营业务收入　　C. 其他业务收入　　D. 营业外收入

5. 股利无关论认为（　　）。
　　A. 投资人并不关心股利的分配　　　B. 股利支付率不影响公司的价值
　　C. 只有股利支付率会影响公司的价值　D. 投资人对股利和资本利得无偏好

6. （　　）是企业扩大再生产的资金保障。
　　A. 利润　　　　　B. 投资收益　　　C. 管理费用　　　D. 营业外收入

7. （　　）是企业预计未来现金流量的前提和基础。
　　A. 目标利润　　　B. 营业利润　　　C. 利润总额　　　D. 净利润

8. 正确的目标利润预测可以为企业（　　）的经营建立合理的利润目标，以便于企业按利润目标对企业经营效果进行考核和分析。
　　A. 过去　　　　　B. 现在　　　　　C. 未来　　　　　D. 过去、现在和未来

9. （　　）是指利用量本利之间的关系来预测目标利润的方法。
　　A. 量本利分析预测法　　　　　　　B. 上加法
　　C. 销售收入增长率预测法　　　　　D. 定性预测

10. 股利分配方案涉及的内容有（　　）。
　　A. 股利支付程序中各日期的确定　　B. 股利支付方式
　　C. 股利支付比率　　　　　　　　　D. 支付现金股利所需的筹资方式

11. 下列关于固定股利政策的说法中正确的是（　　）。
    A. 有利于稳定公司股票的价格　　　　B. 能使股利和公司盈余紧密结合
    C. 有利于树立公司良好的形象　　　　D. 有利于增强投资者对公司的信心
12. 确定企业收益分配政策时需要考虑的公司因素主要包括（　　）。
    A. 盈利的稳定性　B. 股利政策的惯性　C. 偿债能力　　D. 现金流量
13. 采用低正常股利加额外股利政策的理由是（　　）。
    A. 向市场传递公司正常发展的信息
    B. 使公司具有较大的灵活性
    C. 保持理想的资本结构，使综合资本成本最低
    D. 使依靠股利度日的股东有比较稳定的收入，从而吸引住这部分投资者
14. 公司发放现金股利的后果有（　　）。
    A. 资产总额减少　　　　　　　　　　B. 所有者权益总额减少
    C. 所有者权益结构调整　　　　　　　D. 每股收益下降
15. 下列各项中，影响利润预测值的有（　　）。
    A. 变动成本　　B. 固定成本　　C. 销售价格　　D. 销售利润率

三、实训（按要求完成实训任务）

实训项目一　股利分配的应用

实训目的：加深利润分配的理解，提高对股利分配理论的应用能力。

实训资料：泰龙公司成立于2012年1月1日，2012年该公司实现的净利润为800万元。2013年计划增加投资，所需资金为1 000万元。假定该公司目标资本结构为自有资金占60%，借入资金占40%。

实训要求：

（1）在保持目标资本结构的前提下，计算2013年投资方案所需的自有资金额和需要从外部借入的资金额；

（2）在保持目标资本结构的前提下，如果该公司执行剩余股利政策。计算2012年度应分配的现金股利。

实训项目二　股票分割的具体运用

实训目的：加深对股票回购与股票分割的理解，提高股票分割的具体运用能力。

实训资料：江丽股份有限公司2014年年终进行收益分配前的股东权益情况如下表所示。

股东权益　　　　　　　　　　　　　　　　　　　　　　　　　单位：万元

股本（市值4元，面值1元，已发行200万股）	200
资本公积	400
未分配利润	200
股东权益合计	800

假定该公司 2014 年度有独立的两个方案，

实训要求：

如果公司宣布发放 10% 的股票股利，并按发放股票股利后的股数发放每 10 股派 1 元的现金股利。请计算发放股利后的股东权益各项目的数额。

项目八
防范风险——财务控制

【学习目标】
- 理解责任中心的概念和特征
- 熟悉成本中心的特点
- 熟悉利润中心的特点
- 熟悉投资中心的特点
- 掌握制定标准成本的原理
- 会计算成本变动额和成本变动率，评价成本中心业绩
- 会计算利润中心考核指标、评价利润中心业绩
- 会计算投资利润率、剩余收益，评价投资中心业绩
- 会计算分析直接材料成本差异
- 会计算分析直接人工成本差异
- 会计算分析变动制造费用成本差异
- 会计算分析固定制造费用成本差异

任务一 责任中心控制

【任务描述】

如何有效实施财务控制，我国企业目前多采用责任中心财务控制。责任中心就是承担一定经济责任，并享有一定权利的企业内部责任单位。根据企业内部责任中心的责权范围及业务活动的特点不同，将其划分为成本中心、利润中心和投资中心三大类，并实施责任中心财务控制。学习任务：了解成本中心、利润中心、投资中心的特征，掌握成本中心、利润中心、投资中心考核指标的计算；了解各责任中心财务控制流程。

学习引领 实施责任中心财务控制的首要工作是合理划分责任中心，明确各责任中心的责权范围、业绩考核指标等。李明所在的财务部应为哪种责任中心，其考核的指标是什么？如何计算？企业的分公司、分厂、分店、车间、班组等内部单位一般应划归哪种责任中心？其主要考核指标是什么？如何计算？搞清这些问题，是有效实施财务控制的关键。

【知识准备】

一、责任中心的概念

责任中心就是承担一定经济责任，并享有一定权利的企业内部（责任）单位。
企业为了实行有效的内部协调与控制，通常按照统一领导、分级管理的原则，在其内部

合理划分责任单位，明确各责任单位的业务范围、应承担的经济责任及拥有的权利，促使责任单位各尽其责，协同配合，实现企业预算目标。同时，为了保证预算的贯彻落实和最终实现，必须把总预算中确定的目标和任务，按照责任中心逐层进行指标分解，形成责任预算，使各个责任中心明确目标和任务。

二、责任中心的特征

建立责任中心是实行责任预算和责任会计的基础。责任中心通常具有以下特征：

（一）责任中心是一个责权相结合的实体

每个责任中心都是一个责权相结合的实体，都要对一定的财务指标承担完成的责任，同时赋予责任中心与其所承担责任的范围和大小相适应的权力，并规定出相应的业绩考核标准和利益分配标准。

（二）责任中心具有承担经济责任的条件

它有两方面的含义：一是责任中心要有履行经济责任中各条款的行为能力，二是责任中心一旦不能履行经济责任，要能对其后果承担责任。

（三）责任中心所承担的责任和行使的权力都应是可控的

每个责任中心只能对其责权范围内可控的成本、收入、利润和投资负责，在责任预算和业绩考评中也只应包括他们能控制的项目。可控是相对于不可控而言的，不同的责任层次，其可控的范围并不一样。一般而言，责任层次越高，其可控范围也就越大。

（四）责任中心具有相对独立的经营业务和财务收支活动

它是确定经济责任的客观对象，是责任中心得以存在的前提条件。

（五）责任中心便于进行责任会计核算或单独核算

责任中心不仅要划清责任，而且要单独核算，划清责任是前提，单独核算是保证。只有既划清责任又能进行单独核算的企业内部单位，才能作为一个责任中心。

三、责任中心财务控制的基本流程

责任中心财务控制的基本流程，如图 8-1 所示。

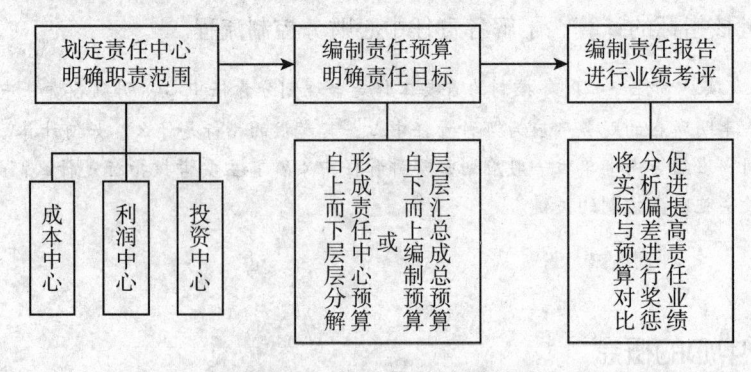

图 8-1 责任中心控制流程

（一）编制责任预算

责任预算是指以责任中心为主体，以可控成本、收入、利润和投资等为对象编制的预算，它是企业总预算的补充和具体化。编制的程序有两种：一是以责任中心为主体，将企业总预算在各责任中心之间层层分解而形成各责任中心的预算。二是各责任中心自行列示各自的预算指标、层层汇总，最后由企业专门机构或人员进行汇总和调整，确定企业总预算。

（二）编制责任报告

责任报告是对责任中心执行责任预算情况的系统概括和总结，报告的形式主要有报表、数据分析和文字说明等。责任报表一般由预算、实际、差异三部分构成。针对报表提供的信息，在揭示差异时，还必须对重大差异予以定量定性分析，提出改进措施。

（三）责任业绩考核

责任业绩考核是指以责任报告为依据，分析、评价各责任中心责任预算的实际完成情况，考核各责任中心的工作业绩，促使各责任中心积极纠正偏差，完成责任预算。

四、内部转移价格

内部转移价格是指企业内部各责任中心之间进行内部结算和责任结转时所采用的价格标准。制定内部转移价格时，必须考虑全局性原则、公平性原则、自主性原则和重要性原则。常用的内部转移价格有以下几种。

（一）市场价格

市场价格是根据产品或劳务的市场价格作为基价的价格。采用市场价格，一般假定各责任中心处于独立自主的状态，可自由决定从外部或内部进行购销，同时产品或劳务有客观的市价可采用。

（二）协商价格

协商价格也可称为议价，是企业内部各责任中心以正常的市场价格为基础，通过定期共同协商所确定的为双方所接受的价格。协商价格适用于某种产品或劳务没有现成的市场价格，或有不止一种市场价格的情况。协商价格不仅要使供需双方乐于接受，而且不能损害企业的整体利益。一般可将市场价格作为协商价格的上限，把单位变动成本作为协商价格的下限。双方经过协商，确定一个都能接受的"公允市价"作为计价基础。当具体情况发生变化时，双方可以重新协商，调整价格。

（三）双重价格

双重价格是针对责任中心各方面分别采用不同的内部转移价格所制定的价格。如对产品（半成品）的供应方，可按市场价格计价；对使用方则按供应方的产品（半成品）的单位变动成本计价，其差额最终进行会计调整。之所以采用双重价格是因为内部转移价格主要是为了对企业内部各责任中心的业绩进行评价、考核，故各相关责任中心所采用的价格并不需要完全一致，可分别选用对责任中心最有利的价格为计价依据。双重价格有双重市场价格和双重转移价格两种形式。双重价格的好处是既可较好满足供应方和使用方的不同需要，也能激励双方在经营上充分发挥主动性和积极性。

（四）成本价格及成本加成价格

成本价格就是以产品或劳务的成本为基础而制定的内部转移价格；成本加成价格就是以产品或劳务的成本为基础，再加上一定比例的利润而制定的内部转移价格。

由于成本的概念不同，成本价格及成本加成价格有多种不同形式，如实际成本及实际成本加成价格、标准成本及标准成本加成价格。

由于成本核算方法不同，成本价格及成本加成价格也有多种不同形式，如实际完全成本及实际完全成本加成价格、标准完全成本及标准完全成本加成价格，实际变动成本及实际变动成本加成价格、标准变动成本及标准变动成本加成价格。

【业务操作】

一、成本中心控制

（一）理解成本中心的概念

成本中心有广义和狭义之分。狭义成本中心主要是指对生产产品、提供劳务所消耗资源负责的责任中心，即标准成本中心；广义成本中心既包括对生产产品、提供劳务所耗资源负责的责任中心，又包括以控制经营费用为主的责任中心，即费用中心。本书所讲的成本中心是指广义成本中心。实际中，企业负责产品生产的生产部门、劳务提供部门以及给予一定费用指标的管理部门都是成本中心。

（二）了解成本中心的应用范围

成本中心应用范围最广，企业内部凡有成本发生，需要对成本负责，并能实施成本控制的单位，都可以成为成本中心，如工厂、工段、班组、个人均可成为成本中心。企业内部成本中心的规模不一，多个较小的成本中心共同组成一个较大的成本中心，多个较大的成本中心又能共同构成一个更大的成本中心，从而在企业形成一个逐级控制、层层负责的成本中心体系。

（三）分析成本中心的特征

1. 成本中心只考评成本费用不考评收益。因为成本中心一般不具备经营权和销售权，其经济活动的结果不会形成可以用货币计量的收入，有的成本中心可能有少量的收入，但总体上讲，其产出与投入之间不存在密切的对应关系，因而，这些收入不作为主要的考核内容，也不必计算这些货币收入。

2. 成本中心只对可控成本承担责任。成本费用按其责任主体是否能控制分为可控成本与不可控成本。可控成本通常应符合以下四个条件：

一是成本中心有办法知道将发生什么性质的消耗；二是成本中心能有办法计量其发生的数额；三是成本中心有办法加以调节和控制；四是成本中心能够落实其执行责任。所以，凡是同时具备可预计、可计量、可施加影响、可落实责任四个条件的成本（费用）即为可控成本，凡不能同时具备上述四个条件的成本（费用）即为不可控成本。从考评的角度看，成本中心工作成绩的好坏，应以可控成本作为主要依据，不可控成本核算只有参考意义。在确定责任中心的成本责任时，应尽可能使责任中心发生的成本成为可控成本。

重要提示 成本的可控与否是相对的，一个成本中心的不可控成本，往往就是另一个成本中心的可控成本，下一级成本中心的不可控成本，对于上一级来说往往是可控的。

3. 成本中心只对责任成本进行考核。责任成本是各责任中心当期确定和发生的各项可控成本之和，又可分为预算责任成本和实际责任成本。前者是指由预算分解确定的各责任中心应承担的责任成本；后者是指各责任中心从事实际业务活动发生的责任成本。对成本费用进行控制，应以各成本中心的预算责任成本为依据，确保实际责任成本不会超过预算责任成本；对成本中心进行考核，应通过对各成本中心的实际责任成本与预算责任成本进行比较，确定其成本控制的绩效，并采取相应的奖惩措施。

（四）确定成本中心的考核指标

成本中心的考核指标主要采用比较指标和相对指标，包括成本（费用）变动额和变动率两个指标，其计算公式是：

$$成本（费用）变动额 = 实际责任成本（费用） - 预算责任成本（费用）$$

$$成本（费用）变动率 = \frac{成本（费用）变动额}{预算责任成本（费用）} \times 100\%$$

即问即答 计算成本（费用）变动额和变动率，使用实际产量还是预算产量？

实际产量。必须保持实际产量不变，即应以实际产量的预算成本与实际成本进行比较，来计算成本变动额和变动率。

[业务举例8-1] 海洋公司丙车间为成本中心，生产A产品，2013年预算产量为3 000件，预算单位成本为115元；实际产量为3 500件，实际单位成本为110元。计算该成本中心的成本变动额和变动率。

成本变动额 = 110 × 3 500 - 115 × 3 500 = -17 500（元）

成本变动率 = -17 500/(115 × 3 500) = -4.35%

计算结果表明，该成本中心实际成本较预算成本降低了17 500元，成本降低率为4.35%，成本控制效果良好。

二、利润中心控制

（一）理解利润中心的概念

利润中心是指对利润负责的责任中心。由于利润是收入扣除成本后的差额，所以利润中心是指同时能控制生产和销售，既要对成本负责，又要对收入负责，但没有责任或没有权利决定该中心资产投资水平的责任中心。实际中，企业内部具有产品、劳务生产经营决策权的部门，如分厂、分店、分公司等一般就是利润中心。

（二）了解利润中心的应用范围

一般来讲，一个企业内部具有独立的收入来源或能视同一个有独立收入的部门，还具有独立的经营权，就可界定为是利润中心。利润中心与成本中心相比，往往处于企业内部的较高层次，如分公司，其权力和责任相对较大，它不仅要降低成本，而且更要寻求收入的增长，并使之超过成本的增长。换言之，利润中心对成本的控制是联系着收入进行的，它强调相对成本的节约。

重要提示 一个部门或责任中心能否被确定为利润中心，关键是看这个责任中心是否具有独立的经营决策权。即有权决定生产什么、生产多少、如何生产、产品定价、分销渠道等。

（三）了解利润中心的类型

利润中心可分为自然利润中心和人为利润中心两种。

1. 自然利润中心。自然利润中心是指可以直接对外销售产品并取得收入的利润中心。这种利润中心本身直接面对市场，具有产品销售权、价格制定权、材料采购权和生产决策权。它虽然是企业内部的一个部门，但其功能同独立企业相近。最典型的形式就是公司内部的事业部，每个事业部均有销售、生产、采购的机能，有很大的独立性，能独立地控制成本并取得收入。

2. 人为利润中心。人为利润中心是指只对内部责任单位提供产品或服务，而取得"内部销售收入"的利润中心。这种利润中心一般不直接对外销售产品。成为人为利润中心应具备两个条件：一是该中心可以向其他责任中心提供产品或服务；二是能为该中心的产品确定合理的内部转移价格，以实现公平交易、等价交换。

制造企业的大多数成本中心都可以转化为人为利润中心。人为利润中心一般也应具备相对独立的经营权，即能自主决定本利润中心的产品或服务的种类、产品或服务的质量、作业方法、人员调配和资金的使用等。

即问即答 张华在祥瑞公司A分公司上班，A分公司绝对服从总公司的经营决策，没有独立的经营自主权，其生产的产品不能直接对外销售，只能按内部转移价格出售给本公司的其他业务部门，请问张华所在的A分公司属于哪一种责任中心？

人为利润中心。

（四）分析利润中心的特征

相对成本中心来讲，利润中心的权利和责任较大。利润中心既要控制成本，又要增加收入，强调相对成本节约。

（五）确定利润中心的考核指标

利润中心的考核指标主要是利润，由于成本计算方式不同，各利润中心的利润指标的表现形式也不相同。一般有三种选择：边际贡献、可控边际贡献、部门营业利润。其计算公式为：

边际贡献总额＝销售收入总额－变动成本总额
可控边际贡献＝边际贡献－该利润中心负责人可控固定成本
部门营业利润＝可控边际贡献－该利润中心负责人不可控固定成本

重要提示 为了考核利润中心负责人的经营业绩，应针对经理人员的可控成本费用进行评价和考核。这就需要将各利润中心的固定成本区分为可控成本和不可控成本。这主要是考虑有些成本费用可以划归、分摊到有关利润中心，却不能为利润中心负责人所控制，在考核利润中心负责人业绩时，应将其不可控的固定成本从中剔除。

[业务举例8-2] 海洋公司的A分厂为利润中心。本期实现内部销售收入为500 000元，销售变动成本为400 000元。该中心负责人可控固定成本为30 000元，中心负责人不可

控应由该中心负担的固定成本为 10 000 元。则该利润中心业绩考核指标分别为：

利润中心边际贡献 = 500 000 − 400 000 = 100 000（元）

利润中心可控边际贡献 = 100 000 − 30 000 = 70 000（元）

利润中心营业利润 = 70 000 − 10 000 = 60 000（元）

三、投资中心控制

（一）理解投资中心的含义

投资中心是指既对成本、收入和利润负责，又对投资效果负责的责任中心。投资中心同时也是利润中心。但与利润中心相比主要有以下区别：

1. 权力不同。投资中心具有投资决策权，生产经营自主权，有权购建或处理固定资产，扩大或缩减现有的生产能力，而利润中心没有投资决策权，它只是在企业投资形成后进行具体的经营。

2. 考核办法不同。考核利润中心业绩时，不联系投资多少或占用资产的多少，即不进行投入产出的比较；相反，考核投资中心业绩时，必须将所获得的利润与所占用的资产进行比较；投资中心是最高层次的责任中心，它具有最大的决策权，也承担最大的责任。

（二）分析投资中心的特征

投资中心一般实行的是较高程度的分权管理。一般而言，大型集团所属的子公司、分公司、事业部往往都是投资中心。在组织形式上，成本中心一般不是独立法人，利润中心可以是，也可以不是独立法人，而投资中心一般是独立法人。

由于投资中心独立性较高，它一般应向公司的总经理或董事会直接负责。对于投资中心不应干预过多，应使其享有投资权和较为充分的经营权；投资中心在资产和权益方面应与其他责任中心划分清楚。如果对投资中心干预过多，或者其资产和权益与其他责任中心划分不清，出现互相扯皮的现象，也无法对其进行准确的考核。

（三）确定投资中心的考核指标

投资中心的考核指标应根据其投入与产出的关系进行计算，其主要指标有投资利润率和剩余收益。

1. 投资利润率。投资利润率又称投资收益率，是指投资中心所获得的利润与投资额之间的比率，可用于评价和考核由投资中心掌握、使用的全部经营资产的获利能力。其计算公式为：

$$投资利润率 = \frac{息税前利润}{平均经营资产} \times 100\%$$

式中，息税前利润是指扣除利息和所得税之前的利润。

$$平均经营资产 = \frac{期初经营资产 + 期末经营资产}{2}$$

投资利润率指标的优点：（1）能反映投资中心的综合获利能力；（2）具有横向可比性；（3）作为考核的重要依据，有利于调整资产的存量，优化资源配置。

投资利润率指标的缺点：（1）使用投资利润率往往会使投资中心只顾本身利益而放弃对整个企业有利的投资机会，造成投资中心的近期目标与整个企业的长远目标相背离；（2）各投资中心为达到较高的投资利润率，可能会采取减少投资的行为；(3)投资利润率的计算与资本支出预算所用的现金流量分析方法不一致，不便于投资项目建成投产后与原定目标的比较。

2. 剩余收益。剩余收益是一个绝对数指标，是指投资中心获得的息税前利润扣减其最低投资利润后的余额。其计算公式为：

$$剩余收益 = 息税前利润 - 营业资产 \times 最低投资利润率$$

式中，最低投资利润率是根据企业资本成本来确定的，它一般等于或大于资本成本率。通常可采用企业整体资产的最低期望投资利润率，也可以是企业为该投资中心单独规定的最低投资利润率。

与投资利润率相比，剩余收益的优点：(1)体现了投入与产出的关系；(2)避免了投资中心的本位主义，有利于企业整体和长远的发展；(3)不同投资有不同的风险，一般要求按风险程度调整资本成本。

[业务举例8-3] 海洋公司下设投资中心甲和投资中心乙，该公司最低投资利润率为10%。海洋公司现准备向甲、乙两个投资公司分别追加投资20万元和30万元，追加投资后的有关指标资料如表8-1所示。

表8-1　　　　　　　　　　投资中心指标计算表　　　　　　　　　　单位：万元

项　目		投资额	息税前利润	投资利润率	剩余收益
追加投资前	甲	20	1	5%	$1 - 20 \times 10\% = -1$
	乙	30	4.5	15%	$4.5 - 30 \times 10\% = 1.5$
	∑	50	5.5	11%*	$5.5 - 50 \times 10\% = 0.5$
向投资中心甲追加投资20万元	甲	40	2.8	7%	$2.8 - 40 \times 10\% = -1.2$
	乙	30	4.5	15%	$4.5 - 30 \times 10\% = 1.5$
	∑	70	7.3	10.4%**	$7.3 - 70 \times 10\% = 0.3$
向投资中心乙追加投资30万元	甲	20	1	5%	$1 - 20 \times 10\% = -1$
	乙	60	8.8	14.7%	$8.8 - 60 \times 10\% = 2.8$
	∑	80	9.8	12.3%***	$9.8 - 80 \times 10\% = 1.8$

注：*、**、***表示该数字是通过加权平均计算得出。

由表8-1中可知：若以投资利润率作为业绩考核指标，追加投资后甲中心的利润率由5%提高到了7%，乙中心的利润率由15%下降到了14.7%，应向甲投资中心追加投资为宜；若以剩余收益作为业绩考核指标，甲投资中心的剩余收益由原来的-1万元增加到-1.2万元，乙中心的剩余收益却由原来的1.5万元增加到2.8万元，应向乙投资中心追加投资为宜。

如果从公司整个业绩来看，就会发现向甲投资中心追加投资时，总公司投资利润率由11%下降到10.4%，剩余收益由0.5万元下降到0.3万元；而向乙投资中心追加投资时，总公司投资利润率由11%上升到12.3%，剩余收益由0.5万元上升到1.8万元，这与以剩余收益指标评价各投资中心业绩的结果一致。所以，以剩余收益作为评价指标可以保持各投中心获利目标与公司总的获利目标一致。

重要提示　投资利润率指标的评价结果与剩余收益的评价结果可能相矛盾，在进行企业综合业绩评价时，应该使用剩余收益指标，因为剩余收益的评价更为合理。

任务二　标准成本控制

【任务描述】

实施标准成本控制，首先应通过调查分析、运用技术测定等方法制定科学、合理的目标成本，其次是以此为标准对实际成本加以控制，分析实际与标准发生偏差的原因，并及时采取措施予以纠正。学习任务：了解标准成本的类型，掌握标准成本的制定方法，掌握成本差异计算与分析的基本原理。

学习引领　企业财务管理人员，一方面要充分认识成本控制的重要性；另一方面应全面了解企业的业务流程，熟悉成本发生的环节和成本核算业务，只有这样，才能做好企业成本控制工作，为企业制定科学合理的标准成本，有效实施标准成本控制。

【知识准备】

一、标准成本及其分类

标准成本是指通过调查分析、运用技术测定等方法制定的、在有效经营条件下所能达到的目标成本。标准成本一般有三种类型，即理想标准成本、历史标准成本、正常标准成本。

（一）理想标准成本

这是一种理论标准，它是指在现有条件下所能达到的最优的成本水平，即在生产过程无浪费、机器设备无故障、人员无闲暇、产品无废品、工时全有效的假设条件下而制定的成本标准。

（二）历史标准成本

它是以过去较长时间内实际平均成本水平为标准确定的成本。

（三）正常标准成本

它是指在正常情况下企业经过努力可以达到的成本标准，这一标准考虑了生产过程中不可避免的损失、故障和偏差。通常，正常标准成本大于理想标准成本，但小于历史平均成本。由于正常标准成本具有客观性、现实性、激励性和稳定性等特点，因此，被广泛地运用于成本控制实践。

二、标准成本控制

标准成本控制是指企业以事先制定的标准成本为尺度，通过实际成本与标准成本的比较，计算成本差异，分析产生的原因，评价经营业绩的一种财务控制方法。标准成本控制的工作流程如图8-2所示。

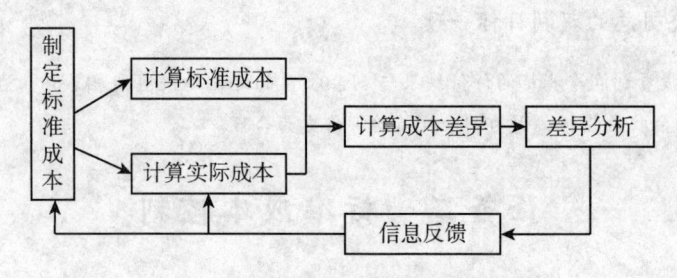

图 8-2 标准成本控制流程图

（一）制定标准成本

标准成本控制的关键工作是标准成本的制定，其计算公式为：

$$标准成本 = 数量标准 \times 价格标准$$

由于产品成本由直接材料成本、直接人工成本和制造费用构成，所以，单位产品的标准成本的计算公式为：

$$单位产品标准成本 = 直接材料标准成本 + 直接人工标准成本 + 制造费用标准成本$$

（二）计算标准成本和实际成本

标准成本的计算公式为：

$$标准成本 = 单位产品标准成本 \times 实际产量$$

实际成本的计算公式为：

$$实际成本 = 单位产品实际成本 \times 实际产量$$

（三）计算成本差异并分析原因

成本差异是指一定时期生产一定数量的产品所发生的实际成本与相关的标准成本之间的差额。凡是实际成本大于标准成本的称为超支；反之，凡是实际成本小于标准成本的则称为节约。差异的计算公式为：

$$\begin{aligned}
成本总差异 &= 实际成本 - 标准成本 \\
&= 实际产量下实际成本 - 实际产量下标准成本 \\
&= 实际用量 \times 实际价格 - 实际产量下标准用量 \times 标准价格 \\
&= (实际用量 - 实际产量下标准用量) \times 标准价格 + (实际价格 - 标准价格) \\
&\quad \times 实际用量 \\
&= 用量差异 + 价格差异
\end{aligned}$$

名人名言 经营管理，成本分析，要追根究底，分析到最后一点。

——台塑集团董事长 王永庆

【业务操作】

一、制定标准成本

制定标准成本的步骤：先分别制定直接材料标准成本、直接人工标准成本、制造费用标准成本，然后汇总得出产品标准成本。

（一）制定直接材料标准成本

直接材料标准成本是由材料的用量标准和价格标准来确定的。其计算公式为：

$$直接材料标准成本 = \sum(材料用量标准 \times 材料价格标准)$$

材料用量标准是指单位产品耗用材料的数量的多少，通常也称为材料消耗定额。材料用量标准应根据企业产品的设计、生产和工艺的现状，结合企业的经营管理水平和成本降低任务的要求，考虑材料在使用过程中发生的必要损耗，并按照产品的零部件来制定。

材料价格标准通常采用企业制定的计划单价，以合同价为基础，并考虑到未来物价等各种变动因素后按材料种类分别计算。

[业务举例8-4] 宏达公司生产甲产品需耗用A、B、C三种材料，其价格标准、消耗定额资料及直接材料标准成本计算，如表8-2所示。

表8-2　　　　　　　　甲产品直接材料标准成本计算表

项　目	标　准		
	A材料	B材料	C材料
价格标准①	10元/千克	15元/千克	20元/千克
用量标准②	4.2千克/件	3千克/件	2千克/件
标准成本③=①×②	42	45	40
单位产品直接材料标准成本④=∑③	127元		

（二）制定直接人工标准成本

直接人工标准成本，是由直接人工用量标准和直接人工价格标准来决定的。直接人工用量标准，就是人工工时用量标准；直接人工价格标准，就是工资率标准。其计算公式为：

$$直接人工标准成本 = 标准工资率 \times 工时用量标准$$

其中，$标准工资率 = \dfrac{标准工资总额}{标准总工时}$。

在计件工资情况下，工资率即单位产品所支付的生产工人的工资；在计时工资情况下，工资率即生产工人单位工时所应分配的工资。

工时用量标准也称工时消耗定额，它是指企业在现有的生产技术条件、工艺方法和技术水平的基础上,考虑到提高劳动生产率的要求,采用一定的方法,按照产品生产加工所经过的程序,确定单位产品所需耗用的生产工人工时数。在制定工时用量标准时,还要考虑到生产工人必要的休息和生理上所需时间,以及机器设备的停工清洁时间,使制定的工时消耗定额既先进又合理,从而达到成本控制的目的。

[业务举例8-5] 沿用[业务举例8-4]的资料,宏达公司甲产品直接人工有关资料及标准成本的计算,如表8-3所示。

表8-3　　　　　　　　　甲产品直接人工标准成本计算表

项　目	标　准
标准总工时①	3 000 小时
标准工资总额②	48 750 元
标准工资率③=②/①	16.25 元/小时
单位产品工时用量标准④	2 小时/件
单位产品直接人工标准成本⑤=④×③	32.5 元

(三) 制定制造费用标准成本

制造费用标准成本,是由制造费用用量标准和制造费用价格标准两项因素决定的。制造费用用量标准是指工时用量标准,其含义与直接人工用量标准相同。制造费用价格标准,即制造费用分配率标准。其计算公式为:

$$制造费用标准成本 = 单位产品工时标准 \times 制造费用标准分配率$$

$$制造费用标准分配率 = \frac{制造费用标准总额}{标准总工时}$$

在制定制造费用标准时,应按其性态将制造费用分为变动制造费用和固定制造费用,分别制定变动制造费用成本标准和固定制造费用成本标准。

[业务举例8-6] 沿用[业务举例8-4]、[业务举例8-5]的资料,宏达公司甲产品制造费用标准成本的计算,如表8-4所示。

表8-4　　　　　　　　　甲产品制造费用标准成本计算表

项　目		金　额
工时	标准总工时①	3 000 小时
	单位产品工时用量标准②	2 小时/件
变动制造费用	变动制造费用标准总额③	15 000 元
	变动制造费用标准分配率④=③/①	5 元/小时
	变动制造费用标准成本⑤=②×④	10 元

续表

项 目		金 额
固定制造费用	固定制造费用标准总额⑥	22 500元
	固定制造费用标准分配率⑦=⑥/①	7.5元/小时
	固定制造费用标准成本⑧=②×⑦	15元
	制造费用标准成本⑨=⑤+⑧	25元

(四) 制定产品标准成本

产品标准成本等于直接材料标准成本、直接人工标准成本、制造费用标准成本三项之和。

[业务举例8-7] 沿用 [业务举例8-4]、[业务举例8-5]、[业务举例8-6] 的资料,宏达公司甲产品标准成本卡,如表8-5所示。

表8-5 　　　　　　　　　　甲产品标准成本卡

成本项目		用量标准	价格标准（分配率标准）	单位标准成本
直接材料	A	4.2千克/件	10元/件	42元
	B	3千克/件	15元/件	45元
	C	2千克/件	20元/件	40元
	小计	—	—	127元
直接人工		2小时/件	16.25元/小时	32.5元
变动制造费用		2小时/件	5.00元/小时	10元
固定制造费用		2小时/件	7.50元/小时	15元
单位甲产品标准成本				184.5元

二、计算分析成本差异

(一) 直接材料成本差异的计算与分析

1. 计算直接材料成本差异。直接材料成本差异是指直接材料的实际总成本与实际产量下标准总成本之间的差异。它可进一步分解为直接材料用量差异和直接材料价格差异两部分。其计算公式为:

直接材料成本差异 = 实际直接材料成本总额 - 实际产量下的标准直接材料成本
　　　　　　　　 = 直接材料用量差异 + 直接材料价格差异

其中:

直接材料用量差异 = (实际产量下实际用量 - 实际产量下标准用量) × 标准价格
直接材料价格差异 = (实际价格 - 标准价格) × 实际用量

2. 分析直接材料成本差异形成的原因。直接材料用量差异形成的原因是多方面的,有生产部门原因，也有非生产部门原因。如材料质量、产品设计或工艺变更、人工用料的责任心强弱、人工技术状况、废品率的高低、材料规格的适应程度、机器设备效率高低等都会导致材料用量差异。材料用量差异的责任需要通过具体分析才能确定，但由于它与生产部门的关系较为密切，所以其主要责任往往应由生产部门承担。

材料价格差异的形成受各种主客观因素的影响，较为复杂，主要有市场价格的变动、供货厂商的变动、运输方式的变动、采购批量的变动等。但由于它与采购部门的关系更为密切，所以其主要责任部门是采购部门。

[业务举例8-8] 宏达公司甲产品本月投产3 000件，领用A材料20 000千克，其实际价格为10.5元/千克。根据甲产品标准成本卡所列（详见表8-5），该产品A材料的用量标准为4.2千克/件，标准价格为10元/千克。则其直接材料成本差异计算如下：

直接材料成本差异 = 20 000×10.5 - 3 000×5×10 = 84 000（元）

其中：材料用量差异 = (20 000 - 3 000×4.2)×10 = 74 000（元）

材料价格差异 = (10.5 - 10)×20 000 = 10 000（元）

由以上计算可知，甲产品本月耗用的A材料超支了84 000元。由于生产耗用材料超标使直接材料成本超支74 000元，材料价格上涨使直接材料成本超支10 000元，企业应进一步查明原因，以便采取有效措施降低成本。

（二）直接人工成本差异的计算与分析

1. 计算直接人工成本差异。直接人工成本差异是指直接人工的实际总成本与实际产量下标准总成本之间的差异。它可以分解为直接人工效率差异和直接人工工资率差异两部分。其计算公式为：

直接人工成本差异 = 实际人工成本总额 - 实际产量下的标准人工成本
　　　　　　　　 = 直接人工效率差异 + 直接人工工资率差异

其中：

直接人工效率差异 = (实际工时 - 实际产量下标准工时)×标准工资率

直接人工工资率差异 = (实际工资率 - 标准工资率)×实际工时

2. 分析直接人工成本差异形成的原因。直接人工效率差异的形成原因是多方面的，如工人技术状况、工作环境和设备条件的好坏等，都会影响工作效率，但其主要责任部门还是在生产部门。

工资率差异的形成原因也比较复杂，工资制度的变动、工人的升降级、加班或临时工的增减等，都将导致工资率产生差异。一般而言，这种差异的责任不在生产部门，劳动人事部门应当对其承担责任。

[业务举例8-9] 宏达公司甲产品本月投产3 000件，用工6 500小时，实际应付直接人工工资92 500元。根据甲产品标准成本卡所列（详见表8-5），该产品工时标准为2小时，标准工资率为16.25元。其直接人工成本差异计算如下：

直接人工成本差异 = 92 500 - 3 000×2×16.25 = -5 000（元）

其中：直接人工效率差异 = (6 500 - 3 000×2)×16.25 = 8 125（元）

直接人工工资率差异 = (92 500÷6 500 - 16.25)×6 500 = -13 125（元）

由以上计算可知,该产品的直接人工成本节约了 5 000 元。其中,由于工作效率降低使人工成本超支 8 125 元,由于工资率降低使人工成本节约了 13 125 元。企业应进一步查明原因,以便采取措施加以改进。

(三) 变动制造费用成本差异的计算与分析

1. 计算变动制造费用成本差异。变动制造费用成本差异是指实际发生的变动制造费用总额与实际产量下标准变动制造费用总额之间的差额。它可以分解为耗费差异和效率差异两部分。其计算公式为:

$$变动制造费用成本差异 = 实际变动制造费用额 - 实际产量下标准变动制造费用$$
$$= 变动制造费用耗费差异 + 变动制造费用效率差异$$

其中:

$$变动制造费用效率差异 = (实际工时 - 实际产量下标准工时) \times 变动制造费用标准分配率$$

$$变动制造费用耗费差异 = (变动制造费用实际分配率 - 变动制造费用标准分配率) \times 实际工时$$

2. 分析变动制造费用成本差异形成的原因。变动制造费用效率差异的形成原因与直接人工效率差异的形成原因基本相同。

变动制造费用耗费差异即变动制造费用的价格差异,它是因变动制造费用或工时的实际耗费脱离标准而导致的成本差异,也称变动制造费用分配率差异。

[业务举例 8-10] 宏达公司甲产品本月投产 3 000 件,用工 6 500 小时,实际发生变动制造费用 32 000 元。根据甲产品标准成本卡所列(详见表 8-5),其工时标准为 2 小时/件,变动制造费用标准分配率为 5 元/小时。其变动制造费用成本差异计算如下:

变动制造费用成本差异 = 32 000 - 3 000 × 2 × 5 = 2 000(元)
其中:变动制造费用效率差异 = (6 500 - 3 000 × 2) × 5 = 2 500(元)
变动制造费用耗费差异 = (32 000 ÷ 6 500 - 5) × 6 500 = -500(元)

由以上计算可知,甲产品变动制造费用超支 2 000 元,其中,由于工作效率降低,工时超标使变动制造费用超支 2 500 元;由于分配率降低使变动制造费用节约 500 元。企业应该深入调查工时消耗超标的具体原因,采取有效措施加以改进。

(四) 固定制造费用成本差异的计算与分析

固定制造费用成本差异计算公式为:

$$固定制造费用成本差异 = 实际固定制造费用总额 - 实际产量下标准固定制造费用$$
$$= 实际工时 \times 固定制造费用实际分配率 - 实际产量下标准工时 \times 固定制造费用标准分配率$$

其中:

$$固定制造费用标准分配率 = 固定制造费用预算总额 \div 预算产量下的标准总工时$$

由于固定制造费用总额一般不受产量变动的影响而保持不变,单位产品分摊的固定制造费用则随产量变动而呈反方向变动,所以,实际产量与预算产量的差异则会对单位产品所应承担的固定制造费用产生影响。这样一来，固定制造费用成本差异的分析方法与变动性制造费用成本差异的分析方法就有区别了。固定制造费用成本差异计算分析通常有两差异分析法和三差异分析法。

1. 两差异分析法。两差异是指固定制造费用耗费差异和能量差异，其计算公式如下：

耗费差异 = 实际总固定制造费用 − 预算产量下标准固定制造费用
　　　　 = 实际总固定制造费用 − 预算产量 × 标准工时 × 固定制造费用标准分配率
能量差异 = 预算产量下的标准固定制造费用 − 实际产量下的标准固定制造费用
　　　　 = （预算产量下的标准工时 − 实际产量下的标准工时）× 固定制造标准分配率

[业务举例 8−11] 宏达公司甲产品本月投产 3 000 件，预算产量为 3 200 件，实际用工 6 500 小时，实际固定制造费用为 50 000 元。根据甲产品标准成本卡所列（详见表 8−5），工时标准为 2 小时/件，固定制造费用标准分配率为 7.5 元。其固定制造费用成本差异计算如下：

固定制造费用成本差异 = 50 000 − 3 000 × 2 × 7.5 = 5 000（元）
其中：耗费差异 = 50 000 − 3 200 × 2 × 7.5 = 2 000（元）
能量差异 = （3 200 × 2 − 3 000 × 2）× 7.5 = 3 000（元）

由以上计算可知，该公司甲产品固定制造费用超支 5 000 元，主要是由于制造费用各项间接费用实际发生额与预算数额不同，使固定制造费用超支 2 000 元；由于实际产量小于预算产量，生产能力没有得到充分利用，使固定制造费用超支 3 000 元。

2. 三差异法。三差异是指将固定制造费用成本总差异分解为耗费差异、闲置能量差异（又称产量差异）和效率差异三种。其中耗费差异与两差异法中的耗费差异概念和计算都相同，三差异法与两差异法的不同只在于它进一步将两差异法中的能量差异分解为闲置能量差异和效率差异两种。其计算公式如下：

耗费差异 = 实际产量下实际固定制造费用 − 预算产量下标准固定制造费用
　　　　 = 实际固定制造费用 − 预算产量 × 标准工时 × 固定制造费用标准分配率
闲置能量差异 = （预算产量下标准工时 − 实际工时）× 固定制造费用标准分配率
效率差异 = （实际工时 − 实际产量下标准工时）× 固定制造费用标准分配率

[业务举例 8−12] 依前例有关资料，甲产品固定制造费用三差异计算如下：
固定制造费用成本差异 = 50 000 − 3 000 × 2 × 7.5 = 5 000（元）
其中：耗费差异 = 50 000 − 3 200 × 2 × 7.5 = 2 000（元）
闲置能量差异 = （3 200 × 2 − 6 500）× 7.5 = −750（元）
效率差异 = （6 500 − 3 000 × 2）× 7.5 = 3 750（元）

采用三差异分析法，能够更好地说明生产能力利用程度和生产效率高低所导致的成本差异情况，便于分清责任。

经典案例

金陵石化有效实施成本控制

1998 年，由于国际油价暴跌，生产成本高而市场售价低已成为制约所有石化企业效益增长的重要因素。金陵石化公司坚持两手抓：对内抓好成本费用指标的控制，对外密切关注市场动态，努力挖潜增效，保持着良好的业绩。

年初，公司先对企业本期的成本、利润目标及费用指标进行全面的预算。公司将这些指标进行逐项分解，落实到各个责任单位。各个责任单位将指标层层下达落实，直至具体责任人。由此形成了公司成本费用的三级管理体制：公司财务部门负责成本费用指标的制定、控制、分析及考核；车间负责编制成本费用表，每月还需对本车间的成本、利润进行分析；班组则主要负责管理生产中能耗与物耗两项实物量指标，在生产的源头控制成本费用的支出。在成本管理上，公司将管理处及后勤单位的成本考核指标确定为含福利费、教育经费、销售费用在内的管理费用以及营业外支出中的可控费用；将生产及辅助生产单位的成本指标确定为车间制造费用，考核项目有办公费、物料消耗、差旅费、运输费、低值易耗品、保险费、排污费、劳务费等可控成本，对于工资及附加、折旧、大修理、保险费等作为车间的不可控成本。经过这样的分解落实，降本增利真正落实于企业生产经营全过程。公司还对成本指标实行月累进进度考核，考核结果与"公司效益工资"、"浮动工资"直接挂钩。对于累计没有完成目标利润、目标成本指标的单位，停发"效益工资"及"浮动工资"。

采用上述措施后，公司在消化了工资与物价上涨因素的前提下，1998年1月至5月可控成本与上年同期相比减少了1 600多万元，较好地实现了控制成本支出的目标。

资料来源：根据财政部企业司：《企业财务通则》，中国财政经济出版社2007年版编写。

项目小结

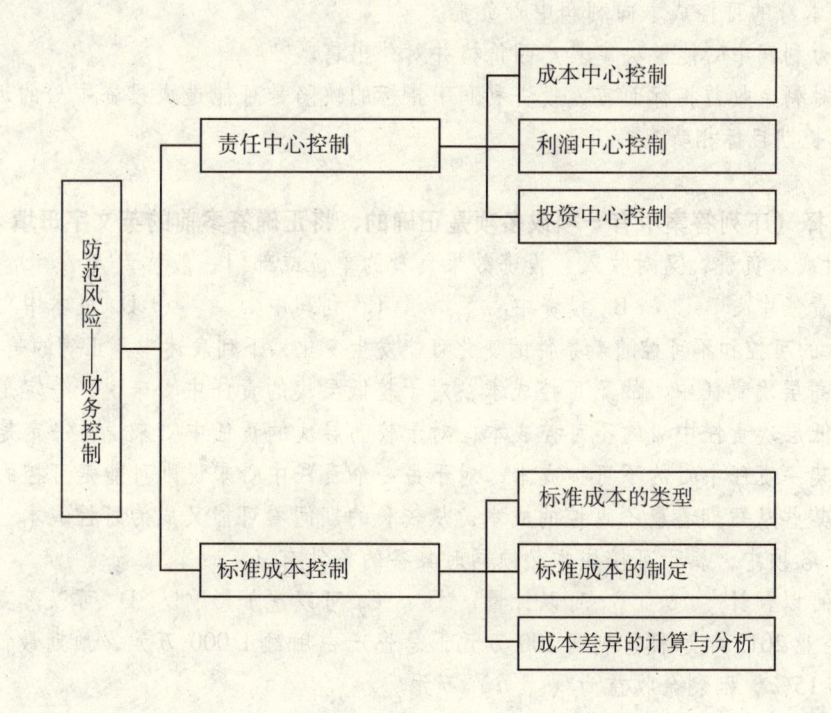

```
                            ┌─ 成本中心控制
              ┌─ 责任中心控制 ─┼─ 利润中心控制
              │               └─ 投资中心控制
防范风险—财务控制 ┤
              │               ┌─ 标准成本的类型
              └─ 标准成本控制 ─┼─ 标准成本的制定
                              └─ 成本差异的计算与分析
```

职业训练

一、判断（正确的在括号内打"√"，错误的打"×"）

1. 财务控制按时序分类，可分为事前控制、事中控制和事后控制。（　）
2. 因为企业内部的个人不能构成责任实体，所以个人也不能作为责任中心。（　）
3. 财务控制以财务预算为目标，是针对某一业务进行的分散控制。（　）

4. 责任中心是指承担一定经济责任的企业内部责任单位。（　　）
5. 成本中心是指既能控制收入又能控制成本的责任单位。（　　）
6. 成本中心的考核指标是责任成本。（　　）
7. 可以独立定价并能独立制定对外销售政策的责任中心一般是自然利润中心。（　　）
8. 当一个责任中心向另一个责任中心提供产品时，不仅要办理内部结算，还应同时办理责任成本的内部结转。（　　）
9. 在其他因素不变的条件下，一个投资中心的剩余收益的大小与企业投资人要求的最低报酬率呈反向变动。（　　）
10. 对一个企业而言，变动成本大多是可控成本，而固定成本大多是不可控成本。（　　）
11. 同一成本项目，对有的部门来说是可控的，而对另一部门则可能是不可控的。也就是说，成本的可控与否是相对的，而不是绝对的。（　　）
12. 成本中心一般不是独立法人，利润中心可能是独立法人也可能不是，投资中心一般是独立法人。（　　）
13. 最基层的成本中心只应就其经营的可控成本向其上层成本中心负责，上层的成本中心只应就其本身的可控成本向利润中心负责。（　　）
14. 人为利润中心能够决定其产品价格并对外出售。（　　）
15. 相对剩余收益指标而言，投资利润率指标的缺陷是可能造成投资中心的近期目标与整个企业的长期目标相背离。（　　）

二、选择（下列答案中有一项或多项是正确的，将正确答案前的英文字母填入括号内）

1. 既对成本负责，又对收入、投资效果负责的单位或部门一般称为（　　）。
   A. 责任中心　　B. 投资中心　　C. 利润中心　　D. 成本中心
2. 成本的可控和不可控随着条件的变化可能发生变化，下列表述中不正确的是（　　）。
   A. 高层次责任中心的不可控成本，对于较低层次的责任中心来说，一定是不可控的
   B. 低层次责任中心的不可控成本，对于较高层次的责任中心来说，一定是可控的
   C. 某一责任中心的不可控成本，对于另一个责任中心来说则可能是可控的
   D. 某些从短期看属不可控的成本，从较长的期间看可能又成为可控成本
3. 以下各项中，属于可控成本必须同时具备的条件有（　　）。
   A. 可以预计　　B. 可以计量　　C. 可以施加影响　　D. 可以落实责任
4. 某企业2013年息税前利润200万元，总资产占用额1 000万元，预期最低总资产息税前利润率15%，则剩余收益为（　　）万元。
   A. 50　　B. 150　　C. 200　　D. 350
5. 企业标准成本的种类有（　　）。
   A. 历史标准成本　　B. 理想标准成本　　C. 正常标准成本　　D. 预期标准成本
6. 下列各项中属于财务控制特征的有（　　）。
   A. 以价值形式为控制手段　　B. 以不同经济业务为控制对象
   C. 以控制日常现金流量为目的　　D. 以作出最终决策为奋斗目标
7. 投资中心的投资额为100 000元，最低投资报酬率为20%，剩余收益为10 000元，

则该中心的投资报酬率为（   ）。

    A. 10%   B. 20%   C. 30%   D. 60%

8. 下列指标中，能使业绩评价与企业目标协调一致并引导投资中心部门经理避免本位主义的决策指标是（   ）。

    A. 投资报酬率   B. 可控边际贡献   C. 部门边际贡献   D. 剩余收益

9. 成本中心的业绩，可以通过（   ）来考核。

    A. 责任成本降低额 B. 标准成本降低额 C. 责任成本降低率 D. 变动成本降低额

10. 成本中心的责任成本是（   ）。

    A. 产品成本   B. 生产成本   C. 可控成本   D. 不可控成本

11. 利润中心不具有（   ）。

    A. 价格制定权   B. 投资决策权   C. 生产决策权   D. 销售决策权

12. 固定制造费用成本三差异是指（   ）。

    A. 效率差异   B. 耗费差异   C. 闲置能量差异   D. 能量差异

13. 作为评价投资中心业绩的指标，"剩余收益"的优点是（   ）。

    A. 可以使业绩评价与企业目标保持一致

    B. 能够体现投入产出关系

    C. 能分解为资本周转率、销售成本率和成本费用利润率的乘积，从而反映投资中心的综合盈利能力

    D. 具有横向可比性，便于投资规模不同的部门间比较

14. 制造成本法下，产品成本的构成项目有（   ）。

    A. 直接材料成本 B. 直接人工成本 C. 变动制造费用 D. 固定制造费用

15. 下列属于酌量性固定成本的有（   ）。

    A. 直接材料   B. 研究开发费用   C. 直接人工   D. 广告宣传费用

三、实训（按要求完成实训任务）

实训项目一　成本中心控制

实训目的：加深对成本中心业绩考核指标的理解。

实训资料：某企业 C 车间为成本中心，生产甲产品，2013 年预算产量 5 000 件，单位成本为 16 元，实际产量 6 000 件，单位成本 15 元。

实训要求：计算该成本中心的成本变动额和变动率。

实训项目二　利润中心业绩考核

实训目的：明确利润中心的特征，掌握利润中心考核指标的计算原理。

实训资料：宇宙公司下设一个纸箱厂，该厂经公司授权，具有产品定价权，并直接对外销售产品。2013 年该纸箱厂实现销售收入 200 万元，变动成本为 60 万元，固定成本为 25 万元，其中固定资产折旧为 5 万元。

实训要求：

（1）该纸箱厂是利润中心吗？如果是，属于哪一种利润中心？简述利润中心种类和特征。

（2）若固定成本中的折旧为该利润中心的不可控成本，应如何评价该厂经理的经营业绩？

(3) 该厂对总公司的贡献有多大?

实训项目三 投资中心业绩考核
实训目的:加深对投资中心业绩考核指标的理解。
实训资料:某集团公司下设三个投资中心,有关资料如下表:

指 标	A 投资公司	B 投资公司	C 投资公司
息税前利润(万元)	1 050	1 500	900
平均经营资产(万元)	9 650	12 500	7 850
规定的最低投资报酬率	10%	10%	10%

实训要求:
(1) 计算集团公司和各投资中心的投资利润率,并据此评价各投资中心的业绩。
(2) 计算各投资中心的剩余收益,并据此评价各投资中心的业绩。
(3) 综合评价各投资中心的业绩。

实训项目四 成本差异计算与分析
实训目的:巩固标准成本差异计算与分析的基本原理。
实训资料:资料一,甲公司 A 产品标准成本卡见下表。

A 产品标准成本卡

成本项目	用量标准	价格标准	标准成本
直接材料	50 千克/件	9 元/千克	450 元/件
直接人工	45 小时/件	4 元/小时	180 元/件
变动制造费用	45 小时/件	3 元/小时	135 元/件
固定制造费用	45 小时/件	2 元/小时	90 元/件
合 计			855 元/件

该产品本月预算产量为 18 件,制造费用按人工工时分配。
资料二,本月实际产量 20 件,实际成本资料见下表。

项 目	实际用量	实际价格	实际成本
直接材料	900 千克	A	9 000 元
直接人工	950 小时	B	3 500 元
变动制造费用	C	D	2 500 元
固定制造费用	E	F	3 000 元
合 计			18 000 元

实训要求：
(1) 填写实际成本资料表中用字母表示的数据；
(2) 计算本月产品成本差异总额；
(3) 计算直接材料价格差异和用量差异；
(4) 计算直接人工效率差异和工资率差异；
(5) 计算变动制造费用耗费差异和效率差异；
(6) 计算固定制造费用耗费差异、能量差异。

项目九
透视诊断——财务分析

【学习目标】
- 掌握财务分析的基本方法
- 掌握企业偿债能力的分析方法
- 掌握企业营运能力的分析方法
- 掌握企业盈利能力的分析方法
- 掌握企业发展能力的分析方法
- 懂得财务分析的基本程序与方法
- 会收集、整理分析财务状况与财务成果所需的各种信息
- 能分析和处理各种财务指标与各部门的关系
- 能运用财务分析的基本方法对企业各种能力开展分析
- 能开展财务状况与财务成果的综合能力分析
- 能撰写简明扼要的财务分析报告

任务一 财务分析基础认知

【任务描述】

不管你是一个企业的投资者、债权人还是经营管理者，当一张张会计报表摆在你面前时，你能把握住这个企业的关键所在吗？你能更透彻地了解这个企业真实的财务状况吗？它的偿债能力、获利能力以及发展能力又如何呢？它是不是一个值得信赖的企业呢？通过本项目的学习让我们一起来学会对一个企业的财务状况进行深入的分析吧！学习任务：了解企业财务分析的基本含义与其作用，熟悉财务分析的基本内容与原则，掌握财务分析的一般程序与基本方法，能够开展基本经济业务的财务分析。

学习引领 小彦大学毕业后应聘到鸿雁服装公司财务部做财务工作，上班的第一天，财务总监陈涛先生将鸿雁服装公司 2012 年上半年的半年报交给小彦，让他在两天之内做一份 2 000 字左右的财务分析报告，以此来测试他对会计和财务管理知识的掌握程度以及运用理论知识解决实际问题的能力。接到任务后，小彦便开始潜心研究这三张会计报表：资产负债表、利润表、现金流量表。他相信自己能够交出一份满意的答卷。

请问：如果你是小彦，针对这三张报表，你将运用哪些方法、从哪几个方面构建财务分析体系，完成财务分析？

【知识准备】

一、企业财务报表概述

（一）企业财务报表体系

财务报表是综合反映一定时期财务状况和经营成果的文件，是财务会计报告的重要组成部分，是企业向外传递会计信息的主要途径。财务报表主要包括资产负债表、利润表、现金流量表、所有者权益变动表等及附注。

资产负债表是反映企业在某一特定日期财务状况的财务报表。该报表能提供企业拥有或者控制的资源及其分布、财务结构、资产的变现能力、偿债能力和企业适应环境变化的能力等方面的信息。

利润表是反映企业在一定会计期间经营成果的财务报表。该报表能提供企业利润的形成渠道、企业的获利能力、成本费用的高低以及控制情况等方面的信息。

现金流量表是反映企业在一定会计期间现金和现金等价物流入和流出状况的财务报表。该报表能提供企业经营活动、投资活动和筹资活动等所产生的现金流量等方面的信息。

所有者权益变动表是反映企业构成所有者权益的各组成部分当期的增减变动情况的报表。该报表能提供所有者权益的取得渠道、结构变动及其原因等方面的信息。

财务报表附注是对财务报表中列示项目所作的进一步说明，以及对未能在报表中列示的项目的补充说明等。这些信息有助于报表使用者进一步理解和分析企业的财务状况、经营成果、现金流量以及所有者权益变动情况等信息。

（二）财务报表的作用

编制财务报表的目的，在于提供有助于使用者进行经济决策的财务信息。企业财务报表的使用者包括现有和潜在的投资人、债权人、企业经营者、政府部门、社会公众和中介机构等。财务报表的作用主要表现在以下三个方面：

1. 有助于投资人和债权人等报表使用者了解企业的财务状况与经营成果，并进行合理决策。企业现有和潜在的投资人要依据财务报表提供的信息，作出是否投资以及如何投资等决策；债权人要作出是否贷款以及贷款规模等决策；政府部门（包括财政、税务、工商以及债券管理机构等）可以根据财务报表提供的信息，了解企业执行国家法规的情况以及是否及时足额纳税等情况。

2. 有助于企业加强和改善内部经营管理，作出科学的经营决策。企业管理者可以通过财务报表了解企业的财务状况和经营成果，检查企业预算和计划的执行情况，以利于加强和改善企业经营管理，合理利用资源，作出科学的经营决策。

3. 有利于国家经济管理部门制定宏观产业政策，进行宏观调控。国家经济管理部门通过层层汇总的财务报表，可以掌握某一行业、地区、部门乃至全国企业的经济活动情况，进行国民经济的宏观调控，促进社会资源的有效配置。

名人名言 财务报告有如名贵香水，只能细细品鉴，而不能生吞活剥。

——亚伯拉罕·比尔拉夫

二、企业财务分析概述

(一) 财务分析的特点

财务分析是指以财务报表和其他相关资料为依据，采用专门方法、系统分析和评价企业的过去和现在的经营成果、财务状况及其变动，以了解过去、评价现在、预测未来，帮助利益关系集团或利益相关者改善管理或者进行科学决策。

财务分析的最基本功能是将大量的报表数据转换成对特定决策有用的信息，减少决策的不确定性。财务分析的主要依据是财务报表，分析使用的数据大都来源于公开发布的财务报表。因此，财务分析的前提是全面正确地理解财务报表。财务分析的特点主要表现在以下几个方面。

1. 财务分析是个综合分析过程。分析是把研究对象划分成较简单的组成部分，找出这些部分的本质属性和彼此之间的相互关系，以达到认识对象的本质的目的。综合是把分析过的对象的各个部分、各种属性联合成一个统一的整体来全面考虑，以把握全局。

2. 财务分析又是一个认识过程。它通常只能发现问题，而不能提出解决问题的现成方案，它只能作出评价而不能改善企业现状。财务分析的结果是对企业的偿债能力、盈利能力和抵御风险的能力作出评价，或找出存在的问题。

3. 财务分析还是一个判断过程。它的基本目标之一是识别在趋势、数量及其关系等方面的主要变化（即转折点），并了解这些变化的原因。通常一个转折点可能就是企业成功与失败重大转变的前期警报。判断过程可以通过经验和分析方法的应用而得到改善。

(二) 财务分析的目的

财务分析的主要目的一般可概括为：评价过去的经营业绩；衡量现在的财务状况；预测未来的发展趋势；为财务报表使用者提供经济决策服务。

(三) 财务分析的原则

财务分析要从实际出发，坚持实事求是，反对主观臆断、结论先行、搞数字游戏。财务分析的原则是：

第一，要全面看问题，坚持一分为二，反对片面和形而上学；

第二，要注重事物间的联系，坚持相互联系地看问题，反对孤立地看问题；

第三，要发展地看问题，反对静止地看问题，注意过去、现在和将来的关系；

第四，要定量分析与定性分析相结合，坚持定量为主。

(四) 企业财务分析的内容

财务分析信息的需求者主要包括企业所有者、企业债权人、企业经营决策者和政府等。不同主体由于不同的利益考虑，对财务分析信息有着各自不同的要求。企业所有者作为投资人，关心其资本的保值和增值状况，因此较为重视企业获利能力指标。企业债权人因不能参与企业剩余收益分享，首先关注的是其债权的安全性，因此更重视企业偿债能力指标。企业经营决策者必须对企业经营活动的各个方面的全部信息予以详尽的了解和掌握。政府兼具多重身份，既是宏观经济管理者，又是国有企业的所有者和重要的市场参与者，因此政府对企业财务分析的关注点因所具身份不同而异。

总体来看，财务分析的基本内容包括偿债能力分析、营运能力分析、获利能力分析和发展能力分析，四者是相辅相成的关系。

（五）财务分析的程序

财务分析的程序因不同的人、不同的目的、不同的数据范围、不同的方法而不同，它没有固定的程序和步骤，而是一个研究探索的过程。但一般情况下，通常采用如下步骤：

第一，明确分析目的；

第二，收集有关信息；

第三，加工整理信息，使其符合分析的需要；

第四，计算、分析，深入研究各个部分的特殊本质以及各个部分间的联系；

第五，解释结果，提供对决策有帮助的信息。

（六）财务分析的局限性

财务分析的局限性主要表现为资料来源的局限性、分析方法的局限性和分析指标的局限性。其中，资料来源的局限性包括数据缺乏可比性、缺乏可靠性和存在滞后性等。

三、财务分析的方法

在使用财务数据进行分析时，为了评价企业的财务状况，强调所提供数据的可比性和重要性，需要利用各种各样的分析方法。财务分析的方法有很多种，但是主要的分析方法有趋势分析法、比率分析法、因素分析法等。

（一）趋势分析法

趋势分析法又称水平分析法，是通过对比两期或连续数期财务报告中相同指标，确定其增减变动的方向、数额和幅度，来说明企业财务状况或经营成果的变动趋势的一种方法。采用这种方法，可以分析引起变化的主要原因、变动的性质，并预测企业未来的发展前景。

（二）比率分析法

比率分析法是通过计算各种比率指标来确定经济活动变动程度的分析方法。比率是相对数，采用这种方法，能够把某些条件下的不可比指标变为可以比较的指标，以利于进行分析。

（三）因素分析法

因素分析法是依据分析指标与其影响因素之间的关系，按照一定的程序和要求，从数值上测定各因素对有关经济指标差异影响程度的各种具体方法的总称。通过因素分析法，可以衡量各项因素影响程度的大小，有利于分清原因和责任，使分析结果更有说服力，并可作为制定措施、挖掘潜力的参考。

【业务操作】

一、运用趋势分析法进行财务分析

趋势分析法的具体运用主要有三种方式：一是重要财务指标的比较；二是会计报表的比较；三是会计报表项目构成的比较。

（一）重要财务指标的比较

重要财务指标的比较是将不同时期财务报告中的相同指标或比率进行比较，直接观察其增减变动情况及变动幅度,考察其发展趋势,预测其发展前景。对不同时期财务指标的比较,可以有以下两种方法。

1. 定基动态比率。定基动态比率是以某一时期的数额为固定的基期数额而计算出来的动态比率。其计算公式为:

$$定基动态比率 = \frac{分析期数额}{固定基期数额} \times 100\%$$

2. 环比动态比率。环比动态比率是以每一分析期的前期数额为基数数额而计算出来的动态比率。其计算公式为:

$$环比动态比率 = \frac{分析期数额}{前期数额} \times 100\%$$

(二) 会计报表的比较

会计报表的比较是将连续数期(通常3~5期)的会计报表的金额并列起来,比较其相同指标的增减变动金额和变动幅度,据以判断企业财务状况和经营成果发展变化的一种方法。会计报表的比较,具体包括资产负债表比较、利润表比较和现金流量表比较等。比较时,既要计算出表中有关项目增减变动的绝对额,又要计算出其增减变动的百分比。

(三) 会计报表项目构成的比较

会计报表项目构成的比较是在会计报表比较的基础上发展而来的。这是以会计报表中的某个总体指标作为100%,再计算出其各组成指标占总体指标的百分比,从而来比较各个项目百分比的增减变动,以此来判断有关财务活动的变化趋势。这种方法比前述两种方法更能准确地分析企业财务活动的发展趋势。它既可用于同一企业不同时期财务状况的纵向比较,又可用于不同企业之间的横向比较。同时,这种方法能消除不同时期(不同企业)之间业务规模差异的影响,有利于分析企业的耗费水平和盈利水平。

重要提示 在采用趋势分析法时,必须注意以下问题:

第一,用于进行对比的各个时期的指标,在计算口径上必须一致;

第二,剔除偶发性项目的影响,使作为分析的数据能反映正常的经营状况;

第三,应运用例外原则,对某项有显著变动的指标作重点分析,研究其产生的原因,以便采取对策,趋利避害。

[业务举例9-1] 以项目七中表7-1的利润表的数据为例,假设2010年度的销售收入为218 908 724.64元,试计算销售收入对于2010年的定基动态比率与2012年的环比动态比率。

销售收入的定基动态比率 = (376 669 376.98 ÷ 218 908 724.64) × 100% = 172.07%

销售收入的环比动态比率 = (376 669 376.98 ÷ 252 802 541.88) × 100% = 149.00%

二、运用比率分析法进行财务分析

比率指标可以有不同类型,主要有三类:一是构成比率;二是效率比率;三是相关比率。

（一）构成比率

构成比率又称结构比率，它是某项财务指标的各组成部分数值占总体数值的百分比，反映部分与总体的关系。其计算公式为：

$$构成比率 = \frac{某个组成部分数值}{总体数值} \times 100\%$$

比如，企业资产中流动资产、固定资产和无形资产占资产总额的百分比（资产构成比率），企业负债中流动负债和长期负债占负债总额的百分比（负债构成比率）等。利用构成比率，可以考察总体中某个部分的形成和安排是否合理，以便协调各项财务活动。

（二）效率比率

效率比率是某项财务活动中所费与所得的比例，反映投入与产出的关系。利用效率比率指标，可以进行得失比较，考察经营成果，评价经济效益。比如，将利润项目与销售成本、销售收入、资本金等项目加以对比，可计算出成本利润率、销售利润率以及资本金利润率等利润率指标，可以从不同角度观察比较获利能力的高低及其增减变化情况。

（三）相关比率

相关比率是以某个项目和与其有关但又不同的项目加以对比所得的比率，反映有关经济活动的相互关系。利用相关比率指标，可以考察企业有联系的相关业务安排得是否合理，以保障运营活动顺畅进行。比如，将流动资产与流动负债加以对比，计算出流动比率，据以判断企业的短期偿债能力。

比率分析法的优点是计算简便，计算结果也比较容易判断，而且可以使某些指标在不同规模的企业之间进行比较，甚至也能在一定程度上超越行业间的差别进行比较。

重要提示 在采用趋势分析法时，必须注意以下问题：

（1）对比项目的相关性。计算比率的子项和母项必须具有相关性，把不相关的项目进行对比是无意义的。在相关比率指标中，两个对比指标要有内在联系，才能评价有关经济活动之间是否协调均衡，安排是否合理。

（2）对比口径的一致性。计算比率的子项和母项必须在计算时间、范围等方面保持口径一致。

（3）衡量标准的科学性。运用比率分析，需要选用一定的标准与之对比，以便对企业的财务状况作出评价。通常的对比标准有：预定目标（如预算指标、定额指标等）；历史标准（如上期实际、上年同期实际等）；行业标准（如国内外同类企业的先进水平、国内外同类企业的平均水平等）；公认标准。

[业务举例9-2] 仍然以项目七中表7-1的利润表的数据为例，试计算2011年与2012年营业总成本中管理费用所占的比率。

2011年管理费用所占的比率 = (17 691 100.19 ÷ 238 973 314.32) × 100% = 7.40%

2012年管理费用所占的比率 = (29 887 412.94 ÷ 359 804 164.56) × 100% = 8.31%

三、运用因素分析法进行财务分析

因素分析法具体有两种：一是连环替代法；二是差额分析法。

（一）连环替代法

连环替代法是因素分析法的最基本形式，该方法的名称是由其采用连环替代程序来测算

各因素变动对经济指标影响数额的特点决定的。其计算程序是:

第一步,根据影响某项经济指标完成情况的因素按其依存关系将经济指标的基数(计划数或上期数等)和实际数分解为两个指标体系。

第二步,以基数指标体系为计算的基础,用实际指标体系中每项因素的实际数逐步顺序地替换其基数,每次替换后实际数就被保留下来,有几个因素就替换几次,每次替换后计算出由于该因素变动所得到的新的结果。

第三步,将每次替换后的新的结果,与这一因素被替换前的结果进行比较,两者的差额就是这一因素变化对经济指标差异的影响程度。

第四步,将每个因素的影响数值相加,其代数和应同该经济指标的实际数与基数之间的总差异数相符。

(二)差额分析法

这种方法是连环替代法的一种简化形式,它是利用各个因素的实际数与基数之间的差额,直接计算各个因素对经济指标差异的影响数值。应用这种方法与应用连环替代法的要求相同,只是在计算上简化一些。所以,在实际工作中应用比较广泛。其计算程序如下:

第一步,确定各因素的实际数与基数的差额。

第二步,以各因素造成的差额,乘上计算公式中该因素前面的各因素的实际数,以及列在该因素后面的其余因素的基数,就可求得各因素的影响值;将各个因素的影响值相加,其代数和应同该项经济指标的实际数与基数之差相符。

重要提示 在应用这一方法时必须注意以下几个问题:(1)因素分解的关联性。即客观上须存在着因果关系,要能够反映形成该指标差异的内在构成原因。(2)因素替代的顺序性。须按照各因素的依存关系,排列成一定的顺序并依次替代,不可随意加以颠倒。(3)顺序替代的连环性。在计算每一个因素变动的影响时,须在前一次计算的基础上进行,并采用连环比较的方法确定因素变化影响结果。(4)计算结果的假定性。其计算因素变动的影响数,会因替代计算顺序的不同而有差别,因而不可能使每个因素计算的结果,都达到绝对的准确。

[业务举例9-3]甲产品的材料费用资料如表9-1所示。试对表中材料费用总额实际数较计划数增加620元分别运用连环替代法和差额分析法作出分析。

表9-1　　　　　产品产量、单位产品材料消耗量、材料价格表

项　目	计划数	实际数
产品产量(件)	100	110
单位产品材料消耗量(千克)	8	7
材料单价(元)	5	6
材料费用(元)	4 000	4 620

(1)运用连环替代法,可以计算各因素变动对材料费用总额的影响程度如下:

计划指标:$100 \times 8 \times 5 = 4\,000$(元)　　　　　　①

第一次替代：110×8×5＝4 400（元）　　　②
第二次替代：110×7×5＝3 850（元）　　　③
第三次替代：110×7×6＝4 620（元）　　　④
②－①＝4 400－4 000＝400（元）　　　产量增加的影响
③－②＝3 850－4 400＝－550（元）　　材料节约的影响
④－③＝4 620－3 850＝770（元）　　　价格提高的影响
　　400－550＋770＝620（元）　　　　　全部因素的影响

（2）运用差额分析法，可以计算各因素变动对材料费用总额的影响程度如下：
由于产量增加对材料费用的影响为：（110－100）×8×5＝400（元）
由于材料消耗节约对材料费用的影响为：（7－8）×110×5＝－550（元）
由于价格提高对材料费用的影响为：（6－5）×110×7＝770（元）
全部因素对材料费用的影响为：400－550＋770＝620（元）

即问即答　作为一名财务人员，除了要做会计报表外，还要做好哪几件事情？

1. 做好财务分析，计算出各个重要财务比率的临界点。财务分析的内容包括四种能力的分析。财务人员要将相关的财务比率全部计算出来，只要超过临界点就要及时提醒领导，做到防患于未然。
2. 注重帮助老板解读重要的财务信息。财务人员应主动做好信息解释工作，并做好通俗易懂的报表分析说明。
3. 财务人员应主动向老板请示参加公司的营销会议。企业在召开重要的营销会议时，应该要求财务人员尤其是财务负责人列席会议。
4. 注意颜色管理，也就是在财务报表上用不同的颜色把不同重要程度的信息进行区分。
5. 按顺序排列自己公司最严重的财务危机，注意提醒老板。一般来说，公司最严重的财务危机有：现金不足、过多的应收账款没收回、存货积压、过多的不动产占用大量资金、长短期贷款搭配不当等几种。

任务二　基本指标分析

【任务描述】
　　一个企业的投资者，或是企业的债权人，抑或是企业的经营管理者，对于同样一张会计报表进行分析时的要求是不一样的。有的需要的是企业的盈利能力，有的需要的是企业的偿债能力，有的需要的是企业的经营能力，还有的需要的是企业的发展能力等，需求者不同，所要开展的分析指标是不一样的，这主要看你分析的主要用途是什么。通过本任务的学习让我们学会对一个企业的财务状况所有指标进行深入的分析。学习任务：掌握财务分析的偿债能力指标、营运能力指标、盈利能力指标和企业发展能力指标，能够开展企业经济业务相关能力要求的财务分析。

学习引领　鸿雁服装公司2012年12月31日的资产负债表和利润表见表9-2和表9-3（列示的资产负债表和利润表均为简化格式，仅用于示例）。小彦根据报表对公司的偿债能力、运营能力、获利能力和发展能力进行了全面的分析，并将发现的问题和自己的看法都写入了财务分析报告。你认为小彦应从哪些指标进行分析呢？

【知识准备】

一、偿债能力分析

偿债能力是指公司偿还到期债务（包括本息）的能力。由于债务按到期时间分为短期债务和长期债务，所以偿债能力分析包括短期偿债能力分析和长期偿债能力分析。

（一）短期偿债能力分析

短期偿债能力是指公司流动资产对流动负债及时、足额偿还的保证程度，是衡量公司当前的财务能力，特别是流动资产变现能力的重要标志。

分析短期偿债能力的常用指标有流动比率、速动比率和现金比率三项。

1. 流动比率。流动比率是流动资产与流动负债的比率，它表明企业每1元流动负债有多少流动资产作为偿还保证，反映企业可在短期内转变为现金的流动资产偿还到期流动负债的能力。其计算公式为：

$$流动比率 = \frac{流动资产}{流动负债} \times 100\%$$

一般情况下，流动比率越高，反映企业短期偿债能力越强，债权人的权益就越有保证。国际上通常认为，流动比率的下限为100%，而流动比率等于200%时较为适当，它表明企业财务状况稳定可靠，除了满足日常生产经营的流动资金需要外，还有足够的财力偿付到期短期债务。若流动比率过低，则表示企业可能捉襟见肘，难以如期偿还短期债务。

重要提示 对流动比率的分析要把握以下几点：（1）从短期债权人的角度看，自然希望流动比率越高越好，这样可以保证他们及时、足额地收回债权本息。（2）虽然流动比率越高，企业偿还短期债务的流动资产保证程度越强，但这并不等于说企业已有足够的现金或存款来偿债。流动比率高也可能是存货积压、应收账款增多且收账期延长所致，而真正用来偿债的现金或存款却严重短缺。（3）不存在统一的、标准的流动比率数值。不同行业的流动比率，通常有明显差别。营业周期越短的行业，合理的流动比率越低。

使用流动比率指标有某些局限性：流动比率假设全部流动资产都可以变为现金并用于偿债，全部流动负债都需要还清。实际上，有些流动资产的账面金额与变现金额有较大差异，如产成品等；经营性流动资产是企业持续经营所必需的，不能全部用于偿债；经营性应付项目可以滚动存续，无须动用现金全部还清。因此，流动比率是对短期偿债能力的粗略估计。

2. 速动比率。速动比率是指企业速动资产与流动负债的比率。它假设速动资产是可以用于偿债的资产，表明每1元流动负债有多少速动资产作为偿还保障。所谓速动资产，是指可以在较短时间内变现的资产，包括货币资金、交易性金融资产和各种应收、预付款项等。另外的流动资产，包括存货、一年内到期的非流动资产及其他流动资产等，称为非速动资产。

非速动资产的变现金额和时间具有较大的不确定性。（1）存货的变现速度比应收账款要慢得多；部分存货可能已经报废损失、尚未处理；存货估价有多种方法，可能与变现金额相距甚远。（2）一年内到期的非流动资产及其他流动资产的金额有偶然性，不代表正常的变现能力。因此，将可偿债资产定义为速动资产，计算出的速动比率更加可信。

速动比率的计算公式为：

$$速动比率 = \frac{速动资产}{流动负债} \times 100\%$$

一般情况下,速动比率越高,表明企业偿还流动负债的能力越强。国际上通常认为,速动比率等于100%较为适当。若速动比率小于100%,必然会使企业面临很大的偿债风险;若速动比率大于100%,尽管债务偿还的安全性很高,但会因为企业现金及应收账款资金占用过多而大大增加企业的机会成本。

重要提示 对速动比率的分析要把握以下几点:(1) 由于从流动资产中剔除了存货等变现能力较弱且不稳定的资产,因此,速动比率较之流动比率能够更加准确、可靠地评价企业资产的流动性及其偿还短期债务的能力。(2) 一般情况下,如果速动比率比较低,必使企业面临较大的偿债风险;如果速动比率比较高,尽管偿还债务的安全性很高,但却会因企业现金及应收账款资金占用过多而大大增加企业的机会成本。(3) 与流动比率一样,不同行业的速动比率差别很大。例如,采用大量现金销售的商店,几乎没有应收账款,速动比率大大低于1很正常。相反,一些应收账款较多的企业,速动比率可能要大于1。

3. 现金比率。现金比率是指现金资产与流动负债的比率,它表明1元流动负债有多少现金资产作为偿还保障。其计算公式为:

$$现金比率 = \frac{货币资金 + 交易性金融资产}{流动负债} \times 100\%$$

速动资产中,流动性最强、可直接用于偿债的资产,称为现金资产,包括货币资金、交易性金融资产等。与其他速动资产不同,现金资产可以直接用于偿还债务,而其他速动资产需要等待不确定的时间,才能转换为不确定数额的现金。

与流动比率和速动比率相比较,用现金比率来衡量企业的短期偿债能力更加准确。现金比率越高,企业的短期偿债能力越强。但是,现金比率并非越高越好,越高意味着企业拥有过多的获利能力较低的现金资产。因此,现金比率要适度,既要保证偿还短期债务的需要,又要尽可能地降低持有过多现金资产的机会成本。

(二) 长期偿债能力分析

长期偿债能力是指企业偿还长期负债的能力,企业的长期负债主要有长期借款、应付长期债券、长期应付款等。对于企业的长期债权人和所有者来说,不仅关心企业短期偿还能力,更关心企业长期偿债能力。因此,在对企业进行短期偿债能力分析的同时,还需分析企业的长期偿债能力,以便于债权人和投资者全面了解企业的偿债能力及财务风险。反映企业长期偿债能力的财务比率主要有资产负债率、股东权益比率、权益乘数、产权比率和利息保障倍数等。

1. 资产负债率。资产负债率是企业负债总额与资产总额的比率,也称为负债比率,它反映企业的资产总额中有多少是通过举债而得到的。其计算公式为:

$$资产负债率 = \frac{负债总额}{资产总额} \times 100\%$$

资产负债率反映企业偿还债务的综合能力,这个比率越高,企业偿还债务的能力越差;反之,则偿还债务的能力越强。保守的观点认为资产负债率不应高于50%,而国际上通常认为资产负债率等于60%时较为适当。

对于资产负债率，企业的债权人、股东和企业经营者往往从不同的角度来评价：

- 从债权人的角度，债权人最关心的是贷给企业的资金的安全性。如果这个比率过高，说明在企业的全部资产中股东提供的资本所占比重太低，这样，企业的财务风险就主要由债权人负担，其贷款的安全也就缺乏可靠的保障，所以，债权人总是希望企业的负债比率低一些。

- 从企业股东的角度，最关心的是投资收益的高低，企业借入资金与股东投入的资金在生产经营中可以发挥同样的作用，如果企业负债所支付的利息率低于资产报酬率，股东就可以利用举债经营取得更多的投资收益。因此，股东所关心的往往是全部资产报酬率是否超过了借款的利息率。

- 从企业经营者的角度，既要考虑企业的盈利，也要顾及企业所承担的财务风险。资产负债率作为财务杠杆不仅反映了企业的长期财务状况，也反映了企业管理当局的进取精神。当然，负债也必须有一定的限度，负债比率过高，企业的财务风险将加大，一旦资产负债率超过1，则说明企业资不抵债，有濒临倒闭的危险。

2. 股东权益比率与权益乘数。

（1）股东权益比率。股东权益比率是股东权益与资产总额的比率，该比率反映企业资产中有多少是所有者投入的。其计算公式为：

$$股东权益比率 = \frac{股东权益总额}{资产总额} \times 100\%$$

股东权益比率与资产负债率之和等于1。这两个比率是从不同的侧面来反映企业长期财务状况，股东权益比率越大，资产负债比率就越小，企业财务风险就越小，偿还长期债务的能力就越强。

（2）权益乘数。股东权益比率的倒数，称为权益乘数，即资产总额是股东权益的多少倍。其计算公式为：

$$权益乘数 = \frac{资产总额}{股东权益总额}$$

权益乘数越大，表明股东投入的资本在资产中所占比重越小，企业负债程度越高；反之，该比率越小，表明所有者投入企业的资本占全部资产的比重越大，企业的负债程度越低，债权人权益受保护的程度也越高。

3. 产权比率。产权比率是负债总额与股东权益总额的比率，是企业财务结构稳健与否的重要标志，也称资本负债率。它反映企业股东权益对债权人权益的保障程度。其计算公式为：

$$产权比率 = \frac{负债总额}{股东权益总额} \times 100\%$$

产权比率越低，表示企业的长期偿债能力越强，债权人得到的保障程度越高，债权人就越有安全感；反之，产权比率越高，表示企业长期偿债能力越弱，债权人的安全感越小。因此，这个指标的评价标准，一般应小于1。但是，产权比率不是越低越好，产权比率越低，企业长期偿债能力越高，但企业不能充分发挥财务杠杆的效应。所以，企业在评价产权比率适当与否时，应从提高获利能力和增强偿债能力两个方面综合进行，即在保障债务偿还安全的前提下，应尽可能地提高产权比率。

4. 利息保障倍数。利息保障倍数也称已获利息倍数，是息税前利润与利息费用的比率，反映了获利能力对债务偿付的保证程度。其计算公式为：

$$利息保障倍数 = \frac{息税前利润}{利息费用}$$

式中：息税前利润＝净利润＋利息＋所得税费用；利息费用——既包括计入财务费用的利息，也包括资本化利息。

长期债务不需要每年还本，却需要每年付息。利息保障倍数反映了企业的经营所得支付债务利息的能力。如果这个比率太低，说明企业难以保证经营所得来按时按量支付债务利息，这会引起债权人的担心。一般来说，企业的利息保障倍数至少要大于1，否则，就难以偿付债务及利息，若长此以往，甚至会导致企业破产倒闭。

对企业和所有者来说，也并非简单地认为利息保障倍数越高越好。如果较高的利息保障倍数不是由于高利润带来的，而是由于低利息导致的，则说明企业没有很好地利用财务杠杆作用，未能充分利用举债经营的优势。利息保障倍数的国际标准值为3，下限为1。

二、营运能力分析

营运能力是指企业对资产利用的能力，即资产运用效率的分析，通常用各种资产的周转速度表示。资产运用效率标志着资产的运行状态及其管理效果的好坏，这将对企业的偿债能力和获利能力产生重要影响。因此，股东、债权人和经营者都十分注重企业营运能力的分析。

评价企业营运能力的指标主要有存货周转率、应收账款周转率、流动资产周转率、固定资产周转率和总资产周转率等。

（一）存货周转率

存货周转率是企业一定时期内的营业成本与平均存货余额的比率，是反映企业流动资产流动性的一个指标，也是衡量企业生产经营各环节中存货运营效率的一个综合性指标。其计算公式为：

$$存货周转率(周转次数) = \frac{营业成本}{平均存货余额}$$

$$存货周转期(周转天数) = \frac{平均存货余额 \times 360}{营业成本} = \frac{360}{存货周转率}$$

$$平均存货余额 = \frac{存货余额年初数 + 存货余额年末数}{2}$$

公式中的营业成本可以从利润表中得到，平均存货余额是期初存货余额与期末存货余额的平均数，可以根据资产负债表计算得到。

重要提示 周转次数与周转天数实际上是一种倒数关系，只是在计算过程中，周转次数通常是以年为单位的，而周转天数却是以日为单位的，所以在公式中需要乘以一个360。

存货周转率说明了一定时期内企业存货周转的次数，可以用来测定企业存货的变现速度，衡量企业的销售能力及存货是否过量。存货周转率反映了企业的销售效率和存货使用效率。在正常情况下，如果企业经营顺利，存货周转率越高，说明存货周转得越快，企业的销售能力越强，营运资金占用在存货上的金额也会越少。但是，存货周转率过高，也可能说明企业管理方面存在一些问题，如存货水平太低，甚至经常缺货，或者采购次数过于频繁，批量太小等。在计算和使用存货周转率时，应把握好以下问题：

- 存货计价方法对存货周转率具有较大的影响，因此，在分析企业不同时期或不同企业的存货周转率时，应注意存货计价方法的口径是否一致。
- 分子、分母的数据应注意时间上的对应性。周转率计算公式中的分母之所以采用"平均存货余额"，是因为分子中的"营业成本"来自利润表，它是时期数；而分母中的"存货"来自资产负债表，它是时点数，直接进行计算时时间上不对应，无法进行比较，所以需要采用平均值进行换算。下同。
- 应注意应付账款、存货和应收账款（或销售）之间的关系。一般来说，销售增加会拉动应收账款、存货、应付账款增加，不会引起周转率的明显变化。但是，当企业接受一个大订单时，通常要先增加存货，然后推动应付账款增加，最后才引起应收账款增加。因此，在该订单没有实现销售以前，先表现为存货等周转天数增加。这种周转天数增加，没有什么不好。与此相反，预见到销售会萎缩时，通常会先减少存货，进而引起存货周转天数等下降。这种周转天数下降，不是什么好事，并非资产管理得到改善。因此，任何财务分析都以认识经营活动本质为目的，不可根据数据高低作简单结论。

（二）应收账款周转率

应收账款周转率是企业一定时期内营业收入与平均应收账款余额的比率。它反映了企业应收账款的周转速度。其计算公式为：

$$应收账款周转率(周转次数) = \frac{营业收入}{平均应收账款余额}$$

$$应收账款周转期(周转天数) = \frac{平均应收账款余额 \times 360}{营业收入} = \frac{360}{应收账款周转率}$$

$$平均应收账款余额 = \frac{应收账款余额年初数 + 应收账款余额年末数}{2}$$

应收账款周转率是评价应收账款流动性大小的一个重要的财务比率，可以用来分析企业应收账款的变现速度和管理效率。这一比率越高，说明企业催收账款速度越快，可以减少坏账损失，而且资产的流动性强，企业的短期偿债能力也会增强，在一定程度上，可以弥补流动比率低的不利影响。

在计算和使用应收账款周转率时，应注意以下问题：

- 公式中的应收账款包括会计核算中"应收账款"和"应收票据"等全部赊销账款在内。
- 分子、分母的数据应注意时间上的对应性。
- 营业收入的赊销比例问题。从理论上讲，应收账款是赊销引起的，其对应的流量是赊销额，而非全部营业收入。因此，计算时应使用赊销额而非营业收入。但是，外部分析人员无法取得赊销数据，只好直接使用营业收入计算。实际上是假设现销是收现时间等于零的应收账款。

- 应收账款的减值准备问题。财务报表上列示的应收账款是已经计提减值准备后的净额，而营业收入并未相应减少。其结果是，计提减值准备越多，应收账款周转天数越少。这种周转天数的减少不是业绩改善的结果，反而说明应收账款管理欠佳。如果减值准备的金额较大，就应进行调整，使用未计提减值准备的应收账款计算周转天数。报表附注中披露的应收账款减值信息，可作为调整的依据。

（三）流动资产周转率

流动资产周转率是企业一定时期营业收入与平均流动资产余额的比率，它反映的是全部流动资产的利用效率。其计算公式为：

$$流动资产周转率（周转次数）= \frac{营业收入}{平均流动资产总额}$$

$$流动资产周转期（周转天数）= \frac{平均流动资产总额 \times 360}{营业收入} = \frac{360}{流动资产周转率}$$

$$平均流动资产总额 = \frac{流动资产总额年初数 + 流动资产总额年末数}{2}$$

流动资产周转率反映了流动资产周转的速度。周转次数越多，周转天数越少，表明流动资产周转速度越快，流动资产的利用效率越好。

通常，流动资产中应收账款和存货占绝大部分，因此，它们的周转状况对流动资产周转具有决定性影响。

（四）固定资产周转率

固定资产周转率是企业一定时期营业收入与平均固定资产净值的比率，是衡量固定资产利用效率的一项指标。其计算公式为：

$$固定资产周转率（周转次数）= \frac{营业收入}{平均固定资产净值}$$

$$固定资产周转期（周转天数）= \frac{平均固定资产净值 \times 360}{营业收入} = \frac{360}{固定资产周转率}$$

$$平均固定资产净值 = \frac{固定资产净值年初数 + 固定资产净值年末数}{2}$$

固定资产周转率是衡量固定资产利用效率的一项指标。该指标越高，表明企业利用固定资产创收的能力越强，固定资产的利用效果就越好，企业的营运能力就越强。反之，说明企业的固定资产未得到充分利用，应将闲置的固定资产及时清理。

运用固定资产周转率时，需要考虑固定资产因计提折旧其净值在不断的减少，以及因更新重置其净值突然增加的影响。同时，由于折旧方法的不同，可能影响其可比性。故在分析时，一定要剔除掉这些不可比因素。

（五）总资产周转率

总资产周转率是企业一定时期营业收入与平均资产总额的比率，是衡量企业全部资产利用效率的指标。其计算公式为：

$$总资产周转率(周转次数) = \frac{营业收入}{平均资产总额}$$

$$总资产周转期(周转天数) = \frac{平均资产总额 \times 360}{营业收入} = \frac{360}{总资产周转率}$$

$$平均资产总额 = \frac{资产总额年初数 + 资产总额年末数}{2}$$

总资产周转率越高,表明企业全部资产的使用效率越高;反之,如果该指标较低,则说明企业利用全部资产进行经营的效率较差,最终会影响企业的盈利能力。企业应采取各项措施来提高企业的资产利用程度,比如提高营业收入或处理多余的资产。

即问即答 在计算营运能力的指标中,为什么分母都必须要采用"平均"值?

这是因为,在这些指标计算公式中,分子的数据均取自时期会计报表"利润表",而分母的数据均取自时点会计报表"资产负债表";这样时点数与时期数是无法直接进行比较的。为了具有可比性必须将时点数换算为时期数,所以在分母中都需要采用平均值进行计算。

三、盈利能力分析

获利能力是指企业一定时期内运用各种资源赚取利润的能力。获取利润是企业经营的最终目标,也是企业能否生存与发展的前提。获利能力的大小直接关系到企业财务管理目标的实现与否,直接关系到投资者的利益,也关系到债权人以及企业经营者的切身利益。

评价企业获利能力的指标通常用各种利润率表示。主要有营业利润率、成本费用利润率、总资产净利率、净资产收益率、每股收益、每股股利、市盈率等。

(一)营业利润率

营业利润率是企业一定时期营业利润与营业收入的比率。其计算公式为:

$$营业利润率 = \frac{营业利润}{营业收入} \times 100\%$$

营业利润率越高,表明企业的市场竞争力越强,发展潜力越大,从而获利能力越强。

需要说明的是,从利润表来看,利润可以分为三个层次,即营业利润、利润总额和净利润。因此,在实务中,也经常使用营业净利率、营业毛利率等指标来分析企业的获利能力。

$$营业净利率 = \frac{净利润}{营业收入} \times 100\%$$

$$营业毛利率 = \frac{营业收入 - 营业成本}{营业收入} \times 100\%$$

应当指出的是,营业净利率(又称净利率)指标被广泛应用。"营业收入"是利润表的第一行数字,"净利润"是利润表的最后一行数字,两者相除可以概括企业的全部经营成果。它表明每1元营业收入与其成本费用之间可以"挤"出来的净利润。该比率越大,企业盈利能力越强。

(二)成本费用利润率

成本费用利润率是指企业一定时期利润总额与成本费用总额的比率,反映了企业所得与所耗的关系。其计算公式如下：

$$成本费用利润率 = \frac{利润总额}{成本费用总额} \times 100\%$$

成本费用总额 = 营业成本 + 营业税金及附加 + 销售费用 + 管理费用 + 财务费用

成本费用利润率越高，表明企业为取得利润而付出的代价越小，成本费用控制得越好，获利能力越强。

（三）总资产净利率

总资产净利率是企业一定时期内获得的净利润与平均资产总额的比率。它是反映企业资产综合利用效果的指标，也是衡量利用债权人和所有者权益总额所取得盈利的重要指标。其计算公式为：

$$总资产净利率 = \frac{净利润}{平均资产总额} \times 100\%$$

资产净利率全面反映了企业全部资产的获利水平，因此是企业所有者和债权人都非常关心的指标。一般情况下，该指标越高，表明企业的资产利用效益越好，整个企业的盈利能力越强，经营管理水平越高。企业还可以将该指标与市场资本利率进行比较，如果前者较后者大，则说明企业可以充分利用财务杠杆，适当举债经营，以获得更多的收益。

（四）净资产收益率

净资产收益率，又称权益净利率，是一定时期企业的净利润与平均股东权益总额的比率。它是反映自有资金投资收益水平的指标，是企业获利能力指标的核心。其计算公式为：

$$净资产收益率 = \frac{净利润}{平均净资产总额} \times 100\%$$

$$平均净资产总额 = \frac{净资产期初数 + 净资产期末数}{2}$$

净资产收益率的分母是股东的投入，分子是股东的所得，反映了企业自有资本的获利水平，是综合性最强的财务指标，通用性强，适应范围广泛。一般认为，净资产收益率越高，企业自有资本获取收益的能力越强，运营效益越好，对企业投资人和债权人的保证程度越高。

（五）每股收益

每股收益是反映企业普通股股东持有每一股份所能享有企业利润或承担企业亏损的业绩评价指标。该指标有助于投资者、债权人等信息使用者评价企业或企业之间的盈利能力、预测企业成长潜力，进而做出经济决策。其计算公式为：

$$每股收益 = \frac{归属于普通股股东的当期净利润}{发行在外的普通股加权平均股数}$$

每股收益越高，说明每股获利能力越强，投资者的回报越多；每股收益越低，说明每股获利能力越弱。该指标是衡量上市公司盈利能力时最常用的财务分析指标。

（六）每股股利

每股股利是上市公司本年发放的普通股股利总额与年末普通股股份总数的比值，也是衡

量股份公司盈利能力的指标。该指标越高,说明股本盈利能力越强。其计算公式为:

$$每股股利 = \frac{普通股股利总额}{期末普通股股数}$$

每股股利反映的是上市公司每一普通股获取股利的大小。每股股利越大,则企业股本获利能力就越强;每股股利越小,则企业股本获利能力就越弱。但须注意,上市公司每股股利发放多少,除了受上市公司获利能力大小影响以外,还取决于企业的股利发放政策。如果企业为了增强发展后劲而增加企业的公积金,则当前的每股股利必然会减少;反之,则当前的每股股利会增加。

反映每股股利和每股收益之间的一个重要指标是股利发放率,即每股股利分配额与当期的每股收益之比。借助于该指标,投资者可以了解一家上市公司的股利发放政策。

(七) 市盈率

市盈率是指上市公司普通股每股市价与每股收益的比率。其计算公式为:

$$市盈率 = \frac{每股市价}{每股收益}$$

市盈率是反映股份公司获利能力的一个重要财务比率,投资者对这个比率十分重视。这一比率是投资者做出投资决策的重要参考因素之一。一般来说,市盈率高,说明投资者对该公司的发展前景看好,愿意出较高的价格购买该公司股票,所以一些成长性较好的高科技公司股票的市盈率通常要高一些。但是,也应注意,如果某一种股票的市盈率过高,则也意味着这种股票具有较高的投资风险。

(八) 每股净资产

每股净资产,又称每股账面价值,是指企业净资产与发行在外的普通股股数之间的比率。其计算公式为:

$$每股净资产 = \frac{期末净资产}{期末发行在外的普通股股数}$$

每股净资产显示了发行在外的每一普通股股份所能分配的企业账面净资产的价值。这里所说的账面净资产是指企业账面上的总资产减去负债后的余额,即股东权益总额。每股净资产指标反映了在会计期末每一股份在企业账面上到底值多少钱,它与股票面值、发行价值、市场价值乃至清算价值等往往有较大差距。

利用该指标进行横向和纵向对比,可以衡量上市公司股票的投资价值。如在企业性质相同、股票市价相近的条件下,某一企业股票的每股净资产越高,则企业发展潜力与其股票的投资价值越大,投资者所承担的投资风险越小。

(九) 市净率

市净率是每股市价与每股净资产的比率,是投资者用以衡量、分析个股是否具有投资价值的工具之一。其计算公式为:

$$市净率 = \frac{每股市价}{每股净资产}$$

净资产代表的是全体股东共同享有的权益,是股东拥有公司财产和公司投资价值最基本的体现,它可以用来反映企业的内在价值。一般来说,市净率较低的股票,投资价值较高;反之,则投资价值较低。但有时较低市净率反映的可能是投资者对公司前景的不良预期,而较高市净率则相反。因此,在判断某只股票的投资价值时,还要综合考虑当时的市场环境及公司经营状况、资产质量和盈利能力等因素。

四、企业发展能力分析

发展能力是企业在生存的基础上,扩大规模、壮大实力的潜在能力。分析发展能力主要考察的指标有营业增长率、资本积累率、总资产增长率等。

(一) 营业增长率

营业增长率是企业本年营业收入增长额与上年营业收入总额的比率。它反映企业营业收入的增减变动情况,是评价企业成长状况和发展能力的重要指标。其计算公式为:

$$营业增长率 = \frac{本年营业收入增长额}{上年营业收入总额} \times 100\%$$

式中,本年营业收入增长额=本年营业收入总额-上年营业收入总额。

实务中,也可以使用销售增长率来分析企业经营业务收入的增减情况。其计算公式为:

$$销售增长率 = \frac{本年销售收入增长额}{上年销售收入总额} \times 100\%$$

营业收入增长率是衡量企业经营成果和市场占有能力、预测企业经营业务拓展趋势的重要标志。不断增加的营业收入,是企业生存的基础和发展的条件。该指标若大于0,表示企业本年的营业收入有所增长,指标值越高,表明增长速度越快,企业市场前景越好;若该指标小于0,则说明产品或服务不适销对路、质次价高,或是在售后服务等方面存在问题,市场份额萎缩。该指标在实际操作时,应结合企业历年的营业收入水平、企业市场占有情况、行业未来发展及其他影响企业发展的潜在因素进行前瞻性预测,或者结合企业前三年的营业收入增长率作出趋势性分析判断。

(二) 资本积累率

资本积累率是企业本年所有者权益增长额与年初所有者权益的比率。它反映企业当年资本的积累能力,是评价企业发展潜力的重要指标。其计算公式为:

$$资本累积率 = \frac{本年所有者权益增长额}{年初所有者权益} \times 100\%$$

式中,本年所有者权益增长额=所有者权益年末数-所有者权益年初数。

资本积累率是企业当年所有者权益总的增长率,反映了企业所有者权益在当年变动水平,体现了企业资本的积累情况,是企业发展强盛的标志,是企业扩大再生产的源泉,展示了企业的发展潜力。资本积累率还反映了投资者投入企业资本的保全性和增长性。该指标如为负值,表明企业资本受到侵蚀,所有者利益受到损害,应予以充分重视。

(三) 总资产增长率

总资产增长率是企业本年总资产增长额同年初资产总额的比率,它反映企业本期资产规

模的增长情况。其计算公式为:

$$总资产增长率 = \frac{本年总资产增长额}{年初资产总额} \times 100\%$$

式中,本年总资产增长额=资产总额年末数-资产总额年初数。

总资产增长率是从企业资产总量扩张方面衡量企业的发展能力,表明企业规模增长水平对企业发展后劲的影响。该指标越高,表明企业一定时期内资产经营规模扩张的速度越快。但在实际分析时,应注意考虑资产规模扩张的质和量的关系,以及企业的后续发展能力,避免资产盲目扩张。

【业务操作】

下面是鸿雁公司2013年资产负债表和利润表,以此为依据对该公司的偿债能力、营运能力、盈利能力和企业发展能力进行分析。

表9-2　　　　　　　　　　　　　　资产负债表

编制单位:鸿雁公司　　　　　　2013年12月31日　　　　　　　　　　　单位:万元

资产	年末余额	年初余额	负债及股东权益	年末余额	年初余额
流动资产:			流动负债:		
货币资金	1 000	800	短期借款	2 200	2 000
交易性金融资产	500	1 000	应付账款	1 200	900
应收账款	1 200	1 100	预收账款	350	400
预付账款	60	20	其他应付款	120	50
存货	5 100	4 100	流动负债合计	3 870	3 350
其他流动资产	60	30	非流动负债:		
流动资产合计	7 920	7 050	长期借款	2 500	2 000
非流动资产:			非流动负债合计	2 500	2 000
持有至到期投资	400	400	负债合计	6 370	5 350
固定资产	15 000	13 000	股东权益:		
无形资产	650	600	股本	13 000	13 000
非流动资产合计	16 050	14 000	盈余公积	1 600	1 600
			未分配利润	3 000	1 100
			股东权益合计	17 600	15 700
资产总计	23 970	21 050	负债及股东权益总计	23 970	21 050

表 9 – 3   利润表

编制单位：鸿雁公司   2013 年度   单位：万元

项　目	本期金额	上期金额
一、营业收入	24 000	20 000
减：营业成本	13 400	11 800
营业税金及附加	1 350	1 120
销售费用	2 000	1 620
管理费用	1 100	900
财务费用	450	350
加：投资收益	300	300
二、营业利润	6 000	4 510
加：营业外收入	200	150
减：营业外支出	600	500
三、利润总额	5 600	4 160
减：所得税费用	1 400	1 040
四、净利润	4 200	3 120

注：该公司所得税税率为 25%。

一、偿债能力的分析

（一）短期偿债能力的分析

1. 计算流动比率

[业务举例 9 – 4] 根据表 9 – 2 的资料，鸿雁公司的流动比率计算如下：

$$上年流动比率 = \frac{7\ 050}{3\ 350} \times 100\% = 210.45\%$$

$$本年流动比率 = \frac{7\ 920}{3\ 870} \times 100\% = 204.65\%$$

计算结果表明，该公司 2012 年和 2013 年每 1 元的流动负债分别有 2.10 元和 2.05 元的流动资产作为偿还债务的保证。上年和本年的流动比率均略微超过 200%，说明该公司具有较强的短期偿债能力。

2. 计算速动比率

[业务举例 9 – 5] 根据表 9 – 2 的资料，鸿雁公司的速动比率计算如下：

$$上年速动比率 = \frac{800 + 1\ 000 + 1\ 100 + 20}{3\ 350} \times 100\% = 87.16\%$$

本年速动比率 = $\dfrac{1\,000 + 500 + 1\,200 + 60}{3\,870} \times 100\% = 71.32\%$

计算结果表明，该公司2012年和2013年的速动比率都偏低，说明企业的短期偿债能力比较差。原因是该公司的流动资产中，存货所占比重太大。因此，企业应采取措施，减少不必要的存货，提高速动比率。

3. 计算现金比率

[业务举例9-6] 根据表9-2的资料，鸿雁公司的现金比率计算如下：

上年现金比率 = $\dfrac{800 + 1\,000}{3\,350} \times 100\% = 53.73\%$

本年现金比率 = $\dfrac{1\,000 + 500}{3\,870} \times 100\% = 38.76\%$

计算结果表明，2012年的现金比率比较高，2013年的现金比率比较合适，现金资产得到了合理运用，资产使用效益提高。

（二）长期偿债能力的分析

1. 计算资产负债率

[业务举例9-7] 根据表9-2的资料，鸿雁公司的资产负债率计算如下：

上年资产负债率 = $\dfrac{5\,350}{21\,050} \times 100\% = 25.42\%$

本年资产负债率 = $\dfrac{6\,370}{23\,970} \times 100\% = 26.57\%$

计算结果表明，该公司2012年和2013年的资产负债率均不高，说明公司长期偿债能力较强，这样有助于增强债权人对公司出借资金的信心。

2. 计算股东权益比率与权益乘数

（1）计算股东权益比率

[业务举例9-8] 根据表9-2的资料，鸿雁公司的股东权益比率计算如下：

上年股东权益比率 = $\dfrac{15\,700}{21\,050} \times 100\% = 74.58\%$

本年股东权益比率 = $\dfrac{17\,600}{23\,970} \times 100\% = 73.43\%$

计算结果表明，该企业2012年和2013年的股东权益比率都比较高，说明企业长期偿债能力较强。

（2）计算权益乘数

[业务举例9-9] 根据表9-2的资料，鸿雁公司的权益乘数计算如下：

上年权益乘数 = $\dfrac{21\,050}{15\,700} = 1.34$

本年权益乘数 = $\dfrac{23\,970}{17\,600} = 1.36$

计算结果表明，该企业2012年和2013年的权益乘数都比较低，说明企业的负债程度较低，长期偿债能力较强，同股东权益比率的计算结果相印证。

3. 计算产权比率

[业务举例9-10] 根据表9-2的资料，鸿雁公司的产权比率计算如下：

上年产权比率 = $\dfrac{5\ 350}{15\ 700} \times 100\% = 34.08\%$

本年产权比率 = $\dfrac{6\ 370}{17\ 600} \times 100\% = 36.19\%$

计算结果表明，该公司2012年和2013年的产权比率都不高，可同资产负债率计算结果相印证，说明企业的长期偿债能力较强，债权人的保障程度较高。

4. 计算利息保障倍数

[业务举例9-11] 根据表9-3的资料，假定利润表中的财务费用全部为利息费用，则鸿雁公司2012年、2013年的利息保障倍数如下：

2012年利息保障倍数 = $\dfrac{4\ 160 + 350}{350} = 12.89$

2013年利息保障倍数 = $\dfrac{5\ 600 + 450}{450} = 13.44$

从计算结果来看，该公司2012年和2013年的利息保障倍数都比较高，有较强的偿付债务利息的能力。是否如此，还需进一步结合公司往年的情况和行业的特点来进行判断。

二、营运能力的分析

(一) 计算存货周转率

[业务举例9-12] 根据表9-2和表9-3的资料，假设鸿雁公司2011年年末的存货余额为3 800万元，该公司2012年度和2013年度的存货周转率的计算如下：

2012年度的存货周转率和存货周转期为：

存货周转率 = $\dfrac{11\ 800}{(3\ 800 + 4\ 100) \div 2} = 2.99$（次）

存货周转期 = $\dfrac{360}{2.99} = 120.40$（天）

2013年度的存货周转率和存货周转期为：

存货周转率 = $\dfrac{13\ 400}{(4\ 100 + 5\ 100) \div 2} = 2.91$（次）

存货周转期 = $\dfrac{360}{2.91} = 123.71$（天）

计算结果表明，该公司2013年的存货周转率比2012年有所延缓，存货周转次数由2.99次降为2.91次，周转天数由120.40天增为123.71天。从资产负债表中也可以看出2013年存货水平有较大提高，说明该公司对存货的管理效率有所降低。

(二) 计算应收账款周转率

[业务举例9-13] 根据表9-2和表9-3的资料，假设鸿雁公司2011年年末的应收账款余额为1 000万元，2012年度和2013年度的应收账款周转率的计算如下：

2012年度的应收账款周转率和应收账款周转期为：

$$应收账款周转率 = \frac{20\,000}{(1\,000 + 1\,100) \div 2} = 19.05 \text{（次）}$$

$$应收账款周转期 = \frac{360}{19.05} = 18.90 \text{（天）}$$

2013年度的应收账款周转率和应收账款周转期为：

$$应收账款周转率 = \frac{24\,000}{(1\,100 + 1\,200) \div 2} = 20.87 \text{（次）}$$

$$应收账款周转期 = \frac{360}{20.87} = 17.25 \text{（天）}$$

计算结果表明，该公司2013年的应收账款周转率比2012年有所提高，周转次数由19.05次提高到20.87次，周转天数由18.90天缩短为17.25天，说明该公司的营运能力有所增强，对应收账款的管理比较稳健。

（三）计算流动资产周转率

[业务举例9-14] 根据表9-2和表9-3的资料，假设鸿雁公司2011年年末的流动资产总额为6 500万元，该公司2012年度和2013年度的流动资产周转率的计算如下：

2012年度的流动资产周转率和流动资产周转期为：

$$流动资产周转率 = \frac{20\,000}{(6\,500 + 7\,050) \div 2} = 2.95 \text{（次）}$$

$$流动资产周转期 = \frac{360}{2.95} = 122.03 \text{（天）}$$

2013年度的流动资产周转率和流动资产周转期为：

$$流动资产周转率 = \frac{24\,000}{(7\,050 + 7\,920) \div 2} = 3.21 \text{（次）}$$

$$流动资产周转期 = \frac{360}{3.21} = 112.15 \text{（天）}$$

计算结果表明，2013年的流动资产周转率比2012年有所提高，周转次数由2.95次提高到3.21次，周转天数由122.03天缩短为112.15天，说明该公司的流动资产利用效果有所改善。

（四）计算固定资产周转率

[业务举例9-15] 根据表9-2和表9-3的资料，假设鸿雁公司2011年年末的固定资产净值为12 000万元，表9-2中的固定资产金额均为固定资产净值（未计提固定资产减值准备）。该公司2012年度和2013年度的固定资产周转率的计算如下：

2012年度的固定资产周转率和固定资产周转期为：

$$固定资产周转率 = \frac{20\,000}{(12\,000 + 13\,000) \div 2} = 1.6 \text{（次）}$$

$$固定资产周转期 = \frac{360}{1.6} = 225 \text{（天）}$$

2013年度的固定资产周转率和固定资产周转期为：

$$固定资产周转率 = \frac{24\,000}{(13\,000 + 15\,000) \div 2} = 1.71 \text{（次）}$$

$$固定资产周转期 = \frac{360}{1.71} = 210.53 \text{（天）}$$

计算结果表明，该公司2013年的固定资产周转率比2012年有所加快，其主要原因是固定资产净值的增加幅度低于营业收入增长幅度所致，说明企业固定资产的营运能力有所提高。

（五）计算总资产周转率

[业务举例9-16] 根据表9-2和表9-3的资料，假设鸿雁公司2011年年末的资产总额为20 000万元，该公司2012年度和2013年度的总资产周转率的计算如下：

2012年度的总资产周转率和总资产周转期为：

$$总资产周转率 = \frac{20\ 000}{(20\ 000 + 21\ 050) \div 2} = 0.97 \text{（次）}$$

$$总资产周转期 = \frac{360}{0.97} = 371.13 \text{（天）}$$

2013年度的总资产周转率和总资产周转期为：

$$总资产周转率 = \frac{24\ 000}{(21\ 050 + 23\ 970) \div 2} = 1.07$$

$$总资产周转期 = \frac{360}{1.07} = 336.45$$

计算结果表明，该公司2013年的总资产周转率比2012年略有加快，说明全部资产的利用效率有所提高。

三、盈利能力的分析

（一）计算营业利润率

[业务举例9-17] 根据表9-3的资料，该公司2012年度和2013年度的营业利润率、营业净利率、营业毛利率计算如下：

2012年度的营业利润率、营业净利率、营业毛利率分别为：

$$营业利润率 = \frac{4\ 510}{20\ 000} \times 100\% = 22.55\%$$

$$营业净利率 = \frac{3\ 120}{20\ 000} \times 100\% = 15.60\%$$

$$营业毛利率 = \frac{20\ 000 - 11\ 800}{20\ 000} \times 100\% = 41\%$$

2013年度的营业利润率、营业净利率、营业毛利率分别为：

$$营业利润率 = \frac{6\ 000}{24\ 000} \times 100\% = 25\%$$

$$营业净利率 = \frac{4\ 200}{24\ 000} \times 100\% = 17.50\%$$

$$营业毛利率 = \frac{24\ 000 - 13\ 400}{24\ 000} \times 100\% = 44.17\%$$

计算结果表明，2013年度的营业利润率、营业净利率、营业毛利率比2012年度都有所提高，说明企业 2013 年的获利能力增强了。

（二）计算成本费用利润率

[业务举例 9-18] 根据表 9-3 的资料，该公司 2012 年度和 2013 年度的成本费用利润率的计算如下：

$$2012\text{ 年成本费用利润率} = \frac{4\,160}{11\,800 + 1\,120 + 1\,620 + 900 + 350} \times 100\% = 26.35\%$$

$$2013\text{ 年成本费用利润率} = \frac{5\,600}{13\,400 + 1\,350 + 2\,000 + 1\,100 + 450} \times 100\% = 30.60\%$$

计算结果表明，2013 年度的成本费用利润率比 2012 年有所提高，说明企业的获利能力增强。

（三）计算总资产净利率

[业务举例 9-19] 根据表 9-2 和表 9-3 的资料，假设鸿雁公司 2011 年年末的资产总额为 20 000 万元，该公司 2012 年度和 2013 年度的总资产净利率的计算如下：

$$2012\text{ 年总资产净利率} = \frac{3\,120}{(20\,000 + 21\,050) \div 2} \times 100\% = 15.20\%$$

$$2013\text{ 年总资产净利率} = \frac{4\,200}{(21\,050 + 23\,970) \div 2} \times 100\% = 18.66\%$$

计算结果表明，2013 年度的总资产净利率比 2012 年度要高，说明企业的资产利用效果好，获利能力增强。

（四）计算净资产收益率

[业务举例 9-20] 根据表 9-2 和表 9-3 的资料，假设鸿雁公司 2011 年年末的所有者权益总额为 15 000 万元，该公司 2012 年度和 2013 年度的净资产收益率的计算如下：

$$2012\text{ 年的净资产收益率} = \frac{3\,120}{(15\,000 + 15\,700) \div 2} \times 100\% = 20.33\%$$

$$2013\text{ 年的净资产收益率} = \frac{4\,200}{(15\,700 + 17\,600) \div 2} \times 100\% = 25.23\%$$

计算结果表明，2013 年度的净资产收益率比 2012 年提高了，说明企业自有资本的获利水平提高。

（五）计算每股收益

[业务举例 9-21] 根据表 9-2 和表 9-3 的资料，假设鸿雁公司 2012 年至 2013 年发行在外的普通股加权平均数均为 12 000 万股，利润表中的净利润全部归属于普通股股东，该公司 2012 年和 2013 年的普通股每股收益为：

$$2012\text{ 年每股收益} = \frac{3\,120}{12\,000} = 0.26\text{（元）}$$

$$2013\text{ 年每股收益} = \frac{4\,200}{12\,000} = 0.35\text{（元）}$$

计算结果表明，该公司 2013 年的普通股每股收益比 2012 年提高了，说明该公司的获利能力增强。

（六）计算每股股利

[业务举例9-22] 根据表9-2和表9-3的资料，假设鸿雁公司2012年至2013年分别发放普通股股利13.2万元和15.6万元，2012年至2013年发行在外的普通股加权平均股数均为12 000万股，该公司2012年和2013年的普通股每股股利为：

$$2012年每股股利 = \frac{132\,000}{12\,000} = 11（元）$$

$$2013年每股股利 = \frac{156\,000}{12\,000} = 13（元）$$

（七）计算市盈率

[业务举例9-23] 根据表9-3的资料，假设鸿雁公司2012年至2013年发行在外的普通股平均股数均为12 000万股，该公司2012年和2013年普通股每股市价为4元和6元，普通股每股收益分别为0.26元和0.35元，则该公司2012年和2013年的市盈率分别为：

$$2012年市盈率 = \frac{4}{0.26} = 15.38（倍）$$

$$2013年市盈率 = \frac{6}{0.35} = 17.14（倍）$$

计算结果表明，该公司2013年年末的市盈率比2012年年末有所提高，表明投资者对该公司的发展前景看好。

（八）计算每股净资产

[业务举例9-24] 根据表9-3的资料，假设鸿雁公司2012年和2013年发行在外的普通股平均股数均为12 000万股，则每股净资产计算如下：

$$2012年每股净资产 = \frac{15\,700}{12\,000} = 1.31（元）$$

$$2013年每股净资产 = \frac{17\,600}{12\,000} = 1.47（元）$$

（九）计算市净率

[业务举例9-25] 沿用以上资料，假设鸿雁公司2012年和2013年普通股每股市价为4元和6元，每股净资产分别为1.31元和1.47元，则：

$$2012年市净率 = \frac{4}{1.31} = 3.05（倍）$$

$$2013年市净率 = \frac{6}{1.47} = 4.08（倍）$$

四、发展能力的分析

（一）计算营业增长率

[业务举例9-26] 根据表9-3的资料，计算该公司2013年度的营业增长率为：

$$2013年营业增长率 = \frac{2\,400 - 2\,000}{2\,000} \times 100\% = 20\%$$

（二）计算资本积累率

[业务举例9-27] 根据表9-2的资料，计算该公司2013年度的资本积累率为：

$$2013 年资本积累率 = \frac{17\,600 - 15\,700}{15\,700} \times 100\% = 12.1\%$$

（三）计算总资产增长率

[业务举例9-28] 根据表9-2的资料，计算该公司2013年度的总资产增长率为：

$$总资产增长率 = \frac{23\,970 - 21\,050}{21\,050} \times 100\% = 13.87\%$$

任务三　财务综合分析

【任务描述】

财务分析若是以各种指标进行分析，那还是局部的，不能综合地对一个企业进行有机的整体进行分析，那就需要将其所有的分析指标归纳到一个完整的有机整体体系之中。这个分析体系一般采用杜邦分析系统来完成。即以净资产收益率为核心，通过指标分解，重点揭示企业总资产净利率及权益乘数对净资产收益率的影响，以及各相关指标间的相互作用关系。学习任务：掌握杜邦分析体系的相关指标内容，并能运用杜邦分析体系开展企业经济状况的全面分析。了解沃尔比重评分法的基本原理。

学习引领　在进行财务分析的最后，小彦以权益净利率为核心，采用杜邦分析法，将鸿雁服装公司的偿债能力、营运能力、盈利能力和发展能力等诸方面的分析纳入一个有机的整体之中，全面地对企业经营状况、财务状况进行了剖析。最后，顺利完成财务分析报告。财务总监陈涛先生对小彦的工作给予充分肯定，认为小彦具备做好一名财务人员的潜质。

你能够根据分析结果撰写财务分析报告吗？

【知识准备】

一、杜邦财务分析体系

财务状况的综合分析是指将企业的偿债能力、营运能力、盈利能力等诸方面的分析纳入一个有机的整体之中，全面地对企业经营状况、财务状况进行剖析，从而对企业经济效益的优劣做出准确的评价与判断。

综合指标分析的方法有很多，其中应用比较广泛的有杜邦财务分析体系和沃尔比重评分法。

杜邦财务分析体系（简称杜邦体系）是利用各主要财务比率之间的内在联系，对企业财务状况和经营成果进行综合系统评价的方法。该体系是以权益净利率为龙头，以资产净利率和权益乘数为核心，重点揭示企业获利能力及权益乘数对权益净利率的影响，以及各相关指标间的相互作用关系。因其最初由美国杜邦公司成功应用，因此得名。

杜邦体系以股东权益净利率为核心，将其分解为若干财务指标，通过分析各分解指标的变动对权益净利率的影响来揭示企业获利能力及其变动原因。

杜邦体系各主要指标之间的关系如下:

$$净资产收益率 = \frac{净利润}{营业收入} \times \frac{营业收入}{总资产} \times \frac{总资产}{股东权益}$$

$$= 营业净利率 \times 总资产周转率 \times 权益乘数$$

无论提高其中的哪个比率,净资产收益率都会提高。其中,"营业净利率"是利润表的概括,"营业收入"在利润表的第一行,"净利润"在利润表的最后一行,两者相除可以概括全部经营成果;"权益乘数"是资产负债表的概括,表明资产、负债和股东权益的比例关系,可以反映最基本的财务状况;"总资产周转率"把利润表和资产负债表联系起来,使净资产收益率可以综合整个企业经营活动和财务活动业绩。

杜邦体系的基本框架,如图9-1所示。

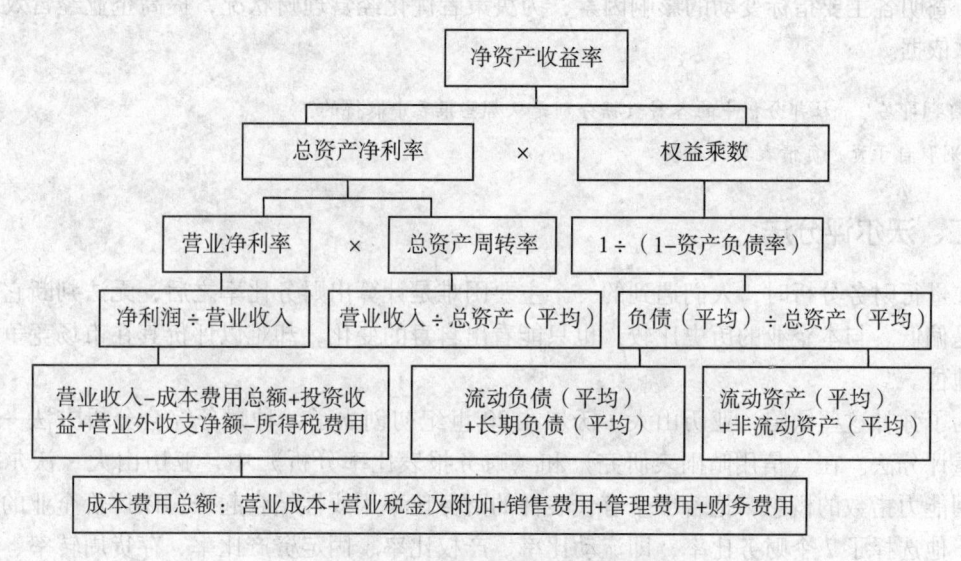

```
                          净资产收益率
                        ┌──────┴──────┐
                   总资产净利率   ×   权益乘数
                  ┌──────┴──────┐         │
              营业净利率  ×  总资产周转率   1÷(1-资产负债率)
                 │            │            │
           净利润÷营业收入  营业收入÷总资产(平均)  负债(平均)÷总资产(平均)
                 │            │            │
         营业收入-成本费用  流动负债(平均)   流动资产(平均)
         总额+投资收益+     +长期负债(平均)  +非流动资产(平均)
         营业外收支净额-
         所得税费用
                 │
         成本费用总额:营业成本+营业税金及附加+销售费用+管理费用+财务费用
```

图9-1 杜邦财务分析体系

从图9-1可以看出,杜邦体系是将有关财务比率和财务指标以系统分析图的形式连在一起,通过这一指标体系图,可以了解以下问题:

1. 净资产收益率是一个综合性最强的财务比率,是杜邦体系的起点。该指标反映了企业所有者投入资本的获利能力,说明了企业筹资、投资、资产运营等各项财务及其管理活动的效率,而不断提高股东权益净利率是股东权益最大化的基本保证。该指标的高低取决于销售净利率、总资产周转率和权益乘数。企业所有者、经营者都十分关心该指标。

2. 营业净利率反映了企业净利润与营业收入的关系。提高营业净利率是提高企业盈利的关键,主要有两个途径:一是扩大营业收入;二是降低成本费用。扩大销售既有利于提高营业净利率,又有利于提高总资产周转率。降低成本费用是提高营业净利率的一个重要因素,从杜邦分析图可以看出成本费用的基本结构是否合理,从而找出降低成本费用的途径和加强成本费用控制的办法。

3. 总资产周转率揭示企业资产总额实现营业收入的综合能力。影响总资产周转率的重要因素是资产总额。资产总额由流动资产和长期资产组成,它们的结构合理与否将直接影响资产的周转速度。一般来说，流动资产直接体现企业的偿债能力和变现能力，而长期资产则体现了企业的经营规模、发展潜力。两者之间应该有一个合理的比例关系。如果发现某项资产比重过大，影响资金周转，就应深入分析原因，例如企业持有的货币资金超过业务需要，就会影响企业的盈利能力；如果企业占有过多的存货和应收账款，则既会影响获利能力，又会影响偿债能力。因此，还应进一步分析各项资产的占有数额和周转速度。

4. 权益乘数是受资产负债率影响的指标，反映了股东权益与总资产的关系。权益乘数越大，说明企业负债程度越高，能给企业带来较大的财务杠杆利益，但同时也带来了较大的偿债风险。因此，企业既要合理使用全部资产，又要妥善安排资本结构。

通过杜邦体系自上而下逐层分解，可以全方位地揭示与披露企业各项财务指标间的结构关系，查明各主要指标变动的影响因素，为决策者优化经营理财状况，提高企业经营效益提供可靠依据。

即问即答 杜邦分析中的各种数据分别是从哪些报表中取得的？
分别取自于资产负债表与利润表。

二、沃尔评分法

在进行财务分析时，人们遇到的一个主要困难是计算出财务比率之后，无法判断它是偏高还是偏低。与本企业的历史比较，也只能看出自身的变化，却难以评价其在市场竞争中的优劣地位。

为了弥补这些缺陷，亚历山大·沃尔在20世纪初创立了一种财务综合分析方法——沃尔比重评分法。在《信用晴雨表研究》和《财务报表比率分析》中，亚历山大·沃尔提出了信用能力指数的概念，把若干个有代表性的财务比率用线性结合起来，以评价企业的信用水平。他选择了7个财务比率，即流动比率、产权比率、固定资产比率、存货周转率、应收账款周转率、固定资产周转率和自有资金周转率，分别给定各指标的比重，总和为100分。然后确定标准比率（以行业平均数为基础），并将实际比率与标准比率相比，评出每项指标的得分，最后求出总评分。

沃尔比重评分法的基本原理是将选定的具有代表性的财务指标与行业平均值（或标准值）进行比较，以确定公司各项指标占标准值的比重，并结合标准分值来确定公司实际得分值。其评价标准是公司某项财务指标的实际得分值高于标准分值，表明该指标较好；若某项财务指标的实际得分值低于标准分值，表明该指标较差；公司的总得分值表示公司财务状况在同行业中所处位置。

原始意义的沃尔比重评分法有两个缺陷：一是所选定的七项指标缺乏证明力；二是从技术上讲，由于评分是相对比率与比重相乘计算出来的，所以当某一个指标严重异常（过高或过低，甚至是负数）时，会对总评分产生不合逻辑的重大影响。

因而，在采用此方法进行财务状况综合分析和评价时，应注意以下几个方面的问题：第一，同行业的标准值必须准确无误；第二，标准分值的规定应根据指标的重要程度合理确定；第三，分析指标应尽可能全面，采用指标越多，分析的结果越接近现实。尽管沃尔比重分析法在理论上还有待于证明，但在实践中仍被广泛应用。

【业务操作】

根据表9-2和表9-3的资料，利用杜邦财务分析体系对鸿雁公司进行财务综合分析。

根据表9-2和表9-3的资料，可计算该公司2013年度杜邦财务分析体系中的各项指标，如图9-2所示。

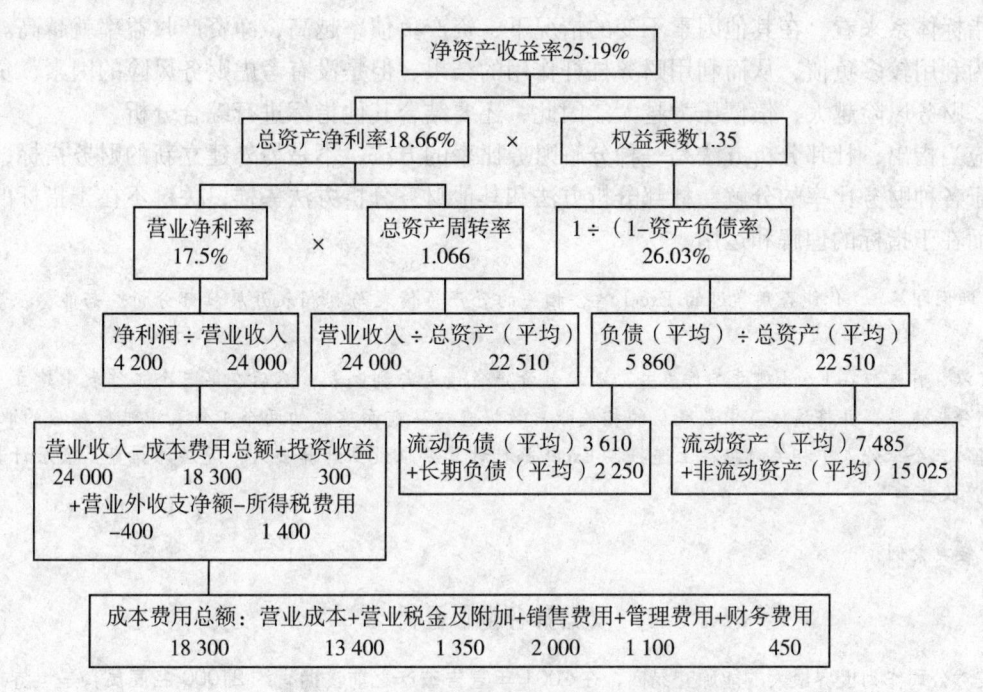

```
                        净资产收益率25.19%
                               │
            ┌──────────────────┴──────────────────┐
     总资产净利率18.66%          ×           权益乘数1.35
            │                                       │
    ┌───────┴───────┐                      1÷（1-资产负债率）
营业净利率    总资产周转率                        26.03%
  17.5%    ×    1.066
    │              │                               │
净利润÷营业收入  营业收入÷总资产（平均）    负债（平均）÷总资产（平均）
4 200   24 000   24 000      22 510        5 860          22 510
    │                 │                               │
营业收入-成本费用总额+投资收益   流动负债（平均）3 610    流动资产（平均）7 485
24 000    18 300        300   +长期负债（平均）2 250   +非流动资产（平均）15 025
  +营业外收支净额-所得税费用
       -400         1 400

成本费用总额：营业成本+营业税金及附加+销售费用+管理费用+财务费用
           18 300   13 400    1 350     2 000    1 100      450
```

图9-2　鸿雁公司杜邦财务分析体系

重要提示　由于权益净利率、总资产净利率、营业净利率和总资产周转率都是时期指标，权益乘数和资产负债率是时点指标，为了使这些指标具有可比性，图9-2中的权益乘数和资产负债率均采用的是2013年度年初和年末的平均值，而业务操作中的权益乘数和资产负债率采用的是2013年度的年末数，因此，图9-2的指标与业务操作实题计算结果略有差异。

根据表9-2和表9-3的资料以及前面的假定，运用连环替代法对鸿雁公司2013年度的净资产收益率进行分析。

净资产收益率＝营业净利率×总资产周转率×权益乘数

2013年度指标：15.5%×0.97×1.34＝20.15%　　　　①
第一次替代：17.50%×0.97×1.34＝22.75%　　　　②
第二次替代：17.50%×1.07×1.34＝25.09%　　　　③
第三次替代：17.50%×1.07×1.36＝25.47%　　　　④

②－①＝22.75%－20.15%＝2.6%　　　　营业净利率上升的影响
③－②＝25.09%－22.75%＝2.34%　　　总资产周转率上升的影响
④－③＝25.47%－25.09%＝0.38%　　　权益乘数上升的影响

通过杜邦体系自上而下的分析，不仅可以揭示出企业各项财务指标间的结构关系，查明各项主要指标变动的影响因素，而且为决策者优化经营理财状况，提高企业经营效益提供了思路。提高主权资本净利率的根本在于扩大销售、节约成本、合理投资配置、加速资金周转、优化资本结构、确立风险意识等。

杜邦分析方法的指标设计也具有一定的局限性，它更偏重于企业所有者的利益角度。从杜邦指标体系来看，在其他因素不变的情况下，资产负债率越高，净资产收益率就越高。这是因为利用较多负债，从而利用财务杠杆作用的结果，但是没有考虑财务风险的因素，负债越多，财务风险越大，偿债压力越大。因此，还要结合其他指标进行综合分析。

应当指出，杜邦分析方法是一种分解财务比率的方法，不是另外建立新的财务指标，可以用于各种财务比率的分解。杜邦分析方法和其他财务分析方法一样，关键不在于指标的计算，而在于指标的理解和运用。

即问即答 你能否用学过的 Excel 结合相关的资产负债表与利润表开展杜邦分析？若能，应怎样操作？

可以。首先应在 Excel 建立工作表并分别编制资产负债表与利润表；然后在第三个工作表中建立相关的杜邦分析体系，并将该体系中最底层的相关账户数据直接从前面建立的两个工作表中进行相应的取数；最后将第三个工作表中相关数据往上递推按 Excel 函数计算要求设立计算公式，逐层计算直至顶层计算出"净资产收益率"。

经典案例

安然财务造假丑闻

安然公司作为世界最大的能源交易商，在 2001 年宣告破产之前，拥有约 21000 名雇员，是世界上最大的电力、天然气以及电讯公司之一，2000 年披露的营业额达 1 010 亿美元之巨。

2001 年年初，一家有着良好声誉的短期投资机构老板吉姆·切欧斯公开对安然的盈利模式表示了怀疑。他指出，虽然安然的业务看起来很辉煌，但实际上赚不到什么钱，也没有人能够说清安然是怎么赚钱的。据他分析，安然的盈利率在 2000 年为 5%，到了 2001 年年初就降到 2% 以下，对于投资者来说，投资回报率仅有 7% 左右。切欧斯还注意到有些文件涉及了安然背后的合伙公司，这些公司和安然有着说不清的幕后交易，作为安然的首席执行官，斯基林一直在抛出手中的安然股票。

也许正是这一点引发了人们对安然的怀疑，并开始真正追究安然的盈利情况和现金流向。到了 8 月中旬，人们对于安然的疑问越来越多，并最终导致了股价下跌。8 月 9 日，安然股价已经从年初的 80 美元左右跌到了 42 美元。10 月 16 日，安然发表 2001 年第二季度财报，宣布公司亏损总计达到 6.18 亿美元，即每股亏损 1.11 美元。同时首次透露因首席财务官安德鲁·法斯托与合伙公司经营不当，公司股东资产缩水 12 亿美元。11 月 8 日，安然被迫承认做了假账，虚报数字让人瞠目结舌：自 1997 年以来，安然虚报盈利共计近 6 亿美元。11 月 30 日，安然股价跌至 0.26 美元，市值由峰值时的 800 亿美元跌至 2 亿美元。12 月 2 日，安然正式向破产法院申请破产保护，破产清单中所列资产高达 498 亿美元，成为美国历史上最大的破产企业。

项目小结

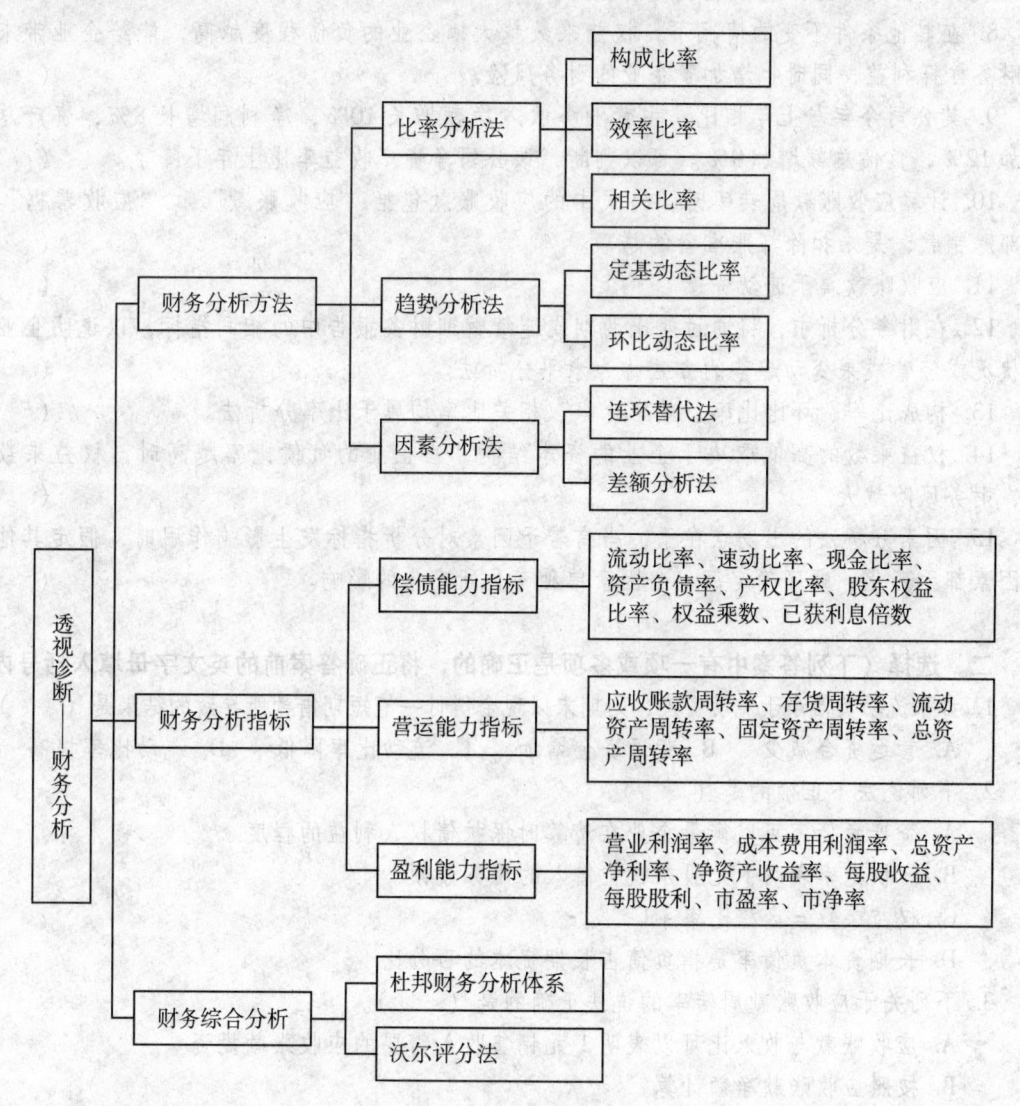

```
                                            ┌── 构成比率
                          ┌── 比率分析法 ───┼── 效率比率
                          │                  └── 相关比率
                          │
                          │                  ┌── 定基动态比率
          ┌── 财务分析方法 ─┼── 趋势分析法 ───┤
          │               │                  └── 环比动态比率
          │               │
          │               │                  ┌── 连环替代法
          │               └── 因素分析法 ───┤
          │                                  └── 差额分析法
          │
          │                               ┌─ 流动比率、速动比率、现金比率、
          │               ┌── 偿债能力指标 ─┤  资产负债率、产权比率、股东权益
          │               │                 └─ 比率、权益乘数、已获利息倍数
透视诊断 ──┤               │
——财务分析  │               │                 ┌─ 应收账款周转率、存货周转率、流动
          ├── 财务分析指标 ─┼── 营运能力指标 ─┤  资产周转率、固定资产周转率、总资
          │               │                 └─ 产周转率
          │               │
          │               │                 ┌─ 营业利润率、成本费用利润率、总资产
          │               └── 盈利能力指标 ─┤  净利率、净资产收益率、每股收益、
          │                                 └─ 每股股利、市盈率、市净率
          │
          │               ┌── 杜邦财务分析体系
          └── 财务综合分析 ─┤
                          └── 沃尔评分法
```

职业训练

一、判断（正确的在括号内打"√"，错误的打"×"）

1. 企业经营者必然高度关心其资本的保值和增值状况。（　）
2. 流动比率较高时说明企业有足够的现金或存款用来偿债。（　）
3. 速动比率较流动比率更能反映流动负债偿还的安全性，如果速动比率较低，则企业的流动负债到期绝对不能偿还。（　）
4. 应收账款周转率越高越好。（　）
5. 固定资产周转率＝主营业务收入净额/平均固定资产总值。（　）
6. 为了充分发挥负债的财务杠杆效应，企业应该尽可能地提高产权比率。（　）
7. 市盈率越高说明投资者对企业的发展前景越看好，投资者更愿意以较高的价格购买

公司股票，但是市盈率也不能说越高越好。 （　　）

8. 在其他条件不变的情况下，权益乘数越大，企业的负债程度越高，能给企业带来更多财务杠杆利益，同时也增加了企业的财务风险。 （　　）

9. 某公司今年与上年相比，主营业务收入净额增长10%，净利润增长8%，资产总额增加12%，负债总额增加9%。可以判断，该公司净资产收益率比上年下降了。 （　　）

10. 计算应收账款周转率时，公式中的应收账款包括"应收账款"和"应收票据"等全部赊销款，是未扣除坏账准备的总额。 （　　）

11. 应收账款属于速动资产。 （　　）

12. 在财务分析中，将通过对比两期或连续数期财务报告中的相同指标，以说明企业财务状况或经营成果变动趋势的方法称为水平分析法。 （　　）

13. 构成比率、环比比率、效率比率、相关比率均属于比率分析法。 （　　）

14. 权益乘数的高低取决于企业的资本结构，当企业的负债比率越高时，权益乘数越低，财务风险越大。 （　　）

15. 因素分析法的出发点在于，当有若干因素对分析指标发生影响作用时，假定其他各个因素都无变化，顺序确定每一个因素单独变化所产生的影响。 （　　）

二、选择（下列答案中有一项或多项是正确的，将正确答案前的英文字母填入括号内）

1. 如果流动负债小于流动资产，则期末以现金偿付一笔短期借款所导致的结果是（　　）。
    A. 营运资金减少　　B. 营运资金增加　　C. 流动比率降低　　D. 流动比率提高

2. 下列说法不正确的是（　　）。
    A. 资产负债率可以衡量企业在清算时保护债权人利益的程度
    B. 产权比率表明1元股东权益借入的债务数额
    C. 权益乘数 = 产权比率 + 1
    D. 长期资本负债率是指负债占长期资本的百分比

3. 下列关于应收账款周转率的说法正确的是（　　）。
    A. 应收账款与收入比可以表明1元销售收入需要的应收账款投资
    B. 按照应收账款净额计算
    C. 不需要考虑应收票据
    D. 应收账款分析与销售额分析、现金分析无关

4. 下列关于存货周转率的说法不正确的是（　　）。
    A. 一律使用销售收入计算
    B. 如果是为了评估存货管理的业绩，应当使用"销售成本"计算存货周转率
    C. 在分析时应注意应付款项、存货和应收账款（或销售）之间的关系
    D. 在分析时应关注构成存货的产成品、自制半成品、原材料、在产品和低值易耗品之间的比例关系

5. 关于传统财务分析体系的说法不正确的是（　　）。
    A. 一般来说，总资产净利率高的企业，财务杠杆较高
    B. 权益净利率 = 总资产净利率 × 权益乘数
    C. 没有区分经营活动损益和金融活动损益

D. 核心比率是权益净利率
6. 下列关于总资产周转率的说法不正确的是（　　）。
   A. 在销售利润率不变的情况下，可以反映盈利能力
   B. 总资产周转率越高，说明资产的使用和管理效率越高
   C. 在销售收入既定的前提下，总资产周转率的驱动因素是各项资产
   D. 可以反映偿债能力
7. 某公司当年的经营利润很多，却不能偿还到期债务。为查清其原因，应检查的财务比率包括（　　）。
   A. 资产负债率　　B. 流动比率　　C. 存货周转率　　D. 应收账款周转率
8. 影响权益净利率的因素有（　　）。
   A. 流动负债与长期负债的比率　　B. 资产负债率
   C. 营业净利率　　D. 总资产周转率
9. 下列经济业务会影响产权比率的有（　　）。
   A. 接受所有者投资　　B. 建造固定资产
   C. 可转换债券转换为普通股　　D. 偿还银行借款
10. 提高营业净利率的途径主要包括（　　）。
    A. 扩大营业收入　　B. 提高负债比率　　C. 降低成本费用　　D. 提高成本费用
11. 在其他条件不变的情况下，会引起总资产周转率指标上升的经济业务是（　　）。
    A. 用现金偿还负债　　B. 借入一笔短期借款
    C. 用银行存款购入一台设备　　D. 用银行存款支付一年的电话费
12. 下列经济业务会影响股份公司每股净资产指标的有（　　）。
    A. 以固定资产的账面净值对外进行投资　B. 发行普通股股票
    C. 支付现金股利　　D. 用资本公积金转增股本
13. 下列属于速动资产的有（　　）。
    A. 应收款项　　B. 应收票据　　C. 预付款项　　D. 交易性金融资产
14. 假设原来的流动比率为1，下列各项业务导致流动比率提高的是（　　）。
    A. 支付应付账款　　B. 取得短期银行贷款
    C. 获得现金捐赠　　D. 发行长期债券
15. 一般来说，销售增加时，不会明显变化的是（　　）。
    A. 应收账款周转率　B. 存货周转率　　C. 销售成本　　D. 应付账款

三、实训（按要求完成实训任务）

实训项目一　财务分析指标的计算

实训目的：加深对相关财务分析指标计算方法的理解，提高分析指标的计算及应用能力。

实训资料：丽龙商贸有限公司2013年度赊销收入净额为2 000万元，销售成本为1 600万元，年初、年末应收账款余额分别为100万元和400万元；年初、年末存货余额分别为200万元和600万元。该企业年末现金为560万元，流动负债为800万元。假定该企业流动资产由速动资产和存货组成，速动资产由应收账款和现金类资产组成，一年按360天计算。

实训要求：
（1）计算2013年应收账款周转天数；
（2）计算2013年存货周转天数；
（3）计算2013年年末速动比率；
（4）计算203年年末流动比率。

实训项目二　财务分析指标的计算

实训目的：加深对相关财务分析指标计算方法的理解，提高分析指标的计算及应用能力。

实训资料：远东公司2013年年末资产负债表的有关资料如下：

（1）资产总额为2 000万元，其中现金120万元、应收账款240万元、存货320万元、待摊费用120万元、固定资产净额1 200万元。

（2）应付账款100万元、应付票据220万元、应付工资40万元、长期借款400万元、实收资本1 000万元、未分配利润240万元。

该公司本年度损益表上反映的销售收入为6 000万元，净利润为300万元。

实训要求：
（1）计算流动比率、速动比率、营业净利率、总资产周转率（总资产按年末数）、权益乘数；
（2）根据（1）的计算结果对该公司财务状况作出分析。

实训项目三　财务分析指标的综合计算

实训目的：进一步加深对相关财务分析指标计算方法的理解，提高对财务分析指标的计算及应用能力。

实训资料：某公司2013年年初存货为15万元，年初资产总额为140万元。2013年年末有关财务指标为：流动比率为2.1，速动比率1.1，现金流动负债比率0.6，存货周转率6次，资产负债率35%，长期负债42万元，资产总额160万元，流动资产由现金、应收账款、存货组成。该年销售收入120万元，发生管理费用9万元，利息费用10万元，所得税税率为25%。

实训要求：
（1）计算2013年年末的下列指标：①流动负债；②流动资产；③存货；④应收账款；⑤权益乘数；⑥产权比率。
（2）计算2013年的下列指标：①销售成本；②已获利息倍数；③净利润；④销售净利率；⑤总资产周转率；⑥权益净利率。
（3）根据以上指标计算结果对该公司作出财务分析评价。

附 录

附表一：复利终值系数表

期数	1%	2%	3%	4%	5%	6%	7%	8%	9%	10%
1	1.0100	1.0200	1.0300	1.0400	1.0500	1.0600	1.0700	1.0800	1.0900	1.1000
2	1.0201	1.0404	1.0609	1.0816	1.1025	1.1236	1.1449	1.1664	1.1881	1.2100
3	1.0303	1.0612	1.0927	1.1249	1.1576	1.1910	1.2250	1.2597	1.2950	1.3310
4	1.0406	1.0824	1.1255	1.1699	1.2155	1.2625	1.3108	1.3605	1.4116	1.4641
5	1.0510	1.1041	1.1593	1.2167	1.2763	1.3382	1.4026	1.4693	1.5386	1.6105
6	1.0615	1.1262	1.1941	1.2653	1.3401	1.4185	1.5007	1.5869	1.6771	1.7716
7	1.0721	1.1487	1.2299	1.3159	1.4071	1.5036	1.6058	1.7138	1.8280	1.9487
8	1.0829	1.1717	1.2668	1.3686	1.4775	1.5938	1.7182	1.8509	1.9926	2.1436
9	1.0937	1.1951	1.3048	1.4233	1.5513	1.6895	1.8385	1.9990	2.1719	2.3579
10	1.1046	1.2190	1.3439	1.4802	1.6289	1.7908	1.9672	2.1589	2.3674	2.5937
11	1.1157	1.2434	1.3842	1.5395	1.7103	1.8983	2.1049	2.3316	2.5804	2.8531
12	1.1268	1.2682	1.4258	1.6010	1.7959	2.0122	2.2522	2.5182	2.8127	3.1384
13	1.1381	1.2936	1.4685	1.6651	1.8856	2.1329	2.4098	2.7196	3.0658	3.4523
14	1.1495	1.3195	1.5126	1.7317	1.9799	2.2609	2.5785	2.9372	3.3417	3.7975
15	1.1610	1.3459	1.5580	1.8009	2.0789	2.3966	2.7590	3.1722	3.6425	4.1772
16	1.1726	1.3728	1.6047	1.8730	2.1829	2.5404	2.9522	3.4259	3.9703	4.5950
17	1.1843	1.4002	1.6528	1.9479	2.2920	2.6928	3.1588	3.7000	4.3276	5.0545
18	1.1961	1.4282	1.7024	2.0258	2.4066	2.8543	3.3799	3.9960	4.7171	5.5599
19	1.2081	1.4568	1.7535	2.1068	2.5270	3.0256	3.6165	4.3157	5.1417	6.1159
20	1.2202	1.4859	1.8061	2.1911	2.6533	3.2071	3.8697	4.6610	5.6044	6.7275
21	1.2324	1.5157	1.8603	2.2788	2.7860	3.3996	4.1406	5.0338	6.1088	7.4002
22	1.2447	1.5460	1.9161	2.3699	2.9253	3.6035	4.4304	5.4365	6.6586	8.1403
23	1.2572	1.5769	1.9736	2.4647	3.0715	3.8197	4.7405	5.8715	7.2579	8.9543
24	1.2697	1.6084	2.0328	2.5633	3.2251	4.0489	5.0724	6.3412	7.9111	9.8497
25	1.2824	1.6406	2.0938	2.6658	3.3864	4.2919	5.4274	6.8485	8.6231	10.835
26	1.2953	1.6734	2.1566	2.7725	3.5557	4.5494	5.8074	7.3964	9.3992	11.918
27	1.3082	1.7069	2.2213	2.8834	3.7335	4.8223	6.2139	7.9881	10.245	13.110
28	1.3213	1.7410	2.2879	2.9987	3.9201	5.1117	6.6488	8.6271	11.167	14.421
29	1.3345	1.7758	2.3566	3.1187	4.1161	5.4184	7.1143	9.3173	12.172	15.863
30	1.3478	1.8114	2.4273	3.2434	4.3219	5.7435	7.6123	10.063	13.268	17.449
40	1.4889	2.2080	3.2620	4.8010	7.0400	10.286	14.794	21.725	31.408	45.259
50	1.6446	2.6916	4.3839	7.1067	11.467	18.420	29.457	46.902	74.358	117.39
60	1.8167	3.2810	5.8916	10.520	18.679	32.988	57.946	101.26	176.03	304.48

续表

期数	12%	14%	15%	16%	18%	20%	24%	28%	32%	36%
1	1.1200	1.1400	1.1500	1.1600	1.1800	1.2000	1.2400	1.2800	1.3200	1.3600
2	1.2544	1.2996	1.3225	1.3456	1.3924	1.4400	1.5376	1.6384	1.7424	1.8496
3	1.4049	1.4815	1.5209	1.5609	1.6430	1.7280	1.9066	2.0972	2.3000	2.5155
4	1.5735	1.6890	1.7490	1.8106	1.9388	2.0736	2.3642	2.6844	3.0360	3.4210
5	1.7623	1.9254	2.0114	2.1003	2.2878	2.4883	2.9316	3.4360	4.0075	4.6526
6	1.9738	2.1950	2.3131	2.4364	2.6996	2.9860	3.6352	4.3980	5.2899	6.3275
7	2.2107	2.5023	2.6600	2.8262	3.1855	3.5832	4.5077	5.6295	6.9826	8.6054
8	2.4760	2.8526	3.0590	3.2784	3.7589	4.2998	5.5895	7.2058	9.2170	11.703
9	2.7731	3.2519	3.5179	3.8030	4.4355	5.1598	6.9310	9.2234	12.166	15.917
10	3.1058	3.7072	4.0456	4.4114	5.2338	6.1917	8.5944	11.806	16.060	21.647
11	3.4786	4.2262	4.6524	5.1173	6.1759	7.4301	10.657	15.112	21.119	29.439
12	3.8960	4.8179	5.3503	5.9360	7.2876	8.9161	13.215	19.343	27.983	40.037
13	4.3635	5.4924	6.1528	6.8858	8.5994	10.699	16.386	24.759	36.937	54.451
14	4.8871	6.2613	7.0757	7.9875	10.147	12.839	20.319	31.691	48.757	74.053
15	5.4736	7.1379	8.1371	9.2655	11.974	15.407	25.196	40.565	64.359	100.71
16	6.1304	8.1372	9.3576	10.748	14.129	18.488	31.243	51.923	84.954	136.97
17	6.8660	9.2765	10.761	12.468	16.672	22.186	38.741	66.461	112.14	186.28
18	7.6900	10.575	12.376	14.463	19.673	26.623	48.039	85.071	148.02	253.34
19	8.6128	12.056	14.232	16.777	23.214	31.948	59.568	108.89	195.39	344.54
20	9.6463	13.744	16.367	19.461	27.393	38.338	73.864	139.38	257.92	468.57
21	10.804	15.668	18.822	22.575	32.324	46.005	91.592	178.41	340.45	637.26
22	12.100	17.861	21.645	26.186	38.142	55.206	113.57	228.36	449.39	866.67
23	13.552	20.362	24.892	30.376	45.008	66.247	140.83	292.30	593.20	1 178.7
24	15.179	23.212	28.625	35.236	53.109	79.497	174.63	374.14	783.02	1 603.0
25	17.000	26.462	32.919	40.874	62.669	95.396	216.54	478.90	1 033.6	2 180.1
26	19.040	30.167	37.857	47.414	73.949	114.48	268.51	613.00	1 364.3	2 964.9
27	21.325	34.390	43.535	55.000	87.260	137.37	332.96	784.64	1 800.9	4 032.3
28	23.884	39.205	50.066	63.800	102.97	164.84	412.86	1 004.3	2 377.2	5 483.9
29	26.750	44.693	57.576	74.009	121.50	197.81	511.95	1 285.6	3 137.9	7 458.1
30	29.960	50.950	66.212	85.850	143.37	237.38	634.82	1 645.5	4 142.1	10 143
40	93.051	188.83	267.86	378.72	750.38	1 469.8	5 455.9	19 427	66 521	*
50	289.00	700.23	1 083.7	1 670.7	3 927.4	9 100.4	46 890	*	*	*
60	897.60	2 595.9	4 384.0	7 370.2	20 555	56 348	*	*	*	*

* >99 999

附表二：复利现值系数表

期数	1%	2%	3%	4%	5%	6%	7%	8%	9%	10%
1	0.9901	0.9804	0.9709	0.9615	0.9524	0.9434	0.9346	0.9259	0.9174	0.9091
2	0.9803	0.9612	0.9426	0.9246	0.9070	0.8900	0.8734	0.8573	0.8417	0.8264
3	0.9706	0.9423	0.9151	0.8890	0.8638	0.8396	0.8163	0.7938	0.7722	0.7513
4	0.9610	0.9238	0.8885	0.8548	0.8227	0.7921	0.7629	0.7350	0.7084	0.6830
5	0.9515	0.9057	0.8626	0.8219	0.7835	0.7473	0.7130	0.6806	0.6499	0.6209
6	0.9420	0.8880	0.8375	0.7903	0.7462	0.7050	0.6663	0.6302	0.5963	0.5645
7	0.9327	0.8706	0.8131	0.7599	0.7107	0.6651	0.6227	0.5835	0.5470	0.5132
8	0.9235	0.8535	0.7894	0.7307	0.6768	0.6274	0.5820	0.5403	0.5019	0.4665
9	0.9143	0.8368	0.7664	0.7026	0.6446	0.5919	0.5439	0.5002	0.4604	0.4241
10	0.9053	0.8203	0.7441	0.6756	0.6139	0.5584	0.5083	0.4632	0.4224	0.3855
11	0.8963	0.8043	0.7224	0.6496	0.5847	0.5268	0.4751	0.4289	0.3875	0.3505
12	0.8874	0.7885	0.7014	0.6246	0.5568	0.4970	0.4440	0.3971	0.3555	0.3186
13	0.8787	0.7730	0.6810	0.6006	0.5303	0.4688	0.4150	0.3677	0.3262	0.2897
14	0.8700	0.7579	0.6611	0.5775	0.5051	0.4423	0.3878	0.3405	0.2992	0.2633
15	0.8613	0.7430	0.6419	0.5553	0.4810	0.4173	0.3624	0.3152	0.2745	0.2394
16	0.8528	0.7284	0.6232	0.5339	0.4581	0.3936	0.3387	0.2919	0.2519	0.2176
17	0.8444	0.7142	0.6050	0.5134	0.4363	0.3714	0.3166	0.2703	0.2311	0.1978
18	0.8360	0.7002	0.5874	0.4936	0.4155	0.3503	0.2959	0.2502	0.2120	0.1799
19	0.8277	0.6864	0.5703	0.4746	0.3957	0.3305	0.2765	0.2317	0.1945	0.1635
20	0.8195	0.6730	0.5537	0.4564	0.3769	0.3118	0.2584	0.2145	0.1784	0.1486
21	0.8114	0.6598	0.5375	0.4388	0.3589	0.2942	0.2415	0.1987	0.1637	0.1351
22	0.8034	0.6468	0.5219	0.4220	0.3418	0.2775	0.2257	0.1839	0.1502	0.1228
23	0.7954	0.6342	0.5067	0.4057	0.3256	0.2618	0.2109	0.1703	0.1378	0.1117
24	0.7876	0.6217	0.4919	0.3901	0.3101	0.2470	0.1971	0.1577	0.1264	0.1015
25	0.7798	0.6095	0.4776	0.3751	0.2953	0.2330	0.1842	0.1460	0.1160	0.0923
26	0.7720	0.5976	0.4637	0.3607	0.2812	0.2198	0.1722	0.1352	0.1064	0.0839
27	0.7644	0.5859	0.4502	0.3468	0.2678	0.2074	0.1609	0.1252	0.0976	0.0763
28	0.7568	0.5744	0.4371	0.3335	0.2551	0.1956	0.1504	0.1159	0.0895	0.0693
29	0.7493	0.5631	0.4243	0.3207	0.2429	0.1846	0.1406	0.1073	0.0822	0.0630
30	0.7419	0.5521	0.4120	0.3083	0.2314	0.1741	0.1314	0.0994	0.0754	0.0573
35	0.7059	0.5000	0.3554	0.2534	0.1813	0.1301	0.0937	0.0676	0.0490	0.0356
40	0.6717	0.4529	0.3066	0.2083	0.1420	0.0972	0.0668	0.0460	0.0318	0.0221
45	0.6391	0.4102	0.2644	0.1712	0.1113	0.0727	0.0476	0.0313	0.0207	0.0137
50	0.6080	0.3715	0.2281	0.1407	0.0872	0.0543	0.0339	0.0213	0.0134	0.0085
55	0.5785	0.3365	0.1968	0.1157	0.0683	0.0406	0.0242	0.0145	0.0087	0.0053

续表

期数	12%	14%	15%	16%	18%	20%	24%	28%	32%	36%
1	0.8929	0.8772	0.8696	0.8621	0.8475	0.8333	0.8065	0.7813	0.7576	0.7353
2	0.7972	0.7695	0.7561	0.7432	0.7182	0.6944	0.6504	0.6104	0.5739	0.5407
3	0.7118	0.6750	0.6575	0.6407	0.6086	0.5787	0.5245	0.4768	0.4348	0.3975
4	0.6355	0.5921	0.5718	0.5523	0.5158	0.4823	0.4230	0.3725	0.3294	0.2923
5	0.5674	0.5194	0.4972	0.4761	0.4371	0.4019	0.3411	0.2910	0.2495	0.2149
6	0.5066	0.4556	0.4323	0.4104	0.3704	0.3349	0.2751	0.2274	0.1890	0.1580
7	0.4523	0.3996	0.3759	0.3538	0.3139	0.2791	0.2218	0.1776	0.1432	0.1162
8	0.4039	0.3506	0.3269	0.3050	0.2660	0.2326	0.1789	0.1388	0.1085	0.0854
9	0.3606	0.3075	0.2843	0.2630	0.2255	0.1938	0.1443	0.1084	0.0822	0.0628
10	0.3220	0.2697	0.2472	0.2267	0.1911	0.1615	0.1164	0.0847	0.0623	0.0462
11	0.2875	0.2366	0.2149	0.1954	0.1619	0.1346	0.0938	0.0662	0.0472	0.0340
12	0.2567	0.2076	0.1869	0.1685	0.1372	0.1122	0.0757	0.0517	0.0357	0.0250
13	0.2292	0.1821	0.1625	0.1452	0.1163	0.0935	0.0610	0.0404	0.0271	0.0184
14	0.2046	0.1597	0.1413	0.1252	0.0985	0.0779	0.0492	0.0316	0.0205	0.0135
15	0.1827	0.1401	0.1229	0.1079	0.0835	0.0649	0.0397	0.0247	0.0155	0.0099
16	0.1631	0.1229	0.1069	0.0930	0.0708	0.0541	0.0320	0.0193	0.0118	0.0073
17	0.1456	0.1078	0.0929	0.0802	0.0600	0.0451	0.0258	0.0150	0.0089	0.0054
18	0.1300	0.0946	0.0808	0.0691	0.0508	0.0376	0.0208	0.0118	0.0068	0.0039
19	0.1161	0.0829	0.0703	0.0596	0.0431	0.0313	0.0168	0.0092	0.0051	0.0029
20	0.1037	0.0728	0.0611	0.0514	0.0365	0.0261	0.0135	0.0072	0.0039	0.0021
21	0.0926	0.0638	0.0531	0.0443	0.0309	0.0217	0.0109	0.0056	0.0029	0.0016
22	0.0826	0.0560	0.0462	0.0382	0.0262	0.0181	0.0088	0.0044	0.0022	0.0012
23	0.0738	0.0491	0.0402	0.0329	0.0222	0.0151	0.0071	0.0034	0.0017	0.0008
24	0.0659	0.0431	0.0349	0.0284	0.0188	0.0126	0.0057	0.0027	0.0013	0.0006
25	0.0588	0.0378	0.0304	0.0245	0.0160	0.0105	0.0046	0.0021	0.0010	0.0005
26	0.0525	0.0331	0.0264	0.0211	0.0135	0.0087	0.0037	0.0016	0.0007	0.0003
27	0.0469	0.0291	0.0230	0.0182	0.0115	0.0073	0.0030	0.0013	0.0006	0.0002
28	0.0419	0.0255	0.0200	0.0157	0.0097	0.0061	0.0024	0.0010	0.0004	0.0002
29	0.0374	0.0224	0.0174	0.0135	0.0082	0.0051	0.0020	0.0008	0.0003	0.0001
30	0.0334	0.0196	0.0151	0.0116	0.0070	0.0042	0.0016	0.0006	0.0002	0.0001
35	0.0189	0.0102	0.0075	0.0055	0.0030	0.0017	0.0005	0.0002	0.0001	*
40	0.0107	0.0053	0.0037	0.0026	0.0013	0.0007	0.0002	0.0001	*	*
45	0.0061	0.0027	0.0019	0.0013	0.0006	0.0003	0.0001	*	*	*
50	0.0035	0.0014	0.0009	0.0006	0.0003	0.0001	*	*	*	*
55	0.0020	0.0007	0.0005	0.0003	0.0001	*	*	*	*	*

* <0.0001

附表三：年金终值系数表

期数	1%	2%	3%	4%	5%	6%	7%	8%	9%	10%
1	1.0000	1.0000	1.0000	1.0000	1.0000	1.0000	1.0000	1.0000	1.0000	1.0000
2	2.0100	2.0200	2.0300	2.0400	2.0500	2.0600	2.0700	2.0800	2.0900	2.1000
3	3.0301	3.0604	3.0909	3.1216	3.1525	3.1836	3.2149	3.2464	3.2781	3.3100
4	4.0604	4.1216	4.1836	4.2465	4.3101	4.3746	4.4399	4.5061	4.5731	4.6410
5	5.1010	5.2040	5.3091	5.4163	5.5256	5.6371	5.7507	5.8666	5.9847	6.1051
6	6.1520	6.3081	6.4684	6.6330	6.8019	6.9753	7.1533	7.3359	7.5233	7.7156
7	7.2135	7.4343	7.6625	7.8983	8.1420	8.3938	8.6540	8.9228	9.2004	9.4872
8	8.2857	8.5830	8.8923	9.2142	9.5491	9.8975	10.260	10.637	11.029	11.436
9	9.3685	9.7546	10.159	10.583	11.027	11.491	11.978	12.488	13.021	13.580
10	10.462	10.950	11.464	12.006	12.578	13.181	13.816	14.487	15.193	15.937
11	11.567	12.169	12.808	13.486	14.207	14.972	15.784	16.646	17.560	18.531
12	12.683	13.412	14.192	15.026	15.917	16.870	17.889	18.977	20.141	21.384
13	13.809	14.680	15.618	16.627	17.713	18.882	20.141	21.495	22.953	24.523
14	14.947	15.974	17.086	18.292	19.599	21.015	22.551	24.215	26.019	27.975
15	16.097	17.293	18.599	20.024	21.579	23.276	25.129	27.152	29.361	31.773
16	17.258	18.639	20.157	21.825	23.658	25.673	27.888	30.324	33.003	35.950
17	18.430	20.012	21.762	23.698	25.840	28.213	30.840	33.750	36.974	40.545
18	19.615	21.412	23.414	25.645	28.132	30.906	33.999	37.450	41.301	45.599
19	20.811	22.841	25.117	27.671	30.539	33.760	37.379	41.446	46.019	51.159
20	22.019	24.297	26.870	29.778	33.066	36.786	40.996	45.762	51.160	57.275
21	23.239	25.783	28.677	31.969	35.719	39.993	44.865	50.423	56.765	64.003
22	24.472	27.299	30.537	34.248	38.505	43.392	49.006	55.457	62.873	71.403
23	25.716	28.845	32.453	36.618	41.431	46.996	53.436	60.893	69.532	79.543
24	26.974	30.422	34.427	39.083	44.502	50.816	58.177	66.765	76.790	88.497
25	28.243	32.030	36.459	41.646	47.727	54.865	63.249	73.106	84.701	98.347
26	29.526	33.671	38.553	44.312	51.114	59.156	68.677	79.954	93.324	109.18
27	30.821	35.344	40.710	47.084	54.669	63.706	74.484	87.351	102.72	121.10
28	32.129	37.051	42.931	49.968	58.403	68.528	80.698	95.339	112.97	134.21
29	33.450	38.792	45.219	52.966	62.323	73.640	87.347	103.97	124.14	148.63
30	34.785	40.568	47.575	56.085	66.439	79.058	94.461	113.28	136.31	164.49
40	48.886	60.402	75.401	95.026	120.80	154.76	199.64	259.06	337.88	442.59
50	64.463	84.579	112.80	152.67	209.35	290.34	406.53	573.77	815.08	1 163.9
60	81.670	114.05	163.05	237.99	353.58	533.13	813.52	1 253.2	1 944.8	3 034.8

续表

期数	12%	14%	15%	16%	18%	20%	24%	28%	32%	36%
1	1.0000	1.0000	1.0000	1.0000	1.0000	1.0000	1.0000	1.0000	1.0000	1.0000
2	2.1200	2.1400	2.1500	2.1600	2.1800	2.2000	2.2400	2.2800	2.3200	2.3600
3	3.3744	3.4396	3.4725	3.5056	3.5724	3.6400	3.7776	3.9184	3.0624	3.2096
4	4.7793	4.9211	4.9934	5.0665	5.2154	5.3680	5.6842	6.0156	6.3624	6.7251
5	6.3528	6.6101	6.7424	6.8771	7.1542	7.4416	8.0484	8.6999	9.3983	10.146
6	8.1152	8.5355	8.7537	8.9775	9.4420	9.9299	10.980	12.136	13.406	14.799
7	10.089	10.731	11.067	11.414	12.142	12.916	14.615	16.534	18.696	21.126
8	12.300	13.233	13.727	14.240	15.327	16.499	19.123	22.163	25.678	29.732
9	14.776	16.085	16.786	17.519	19.086	20.799	24.713	29.369	34.895	41.435
10	17.549	19.337	20.304	21.322	23.521	25.959	31.643	38.593	47.062	57.352
11	20.655	23.045	24.349	25.733	28.755	32.150	40.238	50.399	63.122	78.998
12	24.133	27.271	29.002	30.850	34.931	39.581	50.895	65.510	84.320	108.44
13	28.029	32.089	34.352	36.786	42.219	48.497	64.110	84.853	112.30	148.47
14	32.393	37.581	40.505	43.672	50.818	59.196	80.496	109.61	149.24	202.93
15	37.280	43.842	47.580	51.660	60.965	72.035	100.82	141.30	198.00	276.98
16	42.753	50.980	55.718	60.925	72.939	87.442	126.01	181.87	262.36	377.69
17	48.884	59.118	65.075	71.673	87.068	105.93	157.25	233.79	347.31	514.66
18	55.750	68.394	75.836	84.141	103.74	128.12	195.99	300.25	459.45	770.94
19	63.440	78.969	88.212	98.603	123.41	154.74	244.03	385.32	607.47	954.28
20	72.052	91.025	102.44	115.38	146.63	186.69	303.60	494.21	802.86	1 298.8
21	81.699	104.77	118.81	134.84	174.02	225.03	377.46	633.59	1 060.8	1 767.4
22	92.503	120.44	137.63	157.42	206.34	271.03	469.06	812.00	1 401.2	2 404.7
23	104.603	138.30	159.28	183.60	244.49	326.24	582.63	1 040.4	1 850.6	3 271.3
24	118.16	158.66	184.17	213.98	289.49	392.48	723.46	1 332.7	2 443.8	4 450.0
25	133.33	181.87	212.79	249.21	342.60	471.98	898.09	1 706.8	3 226.8	6 053.0
26	150.33	208.33	245.71	290.09	405.27	567.38	1 114.6	2 185.7	4 260.4	8 233.1
27	169.37	238.50	283.57	337.50	479.22	681.85	1 383.1	2 798.7	5 624.8	11 198
28	190.70	272.89	327.10	392.50	566.48	819.22	1 716.1	3 583.3	7 425.7	15 230
29	214.58	312.09	377.17	456.30	669.45	984.07	2 129.0	4 587.7	9 802.9	20 714
30	241.33	356.79	434.75	530.31	790.95	1 181.9	2 640.9	5 873.2	12 941	28 172
40	767.09	1 342.0	1 779.1	2 360.8	4 163.2	7 343.2	27 290	69 377	*	*
50	2 400.0	4 994.5	7 217.7	10 436	21 813	45 479	*	*	*	*
60	7 471.6	18 535	29 220	46 058	*	*	*	*	*	*

* >99 999

附表四：年金现值系数表

期数	1%	2%	3%	4%	5%	6%	7%	8%	9%
1	0.9901	0.9804	0.9709	0.9615	0.9524	0.9434	0.9346	0.9259	0.9174
2	1.9704	1.9416	1.9135	1.8861	1.8594	1.8334	1.8080	1.7833	1.7591
3	2.9410	2.8839	2.8286	2.7751	2.7232	2.6730	2.6243	2.5771	2.5313
4	3.9020	3.8077	3.7171	3.6299	3.5460	3.4651	3.3872	3.3121	3.2397
5	4.8534	4.7135	4.5797	4.4518	4.3295	4.2124	4.1002	3.9927	3.8897
6	5.7955	5.6014	5.4172	5.2421	5.0757	4.9173	4.7665	4.6229	4.4859
7	6.7282	6.4720	6.2303	6.0021	5.7864	5.5824	5.3893	5.2064	5.0330
8	7.6517	7.3255	7.0197	6.7327	6.4632	6.2098	5.9713	5.7466	5.5348
9	8.5660	8.1622	7.7861	7.4353	7.1078	6.8017	6.5152	6.2469	5.9952
10	9.4713	8.9826	8.5302	8.1109	7.7217	7.3601	7.0236	6.7101	6.4177
11	10.368	9.7868	9.2526	8.7605	8.3064	7.8869	7.4987	7.1390	6.8052
12	11.255	10.575	9.9540	9.3851	8.8633	8.3838	7.9427	7.5361	7.1607
13	12.134	11.348	10.635	9.9856	9.3936	8.8527	8.3577	7.9038	7.4869
14	13.004	12.106	11.296	10.563	9.8986	9.2950	8.7455	8.2442	7.7862
15	13.865	12.849	11.938	11.118	10.380	9.7122	9.1079	8.5595	8.0607
16	14.718	13.578	12.561	11.652	10.838	10.106	9.4466	8.8514	8.3126
17	15.562	14.292	13.166	12.166	11.274	10.477	9.7632	9.1216	8.5436
18	16.398	14.992	13.754	12.659	11.690	10.828	10.059	9.3719	8.7556
19	17.226	15.679	14.324	13.134	12.085	11.158	10.336	9.6036	8.9501
20	18.046	16.351	14.878	13.590	12.462	11.470	10.594	9.8181	9.1285
21	18.857	17.011	15.415	14.029	12.821	11.764	10.836	10.017	9.2922
22	19.660	17.658	15.937	14.451	13.163	12.042	11.061	10.201	9.4424
23	20.456	18.292	16.444	14.857	13.489	12.303	11.272	10.371	9.5802
24	21.243	18.914	16.936	15.247	13.799	12.550	11.469	10.529	9.7066
25	22.023	19.524	17.413	15.622	14.094	12.783	11.654	10.675	9.8226
26	22.795	20.1210	17.877	15.983	14.375	13.003	11.826	10.810	9.9290
27	23.560	20.7069	18.327	16.330	14.643	13.211	11.987	10.935	10.027
28	24.316	21.2813	18.764	16.663	14.898	13.406	12.137	11.051	10.116
29	25.066	21.8444	19.189	16.984	15.141	13.591	12.278	11.158	10.198
30	25.808	22.3965	19.600	17.292	15.373	13.765	12.409	11.258	10.274
35	29.409	24.999	21.487	18.665	16.374	14.498	12.948	11.655	10.567
40	32.835	27.356	23.115	19.793	17.159	15.046	13.337	11.925	10.757
45	36.095	29.490	24.519	20.720	17.774	15.456	13.606	12.108	10.881
50	39.196	31.424	25.730	21.482	18.256	15.762	13.801	12.234	10.962
55	42.147	33.175	26.774	22.109	18.634	15.991	13.934	12.317	11.014

续表

期数	10%	12%	14%	15%	16%	18%	20%	24%	28%	32%
1	0.9091	0.8929	0.8772	0.8696	0.8621	0.8475	0.8333	0.8065	0.7813	0.7576
2	1.7355	1.6901	1.6467	1.6257	1.6052	1.5656	1.5278	1.4568	1.3916	1.3315
3	2.4869	2.4018	2.3216	2.2832	2.2459	2.1743	2.1065	1.9813	1.8684	1.7663
4	3.1699	3.0373	2.9137	2.8550	2.7982	2.6901	2.5887	2.4043	2.2410	2.0957
5	3.7908	3.6048	3.4331	3.3522	3.2743	3.1272	2.9906	2.7454	2.5320	2.3452
6	4.3553	4.1114	3.8887	3.7845	3.6847	3.4976	3.3255	3.0205	2.7594	2.5342
7	4.8684	4.5638	4.2883	4.1604	4.0386	3.8115	3.6046	3.2423	2.9370	2.6775
8	5.3349	4.9676	4.6389	4.4873	4.3436	4.0776	3.8372	3.4212	3.0758	2.7860
9	5.7590	5.3282	4.9464	4.7716	4.6065	4.3030	4.0310	3.5655	3.1842	2.8681
10	6.1446	5.6502	5.2161	5.0188	4.8332	4.4941	4.1925	3.6819	3.2689	2.9304
11	6.4951	5.9377	5.4527	5.2337	5.0286	4.6560	4.3271	3.7757	3.3351	2.9776
12	6.8137	6.1944	5.6603	5.4206	5.1971	4.7932	4.4392	3.8514	3.3868	3.0133
13	7.1034	6.4235	5.8424	5.5831	5.3423	4.9095	4.5327	3.9124	3.4272	3.0404
14	7.3667	6.6282	6.0021	5.7245	5.4675	5.0081	4.6106	3.9616	3.4587	3.0609
15	7.6061	6.8109	6.1422	5.8474	5.5755	5.0916	4.6755	4.0013	3.4834	3.0764
16	7.8237	6.9740	6.2651	5.9542	5.6685	5.1624	4.7296	4.0333	3.5026	3.0882
17	8.0216	7.1196	6.3729	6.0472	5.7487	5.2223	4.7746	4.0591	3.5177	3.0971
18	8.2014	7.2497	6.4674	6.1280	5.8178	5.2732	4.8122	4.0799	3.5294	3.1309
19	8.3649	7.3658	6.5504	6.1982	5.8775	5.3162	4.8435	4.0967	3.5386	3.1090
20	8.5136	7.4694	6.6231	6.2593	5.9288	5.3527	4.8696	4.1103	3.5458	3.1129
21	8.6487	7.5620	6.6870	6.3125	5.9731	5.3837	4.8913	4.1212	3.5514	3.1158
22	8.7715	7.6446	6.7429	6.3587	6.0113	5.4099	4.9094	4.1300	3.5558	3.1180
23	8.8832	7.7184	6.7921	6.3988	6.0442	5.4321	4.9245	4.1371	3.5592	3.1197
24	8.9847	7.7843	6.8351	6.4338	6.0726	5.4509	4.9371	4.1428	3.5619	3.1210
25	9.0770	7.8431	6.8729	6.4641	6.0971	5.4669	4.9476	4.1474	3.5640	3.1220
26	9.1609	7.8957	6.9061	6.4906	6.1182	5.4804	4.9563	4.1511	3.5656	3.1227
27	9.2372	7.9426	6.9352	6.5135	6.1364	5.4919	4.9636	4.1542	3.5669	3.1233
28	9.3066	7.9844	6.9607	6.5335	6.1520	5.5016	4.9697	4.1566	3.5679	3.1237
29	9.3696	8.0218	6.9830	6.5509	6.1656	5.5098	4.9747	4.1585	3.5687	3.1240
30	9.4269	8.0552	7.0027	6.5660	6.1772	5.5168	4.9789	4.1601	3.5693	3.1242
35	9.6442	8.1755	7.0700	6.6166	6.2153	5.5386	4.9915	1.1644	3.5708	3.1248
40	9.7791	8.2438	7.1050	6.6418	6.2335	5.5482	4.9966	4.1659	3.5712	3.1250
45	9.8628	8.2825	7.1232	6.6543	6.2421	5.5523	4.9986	4.1664	3.5714	3.1250
50	9.9148	8.3045	7.1327	6.6605	6.2463	5.5541	4.9995	4.1666	3.5714	3.1250
55	9.9471	8.3170	7.1376	6.6636	6.2482	5.5549	4.9998	4.1666	3.5714	3.1250

参 考 文 献

[1] 财政部会计资格评价中心：《财务管理》，中国财政经济出版社2013年版。
[2] 中国注册会计师协会：《财务成本管理》，中国财政经济出版社2013年版。
[3] 马元兴：《企业财务管理》，高等教育出版社2011年版。
[4] 张玉英：《财务管理》，高等教育出版社2011年版。
[5] 刘成竹、周俐萍：《企业会计报表分析》，中国人民大学出版社2010年版。
[6] 汪平：《财务管理——理论、实务、案例、实训》，东北财经大学出版社2012年版。
[7] 马元兴、孙作林：《财务管理原理、实务、案例、实训》，东北财经大学出版社2012年版。

参考答案

项目一 走进财务——财务管理基础认知

一、判断

题号	1	2	3	4	5	6	7	8
答案	√	×	√	√	√	×	√	×
题号	9	10	11	12	13	14	15	
答案	×	√	×	×	×	√	×	

二、选择

题号	1	2	3	4	5	6	7	8
答案	ABCD	ABCD	C	ABCD	C	ABC	C	D
题号	9	10	11	12	13	14	15	
答案	D	D	ABC	AC	C	ABD	ABC	

项目二 强化观念——时间价值与风险价值

一、判断

题号	1	2	3	4	5	6	7	8
答案	×	×	√	×	√	×	√	√
题号	9	10	11	12	13	14	15	
答案	×	×	√	×	×	×	√	

二、选择

题号	1	2	3	4	5	6	7	8
答案	D	C	B	A	D	A	BCD	BC
题号	9	10	11	12	13	14	15	
答案	ACD	ABC	A	AB	ABD	A	C	

三、实训

实训项目一：

（1）每年年末提取的等额偿债基金相当于普通年金，10 年年末所偿还的 100 000 元债务相当于普通年金终值，根据普通年金终值公式可列下式：

A×(F/A, 8%, 10) = 100 000，可求出：

A = 100 000/14.487 = 6 902.74（元）

（2）每年年初提取的等额偿债基金相当于预付年金，10 年年末所偿还的 100 000 元债务相当于预付年金终值，根据预付年金终值公式可列下式：

解一：A×(F/A, 8%, 10)×(1+8%) = 100 000，可求出：

A = 100 000/(14.487×1.08) = 6 391.43（元）

解二：A×[(F/A, 8%, 11) - 1] = 100 000

A×(16.645 - 1) = 100 000

A = 6 391.82（元）

实训项目二：

（1）根据递延年金现值公式，可列出下式：

解一：P = 50 000×(P/A, 10%, 10)×(P/F, 10%, 5)

= 50 000×6.1446×0.6209 = 190 759.11（元）

解二：P = 50 000×[(P/A, 10%, 15) - (P/A, 10%, 5)]

= 50 000×(7.6061 - 3.7908)

= 190 765（元）

（2）递延期后年金发生在各期期初，可以将递延期往前推一期，再求递延年金现值，方法如下：

解一：P = 50 000×(P/A, 10%, 10)×(P/F, 10%, 4)

= 50 000×6.1446×0.6830

= 209 838（元）

解二：P = 50 000×[(P/A, 10%, 14) - (P/A, 10%, 4)]

= 50 000×(7.3667 - 3.1699)

= 209 840（元）

实训项目三：

（1）根据实际利率与名义利率的换算公式，可列下式：

实际利率 = $\left(1 + \frac{12\%}{4}\right)^4 - 1 = 12.55\%$

（2）D 债券名义利率可根据实际利率与名义利率换算公式计算为：

$12.55\% = \left(1 + \frac{名义利率}{2}\right)^2 - 1$

名义利率 = 12.18%

实训项目四：

（1）分别计算 A、B、C 三公司的期望报酬率

$\overline{K}_A = 0.3 \times 40\% + 0.5 \times 20\% + 0.2 \times 0 = 22\%$

$\overline{K}_B = 0.3 \times 50\% + 0.5 \times 20\% + 0.2 \times (-15\%) = 22\%$

$\overline{K}_C = 0.3 \times 60\% + 0.5 \times 20\% + 0.2 \times (-30\%) = 22\%$

（2）计算各公司期望报酬率的标准差

$\delta_A = \sqrt{(40\% - 22\%)^2 \times 0.3 + (20\% - 22\%)^2 \times 0.5 + (0 - 22\%) \times 0.2} = 14\%$

$\delta_B = \sqrt{(50\% - 22\%)^2 \times 0.3 + (20\% - 22\%)^2 \times 0.5 + (-15\% - 22\%)^2 \times 0.2} = 22.6\%$

$\delta_C = \sqrt{(60\% - 22\%)^2 \times 0.3 + (20\% - 22\%)^2 \times 0.5 + (-30\% - 22\%)^2 \times 0.2} = 31.24\%$

（3）计算各公司投资报酬率的标准离差率

$V_A = \delta_A / \overline{K}_A = \dfrac{14\%}{22\%} = 63.64\%$

$V_B = \delta_B / \overline{K}_B = \dfrac{22.6\%}{22\%} = 102.73\%$

$V_C = \delta_C / \overline{K}_C = \dfrac{31.24\%}{22\%} = 142\%$

（4）计算各公司风险报酬率

$R_r(A) = b_A V_A = 8\% \times 63.64\% = 5.1\%$

$R_r(B) = b_B V_B = 9\% \times 102.73\% = 9.25\%$

$R_r(C) = b_C V_C = 10\% \times 142\% = 14.2\%$

（5）计算各公司必要报酬率

$R_A = 4\% + 5.1\% = 9.1\%$

$R_B = 4\% + 9.25\% = 13.25\%$

$R_C = 4\% + 14.2\% = 18.2\%$

由于 A、B、C 三个公司的预期报酬率均为 22%，大于各自的必要报酬率，三个方案均可行，但 A 公司风险最小。作为一名稳健投资者，应选择投资风险最小的 A 公司。

项目三　建好标准——财务预算管理

一、判断

题号	1	2	3	4	5	6	7	8
答案	×	×	√	×	×	×	√	×
题号	9	10	11	12	13	14	15	
答案	×	√	√	×	×	×	×	

二、选择

题号	1	2	3	4	5	6	7	8
答案	D	D	A	B	A	A	B	C
题号	9	10	11	12	13	14	15	
答案	C	A	ABCD	ACD	ABC	AD	AB	

三、实训

实训项目一：

（1）李军在预算组织工作中存在的错误做法：①企业预算编制的程序；②企业预算编制的起点；③企业全面预算体系的内容；④企业各项预算的编制方法的选择等方面有存在错误的做法。

（2）零基预算方法不受现有费用项目的限制，能够合理配置企业资源，调动企业各部门降低费用的积极性，但其编制预算工作繁重，预算成本较高，一般适用企业职能管理部门编制预算或是企业不经常发生的预算项目和预算编制基础变化较大的预算项目。

滚动预算方法能保持预算的完整性和连续性，能够及时调整预算，更好地发挥预算的预测、控制作用，但其编制预算的工作量较大。实际操作中，企业即使不能让所有预算均采用滚动预算的方法，但是滚动预算所体现的长计划、短安排的理念应该在企业预算编制过程中得以反映。

固定预算方法稳定性较强，可比性较差，适用于企业或部门业务比较稳定的项目，而不适用于业务量水平经常发生波动的预算项目。

弹性预算方法适用性较强，利于预算的评价与考核，实际工作中主要适用于与业务量有关的成本、费用、利润预算的编制。

（3）企业在编制预算的过程中应注意：第一，转变预算编制的观念；第二，依据企业特点采用科学、合理的预算方法；第三，遵循预算编制的原则；第四，严格预算的执行与控制。

实训项目二：

（1）

新华公司2014年度销售预算

单位：元

季度	一	二	三	四	全年
预计销售量（件）	1 000	1 500	2 000	1 500	6 000
预计单位售价	75	75	75	75	75
销售收入	75 000	112 500	150 000	112 500	450 000
年初应收账款余额	24 000				24 000

续表

季 度	一	二	三	四	全年
预计现金收入					
第一季度（销货 75 000）	30 000	45 000			75 000
第二季度（销货 112 500）		45 000	67 500		112 500
第三季度（销货 150 000）			60 000	90 000	150 000
第四季度（销货 112 500）				45 000	45 000
现金收入合计	54 000	90 000	127 500	135 000	406 500
应收账款余额	45 000	67 500	90 000	675 000	675 000

（2）企业销售预算中的预计现金收入项目会出现在企业现金预算中。

（3）企业销售预算会对企业资产负债表预算中"应收账款"项目产生影响。

实训项目三：

（1）

佳宝公司 2014 年度生产预算 单位：件

季 度	一	二	三	四	全年
预计销售量	10 000	8 000	13 000	12 000	43 000
加：预计期末存货	1 600	2 600	2 400	1 500	1 500
合 计	11 600	10 600	15 400	13 500	44 500
减：预计期初存货	800	1 600	2 600	2 400	800
预计生产量	10 800	9 000	12 800	11 100	43 700

佳宝公司 2014 年度直接材料预算 单位：元

季 度	一	二	三	四	全年
预计生产量（件）	10 800	9 000	12 800	11 100	43 700
单位产品材料用量（千克/件）	10	10	10	10	10
生产需用量（千克）	108 000	90 000	128 000	111 000	437 000
加：预计期末存量（千克）	27 000	38 400	33 300	2 000	2 000
合 计	135 000	128 400	161 300	113 000	439 000
减：预计期初存量（千克）	32 400	27 000	38 400	33 300	32 400
预计材料采购量（千克）	102 600	101 400	122 900	79 700	406 600
单价（元/千克）	15	15	15	15	15
预计采购金额（元）	1 539 000	1 521 000	1 843 500	1 195 500	6 099 000

（2）编制生产预算、直接材料预算时，要考虑期初、期末存货数量，因为企业当期存货库存数量要影响企业当期产品生产数量、材料采购数量，从而影响企业生产预算和直接材料预算等预算。

（3）生产预算是企业日常业务预算中直接材料预算、直接人工预算、制造费用预算的编制依据。

实训项目四：

（1）

宏远公司 2014 年现金预算表　　　　　　　　　　　　　　单位：元

项　目	第一季度	第二季度	第三季度	第四季度	全年
期初现金余额	9 000	6 000	6 000	7 000	9 000
加：现金收入	80 000	94 000	120 000	112 500	406 500
可动用现金合计	89 000	100 000	126 000	119 500	415 500
减：现金支出	—	—	—	—	—
直接材料	46 000	55 000	60 000	45 000	206 000
制造费用	34 000	30 000	36 000	30 000	130 000
销售费用	2 000	3 000	4 000	4 500	13 500
购置设备	10 000	12 000	10 000	13 000	45 000
支付股利	3 000	3 000	3 000	3 000	12 000
现金支出合计	95 000	103 000	113 000	95 500	406 500
现金余缺	−6 000	−3 000	13 000	24 000	9 000
现金筹集与运用	—	—	—	—	—
银行借款（期初）	12 000	9 000			21 000
归还本息（期末）			6 000	16 000	22 000
期末现金合计	6 000	6 000	7 000	8 000	8 000

（2）现金预算的作用：有利于企业规避财务风险、有利于企业各部门进行资金集中协调与管理、有利于企业业绩评价与激励、有利于企业日常经营活动的控制等。

（3）企业现金预算的编制需要以企业销售预算、生产预算、直接材料预算、直接人工预算、制造费用预算、销售费用及管理费用预算等日常业务预算、专项决策预算等为依据。

项目四 选准项目——投资管理

一、判断

题号	1	2	3	4	5	6	7	8
答案	×	√	×	√	×	×	√	×
题号	9	10	11	12	13	14	15	
答案	×	×	×	√	×	√	√	

二、选择

题号	1	2	3	4	5	6	7	8
答案	D	C	D	A	C	A	ABC	BC
题号	9	10	11	12	13	14	15	
答案	AB	C	C	D	B	B	ABD	

三、实训

实训项目一：

（1）年折旧 = 200 000/5 = 40 000（元）

年 NCF = 20 000 + 40 000 = 60 000（元）

会计报酬率 = 20 000/200 000 = 10%

投资回收期 = 200 000/60 000 = 3.33（年）

（2）NPV = 60 000 × (P/A, 8%, 5) − 200 000 = 39 562（元）

NPVR = 39 562/200 000 = 0.1978

PI = 1 + 0.1978 = 1.1978

内含报酬率为能使净现值等于零的折现率，计算如下：

60 000 × (P/A, R, 5) − 200 000 = 0

(P/A, R, 5) = 3.3333

R = 15%时，(P/A, 15%, 5) = 3.3522

R = 16%时，(P/A, 16%, 5) = 3.2743

采用内插法计算如下：

$$IRR = 15\% + \frac{3.3522 - 3.3333}{3.3522 - 3.2743} \times (16\% - 15\%) = 15.24\%$$

实训项目二：

（1）债券价值 = 1 000 × 8% × (P/A, 6%, 5) + 1 000 × (P/F, 6%, 5)

= 1 000 × 8% × 4.2124 + 1 000 × 0.7473

= 1 084.29（元）

（2）考虑时间价值的收益率是能使投资项目现金流入量现值等于现金流出量现值的折现率，据此计算如下：

$1\,000 \times 8\% \times (P/A, R, 5) + 1\,000 \times (P/F, R, 5) - 980 = 0$

当取 R = 6% 时，

$1\,000 \times 8\% \times 3.9927 + 1\,000 \times 0.6806 - 980 = 20.02 > 0$

当取 R = 9% 时，

$1\,000 \times 8\% \times 3.889 + 1\,000 \times 0.6499 - 980 = -18.98 < 0$

采用插值法计算如下：

$$IRR = 8\% + \frac{20.02}{20.02 + 18.92} \times (9\% - 8\%) = 8.51\%$$

债券收益率 = 8.51%

实训项目三：

(1) A 股票内在价值 $= \frac{0.2 \times (1 + 5\%)}{8\% - 5\%} = 7$（元）

B 股票内在价值 $= \frac{0.5}{8\%} = 6.25$（元）

(2) A 股票内在价值 7 元大于现行市价 6 元，具有可行性；B 股票内在价值 6.25 元小于现行市价 8 元，不具有投资可行性。因此该企业应选择 A 股票进行投资。

实训项目四：

(1) 证券组合的 β 系数 = 1.5 × 50% + 1.2 × 30% + 0.7 × 20% = 1.25
(2) 该证券组合的风险收益率 = 1.25 × (12% - 7%) = 6.25%
(3) 该证券组合的必要收益率 = 7% + 6.25% = 13.25%

项目五　供应血液——筹资管理

一、判断

题号	1	2	3	4	5	6	7	8
答案	×	×	×	×	√	√	×	×
题号	9	10	11	12	13	14	15	
答案	√	×	×	×	√	×	×	

二、选择

题号	1	2	3	4	5	6	7	8
答案	ABCD	A	A	C	A	D	ABC	ABD
题号	9	10	11	12	13	14	15	
答案	BCD	AB	ABCD	C	AB	ABD	ABC	

三、实训

实训项目一：

外部融资需求 = 20% × (940 - 395) - 800 × (1 + 20%) × 10% × (1 - 40%) = 51.4（万元）

实训项目二：

(1) b = (2 700 - 1 100)/(80 - 30) = 32

a = 2 700 - 32 × 80 = 140（万元）

2014 年资金需要量 = 140 + 32 × 100 = 3 340（万元）

(2)、(3) 答案略。

实训项目三：

(1) 应重点考虑的因素有：企业的经营状况、财务状况和资产结构等；证券市场整体情况和本公司股票的市场表现等；国家的货币金融政策、税收政策等；

(2) 最佳资本结构是指在一定条件下使企业平均资本成本最低、企业价值最大的资本结构。在设计筹资方案时，要权衡债务筹资和权益筹资的利弊。在能够有效控制财务风险的情况下，尽量采用债务筹资，使平均资本成本最低。

实训项目四：

$$\frac{(\overline{EBIT} - 600 \times 10\%) \times (1 - 25\%)}{200} = \frac{(\overline{EBIT} - 600 \times 10\% - 1\,000 \times 8\%) \times (1 - 25\%)}{100}$$

解之，每股收益无差别点的 $\overline{EBIT}$ = 220 万元。

当预期的 EBIT 大于 220 万元时，负债筹资；相反，股权筹资。

实训项目五：

(1) 边际贡献 = 30 × (60 - 35) = 750 万元。

(2) EBIT = 750 - 200 = 550（万元）

(3) 净利润 = (550 - 60 × 10%) × (1 - 25%) = 408（万元）

(4) $DOL = \frac{750}{550} = 1.36$

$DFL = \frac{550}{550 - 60 \times 10\% - 10/(1 - 25\%)} = 1.04$

$DTL = 1.36 \times 1.04 = 1.41$

项目六　加速周转——营运资金管理

一、判断

题号	1	2	3	4	5	6	7	8
答案	×	×	√	√	×	√	×	√
题号	9	10	11	12	13	14	15	
答案	×	×	×	×	√	√	√	

二、选择

题号	1	2	3	4	5	6	7	8
答案	ABD	D	ABD	ABC	A	AC	C	ABD
题号	9	10	11	12	13	14	15	
答案	BCD	BD	C	AD	BD	CD	ACD	

三、实训

实训项目一：

甲方案总成本 = 50 000 × 10% + 6 000 + 2 500 = 13 500（元）

乙方案总成本 = 55 000 × 10% + 6 000 + 1 500 = 13 000（元）

丙方案总成本 = 75 000 × 10% + 6 000 + 1 000 = 14 500（元）

丁方案总成本 = 84 000 × 10% + 6 000 + 0 = 14 400（元）

由于乙方案成本最低，故应选择乙方案为宜。

实训项目二：

最佳现金持有量 = $\sqrt{\dfrac{2 \times 40\,000 \times (1 + 50\%) \times 120}{10\%}}$ = 12 000（元）

最佳现金持有成本 = $\sqrt{2 \times 40\,000 \times (1 + 50\%) \times 120 \times 10\%}$ = 1 200（元）

最佳转换次数 = $\dfrac{40\,000 \times (1 + 50\%)}{1\,200}$ = 5（次）

实训项目三：

A 方案机会成本 = 5 000/360 × 45 × 60% × 8% = 30（万元）

坏账成本 = 5 000 × 3% = 150（万元）

收账费用 = 20 万元

信用成本后收益 = 5 000 × (1 − 60%) − 30 − 150 − 20 = 1 800（万元）

平均收账期 = 10 × 30% + 20 × 20% + 60 × 50% = 37（天）

B 方案机会成本 = 5 400/360 × 37 × 60% × 8% = 26.64（万元）

坏账成本 = 5 400 × 2% = 108（万元）

收账费用 = 50 万元

现金折扣 = 5 400 × 2% × 30% + 5 400 × 1% × 20% = 43.2（万元）

信用成本后收益 = 5 400 × (1 − 60%) − 26.64 − 108 − 50 − 43.2 = 1 932.16（万元）

由于 B 方案信用成本后收益大于 A 方案，所以应选择 B 方案为宜。

实训项目四：

（1）每年的订货成本 = $\dfrac{250\,000}{50\,000} \times 500$ = 2 500（元）

（2）$4\,000 = \dfrac{50\,000}{2} \times 0.1 + \dfrac{250\,000}{50\,000} \times$ 每次订货成本

每次订货成本限额 = 300 元

项目七 统筹兼顾——收益分配管理

一、判断

题号	1	2	3	4	5	6	7	8
答案	√	√	√	√	×	×	×	√
题号	9	10	11	12	13	14	15	
答案	√	√	√	×	√		√	

二、选择

题号	1	2	3	4	5	6	7	8
答案	A	B	D	A	B	A	B	C
题号	9	10	11	12	13	14	15	
答案	A	ABC	ACD	ACD	BD	ABC	ABCD	

三、实训

实训项目一：

（1）2013 年自有资金 = 1 000 × 60% = 600（万元）

2013 年借入资金 = 1 000 × 40% = 400（万元）

（2）2012 年度应分配的现金股利 = 800 - 1 000 × 60% = 200（万元）

实训项目二：

股本 = 200 × (1 + 10%) = 220（万元）

资本公积 = 400 + 20 × (4 - 1) = 460（万元）

支付现金股利 = 220 × 0.1 = 22（万元）

未分配利润 = 200 - 80 - 22 = 98（万元）

所有者权益合计 = 220 + 160 + 98 = 478（万元）

项目八 防范风险——财务控制

一、判断

题号	1	2	3	4	5	6	7	8
答案	√	×	×	×	×	√	√	√
题号	9	10	11	12	13	14	15	
答案	√	√	√	√	√	×	√	

二、选择

题号	1	2	3	4	5	6	7	8
答案	B	A	ABCD	A	ABC	A	C	D
题号	9	10	11	12	13	14	15	
答案	AC	C	B	ABC	AB	ABCD	BD	

三、实训

实训项目一：

成本变动额 $= 6\,000 \times 15 - 6\,000 \times 16 = -6\,000$（元）

成本变动率 $= \dfrac{-6\,000}{6\,000 \times 16} \times 100\% = -6.25\%$

实训项目二：

(1) 是，自然利润中心。

(2) 重点考核负责人可控边际贡献。

负责人可控边际贡献 $= 200 - 60 - 20 = 120$（万元）

公司利润总额 $= 200 - 60 - 25 = 115$（万元）

实训项目三：

	投资利润率（%）	剩余收益（万元）
A 投资公司	10.88	85
B 投资公司	12	250
C 投资公司	11.46	115

实训项目四：

(1) $A = 9\,000/900 = 10$（元）　　$B = 3\,500/950 = 3.68$（元/小时）　　$C = 950$ 小时，$D = 2\,500/950 = 2.63$（元/小时）　　$E = 950$ 小时　　$F = 3\,000/950 = 3.16$（元/小时）

(2) 产品成本总差异 $= 18\,000 - 20 \times 855 = 900$（元）（不利差异）

(3) 直接材料数量差异 $= (900 - 20 \times 50) = -100$（元）（有利差异）

直接材料价格差异 $= (10 - 9) \times 900 = 900$（元）（不利差异）

(4) 直接材料人工效率差异 $= (950 - 2 \times 45) \times 4 = 200$（元）（不利差异）

直接人工工资率差异 $= (3.68 - 4) \times 950 = -304$（元）（有利差异）

(5) 变动制造费用耗费差异 $= (2.63 - 3) \times 950 = -351.5$（元）（有利差异）

变动制造费用效率差异 $= (950 - 20 \times 45) \times 3 = 150$（元）（不利差异）

(6) 固定制造费用耗费差异 $= 3\,000 - 18 \times 90 = 1\,380$（元）（不利差异）

固定制造费用能量差异 = (18×90 - 20×90)×2 = -360（元）（有利差异）

项目九　透视诊断——财务分析

一、判断

题号	1	2	3	4	5	6	7	8
答案	×	×	×	×	×	×	√	√
题号	9	10	11	12	13	14	15	
答案	√	×	√	√	×	×	√	

二、选择

题号	1	2	3	4	5	6	7	8
答案	D	D	A	A	A	D	BCD	BCD
题号	9	10	11	12	13	14	15	
答案	ACD	AC	AD	BCD	ABCD	CD	AB	

三、实训

实训项目一：

（1）计算2013年应收账款天数：

应收账款周转率 = $\dfrac{2\,000}{(100+400)/2}$ = 8（次）

应收账款周转天数 = 360/8 = 45（天）

（2）计算2013年存货周转天数：

存货周转率 = $\dfrac{1\,600}{(200+600)/2}$ = 4（次）

存货周转天数 = 360/4 = 90（天）

（3）计算2013年年末速动比率：

速动比率 = (400+560)/800 = 1.2

（4）计算2013年年末流动比率

流动比率 = (400+600+560)/800 = 1.95

实训项目二：

（1）流动比率 = (120+240+320+120)/(100+220+40)×100% = 222%

速动比率 = (120+240)/(100+220+40)×100% = 100%

营业净利率 = 300/6 000×100% = 5%

总资产周转率 = 6 000÷2 000 = 3（次）

权益乘数 = 1÷[1-(100+220+40+400)/2 000] = 1.61

（2）答案略

实训项目三：
（1）2013年年末的有关指标计算如下：
① 负债总额 = 资产总额 × 资产负债率 = 160 × 35% = 56（万元）
流动负债 = 负债总额 - 长期负债 = 56 - 42 = 14（万元）
② 流动资产 = 流动负债 × 流动比率 = 14 × 2.1 = 29.4（万元）
③ 速动资产 = 流动负债 × 速动比率 = 14 × 1.1 = 15.4（万元）
年末存货 = 流动资产 - 速动资产 = 29.4 - 15.4 = 14（万元）
④ 现金 = 流动负债 × 现金流动负债比率 = 14 × 0.6 = 8.4（万元）
应收账款 = 流动资产 - 现金 - 存货 = 29.4 - 8.4 - 14 = 7（万元）
⑤ 权益乘数 = 1 ÷ (1 - 35%) = 1.54 或：160 ÷ (160 - 56) = 1.54
⑥ 产权比率 = 56/(160 - 56) = 53.85%
（2）2013年的有关指标计算如下：
① 平均存货 = (15 + 14) ÷ 2 = 14.5（万元）
销售成本 = 14.5 × 6 = 87（万元）
② 息税前利润 = 120 - 87 - 9 = 24（万元）
已获利息倍数 = 24 ÷ 10 = 2.4
③ 净利润 = (24 - 10) × (1 - 33%) = 9.38（万元）
④ 销售净利率 = 9.38 ÷ 120 = 7.82%
⑤ 总资产周转率 = 120 ÷ [(140 + 160) ÷ 2] = 0.8（次）
⑥ 权益净利率 = 7.82% × 0.8 × 1.54 = 9.63%